Martin Lendi

Geschichte und Perspektiven der schweizerischen Raumplanung

vdf Hochschulverlag AG an der ETH Zürich

Martin Lendi

Geschichte und Perspektiven der schweizerischen Raumplanung

Raumplanung als
öffentliche Aufgabe
und wissenschaftliche
Herausforderung

Publiziert mit freundlicher Unterstützung von:
- ETH Zürich
- Albert Lück-Stiftung
- Amt für Raumentwicklung und Geoinformation des Kantons St. Gallen

Bibliografische Information der Deutschen Nationalbibliothek:
Die Deutsche Nationalbibliothek verzeichnet diese Publikation in der Deutschen Nationalbibliografie; detaillierte bibliografische Daten sind im Internet über http://dnb.dnb.de abrufbar.

Das Werk einschliesslich aller seiner Teile ist urheberrechtlich geschützt. Jede Verwertung ausserhalb der engen Grenzen des Urheberrechtsgesetzes ist ohne Zustimmung des Verlages unzulässig und strafbar. Das gilt besonders für Vervielfältigungen, Übersetzungen, Mikroverfilmungen und die Einspeicherung und Verarbeitung in elektronischen Systemen.

ISBN 978-3-7281-3866-8
www.vdf.ethz.ch
verlag@vdf.ethz.ch

© 2018, vdf Hochschulverlag AG an der ETH Zürich

Wenn die Zeit kommt, in der man könnte,
ist die vorüber, in der man kann.
(Marie Ebner-Eschenbach)

Nichts Wahres lässt sich von der Zukunft wissen.
(Friedrich Schiller)

Was die Zukunft bringt, wissen wir nicht,
aber dass wir handeln müssen, wissen wir.
(Friedrich Dürrenmatt)

Es irrt der Mensch, solang er strebt.
(Johann Wolfgang Goethe)

Dass wir Zeit haben und in der Zeit leben,
heisst, dass wir in der Wende leben.
(Karl Barth)

Du stellst meine Füsse auf weiten Raum.
(Psalm 31, Vers. 9)

Das angeborene Recht ist nur ein
einziges: Freiheit.
(Immanuel Kant)

Was können wir wissen? Was müssen wir tun?
Was dürfen wir hoffen? Was ist der Mensch?
(Immanuel Kant)

Inhaltsverzeichnis

Einleitung – Anspruch, Herantasten		9
Kurzfassung		17
I.	Grundverständnis	27
II.	Tatsächliches Raumgeschehen – Einflussnahme auf die Raumentwicklung	39
III.	Wissenschaftliche Impulse – öffentliche Aufgabe	55
IV.	Grosse Bögen – Ansätze zu Konstanten	73
V.	Bundesverfassungsrechtliche und gesetzliche Verankerung als öffentliche Aufgabe	93
VI.	Wurzeln – mit Langzeitwirkungen	117
VII.	Belebungen und Belastungen aus der Zeit um die Landesaustellung	161
VIII.	Neigungen des Bundes zur sektoralen Landesplanung	173
IX.	Vor- und Nachwirkungen der traditionellen Orts-, Regional- und Landesplanung	185
X.	Prozessorientierte, alle raumwirksamen Bereiche erfassende Funktion	207
XI.	Verstetigung des vertieften Verständnisses?	239
XII.	Beschleunigtes räumliches Geschehen	255
XIII.	Ideen – Theorien – Methoden	271
XIV.	Begleiteinwirkungen	293
XV.	Menschen	313
XVI.	Erfolge und Misserfolge, Defizite	331
XVII.	Verpflichtung zum konstruktiven Dranbleiben	351
XVIII.	Übersicht und Einsichten	369
Literaturverzeichnisse		387
Abkürzungsverzeichnis		413
Zum Autor		419

Einleitung – Anspruch, Herantasten

Im 20. Jahrhundert wurde der Lebensraum in Europa, vor allem in den industrialisierten und dem Sektor der Dienstleistungen zuneigenden Staaten, schon früh knapp und laufend knapper. Nicht nur die Bevölkerungszahlen stiegen an, die Wirtschaft zeigte Konjunkturspitzen und auch die Ansprüche an die Infrastruktur, die Mobilität, das Freizeitleben, das Wohnen, an die Arbeitsplätze, an die Bauzonen und die Nutzung von Erholungsräumen usw. wuchsen und wachsen – auch dort, wo die Bevölkerungszahlen zwischenzeitlich kulminieren, teilweise sinken oder auf neuem Hintergrund erneut steigen, stellenweise markant: Engpässe, Knappheiten. Sie riefen nach *Haushalten,* nach sorgfältigem Umgang mit den Ressourcen, ganz allgemein nach Nachhaltigkeit, nach intergenerationeller Verantwortung, aber auch nach zweckmässigen Dispositionen der Strukturen der Siedlungen, der Landschaften sowie von Transport, Versorgung und Entsorgung, stets aufeinander abgestimmt und zukunftsgerichtet, immer unter Einbezug des Umfeldes von Politik, Wirtschaft und Gesellschaft sowie der Ökologie.

Weil das vergangene Jahrhundert mit gravierenden Einbrüchen – zwei Weltkriege, ein langanhaltender kalter Krieg, fatale und peinliche Substanzeinbussen politischer Kultur, ökologischer Defizite – belastet war und zudem in die Internationalisierung und Globalisierung der Märkte und der Politikverantwortung – exemplarisch von den Nationalstaaten sowie der EG/EU bis zur UNO/WTO – mündete, entwickelte sich das räumliche Bewusstsein nicht linear. Es gab und gibt Hochs und Tiefs, es kommt *immer wieder zu neuen Herausforderungen.* Die räumliche Entwicklung stand und steht nie still; die Raumplanung darf ihrerseits nicht statisch werden, selbst wenn sie verstetigt. Wir haben es also mit einer bewegten Geschichte zu tun. Die Zukunft ist ihrerseits nicht als Trendfortschreibung zu erklären. Ungewissheiten dominieren. Sie herrschen auch morgen vor. Aber die bisherigen Erfahrungen zu erfassen, ist dennoch nicht unwichtig, weil sie die Spannungsverhältnisse sichtbar machen, in denen die Planung als Auseinandersetzung mit den anstehenden, aufkommenden Problemen steht und weil sie die Möglichkeiten und Grenzen des Fassbaren illustrieren.

Die Geschichte der schweizerischen Raumplanung – Raumplanung verstanden als zielorientierter, ordnender und gestaltender Umgang mit dem Geschehen im Lebensraum, unter Einbezug der denkbaren und absehbaren Folgewirkungen – spiegelt vor allem die im 20. Jahrhundert sich konzentriert ergebenden Auswirkungen von Politik, Wirtschaft und Gesellschaft auf die Schweiz samt den laufenden Veränderungen als Wirkungen und als Neuinitiierungen. Gleichzeitig werden die prägenden Erkenntnisse der Wissenschaften und die Effekte der eingeleiteten Massnahmen erkennbar, alles angesichts einer nur schwer zu entwirrenden Problemfülle und -dichte. Der Schritt in die Geschichte ist also nicht nur relevant für das Selbstverständnis der Raumplanung und deren Gelingen oder Misslingen, sondern auch für das *Verstehen der Problemmeisterungen* durch die öffentliche Hand, konkret in einem demokratischen, föderativen und sozialen Rechtsstaat. Damit dringt die Darstellung der hiesigen Vorkommnisse auch ins Interessenfeld europäischer Staaten vor, vorweg jener, die sich als Rechts- und Bundesstaaten und als Demokratien verstehen sowie Raumplanung als Knappheitsmeisterung und Gestaltungsverpflichtung unter den Bedingungen einer offenen Gesellschaft interpretieren.

Die eidgenössische Geschichte der Raumplanung unterscheidet sich übrigens von jener verwandter Staaten durch die spezifischen politischen und kulturellen Eigenschaften von der Referendumsdemokratie bis zur Sprachenkultur. Zu betonen sind auch die selbstständigen Akzentsetzungen rund um und während des Zweiten Weltkrieges, bei durchaus vorhandenen Mängeln. Die Raumplanung nannte sich damals in der Schweiz auch nicht Raumplanung, sondern Orts-, Regional- und Landesplanung, direkt ausgerichtet auf den föderativen, dreistufig strukturierten Staat Schweiz, gleichsam in eigener Terminologie.

Einleitung – Anspruch, Herantasten

Als in der Schweiz der Verfassungsartikel über die Raumplanung am 14. September 1969 erlassen wurde, das Bundesgesetz über die Raumplanung (RPG) vor dem Inkrafttreten stand (erlassen am 22. Juni 1979), auf Bundesebene die ersten Erfahrungen mit der Raumplanung zwischen 1972 und 1979 gesammelt waren und die meisten der Kantone die Aufgabe der Raumplanung zwischen 1970 und 1979 neu gesetzlich unterlegt hatten, war erstmals der *Zeitpunkt gekommen, auf die ältere und jüngere Geschichte der Raumplanung zurückzuschauen*. Dies führte zu einem Buch mit Dokumenten der Geschichte der schweizerischen Raumplanung, ein Werk, das von Ernst Winkler, em. Professor für Geografie an der ETH Zürich, Leiter der ersten Zentrale für Orts-, Regional- und Landesplanung und Mitglied der Leitung des späteren ORL-Instituts, angeregt, von Gabriela Winkler, dipl. sc. nat. ETH Zürich, umsichtig bearbeitet und von mir, Prof. für Rechtswissenschaft ETH Zürich, damals Mitglied der Leitung des ORL-Instituts, organisiert, betreut und zu Ende geführt worden ist. Es bildet die Nr. 1 der damaligen Schriftenreihe des ORL-Instituts zur Orts-, Regional- und Landesplanung, die für dieses Thema reserviert worden war, auch wenn die Publikation erst 1979 reif wurde. Zeitlich vorausgegangen waren gleich mehrere andere Werke, so die *Landesplanerischen Leitbilder* in drei Bänden plus die Plankassette im Jahre 1971 der gleichen Schriftenreihe.

Viele der aktiven Raumplaner zeigten damals wenig Verständnis für das Befassen mit der Geschichte der Raumplanung. Sie setzten einseitig auf die Zukunft. *Das Gewordene war aber institutionell und personell präsent*, einerseits durch den Delegierten für Raumplanung, den früheren Direktor des ORL-Instituts Martin Rotach, ab 1972, anderseits durch Ernst Winkler, der die Geschichte gleichsam zurück in die Zeit des Zweiten Weltkrieges in seiner Person verkörperte, wie auch durch zahlreiche Pioniere der Raumplanung. Die Namen von Max Werner und Hans Marti dienen als Beispiele. Die ersten Planer zu befragen und sie einzuladen, ihre Erfahrungen mitzuteilen, drängte sich auf. Dies gelang nur teilweise. Immerhin konnten die wichtigsten Grundlagen vorgestellt und die verfügbaren Biografien in Kurzform in den Zusammenhang eines Grundrisses der Geschichte der Raumplanung gerückt werden: Im erwähnten Band *Dokumente zur Geschichte der schweizerischen Landesplanung* wurden sie – gerafft – veröffentlicht. Auch wurden Tagungen zur Geschichte der Raumplanung veranstaltet. Die Zeitschrift *DISP*[1] legt davon Zeugnis ab. Gleich im Anschluss an den Dokumentenband wurde eine Chronik der schweizerischen Landesplanung von Ueli Roth, Planer in Zürich, früher wissenschaftlicher Mitarbeiter von Walter Custer, Professor für Architektur an der ETH Zürich, der die Lehre in Orts- Regional- und Landesplanung für die Architekturstudenten mitgeprägt hatte, neu lanciert, ergänzt, verfeinert und als gedruckte Beilage der DISP Nr. 56 (Zürich 1980) publiziert.

Mit der Verfügbarkeit dieser Grundlagen setzte das vertiefte Nachdenken über das Werden der schweizerischen Raumplanung ein. Im Verlauf der Jahre ergaben sich mehrere Gelegenheiten zum Eindenken, stets verbunden mit Ausblicken, wie dies für die Raumplanung als Planung sinnvoll ist. Persönliche und berufliche Kontakte, sogar aus der Zeit vor der Wahl an die ETH, nämlich zu Max Werner, Otto Glaus, Ruedi Stüdeli, Willi Rohner, Ernst Winkler, Martin Rotach und vielen anderen mehr, erleichterten dem Autor den Zutritt. Nach meinem Rücktritt aus der Leitung des damaligen ORL-Institutes (1987) nahm sich vor allem Michael Koch als Leiter der Dokumentationsstelle DISP am ORL-Institut der Geschichte der Raumplanung an, in stetem Kontakt mit mir. Er ist heute Professor in Hamburg und auf dem Platz Zürich als Autor und Planer aktiv. Er steuerte ein originäres, sensibles Flair für die Geschichte des Städtebaus und der Stadtplanung bei. Aktuell betreut Martina Koll-Schretzenmayr vom NSL und als Redaktorin der Zeitschrift *DISP* die Aspekte der Geschichte der schweizerischen Raumplanung. Sie zeichnet auch für das Weiterführen der Zeitzeugenbefragungen verantwortlich.

Nach der Jahrtausendwende wurde erneut bewusst, wie schwierig es werden könnte, das Material zu einer vertieften Darstellung der Geschichte der schweizerischen Raumplanung griffbereit zu halten. Nur noch wenige Per-

---

[1] Der Begriff „DISP" (Dokumente und Informationen zur schweizerischen Planung) steht sowohl für die Zeitschrift als auch für die einstige Dokumentationsstelle des ORL-Instituts der ETH Zürich. Der Name „DISP" ist der Zeitschrift – eine wissenschaftliche zur Raumplanung – bis auf den heutigen Tag erhalten geblieben, während das einstige ORL-Institut und damit auch dessen Dokumentationsstelle DISP aufgehoben worden sind. Das Institut wurde zwischenzeitlich durch ein Netzwerk von Professuren und Instituten der ETH Zürich ersetzt.

sonen konnten die kritischen Zusammenhänge aus eigenem Miterleben aufarbeiten. Peter Keller, dipl. Arch. ETH/NDS Raumplanung ETH Zürich und damals Leiter des Nachdiplomstudiums in Raumplanung der ETH Zürich, sowie Martina Koll-Schretzenmayr nahmen sich der erneut dringend werdenden Aufgabe an. Sie führten weitere Interviews mit älter gewordenen Zeitzeugen durch. Auch veranlassten sie Gesprächsaufnahmen mit Gruppierungen von Personen am Institut für Zeitgeschichte der ETH Zürich. Martina Koll-Schretzenmayr hat dazu eine eigene Publikation in Buchform mit dem Titel *Gelungen – misslungen?* (Zürich 2009) niedergeschrieben. Zusammen mit den NDS-Studierenden widmeten sie sich wiederkehrend, während jeweils mehreren Tagen, dem Thema der Geschichte der Raumplanung. Der Autor steuerte gleich beim ersten Anlass einen grösseren schriftlichen Text bei, der in der Zeitschrift *DISP* unter dem Titel *Zur Geschichte der schweizerischen Raumplanung* publiziert wurde (DISP Nr. 167, Bd. 4, Zürich 2006, S. 66 ff.). Parallel setzte die Arbeit an Biografien ein, unter denen jene über Hans Marti, Stadtplaner von Zürich und Inhaber eines Planungsbüros mit Akzenten auf der örtlichen Planung, von besonderer Bedeutung ist. Zu Max Werner, Otto Glaus, Martin Rotach, Ernst Winkler und Heinrich Gutersohn hatte sich über lange Zeiten für mich wertvolles persönliches Vertrauen eingestellt. Es erlaubte mir, kaum zugängliche Hintergründe zu erkennen.

Aber auch damit konnte es nicht sein Bewenden haben. Der Autor bemühte sich seither um Vertiefungen, um das Fördern von Initiativen zur Geschichte der Raumplanung. Dabei wurde ihm bewusst: Die Raumplanung ist als öffentliche Aufgabe und als Teil der Wissenschaften zu erfassen – immer bezogen auf das räumliche Geschehen, auf die Normen zum raumwirksamen Verhalten, auf die Ziele und Massnahmen, auf die Theorien zur Raumentwicklung, stets eng verbunden mit der Politik, dem wirtschaftlichen und sozialen Geschehen, mit dem Schutz der Umwelt, mit der Ökologie im Hinter- und Vordergrund. Die Konzipierung dieses Texts, wie er heute vorliegt, wie auch jenes von 2006 bedingte deshalb entwirrende *methodische Vorüberlegungen*.

Die monierte enge Verknüpfung der Geschichte der Raumplanung mit dem politischen Werden, mit der keimenden wissenschaftlichen Grundlegung wie auch mit der institutionellen Einbindung als öffentliche Aufgabe in die politischen Prozesse und verwaltungsseitigen Strukturen, unterlegt und überhöht durch persönlichkeitsstarke Träger und politische Vorbedingungen usw., verhinderten von vornherein ein rein chronologisches Aufarbeiten. Selbst dem üblichen Hervorheben von Phasen haftet bei definierten Abgrenzungen Zufälliges an. Sie mögen didaktisch überzeugen, sie mögen Fassbarkeit bewirken, sie mögen den Nachvollzug erleichtern, aber eben nur im Sinne einer gerade noch vertretbaren Verkürzung auf ein Nacheinander. Zuviel an unterschiedlich Entwickelndem von den Ideen, Theorien über das tatsächliche Geschehen bis hin zur Gesetzgebung – bei divergierenden Geschwindigkeiten der Veränderungen und des Neuwerdens der einzelnen Kräfte und Werte – ist auszumachen. Dies verlangte – negativ – nach Abstand von pointiert anvisierten Phasen, positiv hingegen nach einem Kreisen um sich beeinflussende Themen, ohne scharfe sachliche und zeitliche Konturen, aber doch immer vor dem Hintergrund der Zeitachse, auf der da und dort markante Einschnitte, wie der Erlass des Verfassungsartikels über die Raumplanung, vorzufinden sind. Dieser heikle Weg wird hier in etwa beschritten.

Auch wenn es nichts Neues unter der Sonne gibt, aus der Geschichte lernt nur derjenige, der diese nicht in die Zukunft projiziert, sondern sich mit ihr im Wissen um frühere und mutiert neue Prozesse auseinandersetzt und von den Fakten her Szenarien, Leitbilder, Strategien, Konzepte, Programme auflegt, ohne sich selbst zu verdingen. *Mündigkeit beweist also, wer vor der Geschichte und der Zukunft nicht zurückweicht* und seine Sicht auf die kommende Zeit und die erforderlichen Ziele verantwortungsbewusst darlegt. Der begleitende Schritt hin zu den *Perspektiven* hält dann Stand, wenn die früheren Vorgänge auch auf ihre Schwächen hin durchleuchtet worden sind und in dieser Art mit Blick auf die Zukunft kritische Aufmerksamkeit provozieren. Dieses Durchdringen und Ausweiten wird hier zusätzlich verfolgt: *Planung kann und darf nicht in der Geschichte stecken bleiben. Die Zukunft harrt ihrer.*

Im Dienst der Lesbarkeit wird auf *Literaturhinweise* in Fussnoten weitgehend verzichtet. Es sei auf das Verzeichnis verwiesen, das selektiv gehalten ist. Es setzt auf eine klare Gliederung, separiert nach Werken, welche a) Themen der Geschichte der Raumplanung aufnehmen (alphabetisch geordnet), und welche b) in historischer Abfolge (chronologisch aufgeführt) parallel zu werdenden und sich verändernden *räumlichen Entwicklungen* wie auch *zu den zeitbedingten Gegenständen der Raumplanung* erschienen sind – ohne Anspruch auf Vollständigkeit, aber mit der Chance, von den erwähnten Publikationen zur breit gefächerten Themenvielfalt der Raumplanung just in time vorzustossen. Dieses differenzierte Literaturverzeichnis ist unbedingt zu konsultieren. Es steht gleichsam synchron zur Chronologie der Raumplanung.

Die im Text verwendeten *Elementarbegriffe* sind in der Fussnote 2, gleichsam als Rubrik, aufgeführt, breit andefiniert, weil sich das Verständnis im Verlauf der Zeiten da und dort gewandelt hat. Eine gewisse Bedeutung kommt auch der Beschreibung der an der Raumplanung beteiligten Wissenschaften zu. Sie finden sich in den Fussnoten 4 und 5, wobei auch zeit- und sachbedingte Akzentverschiebungen gestreift werden. Eine chronologische Grundorientierung der wichtigsten Daten zur Geschichte der schweizerischen Raumplanung vermittelt Fussnote 20.

> *Summa summarum: Die Darstellung der Geschichte der schweizerischen Raumplanung ist allein schon deshalb schwierig, weil die tatsächliche Raumentwicklung und das raumplanerische Einwirken wie auch der Beitrag der Theorien zur Raumplanung kaum auseinanderzuhalten sind – auf alle Fälle nicht derart luzid, dass offenkundig würde, welche Kräfte was zu welcher und in welchen Zeiträumen bewirkt haben. Immerhin wird evident, dass vor diesem Hintergrund die Raumplanung immer wieder vor neuen Herausforderungen steht und sich deshalb hüten muss, sich selbst zu überschätzen. Sichtbar wird zudem, wie bedeutsam die offene Gesellschaft, die freie Wirtschaft und der demokratische Rechtsstaat für die Raumentwicklung und die Raumplanung sind: in Widersprüchen, im Verbund – als Impulssetzer.*

Wenn eine bewegte Geschichte bewegt, dann muss sie zwingend, wie angetönt, in *Perspektiven* münden. Dies ist bei der Geschichte der Raumplanung eines konkreten Landes besonders der Fall, da sie nahtlos an das laufende Geschehen heranführt und den Leser zum Nachdenken und Nachhaken und Vorausschauen veranlasst. Zudem ist die Raumplanung als öffentliche Aufgabe und als Wissenschaft zukunftsorientieret und folglich aus sich heraus in Bewegung in Richtung auf das Über-Übermorgen. Es wäre aus diesen Dimensionen heraus fragwürdig, eine gleichsam rückwärtsorientierte Geschichtssicht zu pflegen.

Der Autor darf nach manchen Seiten danken. Die Verbreitung von Entwürfen zu diesem Text führte zu vielen Kontakten, zu Einwänden und zu Anregungen sowie zu Unterstreichungen. Der Dank dafür ist gross. Er reicht zur Akademie für Raumforschung und Landesplanung mit Sitz in Hannover (BRD) samt ihren ordentlichen Mitgliedern, und vor allem auch nach Wien, wo gleich an mehreren Universitäten Raumplanung gelehrt wird. Ein besonderer Dank richtet sich an den Direktor der VLP (Schweizerische Vereinigung für Landesplanung), Lukas Bühlmann, der mir noch vor der Schlussredaktion beachtenswerte Kritikpunkte unterbreitet hat. Nicht weniger gross ist der Dank an Prof. Dr. Hans Flückiger, der sich als Kollege an der ETH Zürich, als ehemaliger Direktor des Bundesamtes für Raumplanung und als Autor des Entwicklungskonzepts für das Berggebiet bereit fand, Lücken im Entwurf aufzuspüren. Er hat mich mit Nachdruck an Innovationsschübe des Bundesamtes erinnert. Ein weiterer Dank richtet sich an Prof. Dr. Hans Elsasser, der stets hilfreich zur Seite steht. Mit zur Selbstkritik mahnenden Worten hat René Anliker einen delikaten Punkt berührt. Der Autor ist tatsächlich Beobachter und Beteiligter zugleich. Er hat sich darum nicht gescheut, die Entwürfe zu diesem Werk in mehreren Etappen breit zu streuen. Für immer wieder neu inspirierende Anregungen – während Jahrzehnten – verdient hohe Anerkennung: Robert Nef, lic. iur. (Institutsleiter, Redaktor, Publizist). Zahlreiche Sonderanregungen vermittelten mir die Herren Prof. Dr. Wolf Linder, der das ORL als wissenschaftlicher Mitarbeiter selbst erlebt hatte, und Prof. Dr. Marcel Senn, Rechtshistoriker der Universität Zürich. In den Dank einbeziehen möchte ich ETH-Professoren-Kollegen Riccardo Jagmetti, Urs Nef, Alexander Ruch, Gérard Hertig und vor allem Jean François Bergier, der in mir die Freude an der Zeitgeschichte geweckt hat. Meiner Gattin, Heidi Lendi-Bräker, danke ich für das geduldige Begleiten und Mitwirken.

Druckkostenbeiträge geleistet haben der Präsident der ETH Zürich, Prof. Dr. Lino Guzzella, die Albert Lück-Stiftung, Präsident Dr. Andreas Flury, und das Amt für Raumentwicklung und Geoinformation des Kantons St. Gallen. Verlag und Autor wissen diese Aufmerksamkeit hoch zu schätzen. Die ETH Zürich unterstützte zudem den Autor mit einem Arbeitsplatz im Hauptgebäude.

Martin Lendi

Kurzfassung

Die Geschichte der schweizerischen Raumplanung betrifft – prima vista – die relativ kurze Zeitspanne ab der Mitte des 19. Jahrhunderts bis ins beginnende 21. mit dem Höhepunkt im Jahre 1969, als ein Artikel über die Raumplanung in die Bundesverfassung eingefügt worden ist.

Sie reicht aber noch weiter zurück, so zur Anlage der Städte mit einem relativ dichten Städtenetz in hiesigen Landen, zu den Dörfern und Streusiedlungen und vor allem mit den Passstrassen, dem Kampf wider die Naturgefahren. Förmliche Stadt- und Ortsplanungen kündigten sich nur langsam an. Immerhin entstanden mit der Zeit erste Ansätze zu einem öffentlichen Baurecht mit keimenden planerischen Ansprüchen an die Gemeinwesen: zur Abwehr von Naturgefahren, im Bauwesen (in den Frühphasen vor allem für städtische Verhältnisse), zum Verkehr usw. Die Wende zum 20. Jahrhundert brachten der Erlass des schweizerischen Zivilgesetzbuches (ZGB) und damit verbunden erste Abgrenzungen zwischen privatem Eigentum und den öffentlich-rechtlichen Eigentumsbeschränkungen und sodann die gesetzliche Unterschutzstellung des Waldes: zwei markante Ansätze für Gestaltung und Schutz des Lebensraumes.

Die förmliche Institutionalisierung der Orts-, Regional- und Landesplanung wurde erst spät inspiriert, vor allem durch die Landesausstellung von 1939, gefolgt 1942 von einer breit angelegten ETH-Tagung in Zürich, im Jahre 1943 von der Etablierung der Forschungsstelle für Orts-, Regional- und Landesplanung an der ETH Zürich und parallel von der Gründung der Schweizerischen Vereinigung für Landesplanung (VLP). In den Kantonen waren schon früher erste Planungs- und Baugesetze oder wenigstens Sonderbestimmungen in den Einführungsgesetzen zum ZGB ergangen. Sie galten primär der Orts- und Städteplanung. Der Bund war seinerseits aktiv, allerdings primär im Bereich von Sachaufgaben wie Forstpolizei, Errichtung und Betrieb öffentlicher Werke des Verkehrs, der Wasserwirtschaft, der Meliorationen, der Elektrizitätsproduktion usw.

Das Doppel von Raumplanung als öffentliche Aufgabe und als wissenschaftliche Disziplin sowie die dreifache Trägerschaft durch Staat (Gemeinden, Kantone, Bund), Hochschulen und Verbände waren vorgezeichnet.

Aus den Bestrebungen der Kantone, vor allem in den 1950er- und 1960er-Jahren, das Planungs- und Baurecht zu festigen, erwuchs allmählich die Klarsicht, dass der Bund mindestens als Grundsatzgesetzgeber und als Träger raumrelevanter Funktionen in die Verantwortung für den Lebensraum involviert sei. Der Verfassungsgesetzgeber legte am 14. September 1969 den Akzent auf die Raumplanung und die Eigentumsgarantie, also auf einen nuanciert breiteren Ansatz als den üblich gewordenen der Planung der Bodennutzung. Mit dem Bundesgesetz über die Raumplanung (RPG) vom 22. Juni 1979 gelang es, die Institutionalisierung der Raumplanung auf Bundes- und kantonaler Ebene voranzutreiben. Die Kantone wurden veranlasst, neben der Nutzungsplanung eine konzeptionelle, programmatische Richtplanung zu entwickeln, und der Bund wurde auf Sach- und Fachplanungen verpflichtet, verbunden mit dem Bestreben, die Pläne aufeinander abzustimmen. Ausserdem wurden Planungsgrundsätze vorgegeben und für die Kernbereiche der planerischen Massnahmen wie Bauzonendimensionierung, Erschliessung, Bauen ausserhalb der Bauzonen wurden bundesgesetzliche Mindestanforderungen festgeschrieben.

Der Blick weiter zurück verrät, dass das Ringen um das Erhalten und Gestalten des Lebensraums schon früh anhob, nämlich mit der Wahl der Siedlungsstandorte, mit den Verkehrswegen, mit der Abwehr der Naturgefahren, mit der Nutzung der Wasserkraft, mit der Industrialisierung, den Verkehrsnetzen usw. Dieser den Lebensraum prägende Vorlauf zeigt die Verantwortungsbreite der Raumplanung an. Sie reicht über die Siedlungsplanung und -gestaltung weit hinaus, schliesst diese aber auch zwingend ein. Zusätzlich verschaffte das RPG mit seinem besondere Anliegen der „Trennung von Siedlungs- und Nicht-Siedlungsgebiet" fassbare Nachachtung, konkret mit den weiterführenden Zielen der Trennung der Bodenmärkte, des Schutzes der Landwirtschaft, der Erhaltung der Fruchtfolgeflächen und vor allem der offenen Landschaft. Die bodenrechtlichen Regelungen nahmen diese Anliegen ihrerseits auf, so mit Aussagen zur

Dimensionierung der Bauzonen, zu entschädigungslosen Eigentumsbeschränkungen, zur materiellen Enteignung, zur Abschöpfung planerisch bewirkter Mehrwerte (Mehrwertschöpfung) usw. Alles in allem wurde die Raumplanung zu einem breiten Auftrag der Erhaltung und Gestaltung des Lebensraumes.

Mit den Verlagerungen hin zur Dienstleistungs- und zusätzlich zur Wissensgesellschaft, verbunden ab den 1990er-Jahren und insbesondere ab der Jahrtausendwende mit der Digitalisierung, kommt es bei wachsender Bevölkerung und einem Wirtschaftsverlauf auf tendenziell hohem Niveau und erhöhten Ansprüchen an das Wohnen, das Arbeiten, das Freizeitleben, die Mobilität wie auch seitens der Urbanisierung und sich ändernder Werthaltungen und Lebensstile zu neuen *Knappheiten:* Die Schweiz wird im Mittelland zu einer Stadt. Der Lebensraum verändert sich in sich. Die Raumplanung muss sich damit neu auseinandersetzen – sowohl als Wissenschaft als auch als öffentliche Aufgabe. Erste rechtspolitische Novellierungen galten um 2012/2014 der bodenrechtlichen Komponente, verbunden mit der längerfristigen Absicht einer Totalrevision des Bundesgesetzes über die Raumplanung.

Die Geschichte der Raumplanung samt ihren Perspektiven illustriert, wie eine neue öffentliche Aufgabe und eine werdende wissenschaftliche Disziplin entstehen, konstituiert und immer wieder neu kritisch beleuchtet werden müssen. Regierungen, Verwaltungen und vor allem auch die Parlamente und das Volk, aber auch die Öffentlichkeit und die Wissenschaftsorgane haben die Entwicklung kritischen Auges zu begleiten. Besondere Anforderungen stellt die jüngste Zeit mit ihren Akzenten: Die Internationalisierung der Wirtschaft, der gesellschaftliche Wandel, die durchgreifende Digitalisierung, die europäische Personenfreizügigkeit, die Migrationsphänomene, die Politik des billigen Geldes mit ihrer Flucht in die Sachwerte usw. – dies alles bei erhöhten Ansprüchen an den Lebensraum – bedingen vertiefte Analysen und neue konzeptionelle Ansätze, Ziele und Massnahmen. Allein schon die Agglomerationsprozesse, die sich gegenseitig tangieren und überschneiden, rufen nach neuen Theorien und neuen gesetzlichen Ansätzen.

Die schweizerische Raumplanung verfügt über einen relativ hohen politischen Stellenwert, weniger wegen der behördlichen Raumordnungspolitik, vielmehr dank der demokratischen Legitimierung und der föderativen Vernetzung. Sie bewährt sich als andauernde Herausforderung, sei es durch Fakten, Gesetzesnovellierungen, Referenden, sei es durch Initiativen auf allen Staatsebenen, so durch Zustimmung zur Änderung des BG über die Raumplanung vom 15. Juni 2012. Ob eine Totalrevision des RPG folgen wird, ist derzeit offen, wäre aber sachlich dringend, allenfalls sogar verbunden mit einer adäquaten Novellierung des Verfassungsartikels über die Raumplanung (Art. 75 BV).

Die Übersicht konzentriert sich auf folgende Daten:

Heranbilden eines schweizerischen Städtenetzes im Rahmen der werdenden Eidgenossenschaft ab der Reformation samt dessen Festigung im Bundesstaat ab 1848 und vor allem ab dem Ausbau der Eisenbahnen und Strassenverbindungen

ab ca. 1780	Ergreifen faktischer Massnahmen zur Verbesserung der grossräumlichen Lebensbedingen (Linthkorrektion)
ab ca. 1850	und verstärkt ab ca. 1900 sukzessive Ergänzung des Baupolizeirechts durch örtliches und kantonales Planungsrecht
1939	Landesausstellung „Landi" in Zürich (Armin Meili als Direktor)
1942	ETH-Tagung für Landesplanung (unter Vorsitz von Schulratspräsident Prof. Dr. A. Rohn)
1943	Forschungsstelle für Orts-, Regional- und Landesplanung an der ETH Zürich (am Geographischen Institut, Leiter Prof. Dr. H. Gutersohn/ Dr. Ernst Winkler)
1943	Gründung der Schweizerischen Vereinigung für Landesplanung (VLP) (Präsident Armin Meili)

Kurzfassung

1961	Gründung ORL-Institut an der ETH Zürich
1966	Eidg. Expertenkommission für Fragen der Landesplanung (Präsident Prof. Dr. H. Gutersohn)
1969	Erlasse der Verfassungsartikel über die Eigentumsgarantie und die Raumplanung (Art 22ter und Art. 22^{quater} aBV) am 14. September 1969
ab 1970	Erlass oder Novellierungen der kantonalen Planungs- und Baugesetze, Erneuerung der Ortsplanungen
1971	Publikation *Landesplanerische Leitbilder*
1979	Erlass BG über die Raumplanung vom 22. Juni 1979
1996	Grundzüge der Raumordnung Schweiz, Bericht des Bundesrates vom 22. Mai 1996, Bern 1996
2012	Bundesgesetz über die Raumplanung, Änderung vom 15. Juni 2012.

Die bereits ab ca. 2000 wahrnehmbaren Perspektiven der tatsächlichen Raumentwicklung mit dem Auseinanderdriften von „funktionalen Räumen" (Agglomerationen/Metropolitanräumen) und „politischen Gebieten" (des Bundes, der Kantone und der Gemeinden) halten zu einem Bedenken der Planungskoordination und Planungsorganisation an. Zudem nehmen die Kompetenzen des Bundes in der internationalen Welt faktisch und rechtlich zu, was das Neukonzipieren der Integration des Bundes in die Verantwortung für die Raumordnung bedingen könnte. Dazu gilt es, verfassungsrechtliche Vorüberlegungen anzustellen. Die Studie weicht der Frage nach einer *Revision des massgebenden Art. 75 BV* nicht aus. Erwogen werden eine umfassende respektive eine erweiterte Bundeskompetenz im Rahmen der Grundsatzgesetzgebung: Einbezug der Stadt-, Agglomerations-, Verkehrs- und der Landschaftsplanung sowie von formellen und materiellen Mindestanforderungen an das Baurecht.

Der Text lässt sich auch unter einem *ganz anderen Gesichtspunkt* als dem der geschichtlichen Ansätze und der zukunftsträchtigen Perspektiven verstehen, nämlich inspiriert von der Fragestellung: *Was braucht es, um eine neue, junge Staatsaufgabe sachlich-politisch festigend zu lancieren?* – und dies erst noch in einem demokratischen, liberalen Rechtsstaat und vor dem Hintergrund der werdenden Globalisierung sowie der sich durchsetzenden Digitalisierung, mitten im Wandel zur Wissensgesellschaft. Gleichsam ein politikwissenschaftlicher Zutritt würde dominieren. Die Aussagen könnten in zehn Richtungen weisen: Es bedarf

a) einer hohen Parallelität von politischer Offenheit und wissenschaftlicher Grundlegung,
b) der Bereitschaft, die Öffentlichkeit für die Problemstellungen zu sensibilisieren,
c) der Aufmerksamkeit, Anforderungen zu stellen und dennoch die Institutionen und die Öffentlichkeit nicht zu überfordern,
d) der Belebung von politischen und administrativen Institutionen und der Wissenschaft, kreative Eigeninitiativen zu entwickeln und auf dem Thema der Erhaltung und Gestaltung des Lebensraumes zu insistieren,
e) der Wahrnehmung der Chancen, partizipative und demokratische Engagements zu sachlich überzeugenden Erfolgen zu führen,
f) der permanenten selbstkritischen Kompetenz, sich rechtlich-fachlich nicht zu übertun,
g) der Umsicht, tatsächliche und normative Veränderungen aufzunehmen, also nicht zu verdrängen,
h) der Fähigkeit, geltendes Recht zu befolgen und umzusetzen sowie erforderliche Novellierungen zu beantragen,
i) der Verantwortung, die Grundziele der Raumplanung und der Gemeinwesen stets im Auge zu behalten,
j) Offenheit gegenüber ethischen Grundorientierungen.

In diesem Sinn kann also der Text zusätzlich *als politikwissenschaftliche Fallstudie* zur Etablierung einer übergreifenden öffentlichen Aufgabe gelesen werden. Sichtbar wird, was alles vorgekehrt und welche Abwege einkalkuliert vermieden werden müssen. Relativ junge rechtsgeschichtliche Spezifica und deren historische Bedingungen des 19., 20. und des beginnenden 21. Jahrhunderts werden anhand des Beispiels der Raumplanung ebenfalls erkennbar. Folglich darf auch die *rechtshistorische Dimension* hervorgehoben werden. Dass zudem wirtschafts- und sozial- wie auch umweltpolitische Einflüsse anfallen, dies ergibt sich aus dem vieldimensionalen „Lebensraumbezug" – sie alle erlebten ungefähr zu gleichen Zeiten neue Höhepunkte, und zwar je für sich und in gegenseitiger Vernetzungsvielfalt.

*Die Zukunft ist als Raum der Möglichkeiten
der Raum unserer Freiheit.*
(Karl Jaspers)

*Planung ist Steuerungs- Kommunikations-
und Konsensbildungsprozess zugleich.*
(Ernst Hasso Ritter)

*Planung ist geistige und tätige Auseinander-
setzung mit dem politischen, wirtschaftlichen,
sozialen und ökologischen Geschehen –
über die Zeiten hinweg, in die Zukunft hinein.*

*Planung ist die Ersetzung des Zufalls durch den
Irrtum. Dem Zufall aber sind wir schutzlos
ausgeliefert, während wir als Planende immerhin
die Möglichkeit haben, vom grösseren zum
kleineren Irrtum fortzuschreiten.*
(Robert Nef)

*Der Raum ist Voraussetzung des Lebens
und der Lebensentfaltung.*

*Wer sich in die Raumplanung einkapselt,
kann nichts Wesentliches
über die Raumplanung aussagen.*

Planung ist Politik
(Christoph Lanz, Titel in NZZ)

I. Grundverständnis

Das Befassen mit der Geschichte und den Perspektiven der schweizerischen Raumplanung stösst bald einmal vor zu heiklen Fragen nach der Bedeutung und Funktion der Raumplanung. Und diese wiederum sind umgeben von einer beklemmenden Vorfrage, die hin und wieder elementar gestellt wird und der nicht ausgewichen werden kann: *Ist die Raumplanung eine zeitbedingte Zeiterscheinung?* Ist sie, mit andern Worten, ein Kind ihrer Zeit und also zeitgebunden? Zu übergehen? Vernachlässigbar? *Oder ist sie aus besonderen Umständen heraus eine bewusst anzustrebende, andauernde, bleibende Aufgabe* des sorgfältigen, intergenerationell orientierten Umganges mit dem knapp werdenden Lebensraum? Ist sie als öffentliche Aufgabe und als Wissenschaft ein zentraler Teil wiederkehrender und sich überbietender Herausforderungen?

Gewiss ist einzig: Die Raumplanung ist derzeit als öffentliche Aufgabe anerkannt, aber nicht unbestritten, ja sogar mit Fragezeichen belastet. Kann sie ihrer eigenen Bestimmung genügen oder muss sie gar eines Tages vor der Problemfülle kapitulieren? Kann sie in einer offenen Gesellschaft und in einem liberalen, föderativen und erst noch demokratischen Rechtsstaat überhaupt erfolgreich agieren? Bleibt es bei einem einmaligen Versuch? Oder kommt es zu einer Daueraufgabe von zentraler Bedeutung?

Die Antwort ist nicht vorschnell zur Stelle, doch ist zu bedenken, dass es in einer Gesellschaft, geprägt durch Menschen, nicht darum geht, Maximalziele um jeden Preis mit dem Anspruch der totalen Wirksamkeit unter der Voraussetzung der effizienten Machbarkeit zu erfüllen. Solche Ambitionen sind dem Menschen, der in vielfältigsten Grenzen lebt, verwehrt. Dennoch ist ihm aufgetragen, jene Ziele anzuvisieren, die dem Leben Sinn geben und das Leben als Leben zu erhalten trachten, verbunden mit dem Anliegen, das Leben zu entfalten. Ob theologisch, philosophisch, primär ethisch oder rein zweckrational angedacht, mag hier offenbleiben. Zentral ist, dass diese Grundherausforderungen bleiben und dass deshalb die Sorge und die Sorgfalt um das Leben in Raum und Zeit Bestand haben müssen. Wie sich die Raumplanung definiert und also versteht, wie sie sich einbringt, welchen politischen Stellenwert sie erlangt, wie erfolgreich sie sein kann und welche Zukunftsperspektiven sie zu entwickeln vermag, dies ist nicht einem vorgeschnürten Paket feststehenden Wissens zu entnehmen. Im Gegenteil: All diese Dimensionen sind in hohem Masse – sach-, zeit- und politikbedingt – in sich verändernder Bewegung. Folglich sind sie Teil der Geschichte und also Gegenstand der hier zu erläuternden Vorgänge – mit Blick in die Zukunft hinein. Die Raumplanung ist also trotz ihrer „jungen" Aktualitätsgeschichte eine bleibende Herausforderung mit Perspektiven. Wie sie sich einbringt, dies variiert.[2]

---

[2] Einige für das Verständnis wegleitende Begriffe aus dem Bereich der Raumplanung im liberalen, demokratischen, föderativen und sozialen Rechtsstaat:

- *„Grundsätze der Raumplanung"* geben der Raumplanung Ziele vor. Als Teile des Raumplanungsrechts handelt es sich, ausformuliert, in der Regel um finale Rechtssätze, die justiziabel sind. Sie vermitteln der Raumplanung, den Planungsberührten und Planungsbetroffenen wie auch den Planungsbeteiligten wegleitende Orientierung, die bei konkurrierenden Vorgaben ein Abwägen bedingen.

- *„Landesplanung"* versteht sich einerseits als Oberbegriff der Orts-, Regional- und Landesplanung und anderseits als Teilbegriff derselben, im letzten Fall als die das ganze Land betreffende, vom Bund ausgehende Planung. Im freiheitlichen Rechtsstaat gilt sie dem Lebensraum. Die Wirtschafts- und Gesellschaftsplanung zählen nicht dazu, auch wenn die Raumplanung Auswirkungen auf Politik, Wirtschaft und Gesellschaft zeitigt.

- *„Nationalplanung"* wird als Summe der Planungen von Bund, Kantonen und Gemeinden oder als die übergreifende Planung des Bundes verstanden.

- *„Orts-, Regional- und Landesplanung"* umfasst die kommunale sowie die überörtliche Planung – mit den beiden Dimensionen der Region und des Kantons – und die des Landes. Gegenstände sind der Lebensraum und die in ihm sich entfaltenden privaten (individuellen, wirtschaftlichen und gesellschaftlichen) sowie öffentlichen Aktivitäten mit Wirkungen auf den Lebensraum. Der Teilbegriff „Landesplanung" wurde und wird häufig als Ober-, als Kurzbegriff für die „Orts-, Regional- und Landesplanung" verwendet.

- *„Plan"* steht als Oberbegriff für Pläne unterschiedlichster Art. Für die schweizerische Raumplanung relevant sind u.a. a) Sachpläne (auch Fachpläne genannt) wie Strassenpläne, Pläne des öffentlichen und privaten Verkehrs, der Entsorgung usw., b) die grundeigentümerverbindlichen Nutzungspläne in der Form von Zonen- und Sondernutzungsplänen (Flächenwidmungs- und Bebauungs-/Überbauungspläne, Gestaltungspläne, öffentliche und private usw.) und ferner c) die behördenverbindlichen Richtpläne vorweg der kantonalen Stufe, aber auch übertragbar auf die kommunale und regionale. Neben den gesetzlich vorgesehenen Plänen gibt es auch eine Palette von unverbindlichen (wie Masterpläne, die Formelles mit Qualitativem verbinden) usw. Die Grundvorstellung, ein Plan basiere zwingend auf kartografischer Grundlage, baut auf der Fehlvorstellung auf, räumliche Entwicklungen und Daten wie auch Programme würden sich auf eine Ebene projizieren lassen. Raumrelevant ist aber, beispielsweise, nicht allein das Trasse einer S-Bahn, sondern auch das Leistungsangebot. Raumrelevant sind sogar Qualitäten der Gestaltung, auch wenn sie kartografisch kaum fassbar sind.

- *„Planung"* gilt der vorwegnehmenden Koordination von Handlungsbeiträgen und deren Steuerung über längere Zeit. Sie ist, umfassender betrachtet, geistige und tätige Auseinandersetzung mit der Zukunft, die Steuerungs-, Kommunikations- und Konsensbildungsprozesse einschliesst. Sie erfasst hingegen nicht aus sich heraus beliebige Massnahmen. Diese gehen in der Regel aus andern Aufgaben hervor. Sie werden aber planerisch erfasst und planerisch gesteuert.

- *„Planungsermessen"* betrifft jenen Bereich der rechtsstaatlichen Raumplanung, der gesetzlich (rechtsatzmässig) nicht gebunden ist, ohne den aber das Einwirken auf die Zukunft nicht möglich wäre. Es ist einzig an das Willkürverbot und vor allem an die Planungsgrundsätze, die es abzuwägen gilt, gebunden. Die Rechtsgleichheit ist zu beachten, geniesst aber nur eine abgeschwächte Bedeutung.

- *„Planungsgrundsätze"* als justiziable Rechtssätze sind finale (im Gegensatz zu konditionalen), welche Ziele vorgeben und das Wie dem Planungsermessen anvertrauen. Sie sind vor ihrer Anwendung untereinander und gegeneinander abzuwägen.

- *„Raum"* ist als Lebensraum das Gefäss der Lebensvoraussetzungen und der sich in ihm entfaltenden gesellschaftlichen, wirtschaftlichen und politischen Aktivitäten. Er lässt sich äusserlich strukturiert erfassen als sich gegenseitig bedingende Landschafts-, Siedlungs-, Transport- und Versorgungsstrukturen und -einrichtungen, hervorgegangen aus natürlichen Vorgängen und/oder entwickelt und bewirkt aufgrund menschlichen (inkl. administrativen) Verhaltens. Die wirtschaftlichen

Prozesse und die gesellschaftlich relevanten Werthaltungen spielen dabei eine grosse Rolle. Folgende Unterbegriffe sind relevant: Agglomerationen (sich zudienende Ballungsräume, politische Grenzen überschreitende Funktionsräume); Berggebiete (topografisch herausragende zusammenhängende Gebiete von grossen Höhendifferenzen, in der Regel – abgesehen von Tälern – über 1000 m Meereshöhe); ländliche Räume (ausserhalb von Agglomerationen sich befindende Teilräume, geprägt durch offene Landschaften); Metropolitanräume (von aussen wahrnehmbare und in sich verflochtene Grossräume von mindestens europäisch relevanter wirtschaftlicher Kraft).

- *„Raumentwicklung"* betont die positive Seite der Raumplanung (Positivplanung), nämlich die gestaltende, die Prozesse auslösende Dimension. Sie ergänzt die bewahrende, erhaltende und abwehrende Seite der Planung (Negativplanung) durch das Entwickeln und Gestalten.

- *„Raumkonzept"* (auch Raumordnungskonzept genannt) beinhaltet zielorientierte Vorstellungen über die erstrebenswerte künftige Entwicklung eines Raumes, sachlich zwingend verbunden mit einem abgestimmten Programm des Ergreifens raumwirksamer Massnahmen unter Berücksichtigung von Zeit, Raum, Finanzen und Wirkungen.

- *„Raumordnung"* erfährt mehrere Sinndeutungen: a) die aktuelle räumliche Situation, b) die anzustrebende räumliche Ordnung und c) die raumordnende Tätigkeit. Bisweilen wird Raumordnung als Tätigkeit auf die überörtliche Ebene beschränkt.

- *„Raumordnungspolitik"* dient der Schaffung des räumlichen Problembewusstseins, der gemeinsamen Bewältigung räumlicher Probleme, der sach- und politikadäquaten Führung der Gemeinwesen, der Implementation von Massnahmen sowie der Wirkungskontrolle und schlussendlich der Neulancierung von Problemanalysen, -bewusstsein usw.

- *„Raumplanung"* steht für die Planung des Lebensraumes, verstanden als öffentliche Aufgabe der Gemeinwesen unter Einbezug von Politik, Wirtschaft und Gesellschaft. Sie ist Sach- und Querschnittsplanung zugleich, sie widmet sich dem Raum als ihrem eigenen Gegenstand und wirkt auf andere Sachbereiche wie Bildungseinrichtungen, Verkehrsplanungen, Regionalwirtschaft usw. ein. Der Raumplanung verwandt sind die Finanzplanung, die Sachplanungen und die Zeitplanungen (z.B. kurz-, mittel- und langfristige). Die Raumplanung handelt als spezifische Planung von Zielen, Instrumenten und auch – im Gegensatz zur Planung als solcher – von besonderen Massnahmen.

- Das *„Raumplanungsrecht"* umfasst nominales und funktionales. Das Erstere gilt dem Recht, das unter dem Titel der

Raumplanung erlassen wird. Es spricht Ziele, Instrumente, Massnahmen und Verfahren sowie den Rechtsschutz an. Das zweite steht für das raumwirksame Recht, das als Bau-, Verkehrs-, Energie-, Umwelt-, Waldrecht usw. ergeht, sich in seiner Anwendung aber auf den Lebensraum auswirkt.

- Die *„Regionalwirtschaft"* widmet sich den wirtschaftlich-räumlichen Tatbeständen und Entwicklungsprozessen sowie den Zielen und Massnahmen einer entsprechenden Beeinflussungspolitik der regionalen wirtschaftlichen Entwicklung. Sie steht gleichsam für eine aktive Raumordnungspolitik mit dem Fokus auf wirtschaftliche und gesellschaftliche Vorgänge, letztlich als Teil der räumlichen Planung.

- *„Sachplanungen"* beziehen sich, im Kontext der Raumplanung, auf Sachaufgaben von räumlicher Relevanz. Sie nehmen dort Querschnittsfunktionen an, wo sie andere Sachplanungen mitprägen, so der Finanzplan, der dem Gegenstand Finanzen gilt, gleichzeitig aber auch auf andere Pläne wie auch auf konkrete Belange einwirkt. Ähnliches lässt sich vom Raumplan sagen: Er ist dem Sachgegenstand Raum gewidmet und insofern zunächst ein Sachplan, gleichzeitig aber ein Querschnittsplan, weil er auf die räumlichen Wirkungen anderer Aufgaben und Pläne abstimmend und zusammenführend einwirkt.

- *„Stadtplanung"* kann als Raumplanung mit dem Bezugsgebiet einer Stadt verstanden werden. Sie betont die spezifischen Bedingungen der inneren Gliederung, der öffentlichen und privaten Räume, der Erschliessung, der Dichte und der Gestaltung sowie der Lebens- und Siedlungsqualität. Sie widmet sich also der Gesamtplanung eines städtischen Raumes nach infrastrukturellen, funktionalen, wirtschaftlichen, gesellschaftlichen, ökologischen und vor allem auch nach gestalterischen Intentionen bei gleichzeitiger Absicht der Schwerpunktbildungen nach Teilräumen und nach grösseren Entwicklungslinien und -achsen. Die Stadtplanung kann sich zur Agglomerationsplanung ausweiten oder sogar verselbstständigen.

- *„Städtebau"* geht von der bestehenden und insbesondere von der erhaltenswerten Bausubstanz aus und fügt auf der Basis der Stadtplanung die Neubauentwicklung nach funktionalen und lebensqualitativen Zielen unter Optimierung von Gestaltung und Entfaltung des „kulturellen und wirtschaftlichen" Lebens bei – stets unter variantenreichen Optionen zum Wohnen, Arbeiten, zur Bildung, Freizeit, zum Verkehr usw., kurzum eines kulturell inspirierenden (urbanen) Lebens.

- *„Umweltschutz"* dient dem Schutz des Menschen und seiner natürlichen Umwelt vor schädlichen oder lästigen Einwirkungen. Er wird von Prinzipien her bestimmt: Vorsorge-, Verursacher-, Kooperations- und Prinzip der ganzheitlichen

Diese Aussage gilt für die Schweiz, aber auch für zahlreiche andere Staaten. Die EU ringt ihrerseits um eine territoriale Agenda. Weltweit dominiert vorläufig, unter dem Titel der Raumplanung, eher die Abwehr von Gefahren und Belastungen für den Lebensraum denn die Gestaltung im Sinne der positiven Einflussnahme auf den Lebensraum, sieht man von den Stadtplanungen ab, die stets mit dem Erhalten und Gestalten verbunden sind. Der Umweltschutz und das Prinzip der Nachhaltigkeit bilden, wo es an institutionalisierter Raumplanung mangelt, häufig die naheliegenden Bezugspunkte für die faktische Einflussnahme auf die räumliche Entwicklung. Gegenwärtig ist die Raumplanung selbst dort, wo sie unter andern Titeln segelt, nämlich überall dort, wo der Raum, wo Räume, wo das Leben in Raum und Zeit zur Sprache kommen. Zudem: Die Raumplanung als öffentliche Aufgabe wird in hohem Masse inspiriert von der Raumplanung als wissenschaftliche (interdisziplinäre) Disziplin, häufig illustriert und belebt durch die „raumrelevanten" Wissenschaften der Geografie, des Verkehrs, der Umwelt, des Städtebaus, der Regionalwirtschaftspolitik usw.

Auch vor diesem die Grundzweifel ausräumenden Hintergrund ist der Zugang zur Geschichte und zu den Perspektiven nicht einfach. Denn die heikle *Spannweite von Geschichte und Zukunft* geht mit der Geschichte der Raumplanung zwingend einher, zumal sich die Raumplanung als Planung in Betrachtungsweise. Die Koordination mit der Raumplanung ist unumgänglich, allein schon deshalb, weil sich im gegebenen Raum Konflikte ergeben. Das Abstimmen und das Meistern von konkreten Problemen muss die Raumplanung übernehmen, die koordinierend angelegt ist, während die Gesetzgebung zum Umweltschutz mit Prinzipien und Grenzwerten eher in absoluter Art operiert.

- Das „*Prinzip der Nachhaltigkeit*" erfasst die wirtschaftliche Leistungsfähigkeit genau so wie die soziale Solidarität und das ökologische Gleichgewicht, je für sich und untereinander. Dessen ethischer Kerngehalt besteht in der intergenerationellen Verantwortung. Die Grundstrategie der Umweltschutzpolitik bleibt diejenige der effizienten, wirkungsorientierten ökologisch ausgerichteten Abwehr von schädlichen und lästigen Einwirkungen auf Menschen, Luft, Boden, Raum – neu aber unter Einbezug des Prinzips der Nachhaltigkeit in seiner inneren Vernetzung von Politik, Wirtschaft und Gesellschaft unter dem Gebot der intergenerationellen Verantwortung – bei unterschiedlichen Anforderungen (Rechtssicherheit, Effizienz, Solidarität usw.).

jeder historischen funktionell mit der Zukunft befasst. Der Ausblick ist deshalb stets gegenwärtig. Wer also die Geschichte der Raumplanung zu ergründen versucht, der kommt ohne das Zugehen auf die Zukunft nicht herum, auch wenn es nur um die jeweilige Zukunftssicht der Raumentwicklung in einer gegebenen, sich aber entwickelnden (historischen) Situation ging oder aktuell geht. Schwieriger ist der Weg, von der Raumplanung zurück zu den geschichtlichen Wurzeln. Doch ist auch diese Dimension zwingend, weil das Befassen mit der Zukunft die Analyse des Gegenwärtigen bedingt, das seinerseits geworden ist, Wurzeln hat, die ihrerseits erfasst und verstanden sein wollen, wenn Wirkungen auf die Zukunft erzielt werden sollen.

Und so kommt es: *Die Geschichte der schweizerischen Raumplanung lässt sich nicht linear, gleichsam als Abfolge von Gegebenheiten und Prozessen einerseits und Planungsideen, Planungstheorien, Planungsformen usw. anderseits darstellen,* auch nicht als Geschichte der tatsächlichen räumlichen Entwicklung im Kontrast zur geplanten, der normativ gesteuerten, dann aber auch nicht des werdenden Raumplanungsverständnisses – nie banal vom Vereinfachenden zum sachgerecht Komplexeren oder umgekehrt. Dies hat seine Gründe. Es handelt sich bei der räumlichen Entwicklung und der Raumplanung, je für sich und erst recht im Verbund, unvermeidlich um eine Geschichte des Auf und Ab, des Hin und Her, der erwarteten und ungewissen Entwicklungen, der Verstrickungen und Vernetzungen im Tatsächlichen und Planerischen, der Vor- und Rückgriffe, der Wirkungsverzögerungen, des steuernden Überziehens, des langsamen oder vorschnellen Ergreifens von realisierenden Massnahmen, der Einwirkungen von Drittseiten, von Begleit- und Gegenkräften, verbunden mit fassbaren und/oder verkannten Korrekturnotwendigkeiten sowie von aufgenommenen oder verworfenen Zwängen zu Neubeurteilungen.

Diese Umstände bringen es sodann mit sich, dass neben der chronologischen Fortentwicklung der tatsächlichen räumlichen Entwicklung auf der Zeitachse immer wieder Abwege, Schlaufen des planenden Verhaltens, der Wirkungslosigkeiten usw. zur Sprache kommen müssten. Eine lineare Entwicklung ist vielleicht in groben Zügen unter bestimmten Voraussetzungen da und dort zu erkennen, gleichsam vom schlechteren Zustand zum geplant besseren und von unzulänglichen Instrumenten oder Massnahmen zu griffigeren, doch alles in allem ist die Geschichte der Raumplanung eine solche des bedachten Befassens mit dem Zukünftigen in einem schwer fassbaren Umfeld von Gegebenheiten und Vorgängen inmitten von Unklarheiten und Ungewissheiten. Und dennoch sind Problemlagen zu analysieren, nahe und ferne Ziele im Auge zu behalten – jederzeit; auch sind Pläne festzulegen, Massnahmen zu ergreifen, sind Wirkungen zu kontrollieren. Wiederkehrend.

Eine reine Erfolgsgeschichte gibt es unter dem Titel der Raumplanung nicht, aber eine Geschichte der Turbulenzen, der Neuanfänge, des Gebauten, der Zielerfüllung, der tatsächlichen Zielverfehlung – immer unter dem Vorbehalt neuer Herausforderungen seitens der Problemlagen, der Politik, des Problembewusstseins. Mindestens drei Bewegungsachsen sind gleichzeitig anzuvisieren: die tatsächliche Entwicklung, jene der steuernden „Planung" – beide aufgrund sich ändernder rechtlicher und sachlicher Vorgaben sowie Annahmen – sodann jene möglicher Neubeurteilungen.

Absehbar: Ein gleich mehrfacher Zutritt ist nötig, wenn auch kaum problemfrei zu schaffen, wenn es gelingen soll, Geschichte und Perspektiven über die Zeiten hinweg aufzeigen zu können, nämlich über:

a) *die tatsächliche räumliche Entwicklung und die Korrelation zu den planerischen Vorgaben,*
b) *das Planungsgeschehen, dessen Fortgang und dessen Überlappungen mit Rückschlägen respektive mit Abweichungen in mehreren Zeiträumen und innerhalb dieser,*
c) *das Andenken, Einfügen und Anpassen an veränderte Verhältnisse einer formell/materiell „neuen" öffentlichen Aufgabe und einer „neuen" wissenschaftlichen Disziplin in bestehenden Strukturen – unter kritischer Begleitung durch Politik, Gesellschaft und Wissenschaft,*
d) *die rechtlichen Grundlagen, deren Durchsetzungskraft und Novellierungspotenziale,*
e) *die Orts-, Regional- und Landesplanung/Landesplanung/Raumplanung als öffentliche Aufgabe und als Wissenschaft.*

Damit verbinden sich – begleitend – vier *wissenschaftsseitige Ansprüche*, solche der Geschichtswissenschaft, der Rechtsgeschichte, der Rechts- und der Politikwissenschaft. Auch wenn Grenzen gesetzt sind, die Breite der Darstellung ist so zu wählen, dass die klassischen Historiker, die Zeitgeschichtler, die Rechtshistoriker und die Politikwissenschaftler mitdenkend

I. Grundverständnis

für ihre Fragestellungen Erkenntnisse gewinnen können. Mehr ist durch einen einzigen Autor nicht zu leisten. Welche Vorteile bringt das für die Raumplanung? Eine zu eng konzentrierte Fixierung auf die Raumplanung muss vermieden werden. Sie kreist um sich selbst. Umgekehrt sollten Antworten auf die Frage nach den Möglichkeiten und Grenzen des Instradierens einer neuen öffentlichen Aufgabe wie der Raumplanung und eines neuen Lehr- und Forschungsbereiches aufspürbar sein. Spannend ist dies deshalb, weil die zweite Hälfte des 20. und das beginnende 21. Jahrhundert mit wachsender staatlicher Aufgabenfülle und keimenden Problemkomplexitäten sowie gesellschaftlichen Veränderungen konfrontiert sind, und dies alles vor einem universell werdenden Hintergrund.

Solche Randbedingungen, gleich zu Beginn eingebracht, mögen verwirren. Wiederholungen aufgrund von Überlappungen und Verschnitten werden unvermeidbar. Ursachen und Wirkungen, Zielorientierungen und Ausgangslagen wie auch anzustrebende Zustände lassen sich eben nicht beliebig auf definierte Perioden stabilisieren. Bei alldem finden sich wiederholt Zeiträume der betonten politischen Niedrigbewertung der Raumplanung und also auch solche der Zuwendung zu Sachplanungen mit den Raumplänen gleichsam im Abseits. In dieser Art geschehen vor allem in der zweiten Hälfte des 19. Jahrhunderts und in den 1950er- und 1960er-Jahren mit Auswirkungen auf das Raumgeschehen über längere Zeiten. Aktuell nimmt sich, beispielsweise, die Verkehrsplanung als Sachplanung gegenüber der Raumplanung viele Freiheiten heraus, ist aber enorm raumwirksam: Sie bestimmt die Siedlungs- und Agglomerationsentwicklung durch ihre Leistungsangebote mehr als dies die üblichen Raumpläne vermocht hätten.

Zeitlich begrenzte oder periodische Hochs und Tiefs der Raumplanung lassen sich übrigens nur dann richtig einschätzen, wenn sie in den Fluss der Dinge, des Entscheidens und Handelns sowie der Sichtweisen, des Problembewusstseins sowie der -wahrnehmung, also der materiellen Gegebenheiten und Prozesse, gestellt werden. Das aktuell behauptete Absinken des politischen Stellenwertes der Raumplanung ist aus einer geschichtlichen Sicht der tatsächlichen und der geplanten räumlichen Entwicklung wie auch des Raumplanungsverständnisses nicht ein fataler Absturz, sondern, wenn schon, dann ein Analysebefund auf Zeit, genährt aus der Überlagerung durch aktuell brennendere Themata sowie durch neue, kritische und durchaus heikle Fragestellungen. Diese vermögen in ihrer Zeitgebundenheit der Raumplanung als bleibend öffentliche Aufgabe wenig anzutun, auch wenn sie diese bedrängen, möglicherweise sogar hart. Denn eins steht fest:

Der Raum, der Lebensraum, ist zunehmend von derart grosser Bedeutung für die politische, wirtschaftliche, soziale, ökologische, für eine nachhaltige Entwicklung, dass er zentraler Gegenstand menschlichen Bemühens bleiben wird – örtlich, regional, landes- und weltweit – unabhängig vom Begriff der Raumplanung und unabhängig von deren Verständnis. Das tatsächliche Entwicklungsgeschehen und das begleitende wertbetonte Verhalten der Menschen machen das Befassen mit dem Lebensraum nötig: zukunftsgerichtet, bleibend.

Die Geschichte der schweizerischen Raumplanung ist – institutionell – in hohem Masse eine solche des 20. Jahrhunderts. Das 19. Jahrhundert hat sie intensiv vorgeprägt, allein schon durch Industrialisierung, den Eisenbahnverkehr, das Bannen der Naturgefahren und vor allem durch den Bundesstaat von 1848 sowie die Verfassung von 1874. Die Wurzeln reichen sogar – ausholend bedacht – viel weiter, also weit zurück. Es war aber das unmittelbar vergangene Jahrhundert, das der Raumplanung nach Zielen und Zweck, Institutionen und Verfahren Struktur gegeben hat. Für das Darstellen der Geschichte ist deshalb das Verstehen des 19. und 20. Jahrhunderts wegleitend, leider auch mit einhergehenden dunklen Seiten.

Als grosse Linie muss ins Bewusstsein rücken, dass die Perioden vor dem Ersten, jene des Ersten und des Zweiten Weltkrieges, die Zeit nach dem Zweiten sowie das Aufbrechen der bipolaren Weltstruktur mit Anbruch der Globalisierung den Hintergrund der Geschichte der Raumplanung bilden – mit Einschluss der technischen (Atomkraft, Flugwesen, Internet usw.), der sozialen (Wertewandel, Aufbrechen der Familienstrukturen, Migrationen usw.), der wirtschaftlichen (Bedeutungszuwachs des dritten Sektors, globalisierte Märkte, flexible und gleichzeitig sich übernehmende Finanzmärkte, Mobilität/Kommunikation usw.), der ökologischen (Belastungen der Umwelt, Zeitlichkeit der Ressourcen usw.) und der politischen Entwicklung (zuerst Zuwachs, dann Relativierung bis zur Rückstufung der Nationalstaaten, Bedeutungsgewinn der internationale Ebene und internationaler sowie re-

I. Grundverständnis

gionaler Zusammenschlüsse wie EWG, EG, EU, dann aber wieder das Aufblühen von Nationalstaaten wie Russland, China usw.).

Ohne diese Hintergründe lässt sich die Raumplanung nicht denken und nicht verstehen, auch nicht in ihrer Zeitgebundenheit sowie in ihrer sachlich und politisch begrenzten *Fähigkeit, auf die Herausforderungen zukunftsorientiert zu reagieren*. Die Frage, wie sich die Raumplanung unter den veränderten Bedingungen des bereits angelaufenen 21. Jahrhunderts neu auf- und ausrichten wird, ist damit gestellt. Die Veränderungen sind, allein schon gemessen an den zugrunde gelegten Strukturen, z.B. der Unions- und Blockbildungen oder der im Rückwärtsgang intensivierten Bindung an den Nationalstaat und an die „National"ökonomie, von Gewicht. Aber längerfristig: Das internationale Umfeld wird so oder so relevant sein – sogar dominant, bleibend. Denn die wirtschaftlichen und sozialen Vernetzungen und Abhängigkeiten sind internationaler geworden.

II. Tatsächliches Raumgeschehen – Einflussnahme auf die Raumentwicklung

Die räumliche Entwicklung der Schweiz – zurück bis in die alte Eidgenossenschaft und herwärts bis auf die heutigen Tage sowie vorwärts in die Zukunft hinein – lässt sich durch Vektoren (Entwicklungskräfte) und (unter Umständen mehrpolige) Spannungsfelder charakterisieren. Sie bilden allerdings keine konstanten Grössen; sie sind ihrerseits über die Zeiten hinweg unterschiedlich ausgeprägt. Dennoch ist es wichtig, die grundlegenden – in dieser oder jener Ausformung und nach divergierenden Intensitätsgraden, je nach den Zeitumständen – zu bedenken. Denn die *Raumplanung* respektive die *Raumordnung ist immer ein bedachtes Befassen mit Kräften und Spannungsfeldern*. Viele davon sind örtlich, regional und landesweit zu erfassen. Auszumachen sind sie heute sogar international.

Einige wenige dieser Pole und Divergenzen seien hier angedeutet, nicht als Analysebeschrieb, mehr als „Pro-memoria-Faktoren":

- Berggebiete, voralpines Gelände, Jurahöhen, periphere Gebiete und das Mittelland stehen nicht nur für topografisch, kulturell und wirtschaftlich, kurzum für geografisch unterschiedliche *Räume,* sondern auch für auseinanderdriftende Lebensverhältnisse, Lebensansprüche, berufliche Aktivitäten, Bildungsinteressen und nationale wie internationale Vernetzungen. Daraus entstanden Gegensätze, Attraktivitäten und Gefälle. Disparitäten taten sich auf – mit Langzeitwirkungen: Stadt – Land, Berggebiete – Mittelland, periphere Räume – Zentren, Städtegefüge – ländliche Räume. Daraus erwuchsen interregionale Wanderungen, Mobilitäts- und Verkehrsbedürfnisse zu unterschiedlichen Zeiten in unterschiedlichem Ausmass, bis auf die heutigen Tage, langsam abklingend.

- *Existenzielle Erfahrungen* bilden einen prägenden Faktor, der über Generationen weitergegeben wird. Nicht dass es in der alten Eidgenossenschaft keinen zeitgemässen Wohlstand gegeben hätte, doch allein schon die Naturgefahren und die damals geringe Produktivität der Landwirtschaft setzten Grenzen vor allem in den Berggebieten und in den ländlichen Räumen, mit sozialen Folgen, bis und mit Söldnerwesen und Auswanderungen. Ein Ereignis zu Beginn des 19. Jahrhunderts belegt solche Schattenseiten. Im Jahr 1816 blieb der Sommer aus und Hungersnot herrschte in grösseren Teilen des Landes. Und dann folgte 1861 der fatale Brand von Glarus, allerdings bereits gefolgt von spontaner Solidarität des jungen Bundesstaates und seiner Bevölkerung. Glarus wurde wieder aufgebaut mit „städtischem" Flair. Dies sorgte für einen Wandel – ein Vorzeichen des neu inspirierten Willens, den Naturgefahren und Schicksalsschlägen nicht wehrlos ausgeliefert zu sein, gepaart vom Willen, in die Zukunft voranzuschreiten. Allein schon die grossen Gewässerkorrektionen, wie das Linthwerk (1807–1816), die erste Juragewässerkorrektion (1868–1891), die internationale Rheinkorrektion im st. gallischen Rheintal aufgrund des Staatsvertrages von 1892 zwischen der Schweiz und Österreich-Ungarn, signalisieren etwas von dem, was vorgekehrt werden musste, technisch angegangen und räumlich bewirkt wurde. Die teilweise nachfolgenden Meliorationen der einstigen Überschwemmungsgebiete zeugen ihrerseits von der lebensräumlichen Bedeutung.

- Auch wenn die *Werthaltungsunterschiede und konfessionellen Gegensätze* aus vielen Gründen heraus in jüngster Zeit kleiner geworden sind, die Spuren der damit verbundenen Kultur- und Politikpräferenzen sind nach wie vor in nuce präsent. Die Unterschiedlichkeiten der Offenheit vor allem in den Städten Genf, Lausanne, Bern, Basel, Zürich und St. Gallen zur eher konservativen Authentizität vorweg in den innerschweizerischen Stammlanden, im Wallis und im Freiburgischen usw. traten während langer Zeit prononciert hervor, sei es im Verhältnis zu den Bildungsbereichen, sei es im Zutritt zu den technischen und den Naturwissenschaften, sei es mit Blick auf die Aufklärung und deren politischen Intentionen der Menschenrechte, der verfassten Freiheit. Eigenheiten spiegeln sich dabei bis heute in divergierenden politischen Erwartungshaltungen, so aus den urbanen, aus den ländlichen, aus den entlegenen Gebieten.

II. Tatsächliches Raumgeschehen – Einflussnahme auf die Raumentwicklung

- Über diese Komponenten hinaus ist die *Kultur des Landes* alles in allem so vielfältig, wie es das Land nach seiner Topografie und seinen Menschen nach Sprachen und Eigenart der Lebensgestaltung ist, was über viele Jahrzehnte eher ein Hindernis auf dem Weg zur Vernetzung war. Nun aber sind die gesellschaftlichen und kulturellen Grenzüberschreitungen breiter geworden. Landesinterne Wanderungschancen kündigten sich an. Die Universitäten, das Hochschulwesen und die Berufsausbildungen sind enorm in Bewegung geraten, die urbanen Studienplätze und Arbeitsmärkte zogen und ziehen Kräfte an – aus dem Kultur- und Wirtschaftsleben sind die „Binnenwanderungen" nicht mehr wegzudenken. Der zweite und dritte Wirtschaftssektor und die werdende Informations- und Wissensgesellschaft zehren davon. Die Innovationskraft gedeiht. Und bald schon kam die internationale Zuwanderung dazu, sehr früh schon Glaubens-, dann politische Flüchtlinge zur Zeit der Schweiz als Hort des Liberalismus, dann der Zustrom von ausländischen Arbeitskräften und neuerdings als eine Folge der europäisch initiierten Personenfreizügigkeit.

- Die *Wirtschaftsfreiheit* zeigt Wirkungen. Tausende von innovativen KMU bilden das Rückgrat. Internationale Unternehmungen der Ernährung, der Chemie, Pharmazie, der Elektroindustrie, des Finanz- und Versicherungsplatzes usw. dominieren zusätzlich und expandieren in alle Welt. Auch politisch wird das Land durch die agierende Wirtschaft immer wieder neu gefordert. Selbst internationale Vorbehalte gegenüber eingeschlagenen Wegen (Arbeitskräfte, Energieversorgung, Bankgeheimnis, Unternehmensbesteuerungen usw.) zwingen zu neuen Anstrengungen – alles verbunden mit Ansprüchen an den Lebensraum. Die Wirtschaftsfreiheit verkörpert gleichsam eine durch die Raumplanung zu respektierende Eigendynamik, der innerhalb der Raumordnung Rechnung zu tragen ist. Durch spezifische Anforderungen in technischer und arbeitsmarktmässiger Hinsicht hat sie zeitbedingte räumliche Spuren hinterlassen (Standorte an Wasserläufen, Industriestädte, monostrukturierte Gebiete usw.), die ihrerseits zu Faktoren „regionalwirtschaftlicher Massnahmen" wurden.

- Der *Boden* war zu allen Zeiten ein knappes Gut, wenn auch jeweils aus andern oder doch sich ändernden, sich kumulierenden Gründen. Mit ihm musste in den meisten Perioden haushälterisch umgegangen werden, sei es aus Rücksicht auf die topografischen Grundgegebenheiten, sei es mit Blick auf die Ernährungsgewohnheiten und Tierhaltungen, sei es wegen der Bedrohung durch Naturgefahren, sei es wegen eng gezogener Stadtmauern samt Besiedlungsdichte, sei es mit Blick auf die nur langsam wachsende landwirtschaftliche Produktivität, sei es aus Gründen fehlender oder unzulänglicher Erschliessung von Bauland, sei es bedingt durch die wachsende Bevölkerung mit erhöhten Ansprüchen an das Wohnen, das Arbeiten, die Freizeit, an die Transport- und Versorgungseinrichtungen, sei es gerichtet auf flächenintensive Industrien, Einkaufszentren, Anlagen des privaten und öffentlichen Verkehrs usw.

- Und erst recht die *Siedlungsentwicklung*. Sie stand wiederkehrend vor Engpässen. Diese spiegeln eine Vielzahl von Faktoren, so die demografische Entwicklung inklusive das Älterwerden, wirtschaftliche Bedürfnisse, die europäisierte Personenfreizügigkeit, Migrationsbewegungen, Wohlstandsgefälle, vor allem auch landeseigene erhöhte Ansprüche an die Wohn- und Arbeitsplätze, die Mobilitätsmöglichkeiten, das Freizeitverhalten, die Variabilität der Lebensstile usw. Nicht zu unterschätzen ist die Flucht in Sachwerte als unmittelbare Folge der jüngsten Politik des billigen Geldes. Die Siedlungsentwicklung weitet sich sogar überproportional aufgrund dieser und weiterer kaum beherrschbarer Vektoren seit Jahrzehnten aus: Zersiedelung als bleibende Konsequenz? Die bestmögliche Nutzung von Industriebrachen wurde genauso zur Herausforderung wie die Postulate der Verdichtungen innerhalb der bestehenden und zu verändernden Siedlungen. Hinter dem Äusserlichen steht zudem ein Geschehen, das begleitet ist von Immateriellem (Werthaltungen) und marktseitigen Impulsen (Verkehrsangebote, die zum Pendeln verleiten). Kurzum, die Siedlungsentwicklung erklärt sich nicht monokausal, beispielsweise aus dem Verkehr oder aus der Flächenverfügbarkeit überdimensionierter Bauzonen. Sie ist deshalb nicht spezifisch steuerbar, bedarf aber stringenter räumlicher Begrenzungen, um die offene Landschaft zu erhalten und die Siedlungen komprimiert zu gestalten sowie wirtschaftlich und qualitätsseitig zu stärken – mit angestrebtem Substanzgewinn für die Menschen, für die urbane Kultur, für die Erlebniswelten. Dass mit der Siedlungsentwicklung das Anwachsen der Agglomerationen und sogar von Metropolitanräumen zu beachten ist, mahnt zur Weitsicht. Die Prognose liegt nahe: Die Schweiz wird zur

II. Tatsächliches Raumgeschehen – Einflussnahme auf die Raumentwicklung

Stadt – mindestens im Mittelland auf der Ost-West-Achse und Nord-Süd zwischen Basel und Luzern respektive Zürich. Die Pendlerströme stehen für die inneren Strukturen der „Stadt" mit ihren sich berührenden und überschneidenden Agglomerationen.

- Schlüsselrollen fallen und fielen stets dem *Wasser respektive den Gewässern*, dem *Wald* und der *offenen Landschaft* zu. Ohne sie sind lebensräumliche Entwicklungen nicht möglich, jedenfalls nicht unter optimalen Bedingungen. Beim Wasser geht es um Quantitäten und Qualitäten, um den Wasserbau, die Wassernutzung (Wasserkraftnutzung, Wasserversorgung usw.) und den Schutz der Gewässer. Der Wald dient gleich mehreren Funktionen – von der Holznutzung über die Erholung bis zur Landschaftsgestaltung, bis zum Beitrag an das ökologische Gleichgewicht. Die offene Landschaft prägt ihrerseits das umfassende Landschaftsbild und -erlebnis; sie strukturiert zudem das Verhältnis zu den Siedlungen im weitesten Sinn und begünstigt die landwirtschaftliche Nutzung. Dass besondere Landschaften eines qualifizierten Schutzes bedürfen, das versteht sich. Dieses Bedürfnis gilt auch für singuläre Objekte und Siedlungsbilder im Sinne eines ausholenden Denkmal- samt Umgebungsschutzes. Wo ein absoluter Schutz gelten muss, ist sorgfältig zu erwägen. In den übrigen Fällen kann ein kritisches Abwägen zwischen Schutz und Erneuerung zugelassen werden.

- Die unerlässliche *Förderung der allgemeinen sowie der wirtschaftlichen Wohlfahrt,* also konjunktureller und struktureller Veränderungen, bedingt das Lancieren und Begünstigen von Entwicklungskräften, sei es durch die investierende Wirtschaft, durch den motivierenden, subventionierenden, günstige Voraussetzungen schaffenden Staat respektive seine öffentlichen Unternehmungen. Diese Stützen dürfen nicht über negative Vorurteile verhindert werden – auch nicht raumplanerisch-ideologisch. Denn jegliche Entwicklung findet im Raum statt, auch die wirtschaftliche! Steigerungen der Wohlfahrt sind deshalb genauso zu erwägen wie restriktive Schutzbemühungen. Die wirtschaftlichen und gesellschaftlichen Antriebskräfte, unweigerlich mit positiven und/oder negativen Vorzeichen verbunden, beleben die räumliche Entwicklung oft stärker, als dies gemeinhin bewusst ist. Sie sind sachlich häufig unumgänglicher, als es der Öffentlichkeit auf Anhieb bewusst wird und lieb ist.

- Dass sich Städte und ländliche Räume tangieren und dass die anhaltenden *Urbanisierungsprozesse* Veränderungen der Lebensentwürfe und -stile mit sich bringen, das lässt sich heute förmlich greifen, war aber schon immer unterschwellig präsent. Städte sind eben Zentren – und Zentren sind Anziehungspunkte. Sie stehen für gewerblich-industrielle sowie Dienstleistungsangebote und bilden sich, unter sich in Konkurrenz, unterschiedlich heran, je nach Entwicklungsgrad und Ausrichtung verschieden, in jedem Fall aus ihrer unmittelbaren und weiteren Umgebung herausragend. Die Städte unter sich fügten sich zu Städtenetzen. Die derzeit noch eher extravertierten Metropolitanräume Genf–Lausanne und Basel–Luzern–Zug–Zürich–Winterthur machen die Schweiz physisch, wirtschaftlich und kulturell international wahrnehmbar. Der Grossraum Bern beginnt sich seinerseits zu profilieren, erreicht aber mindestens im Innen- und Aussenverhältnis nicht das Gewicht der erwähnten zwei Metropolen. Diese beeinflussen ihrerseits die „Stadt Schweiz", die mindestens im Mittelland von Genf bis St. Margrethen als durchgrüntes Band zur Wirklichkeit geworden ist, bestehend aus ausufernden Gemeinden, Städten, Agglomerationen und eben aus den Metropolitanräumen. Aus dem einst profilierten Städtenetz Schweiz ist also so etwas wie eine *Band-Stadt* mit Schwerpunkts- und Grünräumen geworden, durchsetzt mit grösseren und kleineren Zentren, die für den Verkehr sowie die Versorgung nach wie vor eine nicht unerhebliche Rolle spielen. Der Wandel vom Städtenetzverkehr zum quasi innerstädtischen Massenverkehr ist prognostizierbar, in Teilen bereits Tatsache.

- Einen wichtigen Teilraum bildet seit jeher das *Berggebiet*. Zusammen mit den voralpinen Räumen macht es mehr als die Hälfte des schweizerischen Lebensraumes aus. Seit der Gründung des Bundesstaates 1848 und noch viel weiter zurück hat es Aufmerksamkeit gefunden, beginnend mit der Exposition gegenüber den Naturkräften, dem Söldnerwesen, der Abwanderung ins Ausland, der innerschweizerischen Migration und schlussendlich als aufstrebendes Tourismusgebiet, bis und mit Verstädterungen der eigenen Hauptzentren. Die schweizerische Regional- und die hiesige Raumordnungspolitik hat in jüngerer Zeit stets die Förderung der Berggebiete mit auf den Weg genommen: erst durch Infrastrukturförderung, dann durch Stärkung der endogenen Kräfte und schlussendlich sogar bis zur Vernetzung mit Agglomerationsräumen.

II. Tatsächliches Raumgeschehen – Einflussnahme auf die Raumentwicklung

- Besondere Ansprüche gehen von peripheren Gebieten aus, sodann von Räumen, die wirtschaftlich einseitig (mono-)strukturiert (Textil- und Uhrenindustrie, Landwirtschaft usw.) sind. Der sogenannte ländliche Raum schliesst solche Bereiche besonders häufig ein. Bestimmt werden diese Gebiete durch langfristige Prozessbedingungen wie Fabriken an Wasserläufen, kostengünstige Produktionsstätten und Arbeitsmärkte. Ob sich die Raumplanung in allen Teilen problemlösend einbringen kann? Ob die Regionalwirtschaft handlungsfähig sei? In der Regel muss mindestens der Strukturwandel durch die Wirtschaft respektive durch die betroffenen Unternehmungen selbst angegangen werden.

- Eng verknüpft mit dem räumlichen Geschehen ist der *Verkehr*, als öffentlicher und als privater, als nationaler und internationaler, als Infrastruktur, als Leistungsträger, als Leistungsangebot, als Ausdruck des individuellen Mobilitätsbedürfnisses und des pulsierenden politischen, wirtschaftlichen und gesellschaftlichen Lebens. Die Siedlungsentwicklung wird dank des hohen Standards des öffentlichen Verkehrs (nach Angebot und Leistung) nicht mehr einseitig durch den strassenbezogenen Individualverkehr beeinflusst, sondern auch durch den öffentlichen Verkehr (Städteverbindungen, S-Bahnen, Personentransporte auf der Strasse). Entscheidend sind Fahrzeiten, Häufigkeiten wie auch Qualitäten und Zuverlässigkeiten der Angebote. Die Verkehrspolitik, im Verbund mit der Raumplanung, wendet sich, abgesehen von den immensen Investitionen in den Nord-Süd-Verkehr auf Schiene und Strasse, mit guten Gründen vermehrt und intensiver dem öffentlichen und privaten Verkehr in den bevölkerungsintensiven Teilräumen der Metropolen und Agglomerationen zu. Anders formuliert: Die werdende „Stadt Schweiz" bedarf einer neuen Verkehrsplanung und -politik, abgestimmt auf die morgige Raumplanung mit Akzenten auf den Metropolitan- und Agglomerationsräumen.

- Die wirtschaftlich ab Mitte des 19. Jahrhunderts freiheitlich – persönlich, unternehmerisch und marktseitig – angelegte Schweiz hat manche der soeben angedeuteten Spannungsfelder sukzessive gemildert. Zusätzlich kommt mit Schwergewicht ab der Mitte des 20. Jahrhunderts, also nach dem Zweiten Weltkrieg, *die internationale Öffnung der Wirtschaft* zum Tragen, mit neuen Konkurrenten, mit neuen Einflüssen und Chancen, mit neuen Vernetzungen und Rückwirkungen, bis hin zu den

Finanzflüssen. Die Zahl der internationalen Unternehmungen mit Standort in der Schweiz nimmt denn auch rasch zu, vom Food-Sektor über Chemie, Pharmazie, Uhren, Luxusgüter, Maschinen bis und mit Transporteuren, Versicherungen und Banken, alle international vernetzt, mit Prestige, mit Erfolgen, auch mit erheblichen Risiken, sogar zulasten des Standortstaates Schweiz. Aber nicht nur die grossen Konzerne, auch die KMU sind international engagiert, teils pointiert als spezialisierte Zulieferer, teils als originelle Anbieter ausserordentlicher Produkte, vom Luxussektor über Medizinalprodukte bis zum Bereich modernster Technologien (Digitalisierung, Robotik). Die Relativierung der Standorttreue der Unternehmungen ruft, abgesehen vom Frankenkurs usw., nach einer flexibleren Raumplanung. Mindestens Produktionsstandorte werden unter Kosten- und Arbeitsmarktvorteilen schnell einmal verlagert, Geschäftsbereiche neu lanciert oder Bodennutzungen zur Neunutzung freigegeben.

- Die *Politik* ist ihrerseits gefordert, und mit ihr auch der Gesetzgeber, als Verfassungsgesetzgeber, als einfacher des Erlasses der erforderlichen Gesetze, so zur Raumplanung, zur Wirtschaftsförderung usw. Sodann sind die Regierungen als nationale zum Scharnier und Impulsträger neuer nationaler wie internationaler Problemfelder geworden. Selbst die materiell schlank erneuerte Bundesverfassung von 1999 bleibt in nicht wenigen Belangen hinter den kommenden Anforderungen zurück, mit heiklen offenen Flanken in Bezug auf zahlreiche Sachaufgaben wie Energieversorgung und -verteilung und Sozialversicherungen, ferner hinsichtlich der Demokratie und des Föderalismus. Die Schweiz steht zwar abseits einer förmlichen Mitgliedschaft bei der EU, ist mit ihr aber verbunden, und zwar durch bilaterale Verträge. Das kritische Augenmerk der Märkte, der internationalen Organisationen und argwöhnischer Grossmächte wie auch einflussreicher Weltunternehmungen belebt und bedrängt von Zeit zu Zeit die Wirtschaft sowie die Wirtschaftspolitik samt Steuerpolitik. Die räumlichen Probleme rücken dabei nicht augenfällig in den Vordergrund, doch die Wirkungen respektive Auswirkungen der dynamisierten Politik und Wirtschaft mit Einschluss möglicher Standortrisiken lasten bisweilen auf der schweizerischen Volkswirtschaft. Besonders heikel sind Währungsfragen, mindestens dann, wenn sich der Frankenkurs aufgrund von Fluchtbewegungen übermässig erhöht und/oder wenn Sachwerte wie Immobilien

II. Tatsächliches Raumgeschehen – Einflussnahme auf die Raumentwicklung

als Anlagen bevorzugt werden. Regional-räumliche Auswirkungen bedrängen zudem den Tourismus. Der Raum Schweiz erlebt, über alles gesehen, derzeit und wohl auch morgen das Nationale als Spannungsfeld zum Internationalen.

- Die *relativ hohe Staatsquote* mahnt den Staat aller Ebenen, in seinen Tätigkeiten auf die Anforderungen der Raumordnung zuzugehen und sich auf die Raumplanung einzulassen. Auch die öffentlichen Unternehmungen, die voll öffentlichen, die teilprivatisierten und gemischtwirtschaftlichen, haben den raumplanerischen Anliegen zu genügen. Service public, Grundversorgung, Basiserschliessungen, Ausbau von Energieanlagen, Stromnetze, Bewältigung der Pendlerströme usw., sie alle sind raumrelevant. Es reicht nicht hin, die mit ihnen verbundenen öffentlichen Interesse für sich geltend zu machen. Sie müssen in Konkurrenz mit jenen an der geordneten räumlichen Entwicklung er- und abgewogen werden. Die staatlichen Aktivitäten im engeren und weitern Sinn sind also nicht aus sich heraus raumneutral. Im Gegenteil!

- Die allerneuste Entwicklung zu Beginn des 21. Jahrhundert zeichnet sich, teilweise im Gegensatz zum Ausland, durch eine beschleunigt *wachsende Bevölkerung* mit erhöhten Ansprüchen an den Lebensraum (internationale Zuwanderung insbesondere aufgrund der mit der EU vereinbarten Personenfreizügigkeit sowie der Flüchtlingsbewegungen, alles bei erhöhter Nachfrage seitens des schweizerischen Arbeitsmarktes usw.) aus, bei gleichzeitiger Ausreizung der Infrastrukturen, die in den 1960er- und 1970er-Jahren ausgebaut respektive von den damaligen Planungsannahmen her geplant worden sind. Dies betrifft unter anderem die Verkehrsnetze von Schiene und Strasse, die Versorgung und Entsorgung, die Bildungsinstitutionen, das Gesundheitswesen, die Energiebelange usw. Die Bevölkerung ist zwischenzeitlich auf rund 8,4 Mio. Menschen (2016) gestiegen (neuste jährliche Zuwanderung in der Grössenordnung von netto rund 60 000 Menschen) – 1939 waren es noch 4,1 Mio. Einwohner. Es entstehen dabei mindestens zwei – weltweit gesehen eher kleine, wirtschaftlich aber auch international nicht unbedeutende – Metropolitanräume. Selbst das Mittelland wird – wie bereits erwähnt – zu einer „Stadt". Dementsprechend nimmt die *Bedeutung des Städtebaus und der Stadtplanung* im Kontext der Raumplanung erheblich zu.

- Neben der Wirtschaft und Gesellschaft prägt die bewusste und unbewusst vollzogene *Zuwendung zur Informations- und Wissensgesellschaft* die räumliche Entwicklung der Schweiz, sichtbar von den Arbeitsmärkten bis zu den Kommunikations- und Bildungseinrichtungen, von den Finanzmärkten bis zu neuen Forschungsschwerpunkten, von den Standortpräferenzen entsprechender Unternehmungen bis zu den Ansprüchen an die Lebensqualitäten. Die potenziellen tatsächlichen Auswirkungen auf den Raum, auf das Leben im Raum und auf die künftigen Anforderungen an den Lebensraum, sind dringend zu analysieren.

- Ob und wie sich die international angestossene und national zu vollziehende *Klimapolitik* auf die Raumordnungspolitik auswirkt, ist derzeit noch offen. Hingegen sind die Klimaveränderungen als solche für die Raumordnung bedeutsam, da eine gewisse Erwärmung Auswirkungen zeitigen wird bis hin zum Tourismus und hin zur Bauwirtschaft usw.

Die Genesis der Raumplanung zu bedenken ist vor diesem bewegten und sich weiterhin verändernden Hintergrund mehr als eine Darstellung dessen, was bezogen auf die reale räumliche Entwicklung und auf die Planung geschehen ist. Es geht um eine kritische Sicht, um eine Würdigung der ursächlichen Faktoren, der Spannungen, des Wettbewerbs, der raumordnungspolitischen Aktivitäten in Relation zur tatsächlichen Entwicklung. Diese differenziert nach Schüben und Intensitäten wahrzunehmen, soll helfen, das Verständnis des Agierens der Raumplanung samt ihren Möglichkeiten und Grenzen zu vertiefen und zu festigen, stets mit Blick auf die Veränderungen des tatsächlichen räumlichen Geschehens. Zu beurteilen bleibt auch die elementar kritische Frage, die immer wieder neu zu stellen ist: *Hat die tatsächliche Raumentwicklung die rechtlich und konzeptionell-programmatisch ausgelegte Raumplanung eingeholt, gar überholt?* Ihr kann und darf nie ausgewichen werden, weder in der Darstellung der Geschichte der Raumplanung noch beim täglichen Planen.

Die Geschichte der schweizerischen Raumplanung – anfänglich Orts-, Regional- und Landesplanung genannt, ursprünglich sogar namenlos, aktuell bald als Raumentwicklung oder Raumordnung und Raummanagement angesprochen – muss eine solche a) *des faktischen lebensräumlichen Geschehens*, b) *der Ideen und Theorien, der Methoden der Auseinandersetzung mit der Zukunft*, c) *der öffentlichen Verantwortungswahrnehmung*

II. Tatsächliches Raumgeschehen – Einflussnahme auf die Raumentwicklung

und d) *von Erreichtem wie auch Verfehltem sein.* Sie lässt Raumplanung als Prozess des Angehens von anstehenden und aufkommenden Problemen im Lebensraum zugunsten des homo politicus, oeconomicus vel (et) socialis wie auch seiner Gemeinschaften verstehen – demokratisch getragen und veranlasst, in vielseitigen Verwebungen mit der Wirtschaft und der breiten sowie der strukturierten Gesellschaft, auf dem Weg durch die sich wandelnde kulturelle, politische, wirtschaftliche und soziale wie auch ökologische Wirklichkeit. Dass Menschen sesshaft werden, roden und anpflanzen, Siedlungen bilden, Meliorieren, Schutzbauten errichten, Märkte betreiben, Städte planen, Wegverbindungen suchen usw., das ist die eine Seite des Werdens und damit der Geschichte der Raumordnung. Die andere ist, dass sie dies immer wieder bewusst und zukunftsorientiert tun muss, ins Auge springend einst bei „Stadtgründungen", dann erkennbar an den grossen Infrastrukturbauten, an den Nutzungen der Wasserkräfte, zeitgenössisch an den Agglomerationsbildungen, an den Kommunikationsnetzen, an der Auseinandersetzung mit der Mobilität usw.

Auf den Punkt gebracht: Herwärts der historischen Wurzeln samt laufenden Weiterentwicklungen und schleichenden Veränderungen ist die jüngere Geschichte der schweizerischen Raumplanung vor allem durch deren *Institutionalisierung* geprägt, die jüngste sucht die Bewährung in einer rasch sich ändernden Welt, bestimmt durch Internationalisierungsschübe der Politik, der Märkte, der Unternehmungen, durch sekundenschnelle Kommunikation, durch massiv gesteigerte Mobilität, aber auch durch Orientierungssuche im Kulturellen wie auch aufgrund des Strebens nach Nachhaltigkeit. Der Raumplanung harrten das Wahren der lebensräumlichen Gesamtzusammenhänge, die internationalen Bezugsfelder, die Abstimmung mit der Verkehrs- und der Landschaftsplanung, die Integration der raumrelevanten Umweltanforderungen, die abgestimmte Energieplanung, der Abbau von alten und neuen Disparitäten, das Schaffen von angemessenen Governance-Strukturen für Metropolitanräume und Agglomerationen, die politische Synchronisation von Hoheitsgebieten und funktionalen Raumtypen usw., alles im Kontext des geltenden und des morgen neu zu erlassenden Rechts.

Wollte man *Phasen* wider die geäusserten Bedenken dennoch aufzeigen, so wären sie nach mehreren Kriterien zu entwickeln, beispielsweise gemessen an den Bedrohungen und Möglichkeiten der lebensräumlichen Entfaltung, mit Blick auf die sich verdichtende Gesetzgebung oder gerichtet auf Theorien zur Orts-, Regional- und Landesplanung, allenfalls differenziert nach den Weiten sowie Tiefen des angesprochenen Gegenstandes respektive der Gegenstände oder aufgrund von Intensitätsgraden der raumplanerischer Bemühungen. Viele weitere Hervorhebungen und Unterscheidungen sind denkbar. Auch Mischungen und Überschneidungen lassen sich vorstellen. Für die jüngere Geschichte, ausgerichtet eher auf äussere Fakten und politische Wertungen sowie gängige Phasen wie der Institutionalisierung, lassen sich nur unter Vorbehalten, gedacht als Hilfsraster, die folgenden Perioden herausschälen:

a) prägende Wurzeln der politischen, wirtschaftlichen, sozialen und umweltseitigen wie auch räumlichen Entwicklung bis zum werdenden Bundesstaat (bis 1848/1874),
b) politischer wirtschaftlicher, technischer und gesellschaftlicher Aufbruch in der zweiten Hälfte des 19. Jahrhunderts samt der Zeit um den Ersten Weltkrieg (1914–1918) bis und mit der Weltwirtschaftskrise (ca. 1930),
c) Impulse aus der Zeit vor und während des Zweiten Weltkrieges samt den Wirkungen auf die keimenden (formellen) Planungsaktivitäten (1930, 1939, 1945) mit Akzenten auf der Landesausstellung von 1939 in Zürich,
d) Dominanz der sektoralen (Sach-)Planungen (1953–1966), sich anhebender wirtschaftlicher, gesellschaftlicher, technischer, wertmässiger Veränderungen (zur Kleinfamilie, zum Singlehaushalt, sinkende Selbstverantwortung, Verhältnis zur Atomenergie, Computerisierung usw.), Vorboten örtlicher und regionaler Planungen, Heranwachsen der Raumplanung als wissenschaftliche Disziplin und als praktische, rechtlich unterlegte Aufgabe auf örtlicher und regionaler Stufe,
e) bundesverfassungsrechtliche und bundesgesetzliche Verankerung der Raumplanung (1969–1980), begleitet von der erstarkenden kantonalen Gesetzgebung und vorsorglicher planerischer Massnahmen auch im Bereich des Umweltschutzes,
f) Etablierung und erste Bewährung der Raumplanung als öffentliche Aufgabe aller Staatsebenen und als akademische Disziplin im interdisziplinären Umfeld (1970–1990),
g) Neuorientierung der Raumplanung (ab 1990) inmitten veränderter wirtschaftlicher (Globalisierung, weltweite, sekundenschnelle Kom-

II. Tatsächliches Raumgeschehen – Einflussnahme auf die Raumentwicklung

munikation, Verfügbarkeit von Energie und Verkehrsmittel), technischer (Energieverbrauch und -bewusstsein) und sozialer Verhältnisse (Lebensstile, demografische Entwicklung, Mobilität, Wissensgesellschaft) wie auch ökologischer Herausforderungen (Umweltbelastungen, Klimabeeinflussungen),

h) massiv beschleunigt, raumverändernde Entwicklung ab 2000 aufgrund des Wohlstands, der Digitalisierung (Internet- und Kommunikationsmöglichkeiten), der wachsenden Ansprüche an den Lebensraum, der erheblichen Bevölkerungszunahme, der Mobilität, des Freizeitlebens, des Wertewandels usw. – oft in Kombination.

Dieser sich öffnenden Struktur folgt die vorliegende Darstellung, allerdings mit zwei Vorbehalten: erstens gleitender Übergänge und übergreifender Vorgänge, zweitens vernetzter Grundideen, die sich ihrerseits bewegen und sich weiterentwickeln. Insofern sind die Phasen eher als formelle, materielle und zeitliche *Akzentuierungen* zu verstehen. Den Titeln sind in diesem Sinn relativ unpräzise Zeitangaben beigefügt.

Vereinfachende Zuordnung prägender Vektoren der geschichtlichen Entwicklung zu den einzelnen Zeiträumen taugen wenig, vor allem auch nicht als Erklärungsmuster aus dem Hauptkennzeichen der einzelnen Quasi-Phasen heraus. Jede hat ihre eigenen Wirkungen, sogar über die einzelnen Abschnitte hinaus. Weder ist die Geschichte der Raumplanung nach harten Kriterien prägnant nachvollziehbar, noch strukturiert sie sich aus sich heraus nach definierten Konflikt- und Spannungsfeldern wie zwischen privaten und öffentlichen Interessen. Selbst die parteipolitischen Differenzen zum Politik- und Gesellschaftsverständnis geben keine luziden Differenzierungen her. Die Raumplanung ist eben der realen Problemkonfrontationen wegen eine zielorientierte, andauernde, nicht beliebig begrenzbare Aufgabe gegenüber tatsächlichen politischen, wirtschaftlichen, technischen, sozialen und ökologischen Vorgängen. Selbst der jeweilige Stand der Gesetzgebung erklärt nicht alles. Mithin: *Die Geschichte der Raumplanung ist letztlich ein Spiegel ihres problemorientierten Bemühens um die immer wieder neu aufkommenden Probleme unterschiedlichster Arten, Dimensionen, Intensitäten wie auch Lokalisierungen.* Dass die Politik von Gegensätzen und Vereinfachungen lebt und von diesen her oft kurze, zu kurze Impulse setzt, sogar Hemmungen des Handelns verrät, lässt sich auch für die schweizerische Raumplanung nachweisen. Ihre Geschichte ist in diesem Sinne immer auch eine solche der Zulänglichkeiten, der Unzulänglichkeiten, der Erfolge und Misserfolge, des gekonnten Planens und des Überrollt-Werdens durch die Wirklichkeit – mit Einschluss der politischen.

Ein Beispiel für eine rund 20-jährige Zeitspanne mag die folgende Skizze belegen: In den Jahren um 1968 herum stand die Raumplanung im Banne der Auseinandersetzung um ein neues Bodenrecht mit Einschränkungen der Nutzungsfreiheit, nicht aber der Verfügungsfreiheit: hier mit Flexibilisierungsanliegen, dort mit der Betonung auf Restriktionen. Bald schon dominierten aber Verkehrs-, Energie- und Immissionsschutzanliegen (ab ca. 1973), wobei Landschafts- und Landwirtschafts- sowie Gewässerschutzbemühungen (wirksam ab ca. 1960) aktuell blieben, also Variationen lebensräumlicher Akzente. Raumplanung hat eben einerseits mit Prioritäten und anderseits mit komplexen Problemen und erst noch mit andauernden zu tun. Und dies folgt daraus: Die Raumplanung ist aus sich heraus *nicht eine patentierte Vereinfacherin von Problemen oder eine Problemlöserin in Front zugespitzter Akzente*, allein schon deshalb, weil sie Raum und Zeit zueinander fügt und also Prozesse in Vielfalt begleitet, sogar Wertungen bedenkt und Abwägungen wie auch Abstimmungen einschliesst ohne durchgreifende Weisungsbefugnis, ohne Allmacht-Kompetenz.

Über alles hinweg gilt es zu bedenken: *Die Geschichte der Raumplanung ist* nicht nur eine solche der tatsächlichen Entwicklung und der eng geschnürten und gleichzeitig weit ausgreifenden gesetzlichen, organisatorischen und verfahrensmässigen sowie wissenschaftlich-methodischen Vorgaben, sondern *immer auch eine solche des kreativen Gestaltens und des bedachten Bewahrens, des geistigen und gesellschaftlichen Engagements aus der Mitte der öffentliche Verantwortung suchenden Gesellschaft*. Dabei ist zu beachten: Das Unfassbare, das Unwägbare und das stets namenlos Gegenwärtige beeinflusst das Geschehen parallel zum Pointierten, zum Elitären, zum Personifizierten, zum förmlich Geplanten. Zum Beispiel nicht nur der stilsichere prägt, auch der wenig begabte, der ausdrucksmässig eher sprachlose Planer oder Architekt nimmt durch seine konkreten Bauten Einfluss auf die räumliche Ordnung. Anders formuliert: Der faktische Wachstumsdrang zeitigt räumliche Stosskräfte, die oft mehr bewirken als souveräne Pläne verhindern oder gebieten können – an diesen unter Umständen sogar vorbei. Nicht nur der „Master" der Planung setzt sich durch, auch der negativ interessenbelastete Begleitstrom kann Oberhand gewinnen. Die

II. Tatsächliches Raumgeschehen – Einflussnahme auf die Raumentwicklung

Erfahrung lehrt: *Die Wirklichkeit kann stärker sein als der Wille zur planerisch lenkenden Korrektur*, zu jeder Zeit, in jeder Phase der Geschichte. Insofern ist die Geschichte der Raumplanung nicht nur eine Geschichte von Plänen und Planungstheorien; sie ist zugleich eine Geschichte der realen Probleme.

Die Kunst der Darstellung der Geschichte der Raumplanung besteht, wenn die geschilderten Prämissen zutreffen, im Zugehen auf die wechselnden Problemstellungen und Problemlösungen in einem dauernden Prozess von Erfolgen und Misserfolgen, von wirkungsvollen und wirkungslos werdenden Massnahmen gegenüber sich ablösenden, sich steigernder und komplexer werdenden Problemen.

Bei einem Rückblick kommen die nicht wenig zahlreichen Selbstheiler räumlicher Mängel in der Regel zu kurz, was kaum zu vermeiden ist. Sie seien aber nicht verkannt. Die Raumplanung als öffentliche Aufgabe lebt in Auseinandersetzung mit dem Faktischen und Postulierten, sie lebt dabei vom Sach-Elitären wie auch vom Milizmässigen, vom unspektakulären und parteiorientierten Mittun von Mitbürgerinnen und Mitbürgern, von investitionsfreudigen öffentlichen und privaten Bauherren sowie produktionsinteressierten Landwirten aller Schattierungen, von Architekten und Baubehörden, vom Volk als Summe der Trägerinnen und Träger politischer Rechte unter geheimer Stimmabgabe. Die Raumplanung ist zu kurz bedacht, wenn sie einseitig aufgrund ihrer kompetenten Institutionen und ihrer glanzvollen instrumentellen Seiten gewürdigt würde. Sie lebt als Raumentwicklung von Stärken und Schwächen der politischen, wirtschaftlichen, gesellschaftlichen und lebensräumlichen Gestaltungskräfte, darunter positive Trouvailles, die Raumordnung belebend. Das menschliche Vermögen und Unvermögen, beide sind Teile des Raumentwicklung.

Noch beizufügen bleibt: Die *Trendentwicklung*, also die Vorhersage, wie sich die unbeeinflusste tatsächliche Entwicklung aus sich heraus in die Zukunft hinein darstellen könnte, gehört analysiert. Sie ist aber nicht unproblematisch, da sich nicht unwichtige Teile der Wirtschaft just daran orientieren, erhoffen sie sich doch Informationen für ihre wirtschaftlich-räumlichen Dispositionen in der Erwartung, dass sich der Trend mindestens in Ansätzen durchsetzen könnte. Die gilt beispielsweise für die Immobilienbranche, konkret für das Planen von Einkaufszentren, Netzen von Tankstellen usw.

III. Wissenschaftliche Impulse – öffentliche Aufgabe

Der geschichtsorientierte Zutritt zur tatsächlichen und zur normativ planerisch beeinflussten Entwicklung des Lebensraumes führt zur naheliegenden Frage nach den verantwortlichen, rechtlich zuständigen Institutionen und Instanzen. Dieser Ansatz aber erwies sich als zu kurz. Ob parallel oder eher vorauseilend, gab es neben der amtlichen Raumplanung, die übrigens in den Phasen des Werdens und bis auf den heutigen Tag von privaten Planungsbüros unterstützt und teilweise mitgetragen wurde, immer ein zweites Standbein: die Wissenschaften.

Der Plural steht nicht zufällig. Zu Wort meldete und meldet sich nicht nur die nominale Wissenschaft der Raumplanung im Sinne einer Lehre, die von den Zielen, Instrumenten und Massnahmen sowie Verfahren und Methoden der Raumplanung handelt. Gleich mehrere Wissenschaften waren und sind beteiligt, von der Ökonomie über unter anderem die Geografie, die Architektur und die Soziologie bis zur Rechtswissenschaft. Die wissenschaftliche Disziplin von der Raumplanung im engeren Sinne ist eben eine jüngere Erscheinung. In den früheren Zeiten dominierten jene Wissenschaften, die den Raum und das räumliche Geschehen in ihren Gegenstand nebenher einbezogen. Fest steht, die gleichsam amtliche Raumplanung baute (und baut?) auf Impulsen der „Raum-Wissenschaften" auf und suchte (sucht?) den Diskurs zu ihnen. Zu beleuchten sind deshalb durch alle Phasen und Perioden hindurch, was *Wissenschaft und amtliche Kompetenz* zum Ausdruck gebracht haben.

Seit Jahrhunderten, seit wissenschaftliches Bestreben als der Kritik zugängliches Nachdenken sich bemerkbar gemacht hatte, gibt es *Wissenschaften, die sich dem Lebensraum zugewandt haben*. Nicht wesentlich ist, wie sie sich bezeichneten und definierten. Wichtig ist vielmehr, dass sie sich der Landschaft im weitesten Sinne, mit Einschluss der Siedlungen, gleichsam Stadtlandschaften, der Kultur- und Naturlandschaft, zugewandt haben. Dörfer, Städte, Verkehrswege, Ressourcen, Gefährdungen durch Naturgefahren, Agrikultur usw. erregten schon früh ihre Aufmerksamkeit. Hier müsste ein Blick zurück auf die Wissenschaften des Altertums bis hin zur Renaissance geworfen werden. Im Vordergrund stehen die Geografie, die Agronomie und der Städtebau. Ein besonderer Stellenwert kommt über die Jahrhunderte hinweg den *Militärwissenschaften* zu. Sie verknüpften das Militärisch-Kriegerische mit einer ausholenden Sicht auf die Verkehrswege, die Besiedlungen, die Städte und die ersten Städtenetze, die Fluss- und Passübergänge usw. Die Vorboten der Kartografie gingen damit einher. Und sie verbanden, wegleitend für die Planung, für die spätere Raumplanung, das Analytische mit dem Normativen, von den Erfahrungen bis zu dem, was zu befolgen wäre: Kriegsgeschichte als Erfahrungszusammenzug, als Lehre von der Kriegskunst, als Strategievorgaben, bis hin zu technischen Normen des Festungsbaus und der Versorgung. Die *Geografie* demgegenüber bevorzugte das Beschreiben, zögerte aber nicht, Gesetzmässigkeiten zu erkennen, die zu Theorien und begleitend zu Vorgaben Anlass gaben. Das Erkannte und das Angezeigte wie auch das Handeln-Müssen rückten sich beiläufig nahe. In dieser Art wurde die Geografie zu einer bestimmenden Wegbereiterin der späteren Raumplanung, neben dem Militärischen, neben dem Bauwesen im weitesten Sinne. Die Lehre von der Verwaltung der Gemeinwesen, die sogenannte *Kameralistik*, stiess in der Goethezeit zu den genannten „Raumwissenschaften" hinzu. Sie umfasste alles Gemeinsame, das mit dem damaligen politischen, wirtschaftlichen, gesellschaftlichen Geschehen einherging, so konkret die Nutzung der öffentlichen Güter Währung, Finanzen, Wasser, Wald, Jagd, Bergbau, Salz, Strassen/Wege und des Bodens. Für die Schweiz – an sich nicht ein klassisches Land der Kameralistik – darf beispielhaft auf das Lebenswerk von Hans Conrad Escher von der Linth (1767–1823) aufmerksam gemacht werden: Leiter des Linth-Unternehmens, „Brückenbauer" zwischen der öffentlichen Aufgabe des Schutzes des Lebensraumes und den einschlägigen Wissenschaften, die als Staatswissenschaften verstanden werden können. Er war aber primär Forscher und Lehrer in den Bereichen der Fächer des Rechts, der Verwaltung und der Nationalökonomie, aber in der

III. Wissenschaftliche Impulse – öffentliche Aufgabe

zeittypischen Vernetzung.[3] Dass er zudem Professor und Milizoffizier war, gehörte dazu. Er hat die Konturen dessen, was heute Raumplanung anspricht, mit Leben erfüllt: Raumplanung als öffentliche Aufgabe und Wissenschaft. Das heutige Verwaltungsrecht nahm übrigens erst in der zweiten Hälfte des 19. Jahrhunderts mit dem Eisbahnrecht vertieft Gestalt an, pflegte aber ab ovo parallel die Belange des Bau-, Strassen- und Postrechts, inklusive Personentransport, wie auch das Recht im Bereich der Abwehr der Naturgefahren.

Die Gründung der *ETH Zürich* im Jahre 1854, die von ihrem auf Infrastruktur bezogenen Ansatz her für die Schweiz gleichsam den wissenschaftlichen Part repräsentierte, wurde faktisch zum nominalen Träger wichtiger Teile der raumrelevanten Wissenschaften. An den *Universitäten* war es vor allem die spezielle Human- und Wirtschaftsgeografie, welche das Leben im Raum beachtete und kritisch verfolgte. Begleitend und konstruktiv waren es an der ETH die Staatswissenschaften mit Recht und Nationalökonomie,

---

[3] Das Persönlichkeitsbild von Hans Conrad Escher von der Linth (1767–1823), der u.a. Geologie, Technologie, Philosophie studiert hatte, ist auf seine Weise prototypisch für die späteren Pioniere der Raumplanung – mindestens in Elementen: Milizoffizier, Dozent der Kameralistik im Sinne der Verwaltungswissenschaften im Verbund mit Nationalökonomie und Technologie, also gerichtet auf die Lehre vom politischen, wirtschaftlichen und gesellschaftlichen Leben im Raum. Er war von der Aufklärung in all ihren Dimensionen angetan. Sein Werk illustriert Dringlichkeit und Notwendigkeit der „Raumplanung" bezüglich Schutz vor Naturgefahren, Bodennutzung, Ernährungs- und Landschaftsplanung zu jenen Zeiten, in denen das Leben im Raum in anderer Art gefährdet war als heute, aber bereits ein „raumplanerisches" Denken und Planen eingefordert hat. Dafür steht der erste Satz seiner Einleitung zur *Theorie der Statistik*: „Alle Menschen, welche sich über die unterste Stufe der Wildheit erhoben haben, leben in Staaten, deren jeder ein bestimmtes Ganzes ausmachen, und welche mit ihrem bestimmt begränzten Land auf der Oberfläche der Erde ausgedehnt so nebeneinander liegen, wie das geschlossene Grundeigenthum der Partikularen in einer benachbarten Gegend." (*Escher von der Linth Hans Conrad*, Theorie der Statistik, Transkription der Vorlesung am politischen Institut, Zürich 1813, S. 11, Zürich 1999). Das erwähnte politische Institut, das von H. C. Escher von der Linth gegründet worden war, wurde übrigens zum beispielwürdigen Vorläufer der ETH Zürich, war aber bereits 1833 in die Universität Zürich integriert.

die sich dem nationalen Wirken zur Seite stellten. Sie konzentrierten sich auf das damalige Staats- und Rechtsverständnis, primär auf das Privat- und das Verfassungsrecht, dann auch bald einmal auf das Eisenbahnrecht als Teil des werdenden Verwaltungsrechts. Dieses Rechtsgebiet entwickelte sich zwar nur langsam, wurde aber zum Nährboden des Planungs- und Baurechts, des noch späteren nachfolgenden Raumplanungsrechts. Das Recht als Privat- und öffentliches, als nationales und internationales, war also an der ETH Zürich in der Bandbreite jener Zeit von Anfang an einbezogen: Staatswissenschaften ohne Recht, Unternehmungen ohne Recht, Technik ohne Recht, Architektur ohne Recht, Städtebau ohne Recht, Infrastrukturen, Verkehr, Wasserbau, Agrikultur und Forstwesen ohne Recht und also auch Raumplanung ohne Recht, das war für die Gründerväter der ETH Zürich und ihre Nachfolger undenkbar. Sinnverwandt gilt dies auch für das ökonomische Denken und alle weiteren Dimensionen des Bedenkens des Umfeldes der werdenden Techniken. Verwundert es, dass viel später auch das Lebensräumliche und das Ökologische samt deren Rechtsbezügen rund 100 Jahre nach der Gründung an der ETH fest etabliert wurden?

Ab dem ersten Aufblühen der ETH Zürich mit ihrem begleitenden Fokus auf der Schweiz berührten sukzessive immer mehr relativ junge Wissenschaftszweige – auffallend viele vertreten an der ETH Zürich – lebensräumliche Belange. Sogar die Informatik stiess in der zweiten Hälfte des vergangenen Jahrhunderts hinzu. Die kantonalen Universitäten folgten dicht auf – mit dem Akzent auf der Geografie, den Bereichen des Rechts, der Ökonomie, der Statistik und der Geschichte. Die ETH Lausanne rückte gegen das Ende des 20. Jahrhunderts ihrerseits in den Mittelpunkt aller relevanten Fächer mit einer gewissen Anlehnung an den französischen Ductus. Die heute an der ETH Zürich mittragenden Natur- und Umweltwissenschaften haben sich erst in der zweiten Hälfte des vergangenen Jahrhunderts akzentuiert eingebracht, ab dem Zweiten Weltkrieg, einerseits im Verbund mit dem Gesundheitswesen, anderseits mit Spürsinn für Ressourcendefizite, Engpässe im Lebensraum und für Ökologiepostulate. Die Lehre der Geschichte an der ETH Zürich und an den Universitäten, vor allem in Genf, unterstützte ihrerseits, vor allem als Besiedlungs-, Städtegründungs- und Verkehrsgeschichte, die räumliche Entwicklung, wenn auch nicht unter diesem Titel. Die Wirtschafts- und die Sozialgeschichte zogen ebenfalls mit, mindestens indirekt. Die förmliche Technikgeschichte erhellte insbesondere die Brücken zwischen dem 19. und 20. Jahrhundert, die für die Raumplanung so zentral sind. Die

III. Wissenschaftliche Impulse – öffentliche Aufgabe

Militärwissenschaften, der Kartografie, dem Vermessungswesen, der Schiesslehre, dem Festungs- und Schutzbau nahestehend, schlossen ebenfalls auf, vor allem als es mit Blick auf den keimenden Zweiten Weltkrieg und später im Kalten Krieg darum ging, die Landes- als Gesamtverteidigung wider den totalen Krieg zu verstehen. Dass die Geografie an der ETH Zürich just zur Zeit der werdenden Orts-, Regional- und Landesplanung innovativ und dem Land verantwortlich gelehrt wurde, erwies sich als weitsichtig. Bedauerlich ist nur, dass sie später – ohne die Kartografie – an die Universität Zürich abgegeben wurde. Die relevanten Raumwissenschaften verdienen je eine individuelle Charakterisierung.[4] Ihre grösste Wirkung auf das räumliche Geschehen erzielten sie durch ihre Absolventen. Diese wurden zu Erstträgern des

---

[4] Hier einige Bemerkungen zu den raumrelevanten Wissenschaften:

a) Bei der *Geografie* geht es bei all ihren Sparten von der Kultur- über die Wirtschafts- bis zur politischen Geografie sowie hin zur Kartografie und den modernen Datenangeboten samt Informationssystemen um das Erfassen des räumlichen Geschehens unter Beizug der gesellschafts- und wirtschaftsrelevanten Daten, sodann mit Blick auf die von ihr entwickelten Theorien zu den Raumstrukturen und deren Veränderungen. Ihre Stärke ist seit jeher die methodische Gewandtheit der Analyse und das Herleiten von Raumtheorien.

b) Die *Architektur* befasst sich nicht nur mit einzelnen Bauvorhaben, sondern auch mit deren Einbindung in die vorhandenen Bausubstanzen, mit den Bau- und Gestaltungsvoraussetzungen und also mit der Bauten-/Anlagenplanung in einem weiteren Sinne als des singulären Projektentwurfes resp. der Projektplanung und der Projektrealisierung. Sie reicht also über das einzelne Vorhaben hinaus, so bedeutsam diese auch sind, bis zur Stadt- und zur Landschaftsgestaltung, zum Denkmalsschutz usw. Aus der Architektur haben sich Disziplinen wie der Städtebau, die Stadtplanung und eben die Raumplanung mit Akzenten auf dem Siedlungsgebiet entwickelt. Hinzugekommen ist auch die Landschaftsplanung und -architektur.

c) Die *Stadtplanung* hat sich als Lehr- und Forschungsgebiet in der Schweiz und für die Schweiz nur zögerlich entwickelt. Sie war für die Architektur zunächst genau so eine Entwurfsaufgabe wie das einzelne Bauvorhaben. Das breitere Verständnis stellte sich erst sukzessive ein: Stadtplanung bezogen auf einen Raum, den Stadtraum mit ästhetischen Anforderungen, Ansprüchen der Siedlungsqualität sowie der Versorgungs- und Entsorgungsbedürfnisse, verbunden mit verkehrlichen Leistungen, öffentlichen Räumen sowie mit individuellen, wirtschaftlichen und gesellschaftlichen Lebensentfaltungschancen usw. Die Stadtplanung reicht also über die Entwurfsplanung und aufsummierte Objektplanungen hinaus. Sie reicht nahe an die ganzräumliche Planung heran, konzentriert sich aber auf die städtischen Gebiete, wobei heute die Agglomerationen und die Metropolitanräume einzubeziehen wären resp. sind, eng verbunden mit der Verkehrs- und der Landschaftsplanung.

d) Das Kulturingenieurwesen hat sich schon früh über die sog. Innenkolonisation dem Lebensraum zugewandt, vor allem mit besonderen Akzenten auf dem ländlichen Raum und auf der Nutzung des Bodens. Diese Wissenschaft pflegte auch schon früh das Vermessungswesen, entwickelte Instrumente der landwirtschaftlichen Güterzusammenlegung und der Baulandumlegung, verbunden mit dem Ziel der optimalen Nutzung von Boden und Raum. Das Vermessungswesen hat sich zwischenzeitlich verselbstständigt und wird neu als Geomatik verstanden, bleibt aber relevant für die Parzellenschärfe. In Kooperation mit den Agrarwissenschaften entstand im Umfeld des Kulturingenieurwesens die Landwirtschafts-, Fruchtfolge- und Ernährungsplanung.

e) Der *Beitrag des Bauingenieurwesens* wird in der Regel unterschätzt. Dieser reicht weit über die Lehre der Statik hinaus. Die Bauingenieure befassen sich u.a. ausholend mit den Infrastrukturen der Versorgungs- und Entsorgung sowie des materiellen und immateriellen Verkehrs, dann aber auch in Eigenregie mit der qualifizierten Gestaltung von Bauwerken des Hoch- und Tiefbaues. Die planerische Seite der Infrastrukturbelange ist unmittelbar raumrelevant, sogar raumwirksam. An der Seite des Bauingenieurwesens entwickelte sich die Verkehrsplanung, sogar gesamtverkehrlich für Schiene und Strasse, für Schifffahrt und Flugwesen. Auch die Energieversorgung stellte wachsende Anforderungen.

f) Die *Regionalwissenschaften* umschliessen volkswirtschaftliche, bodenökonomische, standortrelevante, bildungs- und ressourcenseitige, soziale, kommunikative Aspekte eines Raumes im Vergleich und in Konkurrenz resp. Anbindungen zu andern Räumen. In der Schweiz wurden die angelsächsischen regionalwissenschaftlichen Anliegen gleichsam vonseiten der Geografie wahrgenommen, soweit nicht die Regionalwirtschaft als species in die Bresche sprang. Diese widmete sich vorweg den Berggebietsregionen, dann auch den peripher gelegenen wie auch den wirtschaftlich monostrukturierten Räumen, in einer ersten Phase mit Ansätzen der Infrastrukturpolitik, später dann der Förderung der endogenen Kräfte, neuerdings der Anbindung der schwächeren Gebiete an die wirtschaftlich starken Regionen und letztlich auch der sog. Stadtökonomie. Auffallend sind die Strategiewechsel und der Konnex zur branchenexponierten Wirtschaftsförderung.

g) Die *politischen Wissenschaften* errangen ihre heute relativ starke Position im Konzert der Wissenschaften rund um die Raumplanung erst spät. In einer ersten Phase haben sie sich um die Etablierung des „Raumordnungskonzeptes Schweiz" und um das sog. Teilleitbild „Staatspolitik" bemüht, dann widmeten sie sich der Brücke zwischen Raumplanung und politischer Planung, um in der Folge auf der Vollzugsproblematik zu verweilen. Neuerdings rücken für sie mit den Agglomerationsbildungen die erforderlichen Governance-Strukturen in den Vordergrund. Es lässt sich kein geschlossenes Bild des politikwissenschaftlichen Beitrages ausmachen, doch darf das Aktualitätsbewusstsein mit einem sicheren Gefühl für verbleibende Defizite hervorgehoben werden. Demokratie- und Partizipationsaspekte dürften bald noch mehr hervortreten.

h) Innerhalb der *Soziologie* bildete sich, wenn auch zögernd, der Teilbereich der Siedlungssoziologie heran, bald mit Schwerpunkten, die sich aus den tatsächlichen Problemlagen heraus anmeldeten, von der Migration über die Bodenpreise bis zu den innerstädtischen Segregationsräumen. Dass die Gesellschaft in der Demokratie auch nach einer Partizipationskultur zugunsten der von der Planung Berührten und Betroffenen ruft, versteht sich. Neuerdings wird die Überalterung traktandiert, und dies vor dem Hintergrund einer derzeit wachsenden Bevölkerung. Demografie, Binnenwanderungen, internationale Zuwanderung usw. wurden und werden als raumwirksame Vorgänge thematisiert. Ausserdem trug und trägt die Soziologie zur Identitätsstiftung bei.

i) Die *Rechtswissenschaft* ist auf Dauer für die Raumplanung konstitutiv. Sie hat es sich nicht nehmen lassen, die Planung, die Pläne, die Raumplanung mit ihren Eigenarten in den verfassten Rechtsstaat mit seinen Legalitäts- und Verhältnismässigkeitsprinzipien, mit seinen Grundrechten sowie mit seinen föderativen und demokratischen, liberalen und sozialen Randbedingungen samt Ausrichtungen auf die Marktwirtschaft und die Niederlassungsfreiheit zu integrieren. Sie hat, anders formuliert, die rechtsstaatliche, demokratische und föderative Planung unter den Bedingungen der Marktwirtschaft begünstigt und die Querbezüge zu Verkehr, Ver- und Entsorgung, Natur- und Heimatschutz, Landschaft, Wald, Umweltschutz usw. durch die Lehren von der Richtplanung und der koordinierten Rechtsanwendung ermöglicht. Der Rechtsgleichheit misst sie im Bereich der Planung sogar nur abgeschwächte Bedeutung zu. Neben konditionalen Rechtssätzen akzeptiert sie finale. Grundeigentumsverbindliche Raum-

ganzheitlichen Denkens und des Erforschens – technisch, sozioökonomisch, ökonomisch-rechtlich, ökologisch. Sie waren es, die als ausgebildete Architekten, Bau-, Kultur-, Forst- und Agrikulturingenieure, auch als Geografen, die Fachkompetenz des räumlichen Planens vertraten, und zwar in Ämtern, an Hochschulen und in Planungsbüros. Viele von ihnen taten dies in Verantwortung für das Land.

Nicht um Ansprüche des Erstgeburtsrechtes zur Lehre und Forschung rund um die Raumentwicklung geht es hier. Entscheidend ist vielmehr, dass im Verlauf der Zeiten sich stets eine grössere Zahl von Wissenschaften das Geschehen im Lebensraum zum Gegenstand ihrer Untersuchungen und Reflexionen gemacht hat. Die Akzente und Prioritäten unter den beteilig-

pläne erweisen sich als generell-konkrete Ordnungen im Gegensatz zur generell-abstrakten der Rechtssätze.

j) Nicht optimal gelang bis heute die Annäherung zwischen Raum- und *Umweltwissenschaften,* weil die ersten die ökologische Dimension anfänglich unterschätzt und die zweiten die räumliche Dimension verkannt haben. Ausserdem neigen die Umweltwissenschaften zu absoluten Aussagen (Grenz-, Alarmwerte usw.), während die Raumplanung die Konflikte durch Abstimmung von negativen und positiven Planungen zu bewältigen trachtet. Heikel ist die Frage, ob die Raumpläne der Umweltverträglichkeitsprüfung zu unterstellen seien, einfach deshalb, weil nicht eine Priorität ansteht, sondern eine Koordinations- und Abstimmungsaufgabe.

k) Die enorme Raumrelevanz des Verkehrs führte und führt zu einer engen Verknüpfung zwischen Raumplanung und *Verkehrswissenschaften* mit Aussagen zur Fein-, Grob- und Basiserschliessung, dann zum öffentlichen und zum privaten, zum Schienen- und Strassenverkehr, nicht nur als Folgeherausforderung, sondern auch als Raumbeeinflussung unter Aspekten der Verkehrsleistungen. Anfänglich betont ausgerichtet auf den materiellen Personen- und Güterverkehr, später zudem fokussiert auf den immateriellen, sogar auf die Substitutionsmöglichkeiten des materiellen durch den immateriellen Verkehr.

l) Die Kartografie, die geografischen Informationssysteme und die Datenbanken sowie die raumbedeutsamen Statistiken basieren auf den Wissenschaften der *Mathematik, der Informatik, der Geografie und der Raumplanung.* Sie sind von Datenerhebungen und -analysen der Raumwissenschaften abhängig.

III. Wissenschaftliche Impulse – öffentliche Aufgabe

ten Wissenschaften verschoben sich – und sie werden sich auch weiterhin verschieben. Mal lag die Federführung bei den Architekten, mal bei den Ökonomen, häufig bei den Geografen, dann aber auch bei den Ingenieuren, vorweg bei den Bauingenieuren. Die Rechtswissenschaft war stets zugegen unter dem Titel der Verantwortung für eine rechtsstaatliche, demokratische, eigentums- und sozial- wie auch wirtschaftsverträgliche Planung mit Sinn für den Schutz der Umwelt. Die Soziologie folgte relativ spät nach, vor allem als Siedlungssoziologie, auch als Lehre der Identitätsstiftung. Positiv zu vermerken: Die Multi- respektive Interdisziplinarität der Raumplanung als selbstständige Disziplin kündigt sich an.

Ob und in welchem Masse *Versuche der politischen Einflussnahme* auf die Raumwissenschaften aufkommen, verbleibt als Frage ohne allgemeingültige Antwort. Aber die Zeiten des Nationalsozialismus und des Kommunismus belegen exemplarisch und mahnend, dass alles, was mit Zukunftsfragen zu tun hat, politischer Instrumentalisierung unterworfen sein kann. Dies gilt gerade auch für die Planung. Sie ist politisch exponiert. Ungeachtet der verfassungsrechtlich gestützten Lehr- und Forschungsfreiheit und der nicht minder wichtigen Eckpfeiler der Wirtschafts- und Eigentums- wie auch der persönlichen Freiheit kann es da und dort zu direktem oder indirektem Einwirken auf die raumrelevanten Wissenschaften kommen. Selbst die sogenannten „reinen" Wissenschaften müssen, auch heute, erleben, dass sie unter politische und geistig-ideologische Dritteinwirkungen geraten können. Der Zeitgeist hinterlässt immer Spuren. Die Planungs- und Raumwissenschaften sollten deshalb ihre Ziele und Wege wiederkehrend kritisch hinterfragen. Über die Grenzen geschaut, haben die Raumplanung und andere Arten der Planung nicht allenthalben und zu allen Zeiten Distanz zum Sachfremden zu wahren gewusst. Die Stichworte von Blut und Boden, der Lebensraumerweiterung und von der durchgehend geplanten Staatswirtschaft bis zur politisch und staatlich initiierten und gewährleisteten Daseinsvorsorge zeigen an, was gemeint ist.

Die auffallende erste Feststellung zum Wissenschaftsgeschehen rund um die werdende Raumplanung ist, dass es nicht eine Wissenschaft war, dass es immer *mehrere Wissenschaften* waren/sind. Dies ist nicht Zufall, dies ist nicht wissenschaftlicher Neid, nicht Konkurrenzwillen, das bringt der Lebensraum in seiner Vielgestaltigkeit, geprägt durch das Verhalten der Menschen, durch politische Institutionen, aufgrund gegebener Landschaften, Siedlungen,

Transport- und Versorgungswege usw. und aufgrund seiner Veränderungspotenziale mit sich. Die zweite gilt dem Phänomen, dass es *beschreibende, empirische und normative Wissenschaften* waren, die sich dem Gegenstand des Lebensraumes widmeten, sei es in sich, sei es exklusiv auf der einen oder andern Seite: Sollens-Hinweise schlossen zu den Seins-Erklärungen auf. Und die dritte Feststellung gilt einer Grundtatsache. Bis auf den heutigen Tag ist es bei dieser Vielgestaltigkeit geblieben. Bis in die Gegenwart hinein hat sich eine präzis definierte *Wissenschaft des Raumes,* des Lebensraumes, nicht gültig herausgebildet. Es gibt sie nicht (noch nicht?), die eine, einzige, umfassende und abschliessend zuständige Raumwissenschaft. Aber als spezifische wissenschaftliche Disziplin darf sich die Raumplanung verstehen – im interdisziplinären Verbund mit den Raumwissenschaf*ten*.

Dies führt notwendigerweise zur Frage nach den Konsequenzen für *das Zusammenwirken der Raumwissenschaften,* für deren Organisation und für die Ausbildungsstrukturierung in Raumplanung.[5] Ein besonderes Grundstudium in Raumplanung wird vor diesem Hintergrund für die Universitätsstufe eher fragwürdig, ein interdisziplinäres Nachdiplomstudium scheint angemessen. Anders herum kann der Ansatz für die Ausbildung von örtlich-regionalen Gemeinde- und Stadtplanern gewählt werden, gleichsam als homogenes Fachstudium, allerdings mit dem ausholenden Fundament

---

[5] Die Raumwissenschaften kommen angesichts der involvierten Wissenschaften um multi-, inter- und transdisziplinäre Ansätze nicht herum. Ob das passende Gefäss in einem interdisziplinären Institut oder einem Netzwerk bestehen soll, kann diskutiert werden. In jedem Fall bedarf es eines Kompetenzzentrums, das sich mit der Raumplanung als Sach- und Querschnittsplanung und mit den Theorien sowie Methoden der Raumplanung befasst. Die Ausbildung in Raumplanung setzt, funktionsgerecht, ein disziplinäres, raumrelevantes Studium voraus und führt weiter zu einem Nachdiplomstudium des Zusammenwirkens der integrierenden Raumwissenschaften. Die ETH Zürich hat sich, beispielsweise im Gegensatz zur TU Wien und zum Studium an der Universität Dortmund, für dieses Modell entschieden, bot aber auch da und dort Raumplanungsunterricht bereits auf der Bachelor- und Masterstufe an. Die Option für ein Nachdiplomstudium spricht nicht gegen ein besonderes Studium auf der Ebene der Fachhochschulen, bedingt aber mindestens eine interdisziplinäre Vorbereitung des anzubietenden Stoffes. Für alle Kommunal-, Stadt- und allenfalls auch Regionalplaner empfiehlt sich, das Planen und Realisieren bestmöglich zusammenführen.

III. Wissenschaftliche Impulse – öffentliche Aufgabe

der Interdisziplinarität. Und dennoch gibt es mitten im Kontext der Raumwissenschaften eine *Lehre von der Raumplanung, gleichsam eine spezifische Wissenschaft von der Raumplanung*. Diese handelt nicht vom Räumlichen und dem Raumgeschehen im Allgemeinen, sondern von den Zielen, Instrumenten, Massnahmen und Verfahren der „räumlichen Planung", selbstredend auch von deren Methoden, immer aber in Verbindung mit den Raumwissenschaften, wie sie angesprochen worden sind. Die Lehre von der Raumplanung samt Forschung dazu hat davon zu handeln, gleichsam als Plattform der zwingenden Verbindungen und Vernetzungen im Materiellen mit andern relevanten Raum-Wissenschaften.

Neben die Wissenschaften trat, wie bereits angedeutet, bald einmal die Planung des Lebensraumes als *öffentliche Aufgabe*, gleichsam die Zuweisung der postulierten räumlichen Entwicklung in den Verantwortungsbereich der faktisch oder rechtlich geordneten, legitimiert-kompetenten und zuständigen Institutionen respektive deren Organe. Ob es geschichtlich gesehen vorerst die Militärs, die Klöster oder die Städte beziehungsweise die Kaiser, Könige, Fürsten oder anderweitig die Kolonialherren waren, die auf ihre Art und Weise die Siedlungen, die Ressourcenbewirtschaftung und die Verkehrswege festlegten, muss wohl für jede Zeit und Region unterschiedlich ergründet werden. In jedem Fall aber wuchs eine Lebensraumbeeinflussung heran jenseits individueller und genossenschaftlicher Nutzungen des Raumes und des Bodens: Vorboten der organisierten Raumplanung als öffentliche Aufgabe, aber stets im Wissen, dass im modernen Staat der Schritt zu einer demokratisch legitimierten, fachlich kompetenten Behörde getan werden muss, und in der Gewissheit, dass Wissenschaft und öffentliche Aufgabe sich kritisch begegnen.

Für den Raum Schweiz dürften, neben den Verkehrswegen, schon früh die werdenden *Städte* zu strukturierenden Trägern räumlicher Ordnungen geworden sein. Die hiesigen noch in Teilen mittelalterlichen Stadtbilder belegen den Anordnungs- und Ordnungswillen im Rahmen geografisch-topografischer Bedingungen, der Strassen und Wege, der Impulse der Marktrechte und Gerichtsorte sowie der gesellschaftlich-wirtschaftlichen Veränderungen zu städtischen Lebensweisen. Die verfügbaren deskriptiven respektive erfahrungsgestützten Lehren zu Befestigungen, zu Stadtplanungen usw. setzten erste Akzente für werdende regelähnliche Anordnungen. Die bestehenden Altstädte signalisieren denn auch, dass es so etwas wie

Strassen-, Bau- und Arkadenlinien wie auch gestalterische Vorgaben und Materialbestimmungen, Feuervorschriften usw. gegeben haben muss. Aufgrund welcher Verbindlichkeit sei dahingestellt. Die Dorfbilder wurden demgegenüber eher pointiert durch gewerblich-landwirtschaftliche, durch kulturelle Einflüsse und vor allem durch örtliche Bedürfnisse geformt. Für kommunale Anordnungen hoheitlicher Vorgaben bestand in diesem Zusammenhang kaum Anlass, denn die Normen waren traditionsbewusst und erfahrungsgestützt vorgegeben. Sogar ein gewisser Stil- oder Sozialzwang dürfte in frühen Phasen einen ausreichenden Grad an Verbindlichkeit bewirkt haben.

Die besondere Frage, ab wann es, beispielsweise im 18. Jahrhundert, eine erste technokratische Phase der förmlichen räumlichen Entwicklungsplanung gab, die sich gleichsam den Gemeinwesen zur Seite stellte oder sich diesem gar unterstellte, kann nicht allgemein beantwortet werden. Wirtschaftliche und staatspolitische Philosophien bewegten sich auf alle Fälle in diese Richtung. Die bereits erwähnten frühen Staats- und Verwaltungswissenschaften (Kameralistik) stellten gleichsam den Versuch einer Verbindung zwischen wissenschaftlichem Denken und Verwaltungsaktivitäten her, selbstverständlich ohne dass von einer gefestigt strukturierten Regierung oder Verwaltung oder gar einer etablierten Raumplanung gesprochen werden könnte. Es waren spätestens die werdenden absolutistischen, monarchischen und später gar liberalen und demokratischen Nationalstaaten des 18. und vor allen des 19. Jahrhunderts, welche die Verantwortung für den Lebensraum ihres Staatsgebietes zu beeinflussen begannen – vom Geldverkehr über die Wasserwirtschaft bis zum Postwesen, inklusive Personenbeförderung.

Für die heutige Schweiz ist es vor allem die Zeit ab der *Neugründung des Bundesstaates* im Jahre *1848*, welche über raumwirksame Aufgaben wie Post und Strassen dem Lebensraum Schweiz Gestalt zu geben begann. Bund und Kantone handelten durch Infrastrukturleistungen, so in den Bereichen der Abwehr von Naturgefahren, der Wasserwirtschaft mit Einschluss der Wasserkraftnutzung, der Meliorationen, der Strassen und der Eisenbahnen. Wie sie dies angingen, wird sich weisen. Sektorale Wege waren es allemal, aber raumwirksam waren sie im Endeffekt, auch wenn nicht von Raumplanung die Rede war. Immerhin dürften Erfahrungen, kameralistische Lehren und bald schon die Expertise der ETH Zürich auf das Grosse und Ganze des Lebensraumes hingewiesen haben – mindestens die Projektverfasser kannten die Zusammenhänge. Die Meliorationswerke sowie

III. Wissenschaftliche Impulse – öffentliche Aufgabe

die grossen Gewässerkorrektionen und die Eisenbahnlinien mit ihren landesinternen und Transit-Verbindungen sprechen dafür.

Insbesondere ab der Verfassung von *1874*, mit einem gestärkten Bund, nahm die Fülle der öffentlichen Aufgaben von Raumrelevanz laufend zu. Der Einfluss des Bundes und seiner Verwaltung auf die Kantone und davon ausgehend auf die tatsächliche räumliche Entwicklung weitete sich ebenfalls, die unterschwellig angelegten, noch dosierten zentralistischen Trends gaben ihrerseits Schub. Die einstigen Anstalten Post und PTT und später die SBB stiessen hinzu. Den wissenschaftlichen Background zu den technischen und betrieblichen Anforderungen bereitete, gleichsam unaufgefordert, die ETH Zürich auf. Sie war zur Wissenschaftspartnerin und Ausrichtungs- sowie Umsetzungsinspiratorin der staatlich und privatwirtschaftlich initiierten Sachplanungen geworden. Die Hochschulen liessen sich zudem vom werdenden Industriezeitalter faszinieren, sahen aber nicht nur diese Seite, sondern pflegten gleichzeitig in ersten und noch schmalen Ansätzen die *zukunftsorientierte Auseinandersetzung* mit der Siedlungsentwicklung, dem Städtebau, dem Verkehr, der Agrarwirtschaft, der Energieversorgung wie auch mit dem integralen Schutz des Waldes. Die sektoral vorangetriebenen Problemlösungen wurden gedanklich durch den wissenschaftlichen Hintergrund, freilich noch in engen Grenzen, bereits ganzheitlich angedacht. Erkennbar ist dies auch in den grossen Trends zu gesetzgeberischen Kodifikationen des OR und des ZGB, jahrzehnte später des StGB, die ihrerseits dem Wissenschaftsgeist entsprechend das Übergeordnete und das Grundsätzliche als positive Grundlegung ihrem Bestreben unterlegten.

Ergeben wird sich, wie lange es dauerte, bis aus den einzelnen Bemühungen eine konzertierte, konzentrierte und ausholende öffentliche Aufgabe des Bundes und der Kantone mit Einschluss der teils ausgeprägt autonom agierenden Gemeinden wurde. Es waren vor allem die *Kantone*, stellenweise auch die Gemeinden, welche die räumliche Verantwortung auf der praktischen Seite zuerst erkannt haben, vorweg gesetzgeberisch mit einer Mischung von Planungs- und Baurecht, von Polizei- und Planungsrecht. Gesucht wurden mit der Zeit gar überörtliche Lösungen, sei es zentralisiert als übertragene neue Bundesaufgaben, sei es innerkantonal über Vorboten regionaler Ansätze. Der Bund erkannte die Bedeutung der gesamträumlichen Dimensionen zwar erst später, obwohl er aufgrund seiner einzelnen Aufgabenbereiche – mindestens ab der Verfassung von 1874 – intensiv auf die räumlichen Prozesse einwirkte, und zwar bis in die Kantone und Gemeinden hinein. Die Strassen, die Eisenbahnlinien und die Standortwahl der Bahnhöfe sowie der Postzentren – das Beispiel St. Gallen liegt auf der Hand: der Hauptbahnhof und das Hauptpostamt bilden ein neues Zentrum – wurden für unzählige Gemeinden und Städte zu faktischen örtlichen Planungsvorgaben der Zentrumsbildung, die bewusst oder unbewusst ins Raumbewusstsein aufgenommen wurden. Das Spannungsverhältnis zwischen den sektoralen Bundesaufgaben und der keimenden kantonalen respektive regionalen und städtischen Raumverantwortung begleitete also das Werden der kommenden Raumplanung als öffentliche Aufgabe. Besondere Wegmarken bildeten die Gründung der Schweizerischen Bundesbahnen (SBB) als Staatsbahnen für das übergeordnete Eisenbahnnetz (1902) und der integrale Schutz des Waldes ex lege durch Bundesgesetz (1902).

Anfangs des 20. Jahrhunderts war dann das Raumbewusstsein bei einigen Kantonen so stark geworden, dass sie mit *ersten gesetzlichen Regelungen* zum Bauen und damit auch zu ersten Planungen anhoben, sei es für die Städte, sei es für die einzelnen Gemeinden. Das, was heute Raumplanung genannt wird, begann sich als öffentliche Aufgabe sukzessive zu verdichten und zu etablieren. Die Zonenplanung als Immissions- und in der Art eines Bauklassengebietsplans (Festlegung lokalisierter Nutzungsarten samt Nutzungsintensitäten beispielsweise für Wohn-, Gewerbe- und Industriebereiche sowie Gebiete öffentlicher Bauten und Anlagen und Freihaltungen) setzte sich, vorerst äusserst limitiert, langsam durch und immer nur bezogen auf das eher locker definierte Baugebiet. Das Baurecht folgte dieser Spur. Das Planungsrecht fügte später Schritt für Schritt Überbauungs- und Bebauungspläne sowie Schutzverordnungen usw. hinzu.

Und immer wieder ging die Wissenschaft inspirierend voran. Sogar erste nationale Siedlungspläne als Grundlage einer Siedlungspolitik, als Vorgabe für ein Siedlungsgesetz[6] wurden vorentworfen. Es insistierten Armin Meili, der BSA, die Schweizerische Landesplanungskommission usw.,[7] stets be-

---

[6] *Bernhard Hans*, Schweizerische Siedlungspolitik, Zürich 1919.

[7] *Meili Armin*, Allgemeines über Landesplanung, Basel 1933; BSA, Eingabe an den Bundesrat betreffend Landesplanung, Zürich 1935; Schweizerische Landesplanungskommission, Schweizerische Regional- und Landesplanung, Bericht an das Eidgenössische Militärdepartement, Zürich 1942.

III. Wissenschaftliche Impulse – öffentliche Aufgabe

gleitet von der Rechtswissenschaft, die sich dem besonderen Verwaltungsrecht „Planungs- und Baurecht" zuzuwenden begann. Die wirtschaftlichen Krisenjahre und der anhebende Zweite Weltkrieg brachten sodann die Notwendigkeit mit sich, Aspekte der Landesplanung mit Anstrengungen wider die Arbeitslosigkeit zu verbinden und Vorsorgen für die Kriegs- und Nachkriegszeit zu treffen.

Gleichsam ein Spiegelbild der planerischen Bemühungen in Wissenschaft und Politik entwarf *die Landesausstellung von 1939 in Zürich* (genannt Landi). Zur politischen und wirtschaftlichen Manifestation inmitten einer sich bedrohlich verändernden Welt sollte sie werden. Und sie wurde es, liiert mit landesplanerischen Intentionen: Ein *Aufruf zur Begegnung von Landesplanung als Wissenschaft und Landesplanung als öffentliche politische Aufgabe* – belastet mit dem eintretenden Ausbruch des Zweiten Weltkrieges. Der Landesplaner und Architekt Armin Meili war ihr Direktor. Der ausstellungsseitige Ansatz war ein zweifacher: hier die moderne industrielle urbane Schweiz auf dem linken, dort die landschaftsoffene landwirtschaftliche unter dem Titel „Dörfli" auf dem rechten Seeufer, verbunden durch eine kühne Luftseilbahn. Dazu kam ein dritter, der Höhenweg des Geistigen und des Fundamentalen mit dem zeitbewussten Glockenturm am Ende. Die Landesplanung wurde greifbar, erlebbar.

Aufbruch und Durchbruch zur Landesplanung finden kurz darauf statt. Die Wissenschaft übernimmt die Grundsteinlegung: 1942 Tagung an der ETH zur Landesplanung unter Leitung ihres Schulratspräsidenten, 1943 Gründung der Forschungsstelle an der ETH (Prof. Heinrich Gutersohn und PD Dr. Ernst Winkler als Leiter) und ebenfalls im gleichen Jahr 1943 die Gründung der Schweizerischen Vereinigung für Landesplanung (VLP, erster Präsident Armin Meili).[8] Festzuhalten bleibt, die Raumplanung wurde *als öffentliche Aufgabe und als Wissenschaft* institutionell parallel lanciert und

---

[8] Akzentuiert wird hier – neben der Wissenschaft – die verbandseitige Unterstützung. Diese ist eine gewichtige Funktion. Im Vordergrund stehen sukzessive ideelle und berufsmässige Verbände und Vereinigungen, auch Nichtregierungsorganisationen: Schweizerische Vereinigung für Landesplanung (VLP), Bund Schweizer Architekten, Bund schweizer Planer, Bund Schweizer Garten- und Landschaftsarchitekten, C.E.A.T. (communauté d'études pour l'aménagement du territoire), Schwei-

zer Bund für Naturschutz, Schweizer Fremdenverkehrsverband, Schweizer Gemeindeverband, Schweizerische Gesellschaft für Umweltschutz, Schweizerischer Heimatschutz usw. Solche Organisationen sind mindestens teilweise politisch aktiv über Referenden und Initiativen, sodann durch kritische Öffentlichkeitsarbeit und bei Erfüllung der gesetzlichen Voraussetzungen über das Verbandsbeschwerderecht in Umwelt- sowie Natur- und Heimatschutzbelange bis hinein in Fragen der Raumplanung.

Konkret geht es hier vor allem um die *Schweizerische Vereinigung für Landesplanung (VLP-ASPAN)*. Sie widmete sich und widmet sich seit ihrer Gründung 1943 der politischen und fachlichen wie auch der öffentlichkeitsbetonten Unterstützung der Orts-, Regional- und Landesplanung auf allen Staatsebenen. Im Vordergrund steht die fachlich-rechtliche Beratung der Kantone, Gemeinden und Regionalplanungsorganisationen. Ausserdem fördert sie die Aus- und Weiterbildung von kommunalen und kantonalen Verwaltungsmitarbeitern. Im Kräftefeld von Politik und Öffentlichkeit erfüllt sie ferner die wichtige Funktion der Schärfung des Problembewusstseins, so auf Bundesebene gegenüber dem Parlament, parlamentarischen Kommissionen und vor allem auch gegenüber der Verwaltung. In der Referendums- und Initiativdemokratie fällt ausserdem der VLP als Verband die nicht unwichtige Aufgabe zu, die unabhängige, sachbetonte Stimme zu erheben und jene Wegweiser aufzustellen, die auf die Kernintentionen der Orts-, Regional- und Landesplanung verweisen. Als beachtenswerte Spezialität pflegt die VLP die Rechtsberatung, vorweg gerichtet an Gemeinwesen, erweist sich doch das nominale und funktionale Raumplanungsrecht als abstimmungs- und koordinationsbedürftig.

Stellenweise steht die VLP in Konkurrenz resp. in Kooperation zu und mit NGO, soweit diese besondere Elemente der Raumplanung wie des Natur- und Heimatschutzes, des Landschaftsgestaltung, des Umweltschutzes mit Einschluss des Gewässerschutzes, der Verkehrspolitik usw. akzentuieren, vor allem wenn es um Referendums- und Initiativfragen geht, aber auch dann, wenn Regierungen, Parlamente, Verwaltungen in Planungsfragen nachlässig werden sollten. Den Raumplanungsämtern ist bewusst, dass sie selbst in die Verantwortung eingebunden sind, doch sind sie gleichzeitig auf politische Korrektheit gegenüber Regierungen und Parlamente verwiesen, was behindern kann. Die VLP kann demgegenüber unterstützend klären.

Fachliche Funktionen im Schnittfeld zur Wissenschaft und zur staatlich organisierten räumlichen Planung versehen ausserdem zahlreiche, über das ganze Land verbreitete Planungsbüros, unter ihnen beispielsweise die Ernst Basler + Partner AG Zürich, die Metron AG in Brugg, Urbaplan in Lausanne usw., die teilweise ein hohes Niveau pflegen, aber aus ihrer Berateraufgabe heraus nicht in der Lage sind,

III. Wissenschaftliche Impulse – öffentliche Aufgabe

angedacht, mitgeprägt durch die Kriegsjahre, aber auch mit Blick auf die Nachkriegszeiten. Erste Amtsstellen entstanden einseitig auf kantonaler Ebene, da dem Bund entsprechende Kompetenzen fehlten. Die suggerierte Intention, die Pläne durch Verbände erarbeiten zu lassen, hatte Armin Meili, nun Präsident der VLP, schon früher angeregt. Der kriegswirtschaftliche Ernährungsplan, der sogenannte „Plan Wahlen" (ETH-Prof. F. T. Wahlen wurde später Bundesrat), verfügt geläufig als „Anbauschlacht", wurde zu einem Leitthema und zu einem klassischen Beispiel der räumlichen Entwicklung mit Wirkungen über Jahrzehnte, ablesbar am späteren Kernpostulat der bundesrechtlich zu verankernden *Landwirtschaftszone* als funktionstüchtiges Element der Trennung von Siedlungs- und Nichtsiedlungsgebiet, der Trennung der Bodenmärkte in Bauland- und landwirtschaftlicher Bodenmarkt.

Das gegenseitige Miteinander der Raumplanung als öffentliche Aufgabe und der Raumwissenschaften wurde im Verlauf der Zeiten des Hervortretens der gesetzlich veranlassten nicht einfacher. Die erhöhten politischen, wirtschaftlichen, gesellschaftlichen und ökologischen Anforderungen belasteten zwar beide, doch forderten die beschleunigten Veränderungsgeschwindigkeiten vorweg die Planungsämter heraus. Die Raumwissenschaften vertieften zwar ihre empirischen und normativen, ihre methodischen Erkenntnisse, doch begannen die Raumplanungsstellen ihrerseits, das eigene Potenzial der Wissenschaftlichkeit, bis und mit nationalen Forschungsprogrammen, auszuweiten. Ungeachtet der offenen und latenten Überschneidungen bleibt das kritisch-kreative Neben- und Miteinander von öffentlicher Aufgabe und Raumwissenschaften erforderlich, selbst wenn die direkten Begegnungen der divergierenden Funktionen wegen seltener werden sollten. Der Kontakt zur Wissenschaft darf keinesfalls zur Alibi-Konsultationsstelle verkommen.

zeitaufwendig an Grundlagenarbeiten zu verweilen. Sie ersetzen die forschende und lehrende Wissenschaft nicht. Regional sind viele weitere Planungsbüro engagiert aktiv. Sie beraten vor allem Gemeinden, regionale Institutionen, Träger öffentlicher Werke und private wie privatwirtschaftliche Unternehmen, die als Bauherren auftreten oder sich gegen Bauvorhaben wenden. Nicht zu verkennen sind jene Planungsbüros, die betont Zukunftsfragen aufnehmen und Politikberatungsfunktionen versehen, oft mit hohem Raumordnungsgehalt.

Drei Elemente fügen sich zu Pfeilern der Landesplanung, der Raumplanung, zusammen: die Wissenschaft, die öffentliche Aufgabe und die verbandseitigen Unterstützungen aus der Öffentlichkeit heraus. Sie sollten sich bewähren – und sie haben sich bis heute bewährt. Der vierte Pfeiler der internationalen Vernetzung der Raumwissenschaft und der öffentlichen Aufgabe wird, wie sich zeigen wird, sukzessive aufholend folgen, weil die nachbarlichen, europäischen und weltweiten Einwirkungen laufend bedeutsamer werden.

IV. Grosse Bögen – Ansätze zu Konstanten

Die Geschichte der schweizerischen Raumplanung einzufangen, setzt das Erahnen der grossen Hintergründe und Zusammenhänge voraus.

Sechs *Bögen* sind auszumachen:

1. Der erste grosse Bogen zu einem bewussten Einwirken auf den Raum setzte mit der *Aufklärung* ein. Die Menschen befreiten sich von der schicksalshaften Hinnahme von Gegebenheiten und wandten sich unter anderem der Ingenieurkunst zu, den Lebensraum von Naturgefahren zu entlasten und durch Meliorationen die Voraussetzungen für die Bodennutzung zu verbessern. Die Beispiele der Linthkorrektion und später der Melioration der Linthebene sprechen für sich; zwei „landesplanerische" Taten, auch wenn der Begriff der Landesplanung nicht Pate stand. Das Eisenbahnzeitalter, die Industrialisierung, der Schutz des Waldes, das technische Bildungswesen, das Baurecht, die *Planung als Dienstleistung*, sie folgten nach. Der Bogen hin zur Raumplanung war gespannt. Er schliesst das Herausbilden der Bundesstaatlichkeit der Schweiz ab dem Untergang der alten Eidgenossenschaft vor allem über die Verfassungen von 1848, 1874 und 1999 ein, bei sukzessiv starker Ausweitung der Staatsaufgaben, ohne aber die Kernanliegen der Rechtsstaatlichkeit, der Freiheit der Bürgerinnen und Bürger, des Föderalismus und der sozialen Gerechtigkeit ausser Acht zu lassen.

2. Die moderne Raumplanung, auch als ORL- und Landesplanung, zurückgeführt auf die zentrale Periode von der Wende vom 19. zum 20. Jahrhundert und vor allem von den 1930er-Jahren bis zum Beginn des 21. Jahrhunderts, ist eine solche der öffentlichen Vorsorge um die *Erhaltung und Gestaltung des Landes*, vorerst lokal, dann regional und schlussendlich landesweit; dies alles vertieft ab dem Zweiten Weltkrieg in einem werdenden Europa, bei wachsender Bevölkerung mit ausgreifenden Ansprüchen an die Ressourcen, die Infrastrukturen, den Lebensraum, verbunden mit

Umweltbelastungen, und bei einer sich lebhaft verändernden und weltweit sich öffnenden Wirtschaft; bald einmal mit Blick auf eine zahlreicher und gleichzeitig älter werdende, gar überalterte Bevölkerung, auf die Wissensgesellschaft des digitalisierten 21. Jahrhunderts, aber auch beeindruckt vom sich ankündigenden Klimawandel.

3. In grossen Teilen des Auslandes setzte die Raumplanung, vor allem markant in England zu Beginn des 20. Jahrhunderts, mit town planning ein, sogar mit neuen Städten (new towns). Jahrzehnte später kam die Sorge um das *Wachstum der Städte,* dann um deren Niedergang auf. Erst relativ spät meldete sich, teilweise allerdings auch parallel, die weiträumige Planung an, verbunden mit den Anliegen, den *überörtlichen Raum grossräumig zu erschliessen*, mit zentralen Orten und kleinen, mittleren und grösseren Zentren zu strukturieren, die Industriegebiete abzutrennen, die offene Landschaft zu schützen und, wo nötig, die Wälder, Wasserläufe, Landwirtschaftsgebiete usw. zu bewahren. Den Wettbewerb zwischen Städten und Regionen, als Ansporn zur Stärkung der eigenen kulturellen und wirtschaftlichen Lebenskraft, zu forcieren, kam als raumplanerisches beziehungsweise raumordnungspolitisches Anliegen erst relativ spät zum Tragen, spielt aber heute zunehmend eine erhebliche Rolle. Der *Abbau von sich einstellenden Disparitäten* zwischen den Lebensbedingungen in Stadt und Land sowie den Berggebieten, zwischen Städten sowie zwischen metropolitanen und ländlichen Räumen wurde zu einem zentralen, allgemein gültigen Ziel der Raumordnungspolitik. Dieser grosse Bogen von einer gewissen Verallgemeinerungsfähigkeit für viele Staaten Europas lässt sich auch für die Schweiz nachweisen, allerdings nuanciert. Die Stadtplanung war eine historisch gewachsene Selbstverständlichkeit. Städte, wie wir sie wünschen, wurden zwar diskutiert, doch blieb es hinsichtlich neuer Städte bei einem Entwurf für eine einzige neue Stadt. Hingegen kam dem *Städtenetz Schweiz* erhöhte Bedeutung zu – prototypisch in Europa für die zweite Hälfte des 20. Jahrhunderts. Das Wachstum der Agglomerationen und das Heranbilden von Metropolitanräumen liess zu Beginn des 21. Jahrhunderts nicht lange auf sich warten. Sie führen zu neuen inneren Strukturen und sogar zu neuen Disparitäten auf relativ hohem Niveau.

4. Typisch für die keimende Geschichte der schweizerischen Landesplanung sind der Schutz der Wälder, später der offenen Landschaft und die eher baulich ausgerichtete Nutzungsplanung der Dörfer und Städte, vor allem auch

gedacht als Beitrag an die Abwehr von Immissionen aus Verkehr und Industrie zugunsten der Wohnsiedlungen und der aufzubauenden Lebensqualitäten in den Siedlungen. Das Postulat der Trennung von Siedlungs- und Nichtsiedlungsgebiet wurde zum helvetischen planerischen Denkansatz mit der Zielsetzung, sich der augenfälligen Zersiedlung des Landes entgegenzustellen. Mit der markanten Zunahme der Bevölkerung, der Urbanisierung, veränderter Lebensstile und dem Wachstum der Agglomerationen wurde die im Kontext der institutionalisierten Raumplanung vorerst vernachlässigte *Stadt-, Städtebau- und Agglomerationsplanung Schritt für Schritt neu lanciert* mit Akzenten auf dem qualitativen Städtebau. Das Postulat der Trennung von Siedlungs- und Nichtsiedlungsgebiet wurde auch in diesem neuem Zusammenhang bestätigt, akzentuiert durch die Feststellung, dass sich die Raumplanung zusätzlichen Herausforderungen, wie der gewollten Verdichtung, durch das Streben nach Qualitäten explizit zu stellen hat.

5. Begleitet sind die Prozesse von eindrücklichen technischen und naturwissenschaftlichen Entwicklungsschüben sowie einer Gesellschaft, die vor dem Hintergrund von Personenfreizügigkeit und Migrationen ihren *Zusammenhalt* und ihre *Wertorientierung* wiederkehrend neu finden muss – überraschend schneller, als gemeinhin vermutet. Das Werden der Raumplanung ist mit andern Worten eng *vernetzt mit den laufenden und zukunftsträchtigen Veränderungen in Politik, Wirtschaft, Gesellschaft, Technik wie auch Umwelt*. Gleichzeitig ist es eingebunden in die Diskussion um die Grenzen des Wachstums, von der Wissenschaft schon früh angesprochen, vom Club of Rom frühzeitig öffentlich lanciert, neuerdings durch die kritischen Fragen nach den Auswirkungen menschlichen Verhaltens auf das Klima näher ins Bewusstsein gerückt. Die Umweltdimensionen kriegen neben den örtlichen und regionalen Immissionsbelangen eine neue Prioritätskomponente: Klimaschutz, mit Aussagekraft für die Raumplanung. Verwandtes wäre von den qualitativen Bodenschutzverpflichtungen zu sagen, die früher vernachlässigt worden sind.

6. Ein Bogen betrifft inmitten der realen Bedingungen die Auseinandersetzung mit akuten und potenziellen *Knappheiten von Gütern* wie Raum, Boden, Infrastrukturen, Leistungsangebote gestalterischer Qualitäten, Finanzen, politischer Konsens usw. Dass Engpässe besondere Bedingungen setzen und parallel neue Bedürfnisse wecken, versteht sich. Sie stehen sogar untereinander in einer Wechselbeziehung, verbunden mit ökonomi-

schen Effekten und auch mit politischen Forderungen. Die Defizite wirken sich – nicht nur beiläufig – auf das Verhalten der Menschen und deren Wertvorstellungen aus. Sie reagieren mit technischen und organisatorischen Schritten des Optimierens, mit Erfindungen, mit dem Suchen nach neuen Angeboten, um alsdann den neuen Anliegen zu verfallen. Kettenreaktionen tun sich auf, zudem begleitet von Effekten auf den Lebensraum, manifest im Zusammenhang mit Immobilien, mit der Mobilität, mit dem Energiebedarf, mit der Kommunikation usw. Anders beleuchtet, sind Standorte für Windkraftanlagen genau so wie für Atomkraftwerke nicht isoliert zu betrachten, Linienführungen für Verkehrsträger, Städte- und Agglomerationen, sie alle stehen im grossen Konnex von Bedürfnissen, Engpässen, Ressourcendefiziten, neuen Techniken, Marktsituationen, politischen Faktoren und eben auch der entsprechenden, sich widerstreitenden und sich ergänzenden Auswirkungen auf den Lebensraum. Eine fatale Versuchung baut sich auf, den Staat, die sektoralen Fachplanungen und nicht zuletzt die Raumplanung für alles und jedes in Pflicht zu nehmen sowie gleichzeitig Vernetzungen zu erzwingen. Ob dies angeht und aufgeht? Gekonnte Raumplanung ist gefragt. Sie muss allerdings ihre Grenzen erkennen und beim Namen nennen.

Der Überblick zeigt, wie intensiv die Veränderungen im Rahmen der grossen Bögen der Raumplanung sind, denen sie sich in den für sie bedeutenden Phasen exponiert sah und sieht. Angedacht von den tatsächlichen Veränderungen, den Steigerungen der Problemkomplexitäten und dem Wertewandel bis hin zu den rechtlichen Vorgaben (z.B. Eigentums-, Wirtschafts-, Baufreiheit), bis zu den reklamierten Gestaltungsfreiheiten und aufkommenden Gestaltungszwängen, sind die folgenden sechs *Ansätze zu Konstanten der ORL-Planung*, der Landesplanung und der werdenden Raumplanung unter hohen Verstrickungen hervorzuheben:

1. Während im 19. Jahrhundert bis und mit der Vorkriegszeit zum Zweiten Weltkrieg vorweg die grossen technischen Werke von den Eisenbahnen, den Staumauern bis zu den Alpenstrassen aufkamen und Fabriken sich an Flussläufen sowie nahe den Städten (Industriequartiere) breit machten, belebten schon relativ früh Post und Telefon und Radio die Kommunikation, stillte die Elektrifizierung den Energiehunger, prägten Autos neu die Mobilität. Und nicht zuletzt setzte der Flugverkehr neue *Dimensionen* der Relation Distanz zur Zeit. Die zweite Hälfte

IV. Grosse Bögen – Ansätze zu Konstanten

des 20. Jahrhunderts führte dann über neue technische Errungenschaften und Perfektionierungen sowie auch aufgrund vertiefter physikalischer, chemischer und biologischer Erkenntnisse, mit teilweise immensen Verwerfungen und Fortschritten, zu einem enorm *beschleunigten Wandel, zu Veränderungen* von grosser gesellschaftlicher, wirtschaftlicher und sozialer Relevanz mit Wirkungen auf und für die Bevölkerung, den Lebensraum: Wende hin zum dritten Wirtschaftssektor, zur Dienstleistung, zur Wissensgesellschaft, zur Urbanisierung. Verbunden mit Ausweitung und Intensivierung von Lehre und Forschung vor allem im Bereich der sogenannten Lifesciences, neuer Technologien, der Digitalisierung, der Robotik usw. und der Globalisierung der Märkte. Akzentverschiebungen nach Räumen durch sinkende Standortgebundenheit sowie der Trennung von Forschung, Produktion und Absatz folgten nach. Die Ansätze des technischen und wissenschaftlichen Wandels werden genutzt – als Beispiel die Energiebelange. Alles bewegt sich: von den kohle- und ölthermischen Kraftwerken zu den Atom- und neu vor allem zu Wind- und Solaranlagen, vom Bau von Öl- und Gaspipelines bis zu den internationalen Stromnetzen. Geschieht alles mit oder ohne Belastung der Lebensräume?

2. Es wäre unvollständig, wenn nicht die Brücke zum vielfältigsten Leben in Raum und Zeit geschlagen würde: *Ursachen und Wirkungen verkeilen sich.* Vernetzungen von Problemlagen und deren Faktoren sind gegeben. Vorweg sprengte und sprengt die Internationalisierung der Wirtschaft die nationalstaatliche Grundordnung, gerade auch jene der räumlichen Politik. Staatliche Gruppierungen wie die EU bauten sich auf, weltweite Organisationen gewinnen an Struktur und Kompetenz. Die UNO mit ihren vielen Unterorganisationen, die WTO usw. deuten an, an was zu denken ist. Neben dem Institutionellen stellten sich materielle Spannungsfelder ein. Die disparaten Lebensbedingungen in und zu Entwicklungsländern, in Krisen und Katastrophengebieten führen zu Migrationsströmen, gleichzeitig zu neuen Märkten, zu friedensstiftenden Herausforderungen, sie beeinflussen das Leben selbst im verlassenen eigenen Land als auch im Destinationsgebiet. Die neu organisierten Märkte bedingen für Organisationen und Unternehmungen nicht nur den freien Güter- und Kapitalverkehr, sondern auch den freien Personenverkehr und schlussendlich sogar die grenzüberschreitende Personenfreizügigkeit

mit erheblichen Auswirkungen auf die demografische Entwicklung, auf die Arbeits- und Bodenmärkte wie auch auf die Sozialpolitik. Umweltprobleme kommen dazu. Parallel spielen sich Verlagerungen hin zur Dienstleistungsgesellschaft mit Finanzplätzen, Tourismuszentren, mit einem breit angelegten Gesundheitswesen etc. ab, all dies bei sinkender Zahl der Landwirtschaftsbetriebe im ersten Sektor, bei möglicherweise einer gewissen Deindustrialisierung, begleitet von wachsenden Bevölkerungszahlen, bei steigenden Ansprüchen an den Lebensraum. Der gesellschaftliche Wandel folgte und folgt dem technischen und wirtschaftlichen auf dem Fuss und umgekehrt, wiederkehrend. Die Raumplanung kann diesen Veränderungen nicht ausweichen. Sie geht auf diese zu, was ihren Auftrag des Erhaltens und Gestaltens und die Art, wie sie ihn zu realisieren trachtet, von der tatsächlichen Seite her beeinflusst.

3. War es während Jahrzehnten üblich, den *Wertewandel* im Vergleich mit den äusseren Entwicklungsschüben als langsamer, jedenfalls belastet mit Verzögerungen, darzustellen, so bahnt sich in jüngster Zeit in Teilen ein neues Bild an. Die wertbezogenen Einstellungen zum Leben in Raum und Zeit weisen zahlreiche Druckstellen auf, die nicht nur als raumrelevant zu analysieren, sondern bereits als raumwirksam aufzunehmen sind. Es geht hier vor allem um das Lösen von tradierten Wertvorstellungen zum Familienleben, zur Brücke zwischen Selbstverantwortung und gesellschaftlichem Engagement, aber auch im Verhältnis zur staatlichen Gemeinschaft. Die äusseren Kennzeichen sind Singlehaushalte, die Höherbewertung des Berufsstrebens gegenüber dem Familienbezug mit Kinderwelten, das Forcieren des Freizeitlebens, das Auskosten der Mobilität, das Leben in Städten mit dem Lebensstil des Urbanen, das Abkapseln gegenüber dem sozialen Miteinander. Sie sprechen für sich selbst. Gar Ausdruck modifizierter Wertvorstellungen sind sie, und diese sind raumrelevant, sogar von erheblicher Tragweite.

4. Mitgeschwungen hat zu allen Zeiten die Frage nach der *Baufreiheit respektive nach den zulässigen Baubeschränkungen.* Zwar hat die Eigentumsgarantie ihre bundesverfassungsrechtliche Regelung auf Bundesebene erst spät mit der Raumplanung im Jahre 1969 gefunden, doch war sie faktisch und rechtlich auch als ungeschriebenes verfas-

IV. Grosse Bögen – Ansätze zu Konstanten

sungsmässiges Recht schon früh anerkannt. Die Baufreiheit war gleichsam Teil der Nutzungsfreiheit, die zusammen mit der Verfügungsfreiheit den Kern des Eigentums ausmacht. Die Baufreiheit war damit weitgehend unbestritten, Beschränkungen wurden aber bedacht. Im Vordergrund standen während vieler Jahrzehnte die privatrechtlichen Grenz- und Gebäudeabstände, zumal sich das öffentliche Recht im 19. Jahrhundert nur langsam an die Seite des Privatrechts stellte. Die öffentlich-rechtlichen Beschränkungen des Grundeigentums meldeten sich nicht gleich als Planungsvorschriften an, sondern primär als Baurecht, so im Baugesetz des Kantons Zürich von 1863 respektive in jenem von 1894. Das Schweizerische Zivilgesetzbuch (ZGB) vom 10. Dezember 1907 behielt in Art. 702 die nicht privatrechtlichen, also die öffentlich-rechtlichen Beschränkungen ausdrücklich vor und verstand darunter sowohl Baurecht als auch werdendes Planungsrecht. In mehreren Kantonen fand dieses seine erste Basis in den Einführungsgesetzen zum ZGB, bis der Erlass von Planungs- und Baugesetzen unumgänglich wurde aus sachlichen, tatsächlichen und rechtlichen Gründen. Der Schritt vom Baupolizeirecht zum Bauplanungsrecht wurde übrigens seitens der Rechtswissenschaft ausdrücklich zelebriert, so in einem substanziellen Beitrag von Hans Huber im Jahre 1969, also im Jahre des Erlasses des Verfassungsartikels über die Raumplanung und zu einer Zeit, als sich neben dem Bundesgesetzgeber auch die kantonalen aufmachten, die erforderlichen Planungs- und Baugesetze zu erlassen respektive frühere Erlasse zu novellieren. Eins steht fest, die juristische Komponente war immer zugegen, allein schon wegen der Eigentumsgarantie und der damit verbundenen Baufreiheit respektive deren Beschränkungen durch privates und ausholendes öffentliches Recht. Auf den Punkt gebracht, heisst das, die Eigentumsgarantie, die Nutzungsfreiheit, die Baufreiheit waren zu allen Zeiten ein Thema. Geändert haben sich die Schranken nach Menge und Intensitäten, nach der Art der negativen Planung im Sinne der Gefahrenabwehr, neu mit wachsenden Akzenten auf dem positiven Tun-Müssen im Interesse des Bodenmarktes, des Gestalterischen, des Sozialen und des Ökologischen, wobei sich viele der öffentlichen Interessen gegenseitig bedrängen, gar konkurrenzieren.

5. *Gestaltungsfreiheit – Gestaltungszwänge?* Ein Spannungsfeld zu allen Zeiten, und doch wird es in einer Welt des konzentrierten Zusam-

menlebens herausfordernder, die Gestaltungsqualität als Siedlungs-, als Landschaftsqualität usw. als Element der Lebensqualität zu mehren. War es einst aus gleichsam geografischen Zwängen heraus gegeben, Siedlungen konzentriert auf topografische und naturgefahrenseitige Faktoren, aber auch auf Verkehrsachsen, Verkehrsknotenpunkte und Marktmöglichkeiten auszurichten, so ist es heute nicht mehr zu umgehen, den Siedlungsbereich zusätzlich gegenüber den Tendenzen zu Agglomerationsbildungen in Grenzen zu halten, um die offene Landschaft, die landwirtschaftliche Nutzung, das Grundwasser, das ökologische Gleichgewicht usw. zu erhalten und zu sichern, und dies gegen enorme wirtschaftliche und gesellschaftliche Einflüsse. Diese Beschränkungen halten zu Verdichtungen an, differenziert, aber doch zu Verdichtungen, deren Nachteile durch Qualitätssteigerungen aufzufangen sind. Die Stadt Bern über dem Aarelauf erforderte schon früh des knappen Raumes wegen geplante Gestaltung. Die morgige „Stadt Schweiz" verkommt, wenn sie sich nicht auch ohne äussern Druck, aus tieferer Einsicht den Qualitätsanforderungen öffnet. Siedlungsstrukturen und Qualitätsanforderungen müssen sich gegenseitig anspornen aus sich heraus. Stilgewandtheit wird zur kulturellen Pflicht – rechtlich unterlegt.

6. Bereits die Datenverarbeitung mittels Lochkarten in den 1960er-Jahren und erst recht die grossen Rechner sowie bald schon die sich steigernde Leistungsfähigkeit der PC prägten die Landesplanung, nicht nur über Informationssysteme, sondern auch im Bearbeiten, Präsentieren und Kommunizieren komplexer Problemstellungen sowie -meisterungen. Die Entwicklung der *Informatik* berührte und berührt dabei sogar das Materielle, indem offene Fragen dank computergestützter Datenerhellung und Visualisierungen erleichtert kommunizierbar werden, was eine elementare Voraussetzung guter Planung ist: Erweiterungen zugunsten der Raumordnungspolitik. Die Beispiele der visualisierten Wirkungen grosser Werke auf die Landschaft, auf das Stadtbild usw. und der Integration der Raumplanung in die bildlich ansprechenden statistischen Jahrbücher sprechen für sich selbst. Insbesondere wird das Nachführen der Raum- und Sachpläne erheblich erleichtert. Die *Digitalisierung* als permanent agierende Vernetzung von Menschen und Objekten, Vorgängen, Daten und Informationen bahnt sich an.

IV. Grosse Bögen – Ansätze zu Konstanten

Die grossen Bögen und die Ansätze zu Konstanten sind aus den Zusammenhängen und Hintergründen heraus nicht zu eng zu sehen. Sie sind in sich vielseitig. Sie schliessen sogar überlappende Veränderungskräfte und -potenziale ein. Die Politik betreffen sie genauso wie die Wirtschaft, die Gesellschaft, die Technik und die Umwelt. Sie reichen von den Entscheidungs- und Konsensdefiziten über die Belange des Wohnens, des Bodens, einer gesunden Umwelt, der Versorgung und Entsorgung sowie der Ressourcen bis zu den Belastungen der Landschaft und der Natur – die Wertvorstellungen seien nicht vergessen. Dass mit den Defiziten immer auch ein *Überborden* in andere Richtungen auszumachen sein dürfte, belegt das Beispiel des Verlangens nach vermeintlich befreiender Mobilität, mal in den engen Grenzen des örtlichen Verkehrsangebotes gehalten, dann aber unter Ausnützung aller modernen technischen Möglichkeiten. Die theoretischen und visionären Axiome sind nicht feststehende Zielgrössen. Vorzufindende Möglichkeiten sind nicht optionale Stereotypen für Beliebigkeiten, nicht allgemeingültige Nutzungsrezepte. Sie sind immer kritisch zu bewerten in Sorge um die vertretbare Erhaltung und Gestaltung des Lebensraumes.

Dass *die räumlichen Engpässe und die Ressourcenmängel* existenziell in den frühen Phasen zuerst in den örtlichen, dann in den regionalen Absteckungen und erst spät national und international, nun weltweit, bewusst erlebt werden, hängt mit der menschlichen Erfahrungswelt zusammen. Diese ist sachlich und politisch bedeutsam. Dabei gilt, dass die Erfahrung vorweg persönlich und also örtlich erlebbar ist. Es bedarf deshalb erheblicher Anstrengungen, um die ausholenden Vorgänge und Zusammenhänge zu erkennen. Die Darstellung der Geschichte und der Perspektiven der Raumplanung ist deshalb immer verbunden mit einer Sicht auf das *tatsächliche Geschehen*, die laufenden Veränderungen, die menschlichen und in der Folge auch der gesellschaftlichen Erfahrungswelten gerichtet, gemäss den Zeitumständen, am Rande begrenzt durch die limitierten Fähigkeiten zu Erfahrungshorizonten und durch die Ungewissheiten der Zukunft. *Ob und unter welchen Bedingungen die Wahrnehmung des Wandels und damit der Anforderungen an die Raumplanung jeweils in politische Problemerkenntnisse und -prozesse münden*, hängt unter anderem vom politischen System und seinen Wahrnehmungsfähigkeiten ab, die ihrerseits von Menschen her bestimmt sind. Was früher als lösbare Probleme erfasst und eingestuft worden ist, erweist sich heute oft als schwer diagnostizierbarer und kaum zu entwirrender Problemkomplex. Auch für die

Raumplanung, selbst für professionelle Planer ist zu unterstreichen: Planung steht nicht für Problemmeisterung à tout prix, so sehr sie sich um die werdenden Problemstellungen und deren Lösungen zu kümmern hat. Sie ist vielmehr die kritische, wachsame Begleiterin einer ungewissen Entwicklung, die sorgfältig ihres Amtes zu walten hat.

Die *Ziele der ORL-, Landes- und Raumplanung*, verstanden als Planungsgrundsätze, können nicht exklusiv aus unverrückbaren Theorien und einmaligen politischen Wertungen hergeleitet werden. Sie resultieren in der Regel aus tieferliegenden Orientierungen inmitten konkreten Antwortens auf auflaufende reale Probleme. Bei aller Weitsicht, sie unterliegen ebenfalls Änderungszwängen. Insofern gibt es die in Stein gehauenen, gar ehernen Ziele der Raumplanung nicht, so sehr sie sich um eine längerfristige Ausrichtung bemüht und bemühen muss. Zudem, die Ziele, so sie nicht gänzlich abstrakt, sondern operabel ausgelegt sind, können sich angesichts der Wirklichkeit widersprechen. Sie rufen nach Bewertungen, nach dem Abwägen. Die Geschichte der Raumplanung ist in diesem Sinne eine Geschichte der laufenden, wenn auch eher langsam sich vollziehenden Zielfindungs- und Zielabwägungsprozesse. Verhängnisvoll wäre es deshalb, den grossen Bogen der Geschichte der Raumplanung auf fest gefügte Zielfundamente zu stützen. Auch das Überbetonen einzelner Theorien könnte sich als verhängnisvoll erweisen. Nur kritisch hinterfragt gewinnen sie an Stellenwert.

Und so verhält es sich auch mit den *Instrumenten und Massnahmen*. Da sie zu strategischen und operativen Problemlösungen bestimmt und nicht Selbstzweck sind, kann es keine Geschichte der sich kontinuierlich auf weiteste Sicht optimierenden Instrumente und Massnahmen geben. Sie spiegeln lediglich die jeweilige, allenfalls über längere Zeit wirkende Ausrichtung der räumlichen Planung von der Flächenwidmung über Gefahren abwehrende Vorkehrungen bis zur positiven Gestaltung. Die Geltungszeit von Instrumenten und verfügbarer Massnahmen ist allerdings relativ gross. Und doch ist immer wieder innert relativ kurzer Zeit zu erleben, wie bewährte Instrumente und Massnahmen, vor allem die Letzteren, von neuen Anforderungen überrascht werden. Massnahmen der Steuerung der Siedlungsentwicklung nach Lage und Nutzungsart wie auch Nutzungsintensität greifen beispielsweise kaum oder nicht mehr, wenn sich die wirtschaftlichen, technischen und/oder sozialen Ansprüche verändern, so beim Wandel vom zweiten zum dritten Wirtschaftssektor.

IV. Grosse Bögen – Ansätze zu Konstanten

Ob die Bodenfrage, der Landschaftsschutz, die Umweltbelange mitsamt der Abwehr von lästigen und schädlichen Immissionen, die Stadtplanung, der Verkehr, die sozioökonomische Entwicklung usw. über die Jahre abwechselnd jeweils im Vordergrund standen resp. stehen, ist weniger wichtig als die Tatsache des präsenten, wachen *Bewusstseins für das Geschehen und seine Auswirkungen politisch, wirtschaftlich, sozial, ökologisch und eben räumlich Verantwortung tragen zu müssen*. Ob freiwillig, ethisch, gesetzlich gefordert oder unter Marktbedingungen ist gemessen an den materiellen Prioritäten beinahe zweitrangig. Die wellenartig aufkommenden Postulate der Eigenernährung, der rational durchdachten Infrastrukturen für die Basiserschliessung von Bauzonen, Gemeinden und Landesteilen, der haushälterischen Bodennutzung, der zweckmässigen Besiedlung, der konzentrierten Dezentralisation, des verdichteten Bauens, der Mehrung der Siedlungsqualität, des insistierenden Schutzes offener Landschaften, der politischen Organisation der Regionen und Agglomerationen usw. markieren Ansätze des gedanklichen Zutritts zum räumlichen Geschehen. Sie stehen allerdings in sachlichen und zeitlichen Zusammenhängen, sodann verbunden mit sektoralen oder konzeptionell-ganzheitlichen Intentionen, dann wieder gemischt mit andern Akzenten und in variierten Kontexten. Sie müssen deshalb immer wieder neu evaluiert werden.[9]

---

[9] Werfen wir einen Blick auf die wichtigsten Dokumente zur Landesplanung, die diesen Bögen in der Vorphase bis zur kristallisierenden ETH-Tagung von Anfang Oktober 1942 zugrunde liegen. Sie sind enthalten im Dokumentenband von Ernst Winkler/Gabriela Winkler/Martin Lendi, 1979. Auf folgende Marksteine setzende Vorgaben können sie beschränkt werden:

Hans Bernhard, Schweizerische Siedlungspolitik, SVIL, Zürich 1919; *Hans Bernhard*, Die Förderung der Innenkolonisation durch den Bund, Gutachten, Zürich 1920; *Henri Robert von der Mühl*, Urbanisation et estétique, Lausanne 1928; *Hermann Herter*, Für die Eingemeindung der Zürcher Vororte, Zürich 1929; *Armin Meili*, Allgemeines über die Landesplanung, Basel 1933; *Hermann Peter*, Landesplanung in der Schweiz, Werk 22/1935; Eingabe des *BSA* an den Bundesrat betreffend Landesplanung, Werk 22/1935; *Motion Meili* Zürich betr. Regionalplanung vom 26. März 1941, eingereicht im Nationalrat; *Schweizerische Landesplanungskommission*, Schweizerische Regional- und Landesplanung, Bericht an das Eidg. Militärdepartement, Bern 1942; *ETH-Tagung* für Landesplanung, Zürich 1942 (1.–3. Oktober 1942), Bericht von Ernst F. Burckhart, Beilage zu „Strasse und Verkehr", Solothurn 1942, bearbeitet von Paul Trüdinger.

Hinter den Beschreibungen der Bögen und der konstanten Elemente stehen diverse rechtliche Regelungen, politische Wertungen und immer auch sich anbahnende *planerisch-normative Theorien*, insbesondere solche zu Raumstrukturen und Raumprozessen. Die vorherrschenden haben drei Bereiche, teils vermischt, berührt, die von tragender, strukturierender Bedeutung für die Landesplanung beziehungsweise Raumplanung werden sollten:

Das genaue Hinsehen lässt erkennen, für die ersten Vorboten stehen materielle Probleme im Vordergrund, während jene der Organisation und der Finanzierung kaum gestreift werden. Organische Entwicklung der Städte, das Bodenrecht, die nationale Siedlungsplanung, diese Aspekte wachsen sogar mit der dringend gewordenen Arbeitsbeschaffung beschleunigt an, auch mit Blick auf die Kriegs- und die Nachkriegszeit. Der bundesrätliche Delegierte für Arbeitsbeschaffung bestellte denn auch eine Landesplanungskommission mit dem Ziel, der angesprochenen Probleme Herr zu werden, Landesplanung und Arbeitsbeschaffung aus einer Hand. Beinahe gleichzeitig hatte der BSA eine verbandseigene Kommission berufen. Und nicht nur nebenbei: Armin Meili hat die rein planerischen Aufgaben den Verbänden zugetraut, um rasch voranzukommen, ohne auf organisatorische oder gesetzliche Grundlagen warten zu müssen. Dringender Massnahmen bedurfte es auf alle Fälle. Weitere Klärungen sollte eine ETH-Tagung bringen. Spezifische landesplanerische Ziele erreichte sie bald schon mit neuen Organen: Forschungsstelle an der ETH, Gründung der Schweizerischen Vereinigung für Landesplanung (VLP).

Die weiteren grundlegenden Publikationen betrafen bereits die praktische Arbeit an Orts- und Regionalplanungen, deren rechtliche Grundlegung, sodann immer wieder die Städte (*Hans Bernoulli*, 1942; *Hans Carol/Max Werner*, 1949), alsdann die politischen sowie rechtlichen Auseinandersetzungen um die bodenrechtliche Ordnung resp. die Ordnung der Landesplanung als solcher und deren Verständnis. Auffallend dabei ist die parallele Entfaltung von Wissenschaft und Praxis. Deren Begegnungen und Kooperationen lassen sich am Beispiel der *Eidgenössischen Expertenkommission für Fragen der Landesplanung* erkennen (Bern 1966). Die Bundesgesetzgebung bahnte sich vor diesem Hintergrund Schritt für Schritt ihren Weg hin zur Landesplanung resp. Raumplanung, und zwar über den Gewässerschutz (Generelle Kanalisationsprojekte und Bemessung der Baugebiete), über den Natur- und Heimatschutz sowie über die Gesetzgebung zur Wohnbauförderung (Erschliessung, Förderung der Forschung auf dem Gebiet der Orts-, Regional- und Landesplanung).

IV. Grosse Bögen – Ansätze zu Konstanten

a) das *Verständnis der Planung* als öffentliche und wissenschaftliche Aufgabe,
b) das Verstehen *der tatsächlichen räumlichen Entwicklung*,
c) die zielorientiert geforderte *Beeinflussung der räumlichen Entwicklung*.

Kein absolut dominierender Bogen, kein geschlossenes System der Konstanten ist auszumachen. Sie betreffen relativ weit gespannt die bestehende, die angestrebte Raumordnung, die Raumordnungspolitik, allerdings bei unterschiedlicher Terminologie und in Phasen der Annäherung noch wenig konzentriert: von der polizeilichen zur gestaltenden Planung, von der negativen zur positiven Planung, von der ordnenden zur gestaltenden, von der imperativen zur anregenden, von der hoheitlichen zur vertraglichen und umgekehrt, von der vorwegnehmenden zur koordinierenden, von der Verbots- zur Gebotsplanung, von der wirtschaftlich neutralen zur ökonomisch verführerischen Planung, von der flächenartigen zur zentralörtlichen Planung, von Nutzungs- zur konzeptionellen und programmatischen Planung usw. Typisch für die Schweiz ist das Fehlen vorherrschender Theorien. Die sich anbahnende ORL-, Landes- und Raumplanung schob vielmehr *Pragmatisches* in den Vordergrund: Integraler Schutz des Waldes, Trennung Siedlungs- und Nichtsiedlungsgebiet, Städtenetze, Begrenzung des Baugebiets, Baugebiets- und Erschliessungsetappierungen usw., und dabei vorahnend die instrumentelle Dreigleisigkeit von Bodennutzungs-, konzeptioneller und programmatischer Planung und sektoralen Sachplanungen.

Selbst das sich formierende Bau- und Planungsrecht der Verfassungs-, Gesetzes- und Verordnungsstufe des Bundes, der Kantone und der Gemeinden, das nominale und das funktionale, bildet keinen starren, zeitlosen Bogen, auch wenn es über längere Zeit die verbindliche Ausrichtung der ORL-, Landes- und Raumplanung als öffentliche Aufgabe gewährleisten sollte. Das Recht ist im demokratischen Rechtsstaat änderbar – nicht beliebig, nicht willkürlich, aber nötig, wenn sachlich und aus Legitimationsgründen angezeigt. Die schweizerische Rechtsentwicklung der kantonalen Baugesetze aus der Zeit des Polizeirechts zu kantonalen Planungs- und Baugesetzen illustriert den mitlaufenden Novellierungsbedarf. Das Bundesgesetz über die Raumplanung vom 22. Juni 1979 wurde seinerseits wiederholt in Teilen erneuert. Es harrt sogar einer Totalrevision mit oder ohne Erweiterung der verfassungsrechtlichen Grundordnung des Art. 75 BV über die Raumplanung. Nicht zu verkennen ist, dass das funktionale raumbedeutsame Recht ohnehin einem erhöhten Erneuerungsdruck ausgesetzt ist, manifest derzeit unter den Titeln der Zweitwohnungen, des Agglomerationsverkehrs, der Zuwanderung, des Verdichtens der Siedlungsgebiete usw. In den elementaren Dimensionen der Auseinandersetzung mit der Planung bewegt sich das Recht zwischen der Ermächtigung zur Planungsflexibilität – Planungsermessen, Methodenfreiheit – und dem Ersticken der Planungsfreiheit durch Verrechtlichung. Die Rechtspolitik sei gewarnt. Sie muss immer kritisch bleiben sowie finale Offenheit sowie konditionale Ordnungskraft zu dosieren wissen.

Begleitend zu den diversen Bögen und Ansätzen sticht *die Verantwortung für die kommenden Generationen* heraus. Sie gilt andauernd für das Gegebene, das Tradierte, das Werdende und das Kommende zugunsten und zulasten von Menschen von heute und morgen in Raum und Zeit. Die Aussage kann gewagt werden: Die Historie der ORL-, Landes- und Raumplanung ist letztlich die Geschichte der Verantwortungswahrnehmung für den Lebensraum über die Zeiten hinweg. Wann, wo, durch wen und wie wurde sie in der Öffentlichkeit und durch die Wissenschaft erkannt und gelebt? Waren es die Amtsstellen, die Parlamente, die Regierungen, die Parteien, die fachlichen und politischen Verbände, die Wissenschaft, die Unternehmungen, welche die Verantwortung betonten und/oder wahrnahmen und wahrnehmen? Sicherlich, zu unterschiedlichen Zeiten traten die Verantwortungsträger unterschiedlich prononciert hervor, oft auch mit unterschiedlichen Anliegen, mit ganzheitlichen Ansätzen und/oder mit sektoralen Anliegen. Die Formel von der intergenerationellen Verantwortung ist zwar relativ jung, doch ist sie seit jeher indirekt Ausdruck der ethischen Komponente der Planung als Auseinandersetzung mit der Zukunft. Erst recht gilt dies für das Raumplanungsrecht, das seinerseits durch die Planung *und* das Recht das kommende, morgige übermorgige Verhalten der Rechtsadressaten normiert. Für die Schweiz signifikant ist die Neigung, dem Recht ethische Grundausrichtungen zu attestieren, vom ZGB bis zur Bundesverfassung. So besehen ist *die Ethik, begründet unter anderem in der intergenerationellen Verantwortung, einer der grossen Bögen der Raumplanung in die Zukunft hinein*. Sie antwortet auf die Grundfrage: Was müssen wir tun?

Das Denken um Bögen und Ansätze zum Konstanten setzt neben dem Heranwachsen der Planung als öffentliche Aufgabe einen *wissenschaftlichen*

IV. Grosse Bögen – Ansätze zu Konstanten

Reifungsprozess voraus. Dieser wurde in der Schweiz mit der Forschungsstelle am Geografischen Institut der ETH Zürich ab 1943 und mit der Gründung des ORL-Instituts an der ETH Zürich im Jahre 1961 vorangetrieben, bereichert durch die Arbeiten an den *Landesplanerischen Leitbildern* und der Aufnahme der universitären Ausbildung in Raumplanung. Das grosse Verdienst bestand im sachlich breiten und interdisziplinär abgestützten sowie methodisch unterlegten, wissenschaftlich integrierten Ansatz, wie sie sich als Disziplin versteht und wie sie zu agieren vermag. Parallel haben vorweg die Geografen, die Ingenieure, die Architekten und von den Geistes- und Sozialwissenschaften primär die Juristen tragfähige Grundsteine gelegt.[10]

---

[10] Die grosse Leistung des ORL-Instituts bestand im Fördern des interdisziplinären Ansatzes. In ihm waren bald einmal neben Ingenieuren, Architekten und Geografen Ökonomen, Juristen, Politologen, Soziologen, Statistiker, Datenverarbeitungsspezialisten und Methodiker vertreten in grosser Zahl und erst noch mit zahlreichen Aussenkontakten. Die angewandte Interdisziplinarität übertrug sich von den Forschenden innert kürzester Zeit auch auf die Studierenden und wissenschaftlichen Mitarbeiter. Der wohl nicht minder wichtige Pluspunkt bestand im intellektuellen Meistern des sich übersteigernden Zeitgeistes der Machbarkeit. Die Demokratie trug ihrerseits dazu bei: Die knappe Ablehnung des RPG vom 4. Oktober 1974 in der Referendumsabstimmung vom 13. Juni 1976 half, das Verständnis der Raumplanung zu vertiefen und neu zu legitimieren. Der Weg zu einem dynamischen RPG wurde gleichsam „freigeschaufelt". Gegen das neu zu erlassende RPG von 1979 wurde das Referendum erfreulicherweise nicht mehr ergriffen. Es steht, teilweise erneuert, noch heute in Kraft.

Ob die *Landesplanerischen Leitbilder* (1971) des ORL-Instituts und das daraus hervorgegangene Raumordnungskonzept CK 73 (1973 publiziert) aus heutiger Sicht noch hoch eingeschätzt werden können, mag fragwürdig sein. Nicht verkannt werden kann hingegen, dass es sich bei den *Leitbildern* um ein wissenschaftliches Werk handelt, das nach klaren Methoden erarbeitet und nachvollziehbar verstanden werden kann. Ausserdem hat just dieses Werk den wissenschaftlichen Anspruch der Disziplin Raumplanung mindestens für die Schweiz begründet. Die ETH Zürich hat sich nicht gescheut, den Auftrag des Eidg. Volkswirtschaftsdepartements (Delegierter für Wohnbauförderung, Fritz Berger) aus dem Jahre 1965 zuhanden des ORL-Instituts, damaliger Direktor *Martin Rotach,* anzunehmen und in souveräner Forschungsfreiheit zu erfüllen. Massgebend mitgewirkt haben, neben den professoralen Mitgliedern der Leitung des ORL-Instituts Ernst Winkler, Jakob Maurer, Martin Lendi, die leitenden wissenschaftlichen Mitarbeiter Carl Hidber (später Professor am IVT und Leiter der GVK) sowie Helmut Ringli, dipl. Arch. ETH (später Sektionschef Nationalplanung am ORL-Institut), unterstützt von rund 50 Mitarbeiterinnen und Mitarbeiter und Auftragnehmerinnen und Auftragnehmer. Die eindrücklichen Fähigkeiten des Forschungsmanagements von Martin Rotach setzten sich durch. Leider hat M. Rotach das ORL-Institut noch vor der Drucklegung und Publikation der Leitbilder im Jahre 1971 verlassen, um sich dem Aufbau des Instituts für Verkehr zu widmen und um später 1972 die Wahl als Delegierter für Raumplanung anzunehmen. Die Aufgabe der institutsseitigen Vertretung der Leitbilder übernahm M. Lendi, fachlich unterstützt von H. Ringli. Die Vorbereitungsarbeiten für das gewählte Leitbild CK 73 (der Chefbeamtenkonferenz des Bundes unter der Leitung des Delegierten für Raumplanung Martin Rotach) lagen beim ORL-Institut (federführend H. Ringli).

Der Auftrag, landesplanerische Leitbilder für die Raumordnung Schweiz vorzulegen, wurde bereits vor der verfassungsrechtlichen Grundlegung der Raumplanung im Jahre 1969 erteilt. Das war ein politisch kühnes Unterfangen. Zum wissenschaftlichen Anspruch gehörte das Anliegen, bereits während der langen Bearbeitungs- und Auswertungszeit ständig den parallelen Forschungsfluss zu konsultieren, so hin zu den Prospektivstudien Knescharek von der HSG, hin zum Entwicklungskonzept Berggebiet, zur werdenden Gesamtverkehrskonzeption, hin zu Studien über die Organisation der Raumplanung usw. Die Finanzierung der Anschlussarbeiten wechselte ab 1972 vom Delegierten für Wohnungsbau auf den neu eingesetzten Delegierten für Raumplanung. Die ETH brachte ihrerseits erhebliche Mittel ein und deckte bald einmal allein die Aufwendungen dieses Instituts. Es bestand bis 2000 und wurde 2002 durch ein Netzwerk diverser Professuren und Institute der ETH Zürich abgelöst.

Der wissenschaftliche Wert der *Leitbilder* kann in folgenden Punkten zusammengefasst werden: ausholendes Verständnis der Landesplanung/Raumplanung; Begriffs- und Funktionsbestimmung von (normativen) Leitbildern, Abgrenzung zu andern Methoden wie Szenarien; Ermittlung der raumwirksamen Kräfte und der planerischen Grundlagen/Vorgaben; sorgfältige Analyse der räumlichen Trendentwicklung; Zielermittlungen und normative Festlegung der Ziele in Form von Planungsgrundsätzen, die bei Widersprüchen untereinander und gegeneinander abzuwägen sind; Ausarbeitung von Teilleitbildern nach sachlichen und raumrelevanten Kriterien sowie deren Umsetzung im Sinne der Anforderungen auf den Lebensraum Schweiz nach Eignungen und Prioritäten (beispielsweise Landwirtschaftsgebiete, Fruchtfolgeflächen usw.); Aufzeigen von denkbaren und möglichen, strukturieren-

IV. Grosse Bögen – Ansätze zu Konstanten

den Siedlungsentwicklungen mit abgestimmten Landschafts- sowie Transport- und Versorgungsstrukturen, Strukturskizzen in Varianten; Vorbehalt zugunsten der abschliessenden politischen Bewertung der Strukturskizzen durch die zuständigen Bundes- und kantonalen Behörden; Präferenzevaluation für ein raumplanerisches Leitbild zuhanden der zuständigen politischen Instanzen.

Allein schon die Teilleitbilder (drei übergeordnete und 13 spezielle) machten sichtbar, wie vielfältig die Aufgabe in der Sache und von den Disziplinen her anzugehen war: Staatspolitik, Gesellschaft, Volkswirtschaft; Siedlung, Erziehung und Bildung, Gesundheitswesen, Industrie und Gewerbe, Verkehr, Kommunikation, Siedlungswasserwirtschaft, Landwirtschaft, Erholung und Tourismus, Wald, Landschaftsschutz, Landesverteidigung. Nicht minder spannend waren die neun Strukturskizzen mit Aussagen zu Siedlung, Landschaft und Transport und Versorgung unter definierten Strukturen der Siedlungsvariabilität von der Konzentration in zwei Ballungsräumen bis zu dispersen Kleinstädten, alle in Front der Trenddarstellung. Wie fantasiereich und kreativ raumplanerisches Denken doch sein kann und wie leicht erkennbar überraschende Stränge der tatsächlichen Entwicklung werden können! Die *Leitbilder* stärken die raumplanerische Klarsicht gleich dreifach: Was könnte werden? Was wird? Was soll werden? Leitbilder sind also nicht nur normativ prägend. Sie erleichtern dank ihres Informationsgehaltes die Auseinandersetzung mit dem, was sich abspielt, und dem, was vorzukehren ist.

Das einst so vorteilhafte Städtesystem Schweiz sieht sich aktuell mit sich berührenden und sich überschneidenden Agglomerationsprozessen und zwei Metropolitanräumen konfrontiert, weitgehend unterschwellig forciert durch Bevölkerungszunahme, Urbanisierung, neue Lebensstile, sich verändernde Werthaltungen, gesteigertes Freizeitleben, erhöhte Ansprüche an den Wohnraum, an die Mobilität, Strassen- und S-Bahnverkehr usw. Immerhin, bereits ein Blick in die Texte zu den Leitbildern und deren Karten sowie Strukturskizzen lässt sichtbar werden, wie sehr die fundierte Auseinandersetzung mit der Zukunft erkenntnisträchtig ist.

Verstanden werden die Leitbilder am besten aufgrund folgender Publikationen: *ORL-Institut*, Landesplanerische Leitbilder der Schweiz, Schlussbericht, 3 Bde., Plankassette, Zürich 1971; *Arbeitsgruppe des Bundes für die Raumplanung*, Raumplanung Schweiz, 2 Bde., Bern 1970; Arbeitsgruppe des Bundes für die Raumplanung, Wie soll die Schweiz von morgen aussehen, Bern 1972; *Bundesrat*, Botschaft zum Bundesgesetz über die Raumplanung vom 31. Mai 1972, BBl 1972 I, S. 1435 ff.; Delegierter für Raumplanung/EJPD, Raumplanerisches Leitbild der Schweiz CK-73, Bern 1973, verabschiedet von der Chefbeamtenkonferenz des Bundes (i.S. Raumplanung); *ORL-Institut*, Raumordnungskonzept

Schweiz, gemäss den Randbedingungen der Chefbeamtenkonferenz, VCK-73, Studienunterlage Nr. 20 zur Orts-, Regional- und Landesplanung, Zürich 1974; *Bundesgesetz über die Raumplanung vom 4. Oktober 1974*, (aRPG); *Institut für Aussenwirtschafts-, Struktur- und Marktforschung*, Entwicklungsperspektiven der schweizerischen Volkswirtschaft bis zum Jahre 2000, St. Gallen 1969 ff.; *Flückiger Hans*, Gesamtwirtschaftliches Entwicklungskonzept für das Berggebiet, Bern 1972; *Studienkommission für Preis-, Kosten- und Strukturfragen*, Studien zur Regionalpolitik, Bericht z. Hd. des Eidg. Volkswirtschaftsdepartementes, Bern 1972; *Kommission für die schweizerische Gesamtverkehrskonzeption*, Gesamtverkehrskonzeption Schweiz, Schlussbericht, Bern 1977; *Expertenkommission für die Vorbereitung einer Totalrevision der Bundesverfassung*, Verfassungsentwurf, Bern 1977; *Eidg. Kommission für die Gesamtenergiekonzeption*, Das schweizerische Energiekonzept, 2 Bde., Bern 1978; *Bundesrat*, Botschaft zum Bundesgesetz über die Raumplanung vom 27. Februar 1978, BBl 1978 Bd. 1, S. 2006 ff.; *Bundesgesetz über die Raumplanung (RPG) vom 22. Juni 1979*.

Allein schon diese Übersicht illustriert den fachlich-politischen Zusammenhang, in dem die Arbeiten des ORL-Instituts standen. Sie zählen zu einem Kontext, der aufbrach, die Herausforderungen der Zukunft ernst zu nehmen und den Lebensraum in seiner Begrenztheit nicht willkürlichen Belastungen auszusetzen, sondern diesen zu erhalten und zu gestalten. Das ORL-Institut setzte sich denn auch in der Folge grundsätzlich mit Planungs- und Zukunftsfragen als Anforderungen an die Politik und an das Recht auseinander. Die sog. „Politische Planung" wurde zum Forschungsthema. Auch gewannen die Methodenaspekte an Bedeutung. Nicht zuletzt galt es, die Belastbarkeit des Raumes in seinen Teilräumen zu erwägen. Das Scheitern des zit. Verfassungsentwurfs darf nicht verwundern: er war in zu vielen Belangen zu effizienzbetont. Der Erlass des Raumplanungsgesetzes gelang dennoch (im Jahr 1979), wenn auch in einem zweiten Anlauf. Weltweit war das Umfeld auch durch die Debatte um den Bericht des Club of Rome zur Lage der Menschheit beeinflusst: Meadows Dennis, The Limits of Growth, New York 1972.

Weder Bundesrat noch Parlament haben ein Leitbild erlassen. Gleich beizufügen ist, dass heute möglicherweise der raumplanerische Zutritt eher über Szenarien, Strategien und die realisierende Politiksteuerung gesucht würde. Aber der Erkenntnisgewinn aufgrund der *Leitbilder* war erheblich. Allein schon das konsequente Denken in Zusammenhängen wirkt sich positiv aus. Und der Blick in die Zukunft bahnte sich einen Weg auch dort, wo bewusst blieb, dass diese ungewiss ist. Die Zukunft öffnet sich: Die intergenerationelle Verantwortung meldete sich zu Wort, das Nachhaltigkeitsprinzip gewann an Bedeutung, die Ethik der Raumplanung wurde reflektiert. Das Machbare wurde in die Spannungsverhältnisse von Erhalten und Ge-

IV. Grosse Bögen – Ansätze zu Konstanten

Neben den geschilderten grossen Bögen seien noch spezifische, konkretere, angetönt, die zum Verständnis der räumlichen Planungen beitragen:

a) der Bogen von der Abwehr der Naturgefahren bis zur Ordnung des knappen Lebensraumes bei wachsenden Ansprüchen,
b) der Bogen vom Städtebau bis zur Ordnung des Bauens im Lebensraum innerhalb und ausserhalb des Siedlungsgebietes,
c) der Bogen von der landwirtschaftlichen Landnutzung bis zur Ordnung der baulichen Nutzungen des Bodens durch den zweiten und dritten Wirtschaftssektor sowie die moderne Informationsgesellschaft,
d) der Bogen von der Nutzungsfreiheit des Bodens bis zur dosiert haushälterisch geplanten Raum- und Bodennutzung,
e) der Bogen von der Stadtplanung über die Orts-, Regional- und Landesplanung bis zur Raumplanung über den ganzen Raum.

Und hier leuchtet alles in allem in Umrissen eine Kernaussage bezogen auf *einen denkbaren und umspannenden Bogen der Geschichte der Raumplanung* auf: *Die Verantwortung für den Lebensraum* wird in der Gegenwart und muss in Zukunft wahrgenommen werden müssen. Jedenfalls ist sie anhaltender Art, nicht immer sachlich gleich ausgeprägt, nicht immer gleich intensiv gefordert oder verfolgt. Der Erhaltungs- und der Gestaltungsauftrag gelten dennoch zu allen Zeiten dem Lebensraum – als Voraussetzung des Lebens und der Lebensentfaltung, gewidmet in Respekt vor dem Leben, der menschlichen Freiheit, der Menschenwürde, gerade auch deshalb, weil mit dem gegebenen, knappen Raum immer haushälterisch, verbunden mit Qualitätsbewusstsein, umgegangen werden soll.

stalten, von Bewahren und aktiven Verändern, von Negativ- und Positivplanung gesetzt. Zusätzlich entfalteten die *Leitbilder* indirekte Wirkung über die Planungsgrundsätze, wie sie in die Bundesgesetzgebung zur Raumplanung als sog. finale Rechtssätze einflossen; nicht als widerspruchsfreie Vorgaben, wohl aber als materielle, justiziable Zielnormen, die der Handhabung des planerischen Ermessens Ziele weisen. Vor allem aber belebten die *Leitbilder* die Raumplanung in ihrem politischen Stellenwert und als wissenschaftlicher Aufbruch.

V. Bundesverfassungsrechtliche und gesetzliche Verankerung der Raumplanung als öffentliche Aufgabe

1969/1979

Die werdende Orts-, Regional- und Landesplanung, als Kürzel Landesplanung genannt, hat ihren institutionellen Höhepunkt erreicht, als im Jahre 1969, am 14. September, ein *Verfassungsartikel über die Raumplanung* (Art. 22^{quater} aBV) durch Volk und Stände angenommen worden ist, zusammen mit jenem über die *Eigentumsgarantie* (Art. 22ter aBV).[11] Uno actu. Das Doppel stand unter der regierungsseitigen Vorgabe eines neuen Boden-

---

[11] Die Verfassungsartikel 22ter (Eigentumsgarantie) und 22^{quater} (Raumplanung), vom Bundesrat angekündigt als neues Bodenrecht – die Eigentumsgarantie war bis zur Ergänzung ein ungeschriebenes verfassungsmässiges Recht –, wurden beide in der Volksabstimmung vom 14. September 1969 an- und in die Verfassungsurkunde vom 29. Mai 1874 (aBV) aufgenommen. Volk und Stände hatten zugestimmt (mit 286 282 Ja zu 225 536 Nein, sowie mit 17 + 5 halben zu 2 + eine halbe Standesstimmen). Der Verfassungsartikel über die Eigentumsgarantie reicht in seiner Bedeutung über die Raumplanung und die Bodenfrage im Besonderen weit hinaus. Er erfasst und schützt das Institut des Eigentums, den Bestand der vermögenswerten Rechte und die immanenten Vermögens-werte. Auf der andern Seite ist die Eigentumsgarantie für das Bodenrecht als Aussage für die Raumplanung äusserst relevant. Die beiden Verfassungsartikel wurden mit folgendem Wortlaut, der für das heute geltende Recht der Gesetzesstufe des Bundes und der Verfassungs- und Gesetzesebene der Kantone wie auch für die Formulierung der neuen Bundesverfassung von 1999 im Wesentlichen prägend wurde, in die damalige Verfassung (aBV) aufgenommen:

„Art. 22ter [aBV]

Das Eigentum ist gewährleistet.

Bund und Kantone können im Rahmen ihrer verfassungsmässigen Befugnisse auf

rechts, verfassungspolitisch aber einfach deshalb zwingend, weil die Eigentumsgarantie in der Verfassung von 1874 nicht erwähnt war. Sie war gleichsam stillschweigend vorausgesetzt, aber formell nicht verankert. Der Grund des Koppelns lag in der Eigentumsrelevanz des Raumplanungsrechts, doch waren sich Bundesrat und Parlament bewusst, dass die materielle Bedeutung des Eigentums weit darüber hinaus ragt: das Institut als solches, die vermögenswerten Rechte als Gegenstand und die Gewährleistung ihres Bestandes.

Die grosse Leistung der verfassungsrechtlichen Einbindung der Landesplanung als Raumplanung besteht in deren Festschreibung als rechtsstaatliche öffentliche Aufgabe primär der Kantone, und damit auch der Gemeinden, sowie begrenzt des Bundes. Dies geschah zu einer Zeit, in der die Planung mindestens stellenweise sachlich-politisch überschätzt wurde. Die Verankerung der Raumplanung in der Verfassung und Integration in die Verfassung stellte klar, die Raumplanung kann und darf nicht als Instrument der Neu- respektive Umgestaltung von Staat, Wirtschaft und Gesellschaft jenseits des Rechts missbraucht werden. Es geht bei ihr um die Ordnung des gegebenen Lebensraumes sowie um das Erhalten und Gestalten der Lebensvoraussetzungen in Raum und Zeit unter den Bedingungen des Rechts, des verfassten Rechtsstaates, der Grundrechte, der Demokratie und des Föderalismus. Der Begriff der Raumplanung wurde durch das Parlament bewusst gewählt, einerseits um nicht einseitig auf der Bodennutzungsplanung im Sinne der tradierten Zonenplanung begrenzt zu bleiben und andererseits um eine abdem Wege der Gesetzgebung im öffentlichen Interesse die Enteignung und Eigentumsbeschränkungen vorsehen.

Bei Enteignungen und bei Eigentumsbeschränkungen, die einer Enteignung gleichkommen, ist volle Entschädigung zu leisten.

Art. 22quater [aBV]

Der Bund stellt auf dem Wege der Gesetzgebung Grundsätze auf für eine durch die Kantone zu schaffende, der zweckmässigen Nutzung des Bodens und der geordneten Besiedlung des Landes dienende Raumplanung.

Er fördert und koordiniert die Bestrebungen der Kantone und arbeitet mit ihnen zusammen.

Er berücksichtigt bei der Erfüllung seiner Aufgaben die Erfordernisse der Landes-, Regional- und Ortsplanung."

V. Bundesverfassungsrechtliche und gesetzliche Verankerung als öffentliche Aufgabe

wegige Wirtschafts- und Gesellschaftsplanung zu verhindern. Die besonderen Anliegen ausreichender Verfassungsgrundlagen für das Einführen der Landwirtschaftszone und das Trennen von Siedlungs- und Nichtsiedlungsgebiet auch als Bodenmärkte wurden ihrerseits erreicht.

Vorausgegangen war in den 1950er- und zu Beginn der 1960er-Jahre eine Phase wirtschaftlicher Bedrängnisse, vor allem der Bodenverteuerung, des zu engen Angebotes und der gestiegenen Nachfrage nach Wohnungen, der Preisbelastungen im landwirtschaftlichen Bodenmarkt und ganz allgemein des Anwachsens öffentlicher Aufgaben, so im Infrastrukturbereich, verbunden mit weiteren Ansprüchen auf Bodennutzungen wie dem Nationalstrassenbau. Zahlreiche politische Vorstösse in den Parlamenten sowie aus öffentlichen Veranstaltungen, wie Tagungen von Verbänden und Parteien usw., monierten ein neues Bodenrecht, unter anderem durch die Trennung von Bauland- und landwirtschaftlichem Bodenmarkt samt bundesweiter Einführung einer Landwirtschaftszone. Das letztere Begehren wurde vom Bundesrat anfangs der 1960er-Jahre im Rahmen einer geplanten Änderung der Bundesgesetzgebung zum bäuerlichen Bodenrecht anvisiert. Vorausgeeilt war allerdings bereits im Jahre 1956 ein Postulat von Spühler und Freimüller, das einen bundesrätlichen Bericht zur Bodenspekulation verlangt hatte, gefolgt an eine Tagung der VLP 1961 mit dem Hinweis auf den Boden als Schicksalsfrage; die Schweizerische Gesellschaft für Volkswirtschaft und Statistik insistierte 1962 auf der Beachtung der Bodenverteuerung und der Schweizerische Juristenverein erhob diese Aussage 1964 zum Rechtsthema. Volksinitiativen in mehreren Kantonen sowie eine solche der sozialdemokratischen Partei und des schweizerischen Gewerkschaftsbundes von 1963 akzentuierten den politischen Diskurs begleitend. Letzterer rief nach staatlichen Interventionen am Bodenmarkt.[12] Besonderes Gewicht wurden in der Folge dem Bericht der Eidgenössischen Expertenkommission für Fragen der Landesplanung (publiziert Bern 1967, Vorsitz Prof. Heinrich Gutersohn, ETH

---

[12] Die Verfassungsinitiative der sozialdemokratischen Partei und des schweizerischen Gewerkschaftsbundes hat folgenden Wortlaut:

„Art. 31^{sexies} BV [gemeint aBV]

Der Bund trifft unter Mitwirkung der Kantone Massnahmen zur Verhinderung einer ungerechtfertigten Steigerung der Grundstückpreise, zur Verhütung von Wohnungsnot und zur Förderung einer der Volksgesundheit und der schweizerischen

Zürich/Präsident VLP) und dem markanten Postulat von Nationalrat Leo Schürmann (1964 eingereicht, 1966 im Parlament diskutiert) zugemessen.[13] Beide plädierten für ein landesplanerisches Mitwirken des Bundes und für einen inhaltlich breiten Ansatz einer räumlich ausholenden Problemsicht mit Einschluss des Bodenrechts, aber nicht limitiert darauf.

Die Konsequenz war, dass Bundesrat, Experten und Parlament auf ein neues Bodenrecht drängten, verbunden mit drei Ansprüchen: a) einer erweiterten Orts-, Regional- und Landesplanung, b) der Festigung der Eigentumsgarantie und c) der Ermöglichung des Instruments der Landwirtschaftszone als Teil der Nutzungsplanung. Diese Ziele wurde mit der Lancierung und schlussendlich mit der Annahme der Art. 22ter und 22^{quater} aBV im Jahre 1969 durch Volk und Stände erreicht, wobei das Parlament den Akzent von der bundesrätlich bevorzugten Zonenplanung auf die Raumpla-

Volkswirtschaft dienenden Landes-, Regional- und Ortsplanung.

Zur Erfüllung dieser Zwecke steht dem Bund und den Kantonen das Recht zu, bei Verkäufen von Grundstücken zwischen Privaten ein Vorkaufsrecht auszuüben sowie Grundstücke gegen Entschädigung zu enteignen.

Das Nähere bestimmt das Gesetz, das innert drei Jahren zu erlassen ist."

Diese Initiative gegen die Bodenspekulation wurde in der Volksabstimmung vom 2. Juli 1967 verworfen.

[13] Das Postulat Schürmann hatte folgenden Wortlaut:

„Die Zunahme der Bevölkerung und die wirtschaftliche Entwicklung schreiten so rasch voran, dass die Wahrung der Schönheit unseres Landes und die sinnvolle Gliederung der Landschaft ausschliesslich auf Grund kantonaler und kommunaler Normen auf lange Sicht fragwürdig erscheint. Es dürfte einem Gebot vorausschauender Politik entsprechen, beizeiten Rechtsgrundlagen für die Landes- und Regionalplanung, allenfalls auch für eine baugesetzliche Rahmenordnung bundesrechtlicher Natur, ins Auge zu fassen. Jedenfalls sollte abgeklärt werden, wie weit mit Hilfe des Bundes die Belange der Landes- und Regionalplanung bundesrechtlich zu fundieren sind."

Dieser Text kann noch heute, wenn auch unter völlig dramatischeren Verhältnissen, als Frage akzeptiert werden, inkl. der Seitenfrage nach einem Rahmen-Bundesbaugesetz. Faktisch und rechtlich werden im Rahmen des RPG formelle und materielle baurechtliche Anforderungen gestellt.

V. Bundesverfassungsrechtliche und gesetzliche Verankerung als öffentliche Aufgabe

nung verlagert hat, unter Einschluss der Nutzungsplanung samt Landwirtschaftszone. Die informelle verbandseitige Planung, die Landesplanung wurde zur Raumplanung. Interessant dabei ist, dass der nicht typisch schweizerische Begriff nicht zu einem politischen Hindernis wurde. Er steht positiv für eine räumliche Planung, die der zweckmässigen Nutzung des Bodens und der geordneten Besiedlung des Landes dient, den ganzen Raum erfasst, alle erforderlichen, gesetzlichen Massnahmen einbezieht, sich als Daueraufgabe versteht und die Erstverantwortung den Kantonen belässt. Dem Bund wurde eine Grundsatzgesetzgebungskompetenz zuerkannt. Entscheidend für die Zustimmung der Stände und vor allem des Volkes war die Gewährleistung des Eigentums mit voller Entschädigung im Falle formeller oder materieller Enteignung.

Die sozialdemokratische Volksinitiative mit ihren spezifischen marktbelastenden Intentionen war zwischenzeitlich bereits verworfen worden (2. Juli 1967). Die gewählte Neuordnung des Verfassungsartikels über die Raumplanung nahm von einem direkten staatlichen Eingriff ins Marktgeschehen bewusst Abstand, begünstigte aber die Trennung von Bauland- und landwirtschaftlichem Bodenmarkt und insistierte auf einer gesamträumlichen Planung, inklusive Siedlung, Landschaft, Verkehr und Ver- und Entsorgung, eingebunden in den föderativen-demokratischen Rechtsstaat. An der vollen Entschädigung bei formellen und materiellen Enteignungen wurde nicht gerüttelt. Damit wurde der Weg frei für den Erlass eines Bundesgesetzes über die Raumplanung, allerdings zu konzipieren als Grundsatzgesetz unter Respektierung der Erstverantwortung der Kantone für die zu schaffende Raumplanung. Die kantonale Hoheit über das Baurecht sollte ihrerseits gewahrt werden, soweit nicht ein direkter Zusammenhang mit dem Planungsrecht eine bundesrechtliche Regelung bedingt.

Die Raumplanung ist also seit 1969 auf der Bundesebene verfassungsrechtlich fest verankert. Der verkürzende und rechtlich fragwürdige Weg über eine Änderung des bäuerlichen Bodenrechts, bereits angedacht, war vermieden und allein schon deshalb gerechtfertigt, weil es vorweg die Eigentumsgarantie *und* die Raumplanung positiv auf Bundesebene und mit Weitsicht für die Kantone und Gemeinden zu etablieren galt. Es war vor allem der Expertenbericht der Kommission Gutersohn aus dem Jahre 1967, der geholfen hatte, neben den Kantonen mit Einschluss der Gemeinden

den Bund anzuhalten, bei der Erfüllung seiner breiten Aufgaben die Erfordernisse der Orts-, Regional- und Landesplanung zu berücksichtigen.

Eine Neuzuordnung der Bestimmungen zur Raumplanung und zur Eigentumsgarantie wurde in der neu formulierten Verfassung vom 18. April 1999 (BV) nötig, weil dort gesonderte Titel für die Grundrechte und die Sachkompetenzen vorgesehen sind. Die BV trat übrigens am 1. Januar 2000 in Kraft. Hier nun ist die Bestimmung über die Raumplanung als Art. 75 BV festgehalten, jene über die Eigentumsgarantie als Art. 26 BV.[14] Der Artikel über die

[14] In der neuen, formell und sanft materiell novellierten Verfassungsurkunde vom 18. April 1999 (BV) ist die Raumplanung als Art. 75 BV im Kontext von Umwelt und Raumplanung (Abschnittstitel) geregelt, die Eigentumsgarantie als Art. 26 BV im Zusammenhang der Grundrechte. Der Inhalt der Regelungen ist im Wesentlichen unverändert, allerdings ist die direkte politische Verknüpfung unter dem einst begleitenden Titel „Bodenrecht" nicht mehr erkennbar. Die Raumplanung steht gleichsam – systematisch betrachtet – betont in einem neuen lebensräumlichen Bezug (Umwelt und Raumplanung). Allerdings ist dieser nur voll erfasst, wenn die Querbezüge über diesen Abschnitt hinaus ausgedehnt werden hin zum Verkehr, zur Landwirtschaftspolitik, zur Strukturpolitik, zur Wirtschaftspolitik usw. Auch bei der Bestimmung über die Eigentumsgarantie ist festzuhalten, dass die neu gewählte systematische Zuordnung primär den grundrechtlichen Bezug betont, nicht mehr den direkten zur Raumplanung, zum Bodenrecht. Auch was die Beschränkungen angeht, so ist neu zusätzlich auf die allgemeinen Vorschriften über Einschränkungen der Grundrechte (Art. 36 BV) zu verweisen.

„Art. 26 BV

Das Eigentum ist gewährleistet.

Enteignungen und Eigentumsbeschränkungen, die einer Enteignung gleichkommen, werden voll entschädigt.

Art. 75 BV

Der Bund legt Grundsätze der Raumplanung fest. Diese obliegt den Kantonen und dient der zweckmässigen und haushälterischen Nutzung des Bodens und der geordneten Besiedlung des Landes.

Der Bund fördert und koordiniert die Bestrebungen der Kantone und arbeitet mit ihnen zusammen.

Bund und Kantone berücksichtigen bei der Erfüllung ihrer Aufgaben die Erfordernisse der Raumplanung."

V. Bundesverfassungsrechtliche und gesetzliche Verankerung als öffentliche Aufgabe

Raumplanung steht dabei systematisch neu im unmittelbaren Kontext von Nachhaltigkeit (Art. 73 BV), Umweltschutz (Art. 74 BV), Wasser (Art. 76 BV), Wald (Art. 77 BV), Natur und Heimatschutz (Art. 78 BV), ist aber aufgrund der sachlichen Querschnittsbeziehungen als noch breiter verbunden zu verstehen, beispielsweise mit den Bestimmungen über den Verkehr (Art. 82 ff. BV), die Energie (Art. 89 ff. BV), die Kommunikation (Art. 92 f. BV), die Wirtschaft (Art. 94 ff. BV), die Strukturpolitik (Art. 103 BV) usw.[15] Im zweiten Jahrzehnt des 21. Jahrhunderts sind die Bestimmungen über die Zweitwohnungen (Art. 75b BV) und gegen die Masseneinwanderung (Art. 121a BV) hinzugekommen, die auf der Basis umfassender Gesetzgebungskompetenzen direkt respektive indirekt raumwirksam sind. Etwas früher ist bereits Art. 75a BV über die Vermessung an die Seite der Raumplanung gerückt.

Völlig neu an der verfassungsrechtlichen Ordnung von 1969 war der *Begriff der Raumplanung*. Darauf muss näher eingegangen werden. Der Bundesrat hatte in seiner Botschaft über die Ergänzung der Bundesverfassung durch die Art. 22ter und 22quater vom 15. August 1967 die Akzente auf die Orts-, Regional- und Landesplanung sowie die Zonenplanung (grundeigentümerverbindliche Flächennutzungsplanung) gelegt in der Absicht, auf diese Weise die zweckmässige Nutzung des Bodens zu sichern, verbunden mit der Möglichkeit, die Landwirtschaftszone vorzusehen. Grundannahme bildete die Auffassung, mittels der Orts-, Regional- und Landesplanung, vorweg durch eine Zonenplanung, für eine optimal lokalisierte und dosierte Nutzung des Bodens zu sorgen sowie durch das bundesrechtlich angeordnete Instrument der Landwirt-

---

[15] Als eine substanzielle Neuerung der Verfassung von 1999 kann das Einfügen des Prinzips der Nachhaltigkeit gewichtet werden. Es ist für die Raumplanung relevant. Allerdings ist zu bedenken, dass das Prinzip breiter zu sehen ist, als es die Formulierung in Art. 73 BV andeutet. Es handelt ergänzend gemäss der Präambel von der „Verantwortung gegenüber den kommenden Generationen" und in Art. 2 Abs. 2 BV von der „nachhaltigen Entwicklung", also nicht nur von der ökologischen Dimension, sondern auch von den wirtschaftlichen und gesellschaftlichen Aspekten, m.E. indirekt auch von der politischen: *Politische Stabilität, wirtschaftliche Leistungsfähigkeit, soziale Solidarität, ökologisches Gleichgewicht und intergenerationelle Verantwortung* bilden, rechtlich und sachlich betrachtet, die Tragpfeiler der Nachhaltigkeit – je für sich nachhaltig angelegt und in der Summe abgestimmt und abgewogen und bereinigt auf Nachhaltigkeit gerichtet. Für die Raumplanung sind alle Elemente, auch in ihrer Vernetzung, bedeutsam.

schaftszone die Bodenmärkte für Bau- und Landwirtschaftsland zu trennen sowie zu beruhigen. In den Beratungen der Eidgenössischen Räte setzte der Ständerat überraschend den Akzent neu auf den Raum und fügte den Begriff der Raumplanung ein. Der Nationalrat schloss sich an: Raum und Planung gleichsam als übergeordnete Verantwortungsgegenstände des beeinflussbaren Geschehens in Raum und Zeit, den ganzen Raum betreffend, eingeschlossen die Bodenprobleme, auch zugunsten des Bodens als Lebensgrundlage, aber nicht nur gerichtet auf die effektive Bodennutzung, sondern zusätzlich auf das Verhalten der Menschen gegenüber dem Lebensraum (Landschaft, Siedlung, Transport/Versorgung) – eine ganzheitliche, andauernde Herausforderung. Der Verfassungsgesetzgeber insistierte also auf dem zukunftsorientierten, dem planerischen Befassen, auf dem Anvisieren einer verantwortbaren Raumordnung. Der instrumentelle Hinweis auf den Zonenplan, der sich damals noch vorweg auf das Baugebiet ausgerichtet hatte, entfiel, doch blieb er als Nutzungsplan für den ganzen Raum und für Sondernutzungspläne unbestritten. Zu Recht. Der Raum, der ganze Raum, sollte einbezogen sein, das Siedlungs- und das Nichtsiedlungsgebiet, das Letztere akzentuiert als Wald, Gewässer, offene Landschaften und eben auch als Landwirtschaftsgebiet, auf der Stufe des Zonenplans als Landwirtschaftszone ausgeschieden.

Mit dem neugestalteten und in dieser Form erlassenen Verfassungsartikel 22quater aBV war die *Raumplanung als öffentliche Aufgabe* des Befassens mit dem Lebensraum per constitutionem als bundesweite Herausforderung geboren. Der Artikel sprach in Absatz 3 zusätzlich noch von der Landes-, Regional- und Ortsplanung, wobei Bund und Kantone angehalten wurden, bei der Erfüllung ihrer Aufgaben die Erfordernisse aller Planungsebenen zu berücksichtigen, eine Verpflichtung gerade auch zulasten des Bundes, der bekanntlich keine nationale, umfassende Raumordnungskonzeption einseitig verfügen darf. Er hat vielmehr auf die Planungsintentionen der Kantone und Gemeinden zuzugehen, begleitet vom Prinzip der durchgehenden Planung von unten, den Gemeinden, nach oben und im Gegenstrom von oben, dem Bund, nach unten bis zu den Gemeinden. Der neue Verfassungsartikel 75 BV spricht vereinfachend, aber sinnverwandt davon, Bund und Kantone hätten bei der Erfüllung ihrer Aufgaben die Erfordernisse der Raumplanung zu berücksichtigen.

Die *Raumplanung als Wissenschaft* wird von der ETH, den Universitäten sowie den Fachhochschulen betreut. Sie lebt von der Lehr- und Forschungsfrei-

V. Bundesverfassungsrechtliche und gesetzliche Verankerung als öffentliche Aufgabe

heit (Wissenschaftsfreiheit Art. 20 BV) und also von den wissenschaftlich disziplinierten Eigeneinsichten. Zusätzlich wird sie vom Nationalfonds unterstützt, insbesondere seitens der nationalen Forschungsprogramme, ausserdem durch die Verwaltungen unter dem Titel von Ressortforschungsgeldern.

Der *Bund* hat damals (1969) aufgrund der Verfassungsrevision neu die Kompetenz zur Grundsatzgesetzgebung zugewiesen erhalten. Er gewann also keine umfassende und schon gar nicht eine abschliessende Gesetzgebungskompetenz: eine Referenz vor den Kantonen, auch mit Blick auf deren Kompetenz im Bereich des Baurechts. Die Grundsatzgesetzgebung ermächtigt ihn lediglich zum Erlass von Grundsätzen im Sinne von grundlegenden Bestimmungen über die Raumplanung, das heisst über deren Ziele, Träger, Instrumente, Massnahmen, Verfahren sowie über den Rechtsschutz. Die Grundsatzgesetzgebung lässt allerdings in einzelnen Sachbelangen durchgreifende Bestimmungen mit Wirkungen bis zu den Grundeigentümern zu, aber nur soweit diese für die kohärente Ordnung und Umsetzung der Planungsgrundsätze erforderlich sind, so im Kontext der Trennung von Siedlungs- und Nichtsiedlungsgebiet, des Bauens ausserhalb der Bauzonen, der Erschliessung als Bauvoraussetzung, der Baubewilligungspflicht usw. Sachlich ausgeklammert zugunsten der Kantone wurde also das weite Feld des öffentlichen Baurechts – bis auf den heutigen Tag. Neben der Grundsatzgesetzgebungskompetenz hat der Bund eine Pflicht übertragen erhalten, die Erfordernisse der Raumplanung zu bedenken und zu übernehmen. Er ist nämlich, genau so wie die Kantone, ausdrücklich gehalten, die Erfordernisse der Raumplanung bei der Erfüllung eigener Aufgaben zu berücksichtigen (Art. 75 Abs. 3 BV), anders formuliert, der Bund hat die kantonalen und eidgenössischen Vorgaben zur Raumordnung zu beachten. Und dies gilt für alle eidgenössischen Funktionen, die räumliche Wirkungen zeitigen, also auch für die öffentlichen Unternehmungen wie SBB und die bundesseitig konzessionierten Verkehrsbetriebe. Weil der Bund zudem ex constitutione über zahlreiche weitere raumrelevante Kompetenzen verfügt, die insbesondere gegenüber den für die Raumplanung verantwortlichen Kantonen und den interessierten Departementen zu kommunizieren sind, tut der Bund gut daran, seine spezifischen Anliegen in der Form von raumbedeutsamen Sachplänen für die Bundesebene und die Kantone einzubringen.

Die neue verfassungsrechtliche Ordnung hielt und hält *die Kantone* an, die Verantwortung für die Raumplanung zu übernehmen und diese zu schaffen.[16] In Teilen waren sie der bundesverfassungsrechtlichen Neuordnung sogar vorangeeilt, sei es mit dem Erlass von neueren kantonalen Planungs- und Baugesetzen, sei es mit der Lancierung neuer Planarten, vor allem im Bereich der grundeigentümerverbindlichen Nutzungsplanung. Aber nicht alle Kantone haben die Herausforderung angenommen, nur vereinzelte mit dem Anspruch einer durchgreifenden, umsetzungsstarken Planungsgesetzgebung. Das kantonale Planungs- und Baurecht hatte übrigens seit jeher die Nähe von Planungs- und Baurecht unterstrichen, also den Zusammenhang von Planung und Bauen mit Fokus auf dem Baugebiet. Dies aber ist objektiv zu eng. Der breiter Titel müsste mindestens lauten: Raumplanungs- und Baugesetz. Der oft und mit Auswirkungen zu eng gewählte blieb im kantonalen Recht verbrei-

---

[16] Eine ähnliche Entwicklung wie beim Bund spielte sich leicht zeitverschoben im Kanton Zürich ab. Am 20. März 1962 wurde eine Initiative der SP gegen die Bodenspekulation eingereicht. Sie strebte die Einführung eines Vorkaufsrechts auf Grundeigentun für die Gemeinden an. Der Regierungsrat beantragte dem Parlament, die Initiative als bundesrechtswidrig nicht dem Volk zu unterbreiten. Dieses folgte diesem Ansinnen nicht, beantragte aber, das Volk möge die Initiative ablehnen. In der Volksabstimmung vom 6. Februar 1966 unterlag die Initiative deutlich. Der Ja-Stimmenanteil betrug 38 %, das Nein-Quorum mithin 62 %. Kurz darauf beauftragte der Regierungsrat eine Kommission mit der Beantwortung der allgemein gehaltenen Frage, nach welchen Gesichtspunkten eine Bodenreform zu erwägen wäre. Der entsprechende kantonale Bericht wurde 1972 abgeschlossen, also nach dem Erlass der Bundesverfassungsartikel über die Raumplanung und die Eigentumsgarantie. Er wurde aber zu einer wesentlichen Grundlage für das zürcherische Planungs- und Baugesetz vom 7. September 1975. Auch hier zeigt sich der rote Faden: An die Stelle eines pointierten Bodenrechts trat die Raumplanung resp. das Planungs- und Baurecht. An diesen Vorgängen beteiligt waren: Regierungsrat Ernst Brugger, als Experte und Präsident der Bodenrechtskommission Prof. Dr. Riccardo Jagmetti, als Sekretär eben dieser Kommission Dr. Peter Rosenstock und als Gesetzesredaktor Dr. Walter Vollenweider. Zeitlich noch bedeutsam ist, das zürcherische PBG erging vor dem RPG von 1979 und vor der Ablehnung des BG über die Raumplanung von 1974 in der Volksabstimmung von 1976. Der politische Impulsfaktor der Bundesebene mit der Verfassungsvorgabe von 1969 schlug auf weitere Kantone durch. Sie novellierten oder erliessen ihre Planungs- und Baugesetze teilweise bereits vor dem Inkrafttreten des RPG von 1979 am 1. Januar 1980: Bern 1970, Luzern 1970, Aargau 1971, St. Gallen 1972, Tessin 1973, Thurgau 1977.

V. Bundesverfassungsrechtliche und gesetzliche Verankerung als öffentliche Aufgabe

tet – bis heute. Mit Defiziten: a) Das Städtebau- und Stadtplanungsrecht erfuhr keine gehörige Förderung und b) das Nichtsiedlungsgebiet wurde planerisch nicht sinnvoll bedacht und bearbeitet. Auf der andern Seite wäre es am Bundesrat und am eidgenössischen Gesetzgeber gewesen, die Kantone mit der Auflage, den Lebensraum als solchen in toto zu erfassen, zu konfrontieren. Leider wurde selbst auf Bundesebene über längere Zeit nicht klar genug, ob und wie die Stadt- und die Agglomerationsplanung anzugehen und wie die offenen Landschaften samt Wald und Gewässer bei neu aufkommenden und divergierenden Interessen vonseiten der Freizeit, der Infrastrukturen, der Energieversorgung usw. zu schützen seien. Der Titel des Bauens ausserhalb der Bauzonen, der in der Verantwortung der Raumplanung liegt, ist gemessen an der offenen Landschaft und der Summe ihrer Probleme zu schmal. Das Nichtsiedlungsgebiet müsste für die Raumplanung voll ansprechbar sein. Fatal: Die Landschaftsplanung vermochte sich ausserhalb des Aufgabenbereiches der Raumplanung zu halten. Sie lag und liegt nach wie vor in der Obhut des Bundesamtes für Umwelt (BAFU). Auch der Wald führt ein eher eigengesetzliches Dasein im BAFU – zugestanden aus rechtlicher Tradition, aber ohne hinreichende sachliche Begründung angesichts der gesamträumlichen Planung. Juristisch angedacht: Das funktionale Raumplanungsrecht wurde leider nicht von Anfang an ausreichend mit dem nominalen verknüpft. Und die Gesetzgebung Verwaltungsorganisation weitete den Aufgabenbereich des Bundesamtes für Raumplanung nicht entsprechend sachgerecht aus.

Noch vor der ersten, konsolidierten Entwurfsfassung eines Bundesgesetzes über die Raumplanung hatte der Bundesgesetzgeber am 17. März 1972 einen *Bundesbeschluss über dringliche Massnahmen auf dem Gebiet der Raumplanung* erlassen. Kernziel war es, besonders gefährdete Gebiete wie das Engadin bis zum Inkrafttreten des fraglichen Bundesgesetzes unter provisorischen Schutz zu stellen, gross- und kleinräumig – in voller Ausnützung des Raumes im Sinne des Siedlungs- und des Nichtsiedlungsgebietes, auch bezogen auf den Landschaftsschutz. Der Beschluss sah ferner die Einsetzung eines Delegierten für Raumplanung vor, der unabhängig von einem späteren Bundesamt für Raumplanung, das durch Gesetz zu schaffen war, unverzüglich seine Arbeit aufnahm und diese erfolgreich verrichtete. Der Bundesbeschluss war von einem Ausschuss der Expertenkommission für ein neues Bundesgesetz über die Raumplanung in enger Zusammenarbeit mit dem Bundesamt für Justiz vorbereitet worden. Dieser wurde erst mit dem Inkrafttreten des zu erlassenden Gesetzes obsolet, was sich als ein eindrückliches Beispiel für sachdienliche Sofortmassnahmen und Zeitgewinn für eine konsolidierte Gesetzgebung darstellt.

Das schweizerische *Bundesgesetz über die Raumplanung (RPG)* wurde im Jahre 1979, am 22. Juni, erlassen.[17] Ein mit Botschaft vom 31. Mai 1972 vom Bundesrat beantragtes BG über die Raumplanung wurde zwar am 4. Okto-

---

[17] Bundesgesetz über die Raumplanung (Raumplanungsgesetz, RPG) vom 22. Juni 1979. Es handelt sich um ein Grundsatzgesetz des Bundes, der sich zurücknehmen muss, da die Aufgabe der Raumplanung Sache der Kantone bleiben soll. Materiell prägend sind die Bestimmungen über die Ziele (Art. 1 RPG) und die Planungsgrundsätze (Art. 3 RPG) sowie über die Prinzipien a) der Beschränkung der Nutzungsfreiheit unter Aufrechterhaltung der Verfügungsfreiheit über den Boden – die Bodenverresp. -zuteilung erfolgt durch den Markt – und b) der Trennung von Siedlungs- und Nichtsiedlungsgebiet aufgrund einer Begrenzung der Bauzonen und deren definierte Nutzung (Art. 1, 3, 15, 16 und 19 RPG). Dazu kommt c) das Prinzip der konzentrierten Dezentralisation (Art. 1 Abs. 2 lit. c RPG in Verbindung mit den Aussagen über die Begrenzung des Siedlungsgebietes). Als planseitige Instrumente werden die (eidg.) Sachpläne (Art. 13 RPG), die (kantonalen) Richtpläne (Art. 6 ff. RPG) und die (kantonal-kommunalen) Nutzungspläne (Art. 14 ff. RPG) hervorgehoben, wobei die Nutzungspläne grundeigentümer-, während die Richtpläne behördenverbindlich sind. Die Verbindlichkeit der Sachpläne richtet sich nach dem massgebenden besonderen Verwaltungsrecht. Zentral ist ausserdem die Planungspflicht (Art. 2 RPG). Bundesrechtlich durchgreifend bis zum Grundeigentümer sind die Art. 24 bis 24d RPG über das nicht zonenkonforme Bauen ausserhalb der Bauzonen, ferner die Bestimmungen über die Erschliessung als Bauvoraussetzung (Art. 19 RPG) sowie über die Baubewilligungspflicht (Art. 22 RPG). Auch die Regelung über die Dimensionierung der Bauzonen resp. des Baugebiets kann als abschliessende Bundesregelung verstanden werden (Art. 15 RPG).

Vorausgegangen war dem Erlass des RPG – nach der Ablehnung des Gesetzes von 1974 im Jahr 1976 – eine interessante Analysedebatte, wie das neu auszuarbeitende Gesetz zu konzipieren sei. Als Variante wurde u.a. ein Grundsatzgesetz erwogen, das primär raumordnungspolitische Impulse setzen würde. Die bald schon eingesetzte Expertenkommission einigte sich auf eine dynamischere Form der Grundsatzgesetzgebung unter prioritärem Einbezug von Planungsgrundsätzen und unter Zurückstufung der umstritten gewesenen Bodenrechtsartikel.

V. Bundesverfassungsrechtliche und gesetzliche Verankerung als öffentliche Aufgabe

ber 1974 durch das Parlament verabschiedet, doch wurde es in der Volksabstimmung aufgrund eines Referendums am 13. Juni 1976 abgelehnt, wenn auch knapp mit 626 134 Ja gegen 654 233 Nein. Einzelne bodenrechtliche Bestimmungen (Mehrwertabschöpfung, Zonenexpropriation bei Baulandhortung) und der Einbezug einer Regelung des volkswirtschaftlichen Ausgleichs für die Lasten aus der neu eingeforderten Landwirtschaftszone waren auf Kritik gestossen. Das knappe Resultat war bis zu einem gewissen Grad ein positives Votum für die Raumplanung, weil mit dem sogenannten Erdölschock die Planungseuphorie gedämpft worden war, das Gesetz aber nur spezifischer Elemente wegen verworfen wurde. Der zuständige Bundesrat Kurt Furgler drängte nach der Ablehnung auf eine gestraffte, dynamischere Fassung. Eine kleine Expertenkommission hauchte dem neu angedachten und neu formulierten RPG einen dynamischeren Geist ein. Vor allem das Institut des Richtplans wurde flexibler ausgestaltet. Die neue Botschaft für das nun geltende Raumplanungsgesetz erschien bereits am 27. Februar 1978. Am 22. Juni 1979 wurde es durch das Parlament verabschiedet. Gegen dieses Gesetz wurde das Referendum nicht ergriffen. Auf den 1. Januar 1980 konnte es in Kraft gesetzt werden.

Die prägenden Kennzeichen des neuen Bundesgesetzes bilden bis auf den heutigen Tag die Planungsgrundsätze, das raumplanerische und bodenpolitische Ziel der Trennung von Siedlungs- und Nichtsiedlungsgebiet, die dynamische Richtplanung, die Grundlegung der Nutzungsplanung, die Dimensionierung und Limitierung des Baugebiets, die akzentuierte Beschränkung des Bauens ausserhalb der Bauzonen, die Erschliessung als Bauvoraussetzung, das Institut der Planungszone zur Vermeidung negativer Präjudizierungen von Nutzungsplanungen usw. Unerwähnt geblieben ist die Regelung der sogenannten Sondernutzungspläne (Überbauungs-, Bebauung-, Gestaltungs-, Baulinienpläne usw.). Nicht möglich wurde die Einführung einer Raumverträglichkeitsprüfung. Verglichen mit dem abgelehnten Bundesgesetz von 1974 wurden indessen die bodenrechtlichen Sonderinstrumente zurückgenommen. Die Mehrwertabschöpfungs- und Entschädigungsregelung fand den-

Ob die vom Bundesrat zum RPG später erlassenen Verordnungen in allen Teilen der verfassungsrechtlichen Intention der Grundsatzgesetzgebung genügten, kann und darf gefragt werden. Ein echtes Grundsatzgesetz sollte nämlich auf Ausführungsvorschriften verzichten, ausser dort, wo durchgreifende Bundesregelungen unumgänglich geworden sind.

noch, wenn auch ohne präzise definitorische Vorgaben, eine rechtliche Grundlegung. Die Kantone wurden immerhin angewiesen, die erforderlichen gesetzlichen Grundlagen für einen angemessenen Ausgleich für erhebliche Vor- und Nachteile, die durch Planungen entstehen, zu schaffen. Allerdings sind nur wenige Kantone diesem Auftrag innert nützlicher Frist explizit nachgekommen. Erst wesentlich später wurde das 1976 abgelehnte bodenrechtliche Instrumentarium wieder belebt und ins Raumplanungsgesetz aufgenommen, nämlich durch eine Änderung im Jahre 2012, die allerdings erst nach einer zustimmenden Referendumsabstimmung in Kraft gesetzt werden konnte. Politisch vorbehalten blieb zeitlich parallel eine Totalrevision des Bundesgesetzes über die Raumplanung, hatte sich doch erwiesen, dass das Gesetz von 1979 zahlreiche neu zu beantwortende Fragen unbeantwortet lasse. Ob und wann sie in Angriff genommen wird, ist derzeit offen, zumal die Vorarbeiten auf Wunsch der Kantone 2016 vertagt wurden.

Bereits unmittelbar nach der verfassungsrechtlichen Festschreibung, vor allem aber in Vollzug des Bundesgesetzes haben die 26 Kantone bestehendes Planungs- und Baurecht im Sinne des neu gewonnenen Raumplanungsverständnisses novelliert oder erstmals in umfassender Art erlassen. Ab den 1970er-Jahren kann somit *von einer modernen, das ganze Land erfassenden Raumplanungsgesetzgebung des Bundes und der Kantone gesprochen werden*. Gestützt auf sie verfügen nunmehr alle Kantone über behördenverbindliche konzeptionelle und programmatische Pläne der Raumentwicklung, zum Teil bereits der zweiten und bald schon der dritten Generation. Und die Gemeinden, teils fusioniert, haben Ortspläne wie grundeigentumsverbindliche Zonen- und Sondernutzungspläne sowie Überbauungs-, Gestaltungs- und Baulinienpläne erlassen. Der Bund widmete sich neben den Gesetzgebungs-, Informations-, Koordinations-, Aufsichts-, Genehmigungs- und Beschwerdefunktionen den bundesseitigen, raumwirksamen Sachplanungen (Strasse, Schiene, militärische Anlagen usw.). Diese gewannen zudem, angesichts der Zentralisierungstendenzen, sukzessive an Bedeutung hinzu. Die bundesgerichtliche Rechtsprechung hat sich mit Kernaussagen zu den Zielen, den Plänen, zur materiellen Enteignung und insbesondere zum Bauen ausserhalb der Bauzonen, zur koordinierten Rechtsanwendung usw. stabilisierend eingebracht. Sie gewinnt seit der Justizreform und der RPG-Änderung von 2012 an Bedeutung hinzu, muss sich aber hüten, aus der Raumplanung als Planung eine determinierte Rechtsanwendung zu machen. Die kreative Seite der Raum*planung*

V. Bundesverfassungsrechtliche und gesetzliche Verankerung als öffentliche Aufgabe

darf nicht untergehen. Nur sie bringt jene Beweglichkeit, welche die Auseinandersetzung mit der Zukunft bedingt.

Das *politische Umfeld* der verfassungsrechtlichen Verankerung der Raumplanung war geprägt durch sechs positive Komponenten der Stärkung:

a) Schaffung der verfassungsrechtlichen Grundlagen für die Orts-, Regional- und Landesplanung, Landesplanung, Raumplanung im Sinne einer bundesstaatlich organisierten und in den Rechtsstaat integrierten Verantwortung der Gemeinwesen für den Lebensraum,
b) Erlass von bundesrechtlichen und justiziablen Planungsgrundsätzen,
c) Bereitstellung eines einfachen Plansystems mit definierten Verbindlichkeiten sowohl für die konzeptionelle, programmatische Planung als auch für die Anordnung von zweckmässigen Bodennutzungen,
d) ausreichende rechtliche Grundlagen für die gesetzliche Einführung der Landwirtschaftszone mit erheblichen Restriktionen gegenüber nicht zonenkonformen Bauten und Anlagen,
e) Trennung von Siedlungs- und Nichtsiedlungsgebiet sowie Entflechtung der entsprechenden Bodenmärkte,
f) Festigung der Fundamente des Bodenrechts durch Gewährleistung des Instituts des Eigentums, des Schutzes und des Bestandes vermögenswerter Rechte und der Ermöglichung von Beschränkungen der Nutzungsfreiheit unter verfassungsrechtlich definierten Bedingungen (gesetzliche Grundlage, Wahrung öffentlicher Interesse, Verhältnismässigkeit)

sowie von sechs begründeten Vorsichts- und Sorgenkomponenten:

a) Abwehr einer staatlichen Wirtschafts- und Gesellschaftsplanung,
b) Vermeiden einer bürokratischen Raumplanung,
c) Sicherung raumplanerischer Grundkompetenzen der Kantone sowie Belassen des Baurechts im Aufgabenbereich der Kantone,
d) Sicherung der eigentumsrechtlichen Verfügungsfreiheit und der Substanz der Nutzungsfreiheit sowie Erhaltung des Marktprinzips für den Erwerb und die Veräusserung von Grund und Boden,
e) Schutz vor entschädigungsloser formeller und materieller Enteignung,
f) Unterstellung der Planfestsetzungen unter die Prinzipien demokratischer Legitimation, der Partizipation der Berührten und Betroffenen und des Rechtsschutzes.

Verwandtes Gedankengut wurde neben dem ORL-Institut, das sich primär den *Landesplanerischen Leitbildern* widmete, von einer *Arbeitsgruppe des Bundes für die Raumplanung* entwickelt, vorweg mit Blick auf organisatorische und materielle Dimensionen der Raumplanung. Sie stand unter dem Vorsitz des aargauischen a. Regierungsrates Kurt Kim. Mitglieder waren Alois Hürlimann, Anton Muheim, Martin Rotach, Jean Pierre Vouga, Sekretär war Hans Rudolf Isliker. Die Arbeitsgruppe wurde von Experten und vom ORL-Institut unterstützt. Der Hauptbericht von 1970 ist erschienen kurz nach der Annahme der Verfassungsartikel über die Raumplanung und die Eigentumsgarantie. Dieser konzentriert sich auf raumplanerische Begriffe, beschreibt Grundgedanken sowie Grundsätze und breitet Organisationsvorstellungen aus. Der Text wurde zu einer anregenden Vorgabe an die Expertenkommission Schürmann, die kurz darauf mit der Ausarbeitung eines Gesetzesentwurfes beauftragt worden war. Auf besonderes Interesse stiessen die organisatorischen Vorschläge. Die Grundfrage lautete: Ist die Raumplanung auf Bundesebene als eher parlamentarische, als Regierungs-, als Verwaltungsaufgabe oder gar als ein „compositum mixtum" zu verstehen? Der Vorschlag mündete in ein Bundesamt, verbunden mit einer Chefbeamtenkonferenz. Zu den materiellen Grundsätzen der Raumplanung erschien 1972 eine luzide Kurzschrift mit dem Titel *Wie soll die Schweiz von morgen aussehen?*[18]

Daraus entstanden *spezifische Merkmale* der schweizerischen Raumplanung. Es sind dies die rechtsstaatliche, demokratische und föderalistische staatspolitische Verankerung unter Respektierung der Grundsätze rechtsstaat-

---

[18] In diesem Text wurden 22 Vorstellungen präsentiert: Hier bauen, dort nicht; Konzentriert bauen; Die Landwirtschaft erhalten; Raumplanung ist präventiver Umweltschutz; Die Landwirtschaft stärken; Industrie vorteilhat verteilen; Entleerungsgebiete fördern; Dienstleistungen dezentralisieren; Gesunde Siedlungen bauen; Wohnliche Städte; Belebte Städte; Landschaft für alle; Den Wald pflegen; Naherholung für alle; Die Feriengebiete schonen; Seeufer – zugänglich für alle; Umpolen auf öffentlichen Verkehr; Genügend, aber keine überflüssige Industrie; Vor allem Trinkwasser; Achtung Grundwasser; Nur Flüsse mit Wasser sind Flüsse; Leitungen bündeln.

An diesen Vorstellungen fällt das breite, menschennahe Raumplanungsverständnis auf. Aus solchen Ansätzen entwickelten sich jene Planungsgrundsätze, die im Bundesgesetz über die Raumplanung aufleuchten sollten (Art. 3 RPG).

V. Bundesverfassungsrechtliche und gesetzliche Verankerung als öffentliche Aufgabe

lichen Handelns, der Grundrechte, der freiheitlichen, marktorientierten Wirtschaftsordnung, der Eigentumsgarantie, der Niederlassungsfreiheit usw. Die demokratische Fundierung hat die Raumplanung von einseitig administrativen Ansätzen bewahrt und die Planerlassverfahren beeinflusst. Die Planungspartizipation der Berührten und Betroffenen ergänzt die demokratische Grundlegung der Planung. Nicht minder wichtig ist der individuelle Rechtsschutz. Die Raumplanung ist in jeder Hinsicht Teil des modernen demokratischen Rechtsstaates. Nicht tangiert wurde die Kompetenzordnung Bund–Kantone, was das Agieren der Raumplanung zwar in Teilen erschwert, auf der andern Seite aber signalisiert, dass die Raumplanung nicht mehr sein will als eine ordentliche öffentliche Aufgabe, wenn auch eine solche mit Querschnittswirkungen auf Verkehr, Versorgung und Entsorgung, Strukturpolitik usw., geleitet vom Ziel, das Erhalten und Gestalten des Lebensraumes von allen Seiten her zu gewährleisten. Die Raumplanung schliesst sodann ausholende politische Dimensionen ein, indem sie das Verfolgen *raumordnungspolitischer* Ziele erlaubt. Zu Recht wird deshalb auch von Raumordnungspolitik gesprochen, verstanden als öffentliches, ständig zu überarbeitendes und voranzutreibendes Programm der Raumentwicklung.

Die Entstehung der institutionalisierten Raumplanung fiel übrigens in eine Zeit, in der die Auseinandersetzung mit der Zukunft zur politischen Herausforderung wurde. Vor allem in der benachbarten Bundesrepublik Deutschland gab es so etwas wie eine Planungseuphorie, die sich in Teilen auch auf die schweizerische Politik auswirkte: Entwicklungskonzept Berggebiete, Raumordnungskonzept CK 73, Gesamtverkehrskonzeption, Energiekonzeption usw. wurden politisch mitgetragen. Dahinter verbarg sich sogar der Anspruch der Politik, sich betont mit den Zukunftsfragen zu befassen. Von *politischer Planung* respektive von geplanter Politik war die Rede. Der Bundesrat nahm die Thematik auf, erliess Richtlinien der Regierungspolitik, die bald einmal zum Regierungsprogramm mutierten. Auch die Wissenschaft sah sich veranlasst, sich mit diesen Dimensionen zu befassen. Am ORL-Institut (Professur Martin Lendi) wurde erforscht, wie sich politische Planung und schweizerische Demokratie zueinander verhalten könnten.[19] Auch wur-

---

[19] *Linder Wolf/Hotz Beat/Werder Hans*, 1979; *Lendi Martin/Linder Wolf*, 1979. Die erste Studie entstand am ORL-Institut aus eigener Initiative, also nicht im Rahmen von Bundesaufträgen. Das Grundanliegen galt dem besseren Verstehen des Verhält-

de das Verhältnis von Raumplanung zur politischen Planung beleuchtet. Die Machbarkeit der Politik samt ihren öffentlichen Aufgaben wurde dabei kritisch bewertet. Die Politik buchstabierte bald einmal zurück und beschränkte in der Folge die politische Planung auf eine spezifische Legisnisses von Planung und Politik resp. des Planens im Kontext politischer Prozesse und öffentlicher Aufgaben. Ausgangspunkt bildete das politische System der Schweiz unter besonderer Berücksichtigung der Nachkriegsentwicklung mit Akzenten auf staatlichen Leistungen und Interventionen. Von dort her wurden die gesellschaftlichen Strukturen als Bestimmungsgründe politischer Planung durchleuchtet. Aufmerksamkeit erforderten die Bedingungen der Konkordanzdemokratie sowie die demokratischen Prozesse. Im Umfeld dieser breiten Ansätze gelang es, Rahmenerkenntnisse zu gewinnen, die das bessere Verstehen der Planung im demokratischen Rechtsstaat gestatten. Der Überführung diente das zweite Werk in Form von Kolloquien. Die Grundstudie war übrigens bereits von Fallstudien begleitet – u.a. *Hotz Beat*, Kantonale Wirtschaftspolitik, a.a.O., S. 313 ff.; *Werder Hans*, Regierungsprogramme in Bund und Kantonen, a.a.O., S. 373 ff. Vorausgegangen war zudem ein Teilleitbild zur Staatspolitik, das im Rahmen der Leitbildarbeiten entwickelt worden ist: *Geissberger Werner*, Teilleitbild Staatspolitik, Zürich 1972. Über alles gesehen darf die These vertreten werden, dass sich die Wissenschaft angelegen sein liess, der internationalen Planungswelle nicht blindlings zu folgen, sondern die Gegenüberstellung Planung–Demokratie zu wagen. Parallel verfolgte dasselbe Institut das Hinterfragen der Planung als solcher: *Nef Robert*, Sprüche und Widersprüche zur Planung. Zitatenschatz für Planer und Verplante, Zürich 1975. Wissenschaftsgeschichtlich für die Schweiz nicht uninteressant war, dass sich die politischen Wissenschaften kurz vorher vor allem mit den Werken von Erich Gruner (Bern) zu den Verbänden, zur Regierung, zur Demokratie usw. zu Wort gemeldet hatten, dass zur politischen Ökonomie das Grundlagenwerk von Bruno Frey entstand (*Frey Bruno*, Moderne politische Ökonomie, München 1977) und dass Francesco Kneschaurek die Zukunftsforschung parallel zum ORL-Institut etabliert hat. Auch die Rechtswissenschaft setzte beispielsweise mit Max Imboden neue Akzente zur Planung (Imboden Max, Staat und Recht, Ausgewählte Schriften und Vorträge, Basel/Stuttgart 1971). Das ORL-Institut war also nicht ein isolierter Ideeninspirator. Selbst als Impulsträger suchte es stets den interdisziplinären Kontakt, sicherlich im Bereich der Geistes- und Sozialwissenschaften. Es wäre aber fragwürdig, Raumplanung/ORL-Institut als „Solitäre" zu zelebrieren, auch wenn aus ihm eine neue Generation engagierter Wissenschaftler hervorging.

V. Bundesverfassungsrechtliche und gesetzliche Verankerung als öffentliche Aufgabe

laturplanung im Sinne eines Gesetzgebungs- und Finanzprogrammes. Immerhin blieben Zukunftseinschlüsse gewahrt. Geblieben ist auch der Ansatz, wonach mindestens die raumplanerische kantonale Richtplanung mit der politischen Regierungsplanung sachlich, zeitlich, zielorientiert und massnahmenseitig bestmöglich abgestimmt werden soll. Dass die grossen Konzepte nicht als solche beschlossen verabschiedet, sondern der Regierung und dem Parlament zugeführt worden sind, entsprach den verfassungsrechtlichen Anforderungen der Umsetzung auf der Basis der Gesetzgebung.

So festgefügt die Raumplanung ist, so evident sind aus heutiger Sicht *Defizite* der bundesrechtlichen Regelung. Der gefestigte, fundamentstarke Brückenschlag zum Bau-, Verkehrs- und Umweltrecht wie auch zum Landschaftsschutz- und Waldrecht mangelt, die Agglomerations- und Stadtplanung ist völlig unzulänglich erfasst, das Nichtsiedlungsgebiet bleibt planerisch vernachlässigt und die raumplanerischen Bundeskompetenzen sind unter dem Titel der nominalen Raumplanung zu knapp, um national und international handeln zu können. Sodann müssten Raumplanungs- und Umweltrecht dringend neu ausgerichtet werden – je für sich und untereinander. Wenn der Umweltschutz als Bundesaufgabe verstanden wird, während die Raumplanung als kantonale hervorgehoben bleibt, droht der Umweltschutz die Raumplanung zu dominieren, was Fragen nach der sachlichen Angemessenheit aufwirft. In einem knappen Lebensraum bedarf es unter allen Titeln eines allseits verpflichtenden Ausgleichs.

Und nun ein Blick auf die *Zeitumstände* nach Erlass des Verfassungsartikels über die Raumplanung (1969) und des RPG (1979):

a) Drei grosse *Bewährungsproben* hatte die Raumplanung innert weniger Jahre nach dem Erlass der massgebenden Verfassungsartikel im Jahre 1969 zu bestehen. Die erste bestand in der Hoch- respektive einer Überkonjunktur, die zweite im offensichtlichen planerischen Versagen im Bereich des Nichtsiedlungsgebietes – früher „Übriges Gebiet" genannt – und die dritte erwuchs ihr aus dem Erdölschock, der eine einseitige Energieabhängigkeit offenbart hatte. Während die erste klarmachte, dass die Raumplanung kein Allerweltsheilmittel ist, erlaubte die zweite der Raumplanung, ihre Beweglichkeit und Leistungsfähigkeit zu demonstrieren. Der Bundesbeschluss vom 17. März 1972 über dringliche Massnahmen im Sinne provisorischer Schutzgebiete vermochte zu reüssieren und das Zutrauen in die öffentliche Aufgabe der Raumplanung zu stärken. Und die dritte der Bewährungsproben? Der erwähnte Erdölschock von 1973 und den folgenden Jahren brach der Planungseuphorie die Spitze und stärkte auf Zeit die politischen Vorbehalte gegenüber der Raumplanung, ohne sie jedoch in der Substanz zu treffen. Die knappe Ablehnung des RPG von 1974 durch die Stimmbürgerinnen und Stimmbürger im Jahre 1976 kam nicht ganz unerwartet. Glücklicherweise gelang es, die sachliche Notwendigkeit der neuen öffentlichen Aufgabe innert kurzer Zeit wieder zu festigen. Die Debatte um die Grenzen des Wachstums erleichterte sogar den Diskurs zur Raumplanung, erahnend, dass sie wachstumsfördernd oder eben auch -dämpfend eingesetzt werden könnte, wenn auch eher unter lang- denn kurzfristigen Aspekten.

b) Das Bundesgesetz zur Raumplanung von 1974 galt bald einmal als wirtschaftlich zu wenig liberal; der Schweizerische Gewerbeverband übernahm den negativen Part im Referendumskampf. Am 13. Juni 1976 fiel das Volksvotum negativ aus, aber Bundesrat Kurt Furgler drängte, wie bereits angetönt, auf rasches Handeln. Bereits im Jahre 1979, am 22. Juni, wurde das heute geltende Raumplanungsgesetz durch das Parlament verabschiedet. Auf den 1. Januar 1980 konnte es in Kraft gesetzt werden. Ohne Referendum, und was bemerkenswert ist: *Die Raumplanung blieb als öffentliche Aufgabe demokratisch unbestritten* – trotz Erdölschock, trotz Ende der Planungseuphorie und vor dem Erlass des Bundesgesetzes über den Umweltschutz, das am 7. Oktober 1983 erging und erst 1985 in Kraft trat. Gewisse Defizite blieben dem Raumplanungsgesetz eigen, so vom Städtebaurecht über die Agglomerationspolitik, die fehlende Abstimmung der Bundeskompetenzen in den Bereichen des raumrelevanten Rechts (z.B. Verkehr) sowie mit Blick auf die Belastungen des knappen Bodens, aus der Bevölkerungszunahme, den Migrationen, den Pendlerströmen im Inland und über die Grenzen usw.

c) Auf Bundesebene war die rechtliche Festigung der Raumplanung, partei- und sachpolitisch gewichtet, in der allerersten Phase *die liberale Antwort* auf extreme sozialistische Bodeninitiativen. Zur kritischen Zeit gab es auch keine grüne Parteien und noch kaum inner-

V. Bundesverfassungsrechtliche und gesetzliche Verankerung als öffentliche Aufgabe

halb der grossen Volksparteien FdP, CVP, SP, BGB/SVP dominierende zukunftsorientierte Spezialisten der Raumplanung oder des Umweltschutzes. Sie waren aber da, als Einzelpersonen, zum Beispiel die späteren Bundespolitiker Fritz Honegger, Rudolf Friedrich, Riccardo Jagmetti, Elisabeth Kopp von der FdP im Kanton Zürich, dann Leo Schürmann im Solothurnischen von der CVP, in St. Gallen die freisinnigen Willi Rohner, Ruedi Schatz und Simon Frick, im Aargauischen Kurt Kim usw. Die politischen Sonderkonstellationen bewährten sich beim Erlass der Verfassungsartikel über die Eigentumsgarantie (Art. 22ter aBV) und über die Raumplanung (Art. 22^{quater} aBV). Sie wurden durch die Ablehnung des BG über die Raumplanung vom 4. Oktober 1974 und die Neukonzipierung des nun geltenden Bundesgesetzes von 1979 unterstrichen. Die SP-Politiker verharrten anhaltend auf ihren bodenpolitischen Stringenzen. Der Gewerbeverband, einst unter Otto Fischer, blieb und bleibt gegenüber jeder Form von Planung kritisch, die CVP verliess sich auf Leo Schürmann und versuchte die Anliegen der Berggebiete, inklusive Tourismus zu stützen. Die SVP wurde zum Schild der Landwirtschaft und insofern zur Begleiterin der Raumplanung. Durchgesetzt haben sich also beim Start und schlussendlich bei der Gesetzgebung die eher liberalen Kräfte, wobei aber die Raumplanung als solche durchaus von Links und dann auch von ökologischen Kreisen mitgetragen wurde. Die bodenrechtliche Diskussion flackerte da und dort immer wieder auf, hielt sich aber während längerer Zeit gedämpft in Grenzen, und zwar bis 2012 das Bodenrecht gesetzgeberisch neu forciert wurde. Vergleichbares gilt auch für den Umweltschutz (Art. 24^{septies} aBV), zu dem Volk und Kantone 1971 per Verfassungsvotum Ja gesagt haben, und dies auch hier in einem Umfeld, als es noch keine markanten parteilichen ökologischen grünen Bewegungen gab. *In der Zwischenzeit haben sich die Akzente verschoben:* Die Raumplanung und der Umweltschutz werden von den grünen Parteien im Verbund mit der sozialdemokratischen eher gefördert denn durch die bürgerlichen. Diese wachen vielmehr kritischen Auges über aus ihrer Optik potenziell negative Entwicklungstendenzen. Eine Totalrevision des RPG findet so lange keine Unterstützung, als nicht klar ist, wohin die Stossrichtung zielt.

d) Derzeit rügen primär ökonomisch orientierte wissenschaftliche und wirtschaftsnahe Kreise am BG über die Raumplanung neben dem

„Fehlen marktwirtschaftlicher Instrumente" Trends der „Verplanung" und „Verrechtlichung" – bis zu einem gewissen Grad nicht ganz zu Unrecht. Zu beachten wäre, dass das Verfügen über den Boden, abgesehen von Restriktionen des bäuerlichen Bodenrechts und der Vorgaben zur formellen Expropriation, der Erwerbs- und Veräusserungsfreiheit untersteht. Diese sind Ausdruck der Eigentumsgarantie und Spiegel des Marktes. Die üblichen raumplanerischen Beschränkungen betreffen die Nutzungsfreiheit, also gerade nicht die Verfügungsfreiheit. Auf der andern Seite: Der im Gesamtrahmen der öffentlichen Aufgaben aktuell tatsächlich etwas zurückgestufte politische Stellenwert der Raumplanung ist allerdings weniger aus Gründen des feststellbaren Ungenügens respektive des Überziehens heraus zu erklären. Er ist vielmehr die Folge zusätzlicher politischer Prioritätssetzungen: *Das bereits Anberaumte wird gleichsam als selbstverständlich eingestuft. Dies gilt auch für die Raumplanung.* Sie auf die Seite zu schieben, ist als Absicht nicht erkennbar. Im Gegenteil! Sie ist in hohem Masse als öffentliche Aufgabe anerkannt und fest verankert – sogar in Kenntnis ihrer Mängel und ihrer Unzulänglichkeiten. Folgendes Phänomen fällt auf: Raumplanerische Erwartungshaltungen werden derzeit eher in der Öffentlichkeit reklamiert denn aus dem Parlament.

e) *Die Gesetzgebung wird heterogener, vielfältiger, widersprüchlicher, koordinationsbedürftiger.* Zwei Beispiele: a) In die Zeit der Gesetzgebung zur Raumplanung fielen parallel die Arbeiten am damaligen Bundesgesetz über Investitionshilfe für Berggebiete (IHG). Es wurde am 28. Juni 1974 erlassen. Betont und bewusst wandte es sich dem Berggebiet zu und nahm Elemente der Raumplanung mit auf den Weg, ohne dass aber eine echte Abstimmung möglich wurde. Im Ergebnis kam es zu Parallelen und zu Ergänzungen. b) Der Verfassungsartikel über den Umweltschutz (Art. 24^{septies} aBV) wurde nur zwei Jahre nach jenem über die Raumplanung (Art. 22^{quater} aBV), also im Jahre 1971, mit einem überwältigenden Mehr in die Verfassung aufgenommen. Heute figuriert er als Art. 74 BV in der Verfassung von 1999 mit einem den Gegenstand erweiternden Text. Es dauerte ab dem Erlass im Jahre 1971 mehr als zehn Jahre, bis 1983 das Bundesgesetz über den Schutz der Umwelt erging und 1985 in Kraft trat. Die vielen Jahre der parallelen Bearbeitung der Bereiche Raum und Raumplanung respektive Um-

V. Bundesverfassungsrechtliche und gesetzliche Verankerung als öffentliche Aufgabe

welt und Umweltschutz führten leider nicht zu einer gehörigen Abstimmung der beiden sich berührenden Materien, wohl deshalb, weil der Schutz der Umwelt nach Prinzipien der Vorsorge usw. und nach Massstäben (Grenzwerte) rief, während die Raumplanung Konfliktlösungen mit Blick auf die werdende Raumordnung anzustreben hatte. Und heute? Die Menge des funktionalen Raumplanungsrechts, vom Verkehr, vom Umweltschutz über die Energie bis zum Landwirtschafts- und vor allem zum hetorogen gewordenen Baurecht, stösst an die Grenze der Überschaubarkeit und der luziden, nachvollziehbar koordinierten Rechtsanwendung. Die einstigen Kernelemente der Eigentumsfreiheit, sogar der Baufreiheit, werden durch die Dichte der rechtlichen Vorgaben gleichsam überlagert.

f) Mit dem Erlass der neuen Bundesverfassung wurde, grundsätzlich betrachtet, an der Einordnung und an der Ausrichtung der Raumplanung verfassungsrechlich kaum Substanzielles geändert (Art. 75 BV). Hingegen wurde das Umfeld prononciert neu belebt. Die Präambel unterstreicht die Verantwortung für die kommenden Generationen, die Zweckbestimmung (Art. 2 Abs. 2 BV) hebt die Bedeutung der nachhaltigen Entwicklung hervor, die Eigentumsgarantie ist im Kontext der Grundrechte als Art. 26 BV platziert, der Bund nimmt Rücksicht auf die besondere Situation der Städte und Agglomerationen sowie der Berggebiete (Art. 50 Abs. 2 BV), die Verfassung moniert die Erhaltung der natürlichen Lebensgrundlagen im Kontext der Aussenpolitik (Art. 54 Abs. 2 BV), die Statistik zu Raum und Umwelt wird in Art. 65 Abs. 1 BV unterstrichen, die Nachhaltigkeit regelt Art. 73 BV, den Umweltschutz erfasst Art. 74 BV, die Zweitwohnungen Art. 75b BV, Wasser und Wald die Art. 76 und 77 BV, den Natur- und Heimatschutz Art. 78 BV, den Verkehr Art. 81 ff. BV, die Energiepolitik Art. 89 BV, die Strukturpolitik wird durch Art. 103 BV normiert, die Landwirtschaft durch Art. 104 BV, die Steuerung der Zuwanderung durch Art. 121a BV, der Finanz- und Lastenausgleich durch Art. 135 BV usw. *Raumplanung und Raumrelevanz sind im Verfassungstext deutlich erkennbarer geworden*. Allein schon diese Auflistung markiert die Raumplanung als öffentliche Aufgabe von Tragweite.

g) Die lebensräumlichen Bezüge sind aber nicht nur zahlreicher, sondern intensiver geworden – vom Tatsächlichen und vom Rechtlichen her. In toto bedeutsamer, was noch erhellender würde, wenn die Ausführungsgesetzgebung konsultiert würde. Geblieben ist aber die Diskrepanz zwischen der *limitierenden Grundsatzgesetzgebung* des Bundes und dem sich ausweitenden funktionalen Raumplanungsrecht auf der Basis umfassender Bundeskompetenzen. Der Verfassungsartikel 75 BV über die Raumplanung muss deshalb möglicherweise überprüft werden, so bezüglich der Verantwortung des Bundes und der Kantone für Metropolitanräume und Agglomerationen sowie neu des Planungs-, Bau- und Bodenrechts hinsichtlich der Qualitäten in- und ausserhalb der Siedlungsgebiete. Raumplanung als Mengenproblem bleibt virulent, doch ist sie *qualitätsseitig neu erheblich* gefordert; erst recht in verdichteten Bereichen, also in der „Stadt Schweiz", beim Städtebau, bei der Stadt- und Landschaftsplanung, in der Summe dessen, was die Raumverantwortung in sich schliesst.

Vor uns entsteht, wie die ersten Andeutungen bereits belegen, das Bild einer national eigenständigen, international eingebundenen Raumplanung mit den Fundamenten der nationalen, regionalen sowie örtlichen Problemmeisterung und der Abstimmung auf den demokratischen Rechtsstaat. Ob die limitierende Grundsatzgesetzgebungskompetenz des Bundes bestehen bleiben kann, muss und darf gefragt werden. Sodann sind die angedeuteten materiellen Defizite in den Bereichen des Städtebaus, der Infrastrukturen, der Governance-Strukturen der Agglomerations- und Metropolitanräume vor dem Hintergrund veränderter Lebensstile, Raumansprüche, der nicht mehr marginalen Bevölkerungszunahme usw. zu beheben. Sie rufen – zwingend? – nach einer Totalrevision des RPG und allenfalls sogar nach einer Neufassung des Art. 75 BV über die Raumplanung.

VI. Wurzeln – mit Langzeitwirkungen

Zweite Hälfte 19. und erste Hälfte 20. Jahrhundert samt Folgewirkungen

Die Wurzeln des schweizerischen raumbewussten, zielorientierten Denkens reichen weit zurück, ohne dass aber von Planung, von Orts- und Regionalplanung, von Landesplanung, von Raumplanung oder Raumentwicklung die Rede gewesen wäre.[20] Materielle, auf Ganzheitlichkeit angelegte „raum-

[20] Im Sinne eines rasch fassbaren Hintergrundes können, um die Wurzeln besser zu verstehen, für die schweizerische Raumplanung der Zeit der festigenden Strukturgewinnung folgende Daten der jüngeren Zeit hervorgehoben werden. Die erste chronologische Zusammenstellung dieser Art stammt von *Ueli Roth,* Chronik der schweizerischen Landesplanung, Beilage zu DISP Nr. 56, 1980:
– 1804 Eidg. Tagsatzung beschliesst Bau des Linthwerkes (damals grösstes Werk: Erhaltung der Lebensgrundlagen, Bauzeit 1807–1811. Das Kernstück bildete die Umleitung der Linth in den Walensee.)
– 1816 Das sommerlose Jahr, Not und Hunger in Teilen der Schweiz
– *1848 Erlass der Bundesverfassung des modernen liberalen Bundesstaates*
– 1854 Gründung der ETH Zürich
– 1861 Nacht vom 10. auf den 11. Mai Brand von Glarus, Schweizer Bevölkerung hilft, Wiederaufbau des Hauptortes in städtischer Art (Bernhard Simon)
– 1863 Gesetz betreffend eine Bauordnung für die Städte Zürich und Winterthur und für städtische Verhältnisse überhaupt, 30. Brachmonat 1863
– *1874 Novellierte Verfassung des Bundesstaates mit demokratischen Strukturen* (Referendum) und flexiblen Möglichkeiten, auf die Anforderungen der Industrialisierung, des heranwachsenden öffentlichen Verkehrs usw. einzutreten. Die Handels- und Gewerbefreiheit wird gewährleistet.
– 1882 Eröffnung der Gotthardbahn
– 1891 Einführung der Verfassungsinitiative
– 1893 Inkrafttreten des Baugesetzes des Kantons Zürich mit besonderen Vorschriften über das Bauen in städtischen Gebieten
– 1898 Verstaatlichung der Hauptbahnen

- 1902 Bundesgesetz betr. die Eidg. Oberaufsicht über die Forstpolizei (Unterschutzstellung des Waldes)
- 1907 Schweizerisches Zivilgesetzbuch
- 1914 1. Weltkrieg bis 1918
- 1915 Internationaler Ideenwettbewerb für Zürich und Vororte; erster Ansatz einer Stadt- und Regionalplanung
- 1920 Beitritt der Schweiz zum Völkerbund
- 1920 Entwurf eines gesamtschweizerischen Siedlungsplanes durch Hans Bernhard
- 1926 Erster Nutzungsplan in Winterthur
- 1929 Inkrafttreten des ersten kantonalen städtebaulich-planerischen Gesetzes in Genf
- 1933 Leitbildvorschlag der Besiedlung von Armin Meili
- 1933 Charta von Athen, Dossier der geordneten Stadtentwicklung
- 1936 Höchste Arbeitslosigkeit
- 1937 Vorlage des ersten kantonalen Gesamtplanes der Schweiz in Genf
- 1937 Einsetzung der ersten schweizerischen Landesplanungskommission
- 1939 Landesaustellung in Zürich, u.a. mit nachwirkenden landesplanerischen Impulsen
- 1939 Ausbruch 2. Weltkrieg (werdendes Vollmachtenregime)
- 1940 Beginn der Arbeiten am Plan Wahlen („Anbauschlacht")
- 1941 Erste gesetzliche Grundlagen für die Schaffung kantonaler Richtpläne im Kanton Waadt
- 1941 Plan Wahlen, (Ernährungsplan), Entwurf: Prof. F. T. Wahlen, ETH Zürich

- 1942 Tagung zur Landesplanung an der ETH Zürich
- 1943 Gründung der Schweizerischen Vereinigung für Landesplanung (VLP), erster Präsident A. Meili
- 1943 Gründung der Zentrale für Landesplanung an der ETH Zürich (Prof. H. Gutersohn, PD Dr. E. Winkler), Vorlesungen zur Orts-, Regional- und Landesplanung und Aufnahme der Forschung
- 1947 Neue Wirtschaftsartikel in der BV
- 1947–1950 Erste Regionalplanung (St. Galler Rheintal)
- 1950 Wohnbauförderung durch Bund abgelehnt
- 1952 Landwirtschaftsgesetz angenommen
- 1953 Verfassungsartikel zum Schutz der Gewässer gegen Verunreinigung
- 1954 ff. Beginn der Planung des Schweizerischen Hauptstrassen- und Nationalstrassennetzes
- 1957 Atomenergie, Annahme Verfassungsartikel
- 1958 Verfassungsartikel über die Nationalstrassen
- 1960 Bundesbeschluss über die Festlegung des Nationalstrassennetzes
- 1961 Gründung des ORL-Instituts der ETH Zürich
- 1962 Verfassungsartikel über Natur und Heimatschutz
- 1963–1967 Schaffung des ersten Inventars der zu erhaltenden Landschaften und Naturdenkmäler
- 1964 Bericht: Binnenschifffahrt und Landesplanung
- 1964 Gründung des Bundes Schweizerischer Planer (BSP)

VI. Wurzeln – mit Langzeitwirkungen

- 1965 Beginn der gezielten interdisziplinären Ausbildung von Planern an der ETH Zürich
- 1965 Bundesgesetz über Massnahmen zur Förderung des Wohnungsbaus
- 1965–1971 Erarbeitung der landesplanerischen Leitbilder am ORL-Institut
- 1966 Eidg. Expertenkommission für Fragen der Landesplanung, Bericht vom 6. Oktober 1966
- 1966–1972 Erarbeitung von Richtlinien zur Orts-, Regional und Landesplanung am ORL-Institut
- 1966 Bundesgesetz über den Natur- und Heimatschutz
- 1967 Ablehnung der sozialistischen Bodenrechtsinitiative
- 1969 Die EPUL wird als EPFL Glied des ETH-Bereiches
- *1969 Erlass der Verfassungsartikel zur Eigentumsgarantie und zur Raumplanung (14. September 1969): Art. 22ter und 22^{quater} aBV*
- 1970 Entwicklungskonzept Berggebiet (Bericht Flückiger)
- 1971 Erlass eines Verfassungsartikels über den Umweltschutz
- 1971 Publikation der *Landesplanerischen Leitbilder der Schweiz* (ORL-Institut)
- 1971 Bericht „Raumplanung Schweiz" (Arbeitsgruppe Kim)
- 1971 bis etwa 1978 Konzeptionen zu Berggebiet, Raumordnung, Verkehr, Energie usw.
- 1972 Wohnbauförderungsartikel in der Bundesverfassung
- 1972 Dringliche Massnahmen auf dem Gebiet der Raumplanung (provisorische Schutzgebiete), BB vom 17. März 1972, Einsetzung Delegierter für Raumplanung
- 1973 Raumordnungskonzept Schweiz der Schweizerischen Chefbeamtenkonferenz aufgrund von Vorstudien des ORL-Instituts
- 1974 Bundesgesetz über Investitionshilfe für Berggebiete vom 25. Juni 1974
- 1974 Bundesgesetz über die Raumplanung vom 4. Oktober 1974, Referendum, Gesetz abgelehnt in der Volksabstimmung vom 13. Juni 1976
- 1974 Erlass der Gesetze über die Wohnbauförderung und über die Investitionshilfe für das Berggebiet
- 1975 Gründung CEAT (Communauté d'études pour l'aménagement du territoire)
- 1976 Ablehnung des Bundesgesetzes über die Raumplanung vom 4. Oktober 1974
- 1977 Verfassungsentwurf 77, Expertenkommission zur Vorbereitung einer Totalrevision der Bundesverfassung
- 1977 Bericht Gesamtverkehrskonzeption
- 1978 Schlussbericht zur Gesamtenergiekonzeption
- 1979 Bundesgesetz über die Raumplanung (RPG) vom 22. Juni 1979
- 1979 Eröffnung des Gotthard-Strassentunnels
- 1980 Inkrafttreten des Bundesgesetzes über die Raumplanung (1. Januar 1980)
- 1983 Bundesgesetz über den Umweltschutz (USG) vom 7. Oktober 1983
- 1983 Europäische Raumordnungscharta
- 1985 Lehrbuch: Lendi/Elsasser, Raumplanung in der Schweiz, eine Einführung

- 1985 Inkrafttreten des Bundesgesetzes über den Umweltschutz
- 1987 Letztes Vademecum des ORL-Instituts zur Raumplanung (1970–1987)
- 1987 Bericht des Bundesrates über den Stand und die Entwicklung der Bodennutzung und der Besiedlung in der Schweiz
- 1989 Bericht des Bundesrates über die Massnahmen zur Raumordnungspolitik
- Ab 1989 Im Zusammenhang mit den europäischen, weltweiten wirtschaftlichen und gesellschaftlichen Öffnungen wird die Notwendigkeit der Neupositionierung der Raumplanung durch erhöhte Problemzuwendungen zu den Städten, Agglomerationen, hin zur Stärkung der Finanzierung des öffentlichen Verkehrs, zu demografischen Veränderungen bedacht
- 1993 50-jähriges Jubiläum der VLP, gefeiert 1994: Raumplanung vor neuen Herausforderungen
- *1999 Neu redigierte Bundesverfassung vom 18. April 1999 (in Kraft seit 1. Januar 2000):* Art. 75 BV über die Raumplanung im engeren Kontext mit Bestimmungen über die Nachhaltigkeit, den Umweltschutz, das Wasser, den Wald, den Natur- und Heimatschutz, sodann gefolgt von Regelungen zu öffentlichen Werken und zum Verkehr, zur Energie und zur Kommunikation. Der Artikel über die Eigentumsgarantie (Art. 26 BV) befindet sich neu im Zusammenhang mit den Grundrechten, auch was die Beschränkungen und die Rechtsfolgen bei formeller und materieller Enteignung angeht. Im Abschnitt über die Gemeinden ist neu davon die Rede, dass der Bund nicht nur auf die Berggebiete, sondern auch Rücksicht auf die Situation der Städte und Agglomerationen zu nehmen habe (Art. 50 Abs. 3 BV)
- Um 2000 herum Durchbruch des Internets. Fortschritte der Digitalisierung samt Neuentwicklungen von Informationssystemen zur Planung mit Wirkungen für die Raumbeobachtung, das Planen, für die Raumplanung, das Darstellen von Planungen, das Nachführen von Planungen und Plänen, samt Vorboten für das sog. automatische Grundbuch usw.
- 2000 Bundesamt für Raumplanung wird zum Bundesamt für Raumentwicklung ohne grössere Funktionsänderungen und ohne Ausweitung der Kompetenzen
- 2002 ORL-Institut der ETHZ wird durch Netzwerk NSL (Netzwerk Stadt-Landschaft) ersetzt
- 2004 Neu Art. 86 Abs. 3 lit. b bis BV: Massnahmen im Zusammenhang mit dem Strassenverkehr zur Verbesserung der Verkehrsinfrastruktur in Städten und Agglomerationen (in Kraft seit 2008)
- Ab ca. 2005 Zuwanderungsbedürfnisse aufgrund der Arbeitsmarktsituation vor allem aus der EU, etwas später im Nachgang zur bilateral vereinbarten Personenfreizügigkeit jenseits der Prognosen
- 2006 Internationale Expertengruppe, Beobachtungen und Anregungen zur Raumordnung Schweiz
- 2006–2009 Erarbeitung eines Raumkonzeptes Schweiz, das Metropolregionen diskutiert

VI. Wurzeln – mit Langzeitwirkungen

planerisch-konzeptionelle" Ansätze kamen in der Schweiz bis zum Ende des 19. Jahrhunderts nicht auf. Sie ist eben nicht ein zentralistisches Frankreich, das eine Planification begünstigte. Den Kontrast bildeten einzig die Stadtplanungen als Ausnahmen. Sie sind ein raumplanerisches Phänomen, das vom Gesetzgeber weitgehend ausgeklammert blieb, nota bene bis heute, gerade auch auf Bundesebene. Nicht nur Bern kann als positives Beispiel genannt werden. Auch St. Gallen, Freiburg, Basel, Genf usw. können erwähnt werden, dazu kommen die vielen Kleinstädte wie Romont, Payern usw. in der Romandie und Altstätten SG, Wil SG, Zug, Zofingen, Aarau usw. in der Deutschweiz. Die Stadtplanung bis und mit den Perioden der Eingemeindungen zu Beginn des 20. Jahrhunderts gilt es, positiv zu

- 2008–2009 Finanzmarktverwerfungen, erhöhte Immobiliennachfrage dank günstiger Kredite
- 2008/2009 Entwurf für eine Neufassung des Bundesgesetzes über die Raumplanung als sog. Raumentwicklungsgesetz, der aber im Vernehmlassungsverfahren auf Ablehnung stösst. Durch eine bodenrechtlich inspirierte Teilrevision des RPG als indirekter Gegenvorschlag zur sog. „Landschaftsinitiative", die eine Neufassung von Art. 75 BV über die Raumplanung ins Auge gefasst hatte, wurde ein kürzerer Weg gefunden.
- 2010 Wachsende Wahrnehmung der Überforderung des Staates durch defizitäre Sozialwerke und durch Ausreizung der vor rund 30–40 Jahren grosszügig geplanten Infrastrukturen
- 2011 Vorlage des Entwurfs eines neuen nationalen Raumordnungskonzeptes, erarbeitet durch Vertreter des Bundes, der Kantone, der Städte und der Gemeinden
- 2012 Bundesgesetz über die Raumplanung, Änderung vom 15. Juni 2012, fokussiert auf verdichtetes Bauen, Straffung des Siedlungsgebietes und weitere bodenrechtliche Anordnungen
- 2012 Raumordnungskonzept Schweiz, ein gemeinsames Werk vom Bundesrat, der Konferenz der kantonalen Raumplanungsdirektoren und Vertreter des Städte- und Gemeindeverbandes
- 2012 Erlass eines Verfassungsartikels über die Zweitwohnungen (samt Übergangsbestimmung)
- 2013 Annahme der Revision RPG von 2012 in einer Referendumsabstimmung: bodenrechtliche Ergänzungen, Ziel der Verdichtung
- 2014 Inkraftsetzung der Änderung des RPG von 2012
- 2014 Erlass eines Verfassungsartikels 121a BV über die Steuerung der Zuwanderung (samt Übergangsbestimmung)
- 2015 Erneute Verschiebung der geplanten Totalrevision RPG, wird aber nach Intervention der Kantone sogar definitiv aufgeschoben

würdigen, allein schon des Blickes wegen auf einen auf vielseitige Zentren konzentrierten Lebensraum.

Welche Ziele, welche Träger, welche Instrumente und Massnahmen jeweils in den Vordergrund rückten, lässt sich nicht präzisierend herausschälen, allein schon deshalb, weil die Raumplanung, unter welchem Namen auch immer, als förmliche öffentliche Aufgabe ein spätes Kind des 19. und schwergewichtig der zweiten Hälfte des 20. Jahrhunderts ist. Alles, was an Raumwirksamem voranging, stand in einem ursächlichen Zusammenhang mit konkreten Aufgaben und Anliegen, so mit dem Kampf wider die Naturgefahren, des Erhalts der Schutzfunktionen des Waldes, mit dem Wasserbau, mit Verkehrsanlagen und -knoten, mit den Bauten in Siedlungen und ausserhalb, mit den Streusiedlungen in Landwirtschaftsgebieten, mit Bauten an Wasserläufen, mit der sukzessiven Produktivitätssteigerung der Landwirtschaft, mit den Bodenverbesserungen, mit der Steuerung des Verkehrsaufkommens, mit der Post, mit der Wassernutzung, insbesondere der Wasserkraft, der Energieproduktion, mit der werdenden Technisierung und Industrialisierung, der beginnenden baulichen Verdichtung in den Siedlungen usw.; selbstredend nicht in der Art, wie dies heute aus gesamträumlicher Sicht angezeigt ist, sondern gemessen an den damaligen realen Umständen vor Ort. Das weitere Heranwachsen des Gewerbes, der Industrie und der Dienstleistungen förderte schon bald einmal zusätzlich die Zentrenbildung, die ihrerseits raumstrukturierend wirkte. Aber noch immer stand das konkrete Agieren im Vordergrund – bei wachsenden räumlichen Auswirkungen auf den Lebensraum.

Nicht zu übersehen ist, dass alle Bereiche des geschilderten konkreten Tuns eng verbunden mit belebenden und/oder belastenden Eingriffen (z.B. Immissionen) sind. Daraus resultierten zusätzliche Anstrengungen. Ein zunächst als sicherheits- und feuerpolizeiliches, als „allgemein polizeiliches", dann als „planerisches", sogar als ein planerisch gestaltendes *Ordnen-Planen* kündigt sich an: hier Gewerbe, dort Wohnen; hier Industrie, dort öffentliche Bauten und Anlagen; hier Verkehr und Versorgung, dort Entsorgung; hier stiladäquates Bauen, dort Zentralität markierende Bauten. Interessen stossen aufeinander, das Eigentum wird tangiert, Konflikte entstehen im Raum. Aus örtlichen, nachbarlichen Gegebenheiten werden öffentliche Anliegen, gar politische Herausforderungen. Die Auseinandersetzungen müssen ausgetragen werden. Das heisst, sie müssen zur Sprache

VI. Wurzeln – mit Langzeitwirkungen

kommen und irgendwie durch das Gemeinwesen gelöst werden. An diese Schwellen müssen sich die örtlichen Behörden heranwagen – mit Weitsicht. Mit Planung? Mit Reglementierungen? Authentische Zeugnisse der keimenden räumlichen Planung bilden also in einer frühen Phase *zwei Sparten:* einerseits die konkreten Sachbelange der Abwehr der Naturgefahren, der Verkehrswege, der Wasserkraftnutzung usw., anderseits die mittelalterlichen Städte und Städtchen. Sie sind weit zurückliegende Vorboten der „Sachplanungen" und „gesamträumlichen Planungen". Immer aber geht es um ein Andenken des besseren Lebens in Zukunft.

Mit der dichter werdenden räumlichen Problemfülle wachsen dann allmählich in einer langdauernden zweiten Phase Bestrebungen auf *zusammenhängende Massnahmen* heran, in einer dritten mit den ansteigenden Ansprüchen an die grundlegenden Lebensqualitäten und in einer dritten *Entwicklungsvorstellungen* in Richtung eines arbeitsteiligen Lebens mit hohen Lebensstandards in grösseren Räumen; nicht als spezifische Planungen, wohl aber als *Antworten auf reale Verhältnisse* und als Vorgaben für angestrebte Veränderungen im Raum. Schlussendlich sind es im 20. Jahrhundert vor allem die sich abzeichnenden politischen, wirtschaftlichen, sozialen, räumlichen und ökologischen Knappheiten und Defizite, die gebieterisch nach *restriktiver und ausholender Raumplanung* rufen. Die Postulate des Haushaltens, des Gestaltens und des Eröffnens von Entfaltungschancen illustrieren, was gemeint ist. Auf den beiden Ansätzen der Sachanliegen und der städtischen Räume basierend, entwickelten sich also allmählich, auf die heutigen Zeiten hin sogar beschleunigt die *gesamträumlichen Planungen* des Siedlungs- und des Nichtsiedlungsgebietes eines definierten Territoriums – nicht ohne Fehler, nicht ohne Fehlentwicklungen, nicht ohne aufkommende neue Defizite, aber im Bestreben, das Leben lebenswert in gegebenen Räumen über die Zeiten hinweg leben zu können.

Hier folgen nun einige Hinweise auf schweizerische Elemente, welche die werdende Planung prägten und anhaltend in Nuancen beeinflussen. Diese sind nicht nach Schwerpunkten und nicht rein chronologisch geordnet, weil sich die Problemlagen sachlich und zeitlich wie auch in ihrer Gewichtigkeit teilweise überschneiden und im Heranwachsen sehr unterschiedliche politische sowie kulturelle Perioden berührten und berühren; kurzum, eine lineare Darstellung der Geschichte respektive der Vorgeschichte der Raumplanung ist nicht möglich. Wichtig dabei ist lediglich, dass die Wurzeln als solche nur erkannt werden, wenn das Heranwachsen mitbedacht wird.

1. Der Klosterplan von St. Gallen gleicht einem Stadtplan, jedenfalls einem räumlich definierten Lebensraumplan. Nicht die Bauten plant er, sondern die lebensnotwendigen Nutzungen: ein Nutzungsplan, ein Flächenwidmungsplan. Er datiert aus dem 9. Jahrhundert, ist entstanden um 820. Der Bau europäischer Strassen seit römischen Zeiten und die Urbanisierung im 12. und 13. Jahrhundert erfolgten planmässig unter Berücksichtigung der Topografie, der werdenden Zentren, der wirtschaftlichen Interessenlagen, der strategisch beachteten Machtverhältnisse sowie der soziokulturellen Gegebenheiten samt Abgrenzungen. Herausragend für die Schweiz sind die Alpenübergänge, an Bedeutung überragend nach der Überwindung eines Engpasses die Gotthardachse. Sichtbarer Ausdruck sind die langfristig unverändert dominierenden Säumerpfade, Hauptwege und grenzüberschreitende Routen. Darauf ausgerichtet traten Wegstationen, Klöster, Dörfer, Städte, die Letzteren mit räumlicher Ausstrahlung hervor. Sie alle bestehen grösstenteils noch heute. Viele der kleinen, mittleren und grösseren Städte figurierten bald einmal stufengerecht als zentrale Orte der umgebenden Dörfer, Streusiedlungen und offenen Landschaften. Mit der grossen Zahl von Gemeinden verbindet sich überdies ein Jahrhunderte überdauerndes autonomes Selbstbewusstsein (Gemeindeautonomie) und ein genossenschaftlich, ein „eid"genossenschaftlich unterlegter Kooperationsgedanke; nicht in allen Regionen gleich herausragend, aber im Kern allenthalben vorhanden. Aus den Städten ist zwischenzeitlich aufgrund ausgeglichener Distanzen und nicht zu grosser sozioökonomischer Unterschiede ein *Netz von Städten* geworden, während vieler Jahrzehnte bestimmend für die faktische *Raumordnung Schweiz* der konzentrierten Dezentralisation respektive der dezentralen Konzentration abseits des Berggebietes und des Juras. Selbst die Nationalstrassen in der zweiten Hälfte des 20. Jahrhunderts verstanden sich bei der Festlegung (1960) weniger als nationales oder internationales Netz denn als *innerschweizerisches Städtenetz*. Dies galt und gilt seit Jahrzehnten auch für die Intercity-Züge der SBB. Dass die neuere Entwicklung der Urbanisierung mit ihren Agglomerationen und Metropolitanräumen sowie den europäischen und weltweiten Kompetivitäten manches daran verändert, sei hier bereits angedeutet.

2. Gibt es von alters her Konstanten der schweizerischen Siedlungs- und Landschaftsstrukturen? Das ist schwer auszumachen, kaum über einen

VI. Wurzeln – mit Langzeitwirkungen

Leisten zu schlagen. Immerhin sind neben den keimenden und bald einmal wachsenden Städten nicht nur die landwirtschaftlich und teils gewerblich geprägten *Dörfer* auszumachen, sondern auch in einzelnen Landesteilen weit ausholende *Streusiedlungen*, vor allem in Bereichen der mehr oder weniger dominierenden Milchwirtschaft, lose basierend auf einem in einer oder bis zwei Wegstunden entfernten Dorf oder Flecken. Typisch für die Streusiedlungen sind bis auf den heutigen Tag das Appenzellerland, das Toggenburg; typisch für die klassischen Dörfer mit grossen landwirtschaftlich genutzten Feldern das Waadtland mit seinem Getreideanbau: das *Dorf* hier, die *Streusiedlungen, eigenbewirtschaftet,* dort; das *Dorf* hier, die *grossräumig bewirtschaftete offene Landschaft* dort. Die Landschaft wäre aber nicht voll erfasst, wenn nicht auch jene offenen, aber kammerartigen Landschaften erwähnt würden, die teils aus *Waldrodungen* hervorgegangen sind und an exponierten Stellen vereinzelte oder gruppierte landwirtschaftliche Nutzungsbauten erkennen lassen, oft topografisch stufenartig entwickelt, bedingt durch die klimatisch unterschiedlichen Nutzungszeiten. Besonders deutlich sind dafür die Dorf-Alpsiedlungen der Walser, so im Prättigau und bei Davos. Noch zwei weitere bis auf den heutigen Tag erkennbare Landschaftselemente sind: Die ersten *Industrieräume* entstanden an den Wasserläufen (Kt. Glarus, Zürcher und St. Galler Oberland). Der Schutz des *Waldes*, primär als Waldflächen, führte zu einem eigenen Regime, das der Raumplanung faktisch und rechtlich bis auf den heutigen Tag entzogen bleibt. Eigentümliche Phänomene lassen sich zudem im Berggebiet ausmachen, wo beispielsweise Dörfer an den in der Regel nicht sehr zahlreichen Stellen entstanden, die den Naturgefahren wenig ausgeliefert schienen, und die, wenn immer möglich, noch den Anbau von Gemüse und Getreide erlaubten. Eine natürliche Grenze für das Siedlungsgebiet bildet integral die Waldgrenze, allein schon wegen des Holzes als Heiz- und Baumaterial, aber auch mit dem Vorbehalt des Sonderfalls der saisonalen Alpwirtschaft oberhalb.

Die in der werdenden Raumplanung ab Mitte des 20. Jahrhunderts betonten sogenannten *zentralörtlichen Strukturen* mit kleinen, mittleren und grösseren Zentren haben sich erst relativ spät herangebildet; faktisch beeinflusst durch die nicht überall gleichzeitig heranwachsende Arbeitsteilung und die differenziert erfolgenden Verlagerungen vom ersten zum zweiten und dann zum dritten Wirtschaftssektor. Bei genauerem Hinsehen: In der Schweiz hat sich über die eher schmalen zentralörtlichen Strukturen hinaus schon früh das differenzierte und doch relativ engmaschige Städtenetz als prägendes Element der werdenden Raumordnung herausgebildet. Es trug zum Prozess der Staatsbildung bei. Es stand und steht im Gegensatz zum ländlichen Raum, zum Berggebiet, zu den entlegenen, peripheren Räumen, aber als markante Struktur für das Mittelland und die nationalen sowie internationalen Verkehrsachsen.

Diese Elemente samt Disparitäten sind heute noch spürbar. Sie nuancieren die Einstellungen zum Raum, zum Lebensraum Schweiz. Ob dies mit Blick auf die Agglomerationen und die Metropolitanräume in einer urbanisierten Welt so bleiben wird?

3. Die für die Schweiz charakteristische *nationale Kleinstaatlichkeit* wurde schon früh durch Souveränitäts- und Neutralitätsansprüche (1648, 1798, 1815) wie auch durch föderative, demokratische Elemente (1848, 1874, 1891) geschützt und gestützt. Die Einflüsse der Reformation, der Aufklärung, der Französischen Revolution usw. wiesen je auf ihre Art den langen Weg hin zur Demokratie, zum breiten Bildungsbürgertum, zur freien Gesellschaft, zur Marktwirtschaft, die allerdings bis zur Französischen Revolution und während Jahrzehnten danach bis zum werdenden Bundesstaat, initiiert im Jahre 1848, noch wenig gefestigt waren. Erst die jüngere Geschichte bewirkte politisch nachhaltige Durchbrüche, teilweise erst im Kontext der Verfassung von 1874. Die Freiheitsrechte (abwehrende, negative Grundrechte wie die Glaubens- und Gewissens-, die Meinungsäusserungs-, die Handels- und Gewerbe-, die Niederlassungsfreiheit) sind durch die Verfassungen manifest und Schritt für Schritt mit der Demokratie zur politischen und individuellen Freiheit geworden. In der alten Eidgenossenschaft war, wo nicht Genossenschaftliches vorherrschte, in den meisten Ständen und später Kantonen vieles politisch dekretiert und gesellschaftlich-kirchlich in Schranken gesetzt – eine Art von hoheitlicher und gesellschaftlich herrschender Vorbestimmung. Selbstredend war dies noch nicht eine Planung im Rahmen einer Ordnung der Freiheit und Verantwortung der mündigen Bürgerinnen und Bürger. Am ehesten gab es vor der Französischen Revolution und vor 1848 in den Städten so etwas wie Freiheit, allerdings dem damaligen Zeitgeist entsprechend eingebunden in ein stellenweise rigides Zunftwesen. Immerhin: Die Stadtbilder illustrieren, wie mit ihren Stil- und Materialzwängen, mit Baufluchten, Marktplätzen sowie Strassen- und Baulinien Aspekte instrumentell unterlegter Planung gehandhabt wur-

VI. Wurzeln – mit Langzeitwirkungen

den, begleitet und akzeptiert von den Berührten und Betroffenen vor Ort – ein Vorspuren der heutigen Raumplanung. Nebenbei: Viele der bau- und planungsrechtlichen Vorschriften wurden bald einmal während geraumer Zeit im Kontext des Privatrechts angesprochen, teils sogar mit polizeilichem Charakter. Erst relativ spät kam vorausschauendes Planungsrecht hinzu. Das Bau- und Planungsrecht durchlief also Stadien des Privat- (Nachbar-, Sachen-, Vertragsrecht), des Polizei- und des werdenden Planungsrechts. Erst im beginnenden 20. Jahrhundert wurde das Bau- und Planungsrecht in grossen Teilen zu modernem Verwaltungsrecht, verstanden als hoheitliches, zwingendes öffentliches Recht, parallel zum genuin echten Privatrecht, vorweg des Sachen- und Vertragsrechts.

4. Zwischen 1798 und 1848/1874 rangen der Aufklärung nahestehende und konservative, restaurierende Kräfte um das *Staatsverständnis* unter sich und mit sich, mit dem knappen, dann aber tragenden Ergebnis eines freien Bürgertums in einem freien, vielgliedrigen Bundesstaat. Es war ein schwieriger Prozess, letztlich ohne Chancen hinter die Aufklärung und die Reformation zurückzukehren. Die *Verfassung von 1848* legte denn auch den Grundstein zum damaligen und heutigen freiheitlichen bildungsnahen, föderativen und republikanischen Staat. Sie bildete gleichzeitig mit ihrer Grundhaltung die Quelle der innovationsstarken, total novellierten *Verfassung von 1874* mit neuen Intentionen zugunsten der sich entwickelnden Industrie, neuer Staatsaufgaben und der parallel werdenden rechtsstaatlichen Demokratie der Bundesebene, aber auch mit Vorwirkungen für die Kantone und umgekehrt. Zur echten politischen Herausforderung wurde die rechtlich und politisch initiierte Revidierbarkeit der Verfassung, welche die Änderbarkeit der Rechts präjudiziert. Sie hatte zu gewährleisten, dass sich Staat und Gesellschaft im vorgegebenen Rahmen politischer Prozesse und vor dem Hintergrund breit angelegter wirtschaftlicher, sozialer und technischer Trends weiter entwickeln. Von Planung war nicht die Rede, weder von politischer noch von sachlicher und schon gar nicht von Raumplanung, wohl aber von einer Gesetzgebung, die Verlässlichkeit und Sicherheit produzieren sowie das Wirtschaften erlaubt und begünstigen wollte, unter anderem mit den damals fortschrittlichen Massnahmen des Brief- und Paket- sowie Geldverkehrs, des Personenverkehrs per Postkutsche, Eisenbahn, sodann der Bildung wie beispielsweise an der ETH Zürich. Wenn heute auf den Anhöhen über Zürich und Bern sowie in Basel über dem Rhein und in Genf an bester Lage keine Schlösser residieren, sondern Bil-

dungsstätten (in Basel die alte Universität) und Bürgerhäuser, dann sagt dies etwas aus über die damals aktiven Gestaltungskräfte. Die wunderbare Lage der jungen ETH in Lausanne spricht ihrerseits für sich selbst. Das mitlaufend lebensräumliche Bemühen wird seit seinen ersten Ansätzen in Form der Abwehr von Naturgefahren durch den freiheitlichen Staat und gleichzeitig durch jene öffentlichen Aufgaben, die durch den Staat im öffentlichen Interesse auf gesetzlicher Grundlage angegangen werden müssen, mitgetragen.

5. Vorausgegangen war der Verfassung von 1848 ein *Entwicklungsschub in den Kantonen*. Er betraf unter anderem die Stadtplanung und bald schon das, was man Raumplanung nennen könnte. Im Kanton Zürich zum Beispiel beschloss der Grosse Rat 1833 das Schleifen der Stadtbefestigungen mit Blick auf das Wachstum der Stadt und erliess 1834 das Gassengesetz mit der Verankerung der Strassenlinie als Planungsmittel, später folgten Höhenbegrenzungen. Die Ausweitung des Siedlungsgebietes und die Instrumentierung der Stadtplanung waren durch diese Schritte für Zürich eingeleitet. Auch später wurden die Stadtplanungen, weit herum, nicht nur in Zürich, einerseits mit Arkaden-, Baulinien usw., feuerpolizeilichen Vorgaben und anderseits mit Siedlungsgebietsbestimmungen respektive Erschliessungsvoraussetzungen vorangetrieben. Die Eingemeindungen, die sich Jahrzehnte später anschlossen, stellten eine besondere Form der Erweiterung des städtischen Siedlungsgebietes dar.

In diese Zeit fiel übrigens auch der Ausbau der Alpenpässe zu Fahrstrassen, so der Gotthardpass ab 1830. Dies alles muss im Vorfeld und mit Perspektiven zum kommenden Eisenbahnzeitalter und ganz allgemein zur Periode der kühnen Ingenieurleistungen – von den Staudämmen, Seeregulierungen, Wasserbauten bis zu den Schienen- und Strassennetzen – sowie zur grossen Zeit der sich selbst initiierenden Industrialisierung gesehen werden, gleichzeitig aber auch in einem nachwirkenden Umfeld, in dem die noch vorwiegend landwirtschaftlich agierende Schweiz Jahre, ja Jahrzehnte der relativen Armut durchzustehen hatte. Auswanderungen wie früher das Söldnerwesen waren damals für Familien in Berggebieten ein dramatisches Thema. Gleichzeitig waren die Naturgefahren noch nicht nachhaltig gebannt. Das Voranschreiten und das Abwehren gaben sich die Hand. Wenn heute in der Theorie der Raumplanung von Negativ- und Positivplanung gesprochen wird, dann gilt es festzuhalten, dass es in der Zeit vom Untergang der alten Eidge-

VI. Wurzeln – mit Langzeitwirkungen

nossenschaft bis gegen das Ende des 19. Jahrhunderts sowie in verbleibenden Ansätzen bis auf den heutigen Tag unter anderem genau um dieses Doppel von *Gefahrenabwehr und belebender Gestaltung* ging und geht. Deutlich erkennbar zeigt die schweizerische Raumplanung seit jeher Akzentsetzungen der Planung wider die Naturgefahren, des Steuerns der Siedlungsentwicklung, insbesondere der Baugebiete, sowie der Strukturprägungen beispielsweise durch Verkehrsinfrastrukturen und Verkehrsleistungen, durch Energieangebote, durch Schulung und Bildung.

6. Der 1848/1874 konstituierte und gefestigte Bundesstaat erlaubte, die grossen Herausforderungen des *19. Jahrhunderts* tatsächlich anzugehen. Die Problemmeisterung setzte ein, innovativ, kreativ, wirtschaftlich und technisch unterstützt. Damals wurde den Naturgewalten getrotzt (Linthkorrektion, Linthmelioration als Beispiel), die Wasserkraft (Energieproduktion) genutzt, die Industrialisierung forciert, der Eisenbahnbau vorangetrieben, die Stadtentwicklung lanciert und – nicht zu bagatellisieren – die relative Armut in weiten Landesteilen, vor allem in den Berggebieten und im Jura, angegangen. Staat, Wirtschaft, Hochschulen und vor allem auch die Banken und Versicherungen, Vorboten des Finanzplatzes, waren beteiligt, bei klarer Aufgabentrennung und/oder bewusst abgestimmter Zusammenarbeit von Staat und Wirtschaft. Die alles wurde zum wirtschaftlichen und politischen Programm bei erhöhter Verantwortung des Staates, aber unter hohem Engagement der Wirtschaft und der Öffentlichkeit. Die Wirkungen spiegeln sich in noch heute erkennbaren Raumstrukturen und Massnahmenpaketen, so in der Landwirtschaftspolitik mit dem Ziel einer Basis für einen vertretbaren Grad an Eigenernährung, in den grossen Gewässerkorrektionen, Meliorationswerken, Seeregulierungen, später in der Gewässerschutzpolitik mit generellen Kanalisationsprojekten, ersten Kläranlagen und Anschlusszwängen, in der Berggebietspolitik, im Aufwand für die Passstrassen, die Strassen- und Schienennetze samt Alpentransversalen (NEAT) usw.

Die werdenden Parallelitäten von Staat und Sachpolitiken, von Staat und Wirtschaft, von Staat und Gesellschaft mit Einschluss von Verbänden, Vereinigungen, von demokratischen Instrumenten und Rechtsstaatlichkeit wurden zu Quellen – aus dem 19. Jahrhundert heraus bis auf den heutigen Tag – *faktisch betriebener Raumordnungspolitik* des Abbaus von Disparitäten und des Zugewinns des Gemeinsamen, auch verstanden als Beweggrund der Erhaltung und Gestaltung des Lebens in Raum und Zeit, bereits ausgedrückt im Fachjargon der heutigen Raumplanung. Hervorzuheben sind, immer als Beispiele, neben den bereits genannten öffentlichen Werken die Rheinkorrektion, die Juragewässerkorrektion, die Verkehrsnetze, die Energiepolitik, der Natur- und Heimatschutz, der Umweltschutz, der Landschaftsschutz, die Regionalwirtschaftspolitik, die werdende Agglomerationspolitik: *"Raumplanung" gleichzeitig als Summe von Sachplanungen und Gesamtplanung sowie insgesamt als präsente, abgestimmte Raumordnungspolitik für den Lebensraum Schweiz, ohne dass diese Begriffswelt bekannt gewesen wäre.*

7. *Gezielte Rechtsfortentwicklungen* (OR, SchKG, ZGB, Eisenbahnrecht usw.) durch den jungen Bundesstaat, basierend auf den Verfassungen von 1848 und 1874, vor allem auf der letzteren, unterstützten die realpolitischen Bestrebungen kraftvoll. Das ZGB von 1907 wurde sogar zum Markstein der Kodifikationen. Das gegenüber der ersten Fassung von 1881 ausgeweitete OR von 1911 rundete die Privatrechtsgesetzgebung ab. Damit hatte es aber nicht sein Bewenden. Das öffentliche Verwaltungsrecht wuchs Schritt für Schritt heran, bewegt durch die wachsenden verkehrlichen, technischen und sozialen wie auch rechtsschutzmässigen Bedürfnisse. Bereichert wurde es durch das Verfassungsrecht mit seinen Aussagen zu den Freiheitsrechten, zur Rechtsgleichheit, zum Schutz gegen Willkür. Dem Privatrecht folgte die Strafrechtskodifikation, in Kraft seit 1942. Und die Verfassung von 1999 mit nachfolgenden Änderungen schuf gar die Basis für eidgenössische Regelungen der Prozessordnungen.

Das Verwaltungsrecht, dem das Raumplanungs- und öffentliche Baurecht zuzuordnen sind, entwickelte sich langsamer. Erst um die vorletzte Jahrhundertwende nahmen die Lehren markant zu. Und erst das Lehrbuch von Fritz Fleiner, Professor an der Universität Zürich, zu den Institutionen des deutschen Verwaltungsrechts erhöhte die nationale Aufmerksamkeit. Zu Kodifikationen des Verwaltungsrechts kam es nicht, auch deshalb nicht, weil die Menge des materiellen und formellen Verwaltungsrechts förmlich „explodierte".

In die Zeit der Rechtsförderung fallen auch die ersten kantonalen planungs- und baugesetzlichen Vorgaben an die Gemeinden, die für die Anforderungen an das Bauen und die Bauten polizeilich verantwortlich waren, bald einmal und recht häufig in den kantonalen Einführungsgesetzen zum ZGB

VI. Wurzeln – mit Langzeitwirkungen

und gleichsam als Schranken der Baufreiheit im Interesse der Sicherheit. Als Vorläufer sind rudimentäre kantonale Baugesetze auszumachen. Im Jahre 1893 erging das Baugesetz für den Kanton Zürich mit besonderen Vorschriften über die Bauten in städtischen Gebieten (bereits 1863 war ein ähnliches, noch enger begrenztes erlassen worden). 1929 folgte das Gesetz des Kantons Genf mit städtebaulichen und planerischen Aussagen. Die ersten gesetzlichen Grundlagen für kantonale Pläne in der Art von Richtplänen schuf der Kanton Waadt im Jahre 1941. Den Kern bildete stets das Baurecht. Auch die planungsrechtlichen Instrumente wurden seitens der Kantone entwickelt und Schritt für Schritt den Gemeinden zur Verfügung gestellt.

Allerdings kam es im Gegensatz zur Privatrechtsentwicklung im Bereich der Raumplanung als öffentliche Aufgabe und des Baurechts nicht zu einer konsequenten Rechtsvereinheitlichung auf Bundesebene. Die engen Beziehungswelten von Kultur, Baukultur und Baurecht sprachen ohnehin für föderalistische Strukturen. Wohl hätten sich polizeiliche und abgestimmte gestalterische Grundvorgaben entwickeln lassen, doch blieb es dabei, das Baurecht und mit ihm auch die planerischen Ansätze den Kantonen zu belassen. Diese überliessen die Materie in der Regel sogar den Gemeinden. Sie erliessen Bauordnungen und ergänzten diese bald einmal mit örtlichen Zonenplänen für das Baugebiet, differenziert nach Nutzungsarten und den dafür geltenden Sonderbauvorschriften, über alles gesehen getrennt unter Immissionsabgrenzungen.

Kantonale Planungs- und Baugesetze wurden, von Ausnahmen abgesehen, erst mit Blick auf die Diskussion um einen Verfassungsartikel zur Landesplanung/Raumplanung in grössere Zahl erlassen, z.B. Neuenburg 1961, Bern 1970, Luzern 1970, Aargau 1971, St. Gallen 1972, Zürich 1975, Thurgau 1977. Ihnen ging es darum, als Kantone aktiv geworden zu sein. Immerhin nahmen sie sich der Thematik an, wenn auch möglichst unabhängig vom Bund. Insbesondere beharrten sie auf der Kompetenz zum Baurecht und der Verantwortung für die Raumordnung. An eine bundesweite Vereinheitlichung der Landesplanung und des Baurechts war nicht zu denken. Dennoch wurde 1969 dem Bund die Kompetenz zur Grundsatzgesetzgebung zuerkannt, mit der Auflage, die Raumplanung sei durch die Kantone zu schaffen, unter Anerkennung der Hoheit der Kantone im Bereich des Baurechts, und wissend, dass zwischen Planungs- und Baurecht gewisse Zusammenhänge bestehen.

Erst 1979 kommt es zum Erlass des Bundesgesetzes über die Raumplanung, ex constitutione angedacht als Grundsatzgesetz. Zu bedenken ist aber gleich, dass neben dem nominalen Planungs- und Baurecht funktionales Recht zu Verkehr, Umweltschutz, Natur- und Heimatschutz, Wald, Gewässerschutz usw. besteht, das in wichtigen Teilen auf durchgreifendem Bundesrecht basiert. Es ist als solches raumwirksam und deshalb in der Sache koordiniert mit dem Bundesgesetz zur Raumplanung und dem kantonalen Planungs- und Baurecht anzuwenden, was eine Herausforderung darstellt.

Wirtschaft und Gesellschaft profitierten von der Forcierung des Rechts durch die Zeiten der Weltkriege und der Wirtschaftskrise der 1930er-Jahre hindurch, aber auch in der Zeit des wirtschaftlichen Aufschwungs in der zweiten Hälfte des 20. Jahrhunderts. Das individuelle Mensch-Sein, die soziale Menschlichkeit, die offene Gesellschaft und die unternehmerisch werdende Wirtschaft konnten sich auf der Basis der Verfassung von 1874 dank hoher Novellierungskraft verantwortungsvoll bewegen. Die sich steigernden Verlagerungen vom ersten auf den zweiten und anschliessend auf den dritten Wirtschaftssektor entsprangen denn auch nicht primär staatlichen, sondern vorweg wirtschaftlichen Impulsen, flankiert durch gesellschaftliche wie soziale Anliegen und mit einem ersten Schwergewicht auf den zunächst kleinen und bald schon zahlreichen mittleren Unternehmungen, gefolgt von der Internationalisierung der grossen. Sogar der heutige Finanz- und inspirierende Informations-, Wissens-, Technik- und Wissenschaftsplatz hatte bereits im 19. Jahrhundert seine Visionäre und Neugründungen mit Expansionsdrang gefunden. Vor allem eröffnete die Zeit nach dem Zweiten Weltkrieg die Chance, in allen Bereichen internationaler zu werden: Startklarheit in die werdende (und bleibende?) Globalisierung der Märkte.

8. *Innerhalb des Bau- und Planungsrechts* fand im 19. und 20. Jahrhundert ein mehrfacher Wandel statt. Auf die Verlagerung aus dem Privatrecht ins öffentliche Recht wie auch aus dem Polizeirecht ins ordnende und bald schon gestaltende Planungsrecht wurde bereits hingewiesen. Aus dem planungsrechtlichen Ansatz der Ordnung der Baugebiete wurde dank der Verfassungsdebatte und dem Erlass des Verfassungsartikels über die Raumplanung gar der umfassende, der *den ganzen Lebensraum* ins Auge fasst, also nicht nur das Baugebiet.

VI. Wurzeln – mit Langzeitwirkungen

Kritisch zu würdigen ist die verbliebene *Verknüpfung von Planungs- und Baurecht* vor allem auf kantonaler Ebene. Mit andern Worten, das durchaus raumplanerisch relevante Baurecht hat eine einseitige Betonung gegenüber dem übrigen funktionalen Raumplanungsrecht erfahren. Das ist nicht gänzlich unbegründet mit Blick auf das Baugebiet, den Städtebau, die Stadtplanung, aber doch fragwürdig gemessen an der Verantwortung für den Lebensraum als solchen. Dies kann sich nachteilig für das Verstehen des Planungsrechts, des Raumplanungsrechts insgesamt, auswirken. Auf Bundesebene blieb es bei einer limitierten Rezeption von Baurecht. Das Raumplanerische dominierte. Der Erlass eines vereinheitlichten Bundesbaugesetzes steht ohnehin in Ferne, auch wenn für übermorgen ein Bundesbaugesetz neben einem Bundesraumplanungsgesetz mindestens „sach-logisch" vorbehalten sein muss, allein schon deshalb, weil weite Teile des funktionalen Raumplanungsrechts Bundesrecht repräsentieren und weil die innere Vernetzung von Baurecht und Technikrecht voranschreitet.

Das *Baurecht* dient als Polizeirecht ab ovo der Gefahrenabwehr zugunsten der baulichen Sicherheit und jener gegen Feuer. Das durch Planung verstärkte Baurecht hob mit Strassenlinien, Baulinien, Arkaden- und Hofbaulinien sowie mit vereinheitlichenden Gestaltungsvorschriften an, wenn auch immer nahe dem Erstanliegen der Verhinderung von Ungefälligem, Verunstaltendem und dem Nichtintegrationsfähigen, von Unsicherheit, von Brandgefährlichem. Das Mehren der Siedlungsqualität und der Bauästhetik rückte erst mit den erhöhten Anforderungen an Gesamtüberbauungen, an exponierte Bauten und an Hochhäuser sowie an das verdichtete Bauen in den Vordergrund. Entscheidend ist nun, dass die Planung als Raumplanung den ganzen Raum einschliesst, was die einzelnen Bauvorgänge und Bauten, aber auch Gebäudekomplexe, Arealüberbauungen, Orts- und Stadtbilder, den Städtebau, die Stadtplanung, die Landschaftsplanung betrifft – wo immer sich Bauwerke vorfinden. Das Baurecht wird laufend erweitert durch die bereits erwähnten technische Komponenten: Bautechniken, neue Materialien, energetische Versorgung, Erdwärme im Besonderen, Isolationen, Lüftungen, Steuerung der Innen- und Ausseneinrichtungen usw.

Während sich die *Rechtswissenschaft* der Neugierde auf das werdende Raumplanungsrecht nicht verschloss, stiess das öffentliche Baurecht während längerer Zeit nicht auf reges wissenschaftliches Interesse. Die Akzentuierung der Zukunft, die Struktur des Planungsrechts, der erforderliche Ermessensbereich, das Verhältnis zur Rechtsgleichheit, zur Wirtschaftsfreiheit, zur Rechtsnatur der Pläne usw. warfen zwingend Fragen auf. Nichts oder wenig von alldem zeigt sich im Umfeld des Baurechts, sieht man vom Institut der Ausnahmebewilligung (Dispens) ab. Als materielles und formelles Recht folgt es grundsätzlich den Vorgaben des sich formierenden Verwaltungsrechts, und zwar auf kantonaler Ebene, also relativ heterogen angelegt. Erst in jüngerer Zeit wurde sachlich-wissenschaftlich die Tragweite folgender Aspekte bewusst: a) die erweiterten Tätigkeitsbereiche der hiesigen Bauwirtschaft (fachlich, geografisch), b) die Belastung durch unterschiedliche Fach- und Rechtsbegriffe und Messweisen, c) die wachsende Bedeutung der gesetzlichen Vorgaben ausserhalb des kantonalen Baurechts (Raumplanungs-, Umweltschutz-, Gewässerschutz-, Denkmalschutzrecht usw.), d) der steigende Einfluss technischer Fachnormen aus diversen Gebieten. Allein schon die Querbezüge zwischen diesen vier Bereichen hätten nach einer neuen systematischen Gesamtsicht des Baurechts gerufen. Positiv ist immerhin, dass das BG über die Raumplanung gewisse Grundanforderungen an das kantonale Baurecht gestellt hat: Baubewilligungspflicht, Erschliessung als Bauvoraussetzung, Zonenkonformität als Bewilligungskondition, koordinierte Rechtsanwendung. Themenstarke systematische und vertiefende rechtsvergleichende Werke zum öffentlichen Baurecht blieben aber aus, obwohl es Ansätze dazu gab. Nicht zu übersehen ist hingegen, dass eine grossartige Leistung durch die begriffliche Erweiterung der nach RPG gesetzlich verlangten Nutzungsplanung durch „Rahmennutzungs- und Sondernutzungspläne" erbracht wurde. Sie beflügelte vor allem die Überbauungs- und Gestaltungsplanung. Dass sich die Wissenschaft nicht scheute, zusätzlich den fachlich so anregenden Masterplan mit auf den Weg der Planung zu nehmen, mehrte den Erfahrungsschatz. Eine angeregte Debatte zu einem denkbaren Bundesbaugesetz wurde leider rundweg verworfen. Sie hätte geholfen, das Baurecht besser zu verstehen.

9. Rund um die *Zeit des Ersten Weltkrieges* begannen die exponierten, eher städtischen und industriellen Gemeinden, ihre örtliche Entwicklung durch Ausscheiden von Bauzonen zu planen, vor allem unter den Gesichtspunkten der Erschliessung, der Trennung von Wohnen und Arbeiten und der Immissionen, wenn auch zaghaft, nicht zuletzt des begrenzten rechtlichen Instrumentariums wegen. St. Gallen zögerte mit der Einführung von Industriezonen, Genf verfügte umgekehrt als erster Kanton die *zones agricoles*. Die Stadt Zürich setzte, teilweise bereits in der zweiten Hälfte des 19. Jahrhun-

VI. Wurzeln – mit Langzeitwirkungen

derts städtebauliche wie stadtplanerische Akzente (Lage Hauptbahnhof, Linienführung der Eisenbahnlinien zum Hauptbahnhof, öffentliche Zugänglichkeit des Sees, Bahnhofstrasse, Bankenviertel, Hochschulquartier) und arrondierte sodann das Stadtgebiet durch kraftvolle Eingemeindungen. Auch sicherte sie die Freiräume (See, Waldgebiete). Der Bund und die Kantone widmeten sich parallel den grossen Werken der Meliorationen, des Wasser- und des Bahnbaues wie auch der Alpenstrassen, sukzessive dann auch den neuen Verkehrsträgern der Automobile, der Luftfahrt, dem Gewässerschutz, der Wohnbauförderung usw.[21]

---

[21] Einen guten Einblick in die historische Entwicklung vom Baupolizei- zum Planungs- und Baurecht vermitteln die Publikationen zum st. gallischen Recht: *Elser J.*, St. Gallisches Baupolizeirecht, St. Gallen 1915; *Kunz Heinrich*, Das öffentliche Baurecht im Kanton St. Gallen, Zürich/St. Gallen 1958; Gesetz über die Raumplanung und das öffentliche Baurecht vom 6. Juni 1972, später teil- und dann totalrevidiert; *Heer Balthasar*, St. Gallisches Bau- und Planungsrecht unter Berücksichtigung des Raumplanungs- und Umweltschutzrechts des Bundes, Bern 2003.

Über alles gesehen geht es um das moderne Raumplanungs- und Baurecht, das aus dem kommunalen Baupolizeirecht heraus entstanden ist. Drei Phasen sind auszumachen: a) Baupolizeirecht, b) Bauplanungsrecht und c) Raumplanungs- und Baurecht. Geblieben ist die enge Verbindung von Planungs- und Baurecht. Denkbar wäre eine Splittung in Gesetze zum Raumplanungs- und Baurecht. Den ersten Übergang schilderte *Huber Hans*, Die Zuständigkeit Bundes, der Kantone und der Gemeinden auf dem Gebiet des Baurechts – vom Baupolizeirecht zum Bauplanungsrecht, in: Berner Tage für die juristische Praxis, Rechtliche Probleme des Bauens, Bern 1969, S. 47 ff. Die Entfaltung des Raumplanungs- und Baurechts ist vor allem am schweizerischen Juristentag von 1976 in Genf zur Sprache gekommen.

a) Das *Baupolizeirecht* wurde als öffentliches Recht weitgehend durch die Gemeinden erlassen. Es sah ein einheitliches kommunales Baugebiet vor ohne Definition des Baugebietes, ohne Erschliessungsvoraussetzungen. Abweichungen vom Normalbaurecht wurden durch konkretere Baulinien- und Überbauungspläne erreicht, vor allem in Städten wie St. Gallen, Rorschach. Eigentliche Gebietsdifferenzierungen wurden, ebenfalls unter urbanen Gegebenheiten, bald einmal unerlässlich, d.h., es kam zu diversen Bauzonen mit unterschiedlichen Bauvorschriften (Bauklassen). Die zonenplanmässigen Vorboten der Differenzierung nach Nutzungsarten (Wohn-, Gewerbe-, Mischzonen) wurden geboren, langsam auch für eher ländliche Gemeinden.

b) Mit dem ZGB (1907), das innerhalb des Sachenrechts öffentlich-rechtliche Eigentumsbeschränkungen vorbehielt, erliess der Kanton St. Gallen im kt. Einführungsgesetz zum ZGB Vorschriften zum öffentlichen Bau- und werdenden Planungsrecht (Wohn-, Gewerbe-, Misch-, Grün- und Zonen für öffentliche Bauten und Anlagen mit unterschiedlicher Ausgestaltung der Bauvorschriften in Abweichung zu den allgemeinen Bauvorschriften). Später kam noch die Industriezone dazu. Der Zonenplan war nun definitiv geboren, ergänzt durch das Instrument des Überbauungs- und Baulinienplans, ohne dass aber das Baugebiet definiert und vom sog. übrigen Gebiet geschieden worden wäre. Es ist dies die Phase des *Bauplanungsrechts*. Diese Regelung hielt sich bis zum Erlass des kt. Planungs- und Baugesetzes von 1972, allerdings begleitet von der zwischenzeitlich erlassenen Gewässerschutz- und Wohnbauförderungsgesetzgebung des Bundes, verbunden mit planungsrelevanten Vorgaben zum generellen Kanalisationsprojekt und zur Erschliessung als Bauvoraussetzung.

c) Die bundesverfassungsrechtliche Regelung der Raumplanung im Jahre 1969 spornte den Kanton St. Gallen an, sich ein Planungs- und Baugesetz zu geben, das die *Raumplanung* einschloss. Er tat dies 1972, also bereits vor dem Erlass des Bundesgesetzes über die Raumplanung (1979) und sogar bevor die Grundintentionen des Bundesgesetzgebers in Umrissen bekannt waren (gegen Ende 1974). Aber er handelte im Bewusstsein, den Anforderungen des ganzen Raumes entsprechen zu müssen, und nicht nur das Baugebiet und das Bauen als solches: Aus der Bauplanung war die breiter angedachte Raumplanung geworden. Bodenrechtliche Probleme traten damit neuartig hervor und der Einbezug des funktionalen Raumplanungsrechts (Gewässerschutz-, Natur- und Heimatschutz-, Wald-, Verkehrsrecht usw.) kündigte sich an. Bemerkenswert ist noch, erst in den späten 1960er-Jahren besassen alle st. gallischen Gemeinden neben dem Baureglement einen Zonenplan. Noch ein Jahrzehnt vorher wies nur rund die Hälfte der meist ländlichen Gemeinden lediglich ein Baureglement vor. Allerdings wirkte sich die aufkommende Baubelastung nicht überall gleich verheerend aus. Das Bauen im Nichtsiedlungsgebiet – aufgrund fragwürdiger Selbsterschliessung/Entsorgung – belastete hingegen die offene Landschaft allenthalben. Die Raumplanung musste deshalb aus eigener Initiative heraus Ordnung schaffen. Und sie tat es. Eine kantonale Planungsstelle war schon vor dem Gesetzeserlass eingesetzt worden. Sie bearbeitete kantonale Planungen und beriet vor allem die Gemeinden in ihren Bemühungen.

Die Darstellung lässt Parallelen zu andern Kantonen erkennen. Die Differenzierung des Baupolizeirechts mit Akzenten hin zur

VI. Wurzeln – mit Langzeitwirkungen

Bereits in den frühen Phasen des 20. Jahrhunderts bewegten sich die *Wissenschaft* und Kreise um die *Innenkolonisation* (Schweizerische Vereinigung für industrielle Landwirtschaft und Innenkolonisation, SVIL, gegründet 1918) auf die Landesplanung zu. Sie definierte sich aus den Bestrebungen heraus, die Siedlungsstrukturen, die Gestaltung der Landschaften, das Abstimmen der Infrastrukturen sowie ganz allgemein den Umgang mit Grund und Boden zu pflegen. Die ersten Bemühungen, die Siedlungsentwicklung gesamtschweizerisch zu planen, folgten dicht auf, nicht zuletzt inspiriert von der eidgenössischen gesetzlichen Unterschutzstellung der gesamten Waldfläche im Jahre 1902 und stets in Würdigung der Bedeutung der Landwirtschaft für die Eigenernährung und in Respekt vor dem Städtewachstum. Hans Bernhard, aus der Landwirtschaft hervortretend, später Professor für Geografie an der Universität Zürich, skizzierte gar eine schweizerische Siedlungspolitik (1919) und formulierte Grundlagen zu einem eidgenössischen Siedlungsgesetz (1920), allerdings ohne direkte Wirkung auf politische Entscheidungen zu erzielen. Selbst die inneren Strukturen des Siedlungsgebietes erregten schon früh Aufmerksamkeit, ausgeprägt durch den Architekten Hans Bernoulli aus Basel mit Lehrauftrag an der ETH Zürich.

Weil sich die Städte mit sozialen Problemen im Wohnbereich, mit den flächenintensiven Industrien samt Immissionen und mit Siedlungszuwachs im Umland sowie neu mit Verkehrsproblemen des motorisierten Verkehrs konfrontiert sahen, fielen gesamträumliche Probleme an. Sie mussten mit neuen Vorstellungen angegangen werden, so durch das Ausscheiden von

Einflussnahme auf das Gestalterische und Zukünftige fand beispielsweise im Kanton Zürich seinen Ursprung im Städtischen (Zürich, Winterthur). Auch er erliess sein neuzeitliches Planungs- und Baurecht bereits 1975 mit neuen raumplanerischen Attributen.

Wichtig ist die Grunderkenntnis, dass die Kantone und vor allem auch die Gemeinden die entscheidenden Schritte vom Baupolizei- zum Bauplanungs- und zum Raumplanungs- und Baurecht, und damit zur Raumplanung, nicht von sich aus voll geschafft hätten. Es bedurfte der Weitsicht von Vordenkern aus Wissenschaft und Praxis, der Wissenschaftsvernetzung und – politisch – des Bundes als Verfassungs- und einfacher Gesetzgeber. Vor allem das Grundgerüst mit den Verfassungsartikeln zur Raumplanung und zur Eigentumsgarantie war unerlässlich.

Wohn- und Industriezonen, durch kommunalen und sozialen Wohnungsbau, Eingemeindungen, Naherholungsgebiete, Park- und Seeanlagen, Bereiche für öffentliche Bauten und Anlagen usw. Einzig von rigorosen Schutz-, Landwirtschafts- und teilweise sogar von Industriezonen wurde aus Angst vor Entschädigungsforderungen seitens der Grundeigentümer, unter den Titeln der materiellen oder formellen Enteignung, eher noch abgesehen. Parallel dazu verlangte die beginnende Individualmotorisierung nach neuen Strassen, Verkehrsregelungen, Zufahrten zu Stadtteilen wie Quartieren und Grosseinrichtungen, nach Parkierungsordnungen für den ruhenden Verkehr usw. Die gesetzlichen Vorgaben zur Fein- und Groberschliessung von Baugebieten und deren Etappierung mussten neu durchdacht werden. Gesamtverkehrlich ging es auch um die sogenannte Basiserschliessung von Städten, Landesteilen und peripheren Räumen. Auf Bundesebene zuerst im Rahmen der Gesetzgebung zur Wohnbauförderung, dann im Bundesgesetz über die Raumplanung von 1979, parallel in der Gesetzgebung zum öffentlichen und privaten Verkehr, dann auch im Rahmen der Umweltschutzgesetzgebung von 1983.

Wenn auch anfänglich noch wenig beachtet, legte Armin Meili in Rückkoppelung zu den Bemühungen von Hans Bernhard und Hans Bernoulli im Jahre 1933 einen ersten Leitbildvorschlag der Besiedlung der Schweiz vor. Für ihn begannen sich die Postulate der Orts-, Regional- und Landesplanung zu konkretisieren. Die wissenschaftlichen und politischen Akzente wurden durch das Erahnen der möglichen Auswirkungen eines Zweiten Weltkrieges politisch vorangetrieben, bis und mit Massnahmen der Arbeitsbeschaffung. Die ETH Zürich öffnete sich der Landesplanung, einerseits mit dem Ernährungsplan von Prof. F. T. Wahlen (Plan Wahlen) und andererseits mit einer Zentralstelle für Orts-, Regional- und Landesplanung (ab 1943) am Geografischen Institut, inspiriert von einer breit angelegten demonstrativen Tagung an der ETH Zürich im Jahre 1942 mit dem Thema Landesplanung. Ob die ETH mit Fingerspitzengefühl für den Bundesrat, der keine Kompetenzen für sich reklamieren konnte, in die Bresche sprang, lassen wir hier offen. Auf alle Fälle vermochte die ETH die wissenschaftlichen Kreise *und* die Öffentlichkeit breit zu involvieren sowie konkrete Folgerungen zu ziehen. Kurz darauf wurden 1943 denn auch, wie bereits hervorgehoben, die VLP gegründet und die ETH-Forschungsstelle eingesetzt, ein Doppel, das noch heute, modifiziert aufseiten der ETH, Verantwortung bekundet – zwischenzeitlich erweitert um die Fachämter und -stellen des

VI. Wurzeln – mit Langzeitwirkungen

Bundes, der Kantone und der Gemeinden zu einem Triptychon: Wissenschaft, Verbände und Ämter widmen sich heute der Raumplanung.

10. Das Wirken der *öffentlichen Unternehmungen* des Bundes darf nicht übersehen werden. Die grossen, landesweit aktiven wurden vorerst, dem Stand der Technik und dem wachsenden Aufgabenfeld des Bundes folgend, als Bundesanstalten konzipiert. Sie versehen primär nationale Aufgaben im Interesse der Öffentlichkeit von in der Regel hoher räumlicher Bedeutung.

Die markante Stellung der *Post*, bereits durch die Verfassung von 1848 dem Bund anvertraut, spiegelt sich in ihren prachtvollen, staatsrepräsentativen Bauten, teilweise im Stile des Bundeshauses, vor allem aber in ihren Leistungsangeboten im Bereich des Brief- und Paketwesens, des Geldverkehrs sowie der regelmässigen und gewerbsmässigen Personenbeförderung auf der Strasse (Postkutsche, Linienbusse, Postauto), die bald einmal auf die telegrafisch, telefonische Kommunikation ausgeweitet wurden. Daraus wurden die einstigen PTT. Aus den staatlich konzessionierten Privatbahnen formierten sich gegen Ende des 19. Jahrhunderts in Teilen die *Schweizerischen Bundesbahnen* (SBB, 1. Januar 1902), ebenfalls zunächst geführt als Anstalt im Sinne ausgelagerter Verwaltung. Neben den SBB sind nach wie vor konzessionierte Privatbahnen primär auf der Ebene des Regionalverkehrs aktiv.

Reformen mit Tendenzen zur Verselbstständigung der Anstalten zu Unternehmungen setzten erst spät gegen das Ende des 20. Jahrhunderts ein, verbunden mit dem Ziel, durch die Unternehmungen günstigere Voraussetzungen für die Versorgung der Wirtschaft, der Gesellschaft und vorweg für ausgeglichene Lebensverhältnisse im „Raum Schweiz" (Binnen- und Transitverkehr) zu schaffen. Heute sind SBB, Post und Swisscom als spezialgesetzliche Aktiengesellschaften konstituiert, an denen der Bund vollumfänglich respektive bei der Swisscom mehrheitlich beteiligt ist. Die Unternehmungen sind mit ihm ausserdem über die explizit gesetzlichen und vereinbarten Leistungsverpflichtungen verbunden. Dazu zählt auch die verfassungsrechtliche Verpflichtung, auf die Erfordernisse der Raumplanung Rücksicht zu nehmen (Art. 75 Abs. 3 BV), allerdings unterlegt durch sektorale, sachplanerische Auflagen, welche die räumlichen Ansprüche auf ihre Weise für Post und Swisscom unter dem Titel der „Grundversorgung" (Art. 92 Abs. 2 BV) relativieren. Immerhin sind deren Tarife nach landesweit einheitlichen Grundsätzen festzulegen. Die Bauwerke und Infrastrukturen der öffentlichen Unternehmungen leisteten übrigens erhebliche Beiträge an die Stadt- und Dorfgestaltungen. Markantes Beispiel bilden das Bahnhof- und Postzentrum in der Stadt St. Gallen aus der Zeit des in diesem Fall monumentalen Jugendstils. Dass die öffentlichen Unternehmungen des Bundes dazu neigen, ihre raumplanerischen, regionalwirtschaftlichen und sozialen öffentlichen Verpflichtungen zu relativieren, folgt aus dem für sie unternehmerischen Kernanliegen. Am Bund ist es, auf den verfassungsrechtlichen Anliegen sachgerecht zu insistieren.

Das für das Militär, den Infrastrukturausbau, die Bauwirtschaft und vor allem auch für den Grundstückhandel unerlässliche *Karten- und Vermessungswesen* hatte von Anfang an mitgespielt, unter Einbezug der international gängigen Standards der rasch voranschreitenden Technologien, primär als Kartografie in der Nähe des Heerwesens, dann aber in direkter Zuwendung zur besseren Realisierung der öffentlichen Aufgaben. Die Anstrengungen der Bundesbehörden schlugen auf die Kantone und Städte durch. Auf der Basis des ZGB wurden zudem Vermessung und Grundbuch verkoppelt. Die Planung im weitesten Sinn machte sich ihrerseits schon früh das Doppel von topografischen und thematischen Karten und Plänen zu eigen, sowohl im Bereich der Nutzungs-, der Richt- und der Sachplanungen als auch konzeptioneller Studien. Heute entwickeln sich Vermessungswesen (Geomatik), Kartografie und Statistik zu Informationssystemen, die der Planung zudienen. Nebenbei: Ob ein vollautomatisiertes Grundbuch, das auch öffentliche Eigentumsbeschränkungen anzeigen würde, Sinn macht, darf man sich fragen, da der Informationsgehalt rechtlich höchst unterschiedlich – Privatrecht durch konstitutive Einträge usw. und öffentliches Recht ex lege – unterlegt wäre.

Die heute erkennbare bundesseitige Politik der faktisch gesamtschweizerischen Ausgestaltung der *Grundversorgung*, die verfassungsrechtliche Aussage ist in Art. 92 Abs. 2 BV etwas enger, bezieht sich im Kern auf Verkehr, Energie, Wasser und Kommunikation. Der ausholende planerische Begriff der Ausstattung mit lebensnotwendigen Einrichtungen wie Notfalldienste, Arztpraxen, Apotheken, Spitäler, Einkaufsmöglichkeiten, Lehr- und Bildungseinrichtungen ist leider raumplanungsrechtlich nicht verankert, spielt aber raumplanerisch und raumordnungspolitisch eine grosse Rolle. Davon zu unterscheiden ist die Raumplanung als Daseinsvorsorge, da sich mit die-

VI. Wurzeln – mit Langzeitwirkungen

sem unvorteilhaften Begriff eine staatliche Bevormundung verbindet, die mit der Selbstverantwortung kontrastiert (Art. 6 BV).

Über alles gesehen steht fest, die Einheit des Landes und die Erschliessung aller Landesteile prägt die reale, nationale Raumordnungspolitik. Sie führt in dieser Art sogar zum unterschwelligen politischen Postulat in etwa gleichwertiger, aber nicht gleichartiger Lebensbedingungen. Daraus ergeben sich bereits vorhersehbare Spannungsverhältnisse zwischen den Metropolitanräumen und den Berggebieten, den ländlichen und peripheren Räumen usw.

11. Bis über die Mitte des 20. Jahrhunderts hinaus oblagen den *Kantonen* mit Schwergewicht und von hoher Raumbedeutsamkeit das Strassen-, das Gesundheits- und das Bildungswesen. Sicherlich nahe bei den Kernanliegen, aber doch stets verbunden mit der raumrelevanten, raumwirksamen Funktions- und Standortwahl von kantonalen, regionalen und kommunalen Spitälern, Heilanstalten, Universitäten, Fachhochschulen, vielfach unterlegt mit interkommunalen und interkantonalen Aufgabenteilungen sowie Zusammenarbeitszielen. Im Verlauf der letzten Jahrzehnte wurde der Bund Schritt für Schritt stärker einbezogen, vor allem aus finanziellen Gründen, aber auch im Sinne einer gewissen nationalen Angleichung und des Ausgleichs.

Ein besonderer nationaler Anstoss ging im Jahre 1958 vom Verfassungsgesetzgeber aus. Der Nationalstrassenbau, dessen Ziel ein gesamtschweizerisches Netz von Hochleistungsstrassen bildete, sollte nach einheitlichen, gesamtschweizerischen planerischen Vorgaben durch die Kantone realisiert werden. Dies geschah. Im Jahre 1960 erging ein Bundesbeschluss über die Festlegung des Nationalstrassennetzes, noch unvollständig ohne Gotthard-Strassentunnel. Dennoch gab das Netz dem Land bei wachsender Bevölkerung, anhaltender Urbanisierung, sich internationalisierender Wirtschaft und bei hohem Mobilitätsprestige sogar ein räumlich neues Gesicht, verbunden mit einem markanten Leistungsangebot. Bedauerlich ist einzig, dass die Nationalstrassen vorweg als landesplanerische Tat aus sich heraus gewürdigt wurden; die Auswirkungen auf das nahe und weite Umfeld der Anschlussbauwerke und auf die Städte im Besonderen fielen eher ausser Acht. Das Nationalstrassennetz, als Städteverbindungen unter kantonaler Hoheit baulich angegangen, wurde im Verlauf der Jahre bald einmal zum übergeordneten nationalen Strassennetz im Sinne faktischer und dann auch rechtlich neu verankerter Bundesstrassen (Neufassung Art. 83 BV, erlassen im Jahre 2004, modifiziert 2017 im Rahmen der Finanzierung des Nationalstrassen- und Agglomerationsverkehrs-Fonds [NAF]).

Diese Veränderungen forderten die Planer des Eisenbahnnetzes neu heraus (Nord-Süd-Verkehr, Ausbau des Agglomerationsverkehrs und Städteverbindungen im Taktfahrplan). Die Sachplanungen „Schiene" und „Strasse" sind die heutigen Musterbeispiele für diese Art von Planung, eng vernetzt mit entsprechenden Verfassungsvorlagen (Finanzierung und Ausbau Bahninfrastruktur [FABI] 2014, NAF 2017). Parallel erhöhte sich die Zentralität von Ortschaften, Städten, Agglomerationen, in Richtung von zwei grossen Metropolitanräumen (Genf–Lausanne und Basel–Luzern–Zürich–Winterthur sowie Teile der Ostschweiz). Dessen ungeachtet sind bis auf den heutigen Tag erhebliche Schnittmengen von kantonalen und Bundesaufgaben quer durch das heute geltende nominale und funktionale Raumplanungsrecht hindurch geblieben. Die Grundgedanken der modernen Verkehrspolitik gehen übrigens auf die Gesamtverkehrskonzeption von 1977 zurück: koordinierte Verkehrspolitik, beweglichere Finanzierung über je einen Fonds für Schiene und Strasse. Selbst die Aspekte des Agglomerationsverkehrs wurden dort, wenn auch parallel im Rahmen einer kleinen Gruppe, andiskutiert.

12. Ein sachlich, fachlicher, politischer Zwiespalt ist der Geschichte der schweizerischen Planung eigen – ein heikler, aber ein notwendiger. Es ist dies der *Umgang einerseits mit dem Planbaren, dem Machbaren, anderseits mit dem Zufälligen, dem Nicht-Planbaren, dem Spontanen, dem Unterschwelligen, auch mit dem politisch zu Legitimierenden.* Sogar kühne Visionen kamen auf, die kühnste wohl unter Einfluss der Französischen Revolution, nämlich der Bruch mit der alten Eidgenossenschaft um 1798 herum, also im politischen Bereich, letztlich nach verfassungsrechtlichem Hin und Her mit dem Zugriff auf den neuen liberalen, föderativen Bundesstaat von 1848 und nachgerüstet durch die entwicklungsfähige Verfassung von 1874. Hinter der zeitlich beinahe parallelen neuen Aufgabe der Bekämpfung der Naturgefahren stand so etwas wie ein ausholendes, sich ausbauendes Konzept, den Lebensraum zu schützen, die Eigenernährung zu sichern, die Industrialisierung zu ermöglichen, die Verkehrsachsen offenzuhalten, ein modernes Massenverkehrsnetz (Eisenbahnen) über das Land zu legen, die Wasserkraft für die elektrische Energie zu nutzen, den Sektor

VI. Wurzeln – mit Langzeitwirkungen

der Dienstleistungen zu lancieren, alles Elemente, die in der Summe und in Umrissen nach dem „Gefäss der Raumplanung" rufen mussten.

Kontrastreich und spiegelbildlich seien eingeblendet jene förmlichen Konzeptionen der 1970er-Jahre, also der viel geschmähten Planungseuphorie, übrigens mit Wechselbädern wie der Erdölkrise und mit informellen Langzeitwirkungen: die Publikation der *Landesplanerischen Leitbilder*, Raumordnungskonzept CK 73, Berggebiets-, Gesamtverkehrs-, Energiekonzeption, Regierungsprogramme (Legislaturplanungen) auf Bundes- und kantonaler Ebene im Sinne der politischen Planung usw. Es war dies die Zeit, als der Verfassungsartikel über die Raumplanung (1969) und auch des Bundesgesetzes über die Raumplanung von 1979 die politischen Hürden nahmen, gefolgt je vom Verfassungsartikel über den Schutz der Umwelt (1971) und vom Bundgesetz über den Umweltschutz (1983). Aufregend dabei und sogar möglicherweise typisch schweizerisch gingen von den konzeptionellen Planungen nur indirekt politische Wegmarken aus, aber diese wurden zu echten Wegweisern, besonders deutlich im Bereich der Verkehrspolitik mit ihren Weichenstellungen zugunsten von Strasse *und* Schiene, dann aber auch mit den neuen Akzenten hin zu den Städten und zu den Agglomerationen (Bahn 2000, S-Bahnen, National- und Bundesstrassen), aber auch zu den peripheren Räumen (Furka-, Vereinatunnel) und zum Transitverkehr (Gotthard-Strassentunnel, Gotthard-Basistunnel für die Schiene im Rahmen der NEAT). Der Grund hierfür ist, die Politik blieb unter den Titeln der planerischen Vorgaben, Studien und Konzepte immer vorbehalten – und sie bleibt es auch in Zukunft. Der demokratische Gesetzgeber soll das erste sowie das letzte entscheidende und legitimierende Wort haben. Konzeptionen können erfahrungsgemäss nicht in toto verabschiedet und verzugslos als unmittelbar anwendbar realisiert werden. Sie überfordern, und weil sie überfordern, werden sie zurückgestuft, um dann in den Kernanliegen sukzessive beachtet zu werden.

Die schweizerische Raumplanung war und ist sich bewusst, dass das Machbare in seiner Relativität bedacht werden muss, aber nicht erzwungen werden kann. Die Planung ist kein Garant der Realisierung. Die Raumplanung ist ihrerseits nicht der Weg zum Vollkommenen, zum Perfekten, sondern der Versuch zu Problemlösungen auf der Basis des Rechts, im Rahmen des vorgegebenen Staatsverständnisses und des Sinns für das schrittweise Vorgehen, im Bewusstsein, dass sich die Wirklichkeit laufend verändert und immer wieder neue Anforderungen stellt.

13. Aus den historischen Gegebenheiten heraus kam es im 19. und in der ersten Hälfte des 20. Jahrhunderts zu einer gewissen, wenn auch nicht absoluten *Spaltung zwischen der Orts-, Regional- und Landesplanung und dem Städtebau wie auch der Stadtplanung*. Im Mittelalter und bis zur Französischen Revolution war dies anders. Das Planerische beschränkte sich damals weitgehend auf die Städte, die grossen und auch auf die kleineren. Es überliess aber die ausholende Landschaft weitestgehend sich selbst. Interessant für die wissenschaftsstärkere Zeit ab der Aufklärung ist nun, dass sich Städtebau und Stadtplanung in der Schweiz kaum als souveräne wissenschaftliche Disziplinen entwickelten, auch nicht mit dem neuen Polytechnikum (ETH Zürich), auch nicht mit dem Architekten Semper als vieljährigem Vorsteher der Abteilung für Architektur. Im Vordergrund standen wissenschaftliche Disziplinen mit breiten Berufschancen und von unmittelbarer Bedeutung für die Volkswirtschaft.

Hingegen lebten konkrete Stadtplanungen sehr wohl Schritt für Schritt aus der Praxis des Städtebaus heraus auf, sogar nachhaltig, wenn auch ohne wissenschaftlich etablierte Basis. Bis in die neuere Zeit, allerdings vorweg gerichtet auf einzelne Bauvorhaben an markanten Stellen des Stadtbildes, dann aber auch in der Quartiergestaltung mit Blick auf den Wohnungsbau und die öffentlichen Bauten. Es waren die *Stadtbaumeister*, die schon früh in Basel, markant und über mehrere Perioden hinweg vor allem in Zürich, später auch in Bern, etwas weniger prononciert in St. Gallen (aber doch als eindrückliches Beispiel mit der Poststrasse und den zentralen Objekten wie die im Jugendstil errichteten Bankbauten, Hauptbahnhof, Postkomplex), markant in Genf (mit bewahrter Altstadt, Zutritt zu den Seeufern, internationales Zentrum mit Völkerbundpalast, Integration Flughafen, Vororte mit Wohnsiedlungen, Symbiose mit CERN). Das Beispiel von Zürich macht schon früh vieles klar. Das Stadtbild wurde bald einmal geprägt durch die Anlagen am See, die Situierung der Bahnhofstrasse längs des Fröschengrabens und ferner, nicht minder eindrücklich durch den genossenschaftlichen Wohnungsbau am Rande der Stadt, an Ausfallstrassen usw. Viel zu wenig gewürdigt wird, dass sich in Zürich Bildungs- und Kulturstätten oberhalb der Stadt weithin sichtbar präsentieren: Vorboten der modernen Lifesciences und der sich allgemein ausbreitenden Digitalisierung, umgeben von Instituten, Gymnasien, Kongress-, Opern-, Schauspiel- und Kunsthaus. Ein Kulturmeile!, bald einmal vom See bis zum Irchel und bis nach dem Hönggerberg?

VI. Wurzeln – mit Langzeitwirkungen

Die Orts-, Regional- und Landesplanung pflegte, gleichsam ab origine, weniger das Bauliche im engen Sinn und schon gar nicht das Gestalterische, sondern vielmehr das Räumliche, primär konkretisiert auf die Bodennutzung durch Bauten nach Lage, Zweck und Intensität. Dies führte zu einer Konzentration auf das Siedlungsgebiet unter Vernachlässigung des Nichtsiedlungsgebietes als übriges Gebiet. Zum prägenden Instrument wurde der Bauzonenplan mit Wohn-, Gewerbe-, Industrie-, Grünzonen usw. – sicherlich nicht ohne die Landschaftselemente, die Schutzaspekte, die Siedlungsentwicklung und das Transport- und Versorgungswesen zu bedenken, aber doch nicht souverän genug, das Planungsinstrumentarium unentwegt fortzuentwickeln und den ganzen Raum einzubeziehen. Immanente Hindernisse bildeten das anhaltende Auseinanderklaffen von Planung und dominierendem Baupolizeirecht, dann aber auch zwischen Schutzbestreben und offener Gestaltungskompetenz, jenseits des klassischen Baupolizeirechts und der zu einseitigen Bodennutzungsplanung. Es blieb dem Berner Rechtsprofessor Hans Huber in einer Publikation von 1969 vorbehalten, auf dem notwendigen Schritt vom Baupolizei- zum Bauplanungsrecht zu insistieren.

Die Koppelung von ORL-Planung und Stadtplanung wollte in den ersten Jahrzehnten mindestens wissenschaftlich und formell nicht gelingen. Aber Architekten aus der Praxis heraus warben intensiv für die Stadtplanung. Der Schriftsteller Max Frisch tat sich als Architekt mit dem Historiker und Werber Markus Kutter wie auch mit dem Soziologen Lucius Burckhardt zusammen und sie warben für die neue Stadt als „Landesausstellungsidee" (Zürich 1955). Max Werner, Architekt und Planer, fand sich schon früher mit dem Geografen Hans Carol zusammen. Sie strukturierten und formulierten Ideen zur Stadt, wie wir sie uns wünschen würden (Zürich 1949). Und Hans Bernoullis Ruf nach der organischen Erneuerung unserer Städte (1942) hallte nach. Immerhin hatte es das ORL-Institut durch den Ökonomen Angelo Rossi, parallel und im Nachgang zu den Leitbildern, nicht unterlassen, auf der Stadtthematik als Teil der Raumplanung zu insistieren. Hans Elsasser war es, der das schweizerische Städtenetz als Raumordnungselement hochhielt. Mit der Wahl von Benedikt Huber in die Leitung des ORL-Instituts bahnte sich dann eine Symbiose von Raumplanung und Städtebau und Stadtplanung an.

Aber mit der Wissenschaft von der Stadtplanung haperte es trotzdem. Die Architekturabteilung der ETH Zürich verstand sich seit längerer Zeit und anhaltend als Entwurfsschule. Selbst jene Professoren, die sich dem Städtebau und der Stadtplanung zugewandt hatten, so Walter Custer mit seinem Oberassistenten Wolf Jürgen Reith, später Professor für Raumplanung in Wien, liessen es bei der Lehre bewenden, ohne sich substanziell Theorien und Methoden zuzuwenden. So kam es auch nicht zu markanten Lehrbüchern zum Städtebau und zur Stadtplanung. Ein international beachtetes Werk – fällig neuerdings auch zur Agglomerationsplanung – blieb seinerseits aus. Für die jüngere Zeit darf nun aber positiv festgestellt werden, dass Stadtplanung, Städtebau und Stadtgestaltung an der ETH Zürich seit etwa 20 Jahren ein herausragendes Thema sind, geprägt durch bedeutende Professuren, die mit der Raumplanung netzwerkartig kooperieren.

Die ETH-Institute in Zürich, in Singapur und in Basel tragen neu wesentlich zur Behebung früherer Defizite bei – mit internationaler Ausstrahlung. Die Namen von Marc Angélil, Kees Christiansen und Magnago Lampugnani stechen hervor. Das „Studio Basel/Stadt der Gegenwart" glänzt seinerseits mit diversen Analysen zum Urbanen im Raum Schweiz, namentlich Roger Diener, Pierre de Meuron, Jacques Herzog, Marcel Meili und Christian Schmid. Und Singapur? Dieses Institut fokussiert sich auf die Städte weltweit. Ob dieser mehrspurige Weg aufrechterhalten werden kann?

14. Heikle Phasen für das relativ spät keimende Selbstverständnis der werdenden Raumplanung bildeten die direkten Konfrontationen mit den *Bodenrechtsbewegungen* philosophischer, theologischer, ideologischer und parteipolitischer Ausprägungen sowie auch mit dem intensiv verfolgten politischen *Planungsansprüchen an den Staat der 1968er- und 1970er-Jahre*. Darauf muss für die jüngere Geschichte eingetreten werden, wenn auch bewusst bleiben darf, dass damals Bodenfragen und staatliche Planung unter diversen Titeln und vor allem auch aus evidenten Sachzwängen heraus kulminierten. Sie alle wurden unklar vermengt mit politisch-philosophischem Aktivismus oder mit doktrinären Parteihaltungen, oft undifferenziert, und dann doch wieder ernsthaft. Der materielle Einfluss der unruhig gewordenen Generation blieb jedoch in der Sache eher gering, weil keine nachhaltigen Streitgespräche geführt wurden. Locker lösbar sind die Bodenprobleme und Zukunftsbelange ohnehin nicht. Beide erfordern letztlich Gedankenschärfe und -tiefe des Unterscheidens und Differenzierens. Plakatives Behaupten genügt nicht. So besehen, werden die Bodenprobleme und das Mass der Planungserforderlichkeit immer wieder neu diskutiert werden.

VI. Wurzeln – mit Langzeitwirkungen

Die Bodenrechtsfragen haben für die Schweiz insofern eine politisch-demokratische Klärung erfahren, als mit dem Erlass des Verfassungsartikels über die Raumplanung im Jahre 1969 bewusst die verfassungsrechtliche Gewährleistung der Eigentumsgarantie verbunden wurde. Offen geblieben sind also – mindestens auf Zeit – nicht die Grundsatzaspekte, wohl aber nachgeordnete Folgefragen, derer sich der Gesetzgeber zur Raumplanung anzunehmen hatte und hat. Es war zudem vorweg das *Bundesgericht*, das sich schon früh zu den Beschränkungen der Eigentumsfreiheit und den Entschädigungstatbeständen geäussert hatte. Es entlastete den Gesetzgeber von heiklen rechtssatzmässigen Festschreibungen bei der Lancierung des raumplanerischen und bodenrechtlichen Instrumentariums, so zur Definition der materiellen Enteignung respektive zur Abgrenzung der entschädigungspflichtigen von den entschädigungslosen Eigentumsbeschränkungen. Die ersten wissenschaftlichen Monografien zur Mehrwertabschöpfung, zur Pflicht der Nutzung des Bodens, zum Erschliessungsrecht usw. liessen nicht lange auf sich warten.

Nicht verkannt wird, dass die Bodenprobleme allenthalben aufgrund unterschiedlichster Intentionen nicht erst in der zweiten Hälfte des 20. Jahrhunderts als politische Grundsatzfragen debattiert wurden. Sie hatten schon viel früher divergierende Diskussionen ausgelöst. Inakzeptabel waren hingegen die politischen Entgleisungen vor allem im Dritten Reich, die mit „Blut und Boden" und erst noch verbunden mit „mehr Raum" erschreckenden Ausdruck fanden – in der Schweiz vergleichsweise selten und bald schon verworfen, ungeachtet existenzieller Bedrohungen des Landes. Hingegen zwangen die Realitäten auch dieses Land zu Anbaupflichten, Ablieferungslasten und Lagerhaltungen in Ausführung des Ernährungsplans (Plan Wahlen), der zu einem gewichtigen Planungsinstrument wurde, reich an Folgewirkungen bis und mit der Einführung der Landwirtschaftszone und dem Schutz der Fruchtfolgeflächen auf der Basis des Verfassungsartikels über die Raumplanung und des Erlasses des RPG, sogar mit Blick auf die nachfolgende Gesetzgebung zur Landesversorgung für diverse ausserordentliche Lagen und für alle lebenswichtigen Güter.

Die bodenrechtlichen Probleme brachen neu auf, als mit der werdenden Hochkonjunktur in der zweiten Hälfte des 20. Jahrhunderts die Bodenpreise stiegen. Es war vor allem die sozialdemokratische Partei der Schweiz, die eine bodenpolitische Debatte entfachte und Initiativen auf Bundes- und kantonaler Ebene lancierte, die aber bald einmal die Orts-, Regional- und Landesplanung, im Parlament als Raumplanung angesprochen, zum Gegenentwurf werden liessen. Bekanntlich ergingen bereits im Jahre 1969 die Verfassungsartikel zum Eigentum (Art. 22ter aBV) und zur Raumplanung (Art. 22[quater] aBV), beide ohne grössere Einflussnahme der 68er-Bewegung. Die nachfolgenden Arbeiten an der Gesetzgebung verzögerten sich allerdings, weil just die der Raumplanung eigenen bodenrechtlichen Aspekte Grundsatz- und Intensitätsfragen aufwarfen. Der erste Gesetzestext vom 4. Oktober 1974 wurde am 13. Juni 1976 in einer Referendumsabstimmung knapp verworfen, und zwar von der eher rechten politischen Seite her. Der nachfolgende Gesetzesvorschlag vermied zu rigide Bodenrechtsvorschriften und forcierte ein dynamischeres Planungsverständnis. Er wurde am 22. Juni 1979 vom Parlament angenommen ohne nachfolgendes Referendum.

Erst im Jahre 2012 wurde der bodenrechtliche Gehalt des Bundesgesetzes über die Raumplanung erhöht, nicht ohne Anlehnungen an das gescheiterte Gesetz von 1974. Diesmal wurde die Ausweitung akzeptiert, gleichsam als Gegenvorschlag zu einer zu starren Landschaftsinitiative zur Limitierung der Baugebiete. Den realen Hintergrund bildete aber eine neu aufgekommene Flucht in Immobilien bei einer anhaltenden Politik des billigen Geldes und somit der Hypothekenverbilligung, verbunden längerfristig mit der Aussicht auf eine Inflation, und dies alles bei hoher Zuwanderungen: Bodennachfragen neu im totalen Zwiespalt von massiv erhöhter Nachfrage, räumlicher Begrenzung und beinahe beliebig verfügbarem Geld. Es resultierte die raumplanerische Zielsetzung der baulichen urbanen Verdichtung, nicht ideologisch initiert, sondern politisch provoziert und kaum austariert.

Kritisch zu analysieren ist die Phase des Einwirkens der 68-Bewegung auf das Erarbeiten und Umsetzen des Planungsverständnisses. Die Bewegung als solche äusserte sich nicht direkt zur Raumplanung, übrigens auch nicht zum Umweltrecht. Hingegen verdichteten einige jüngere Wissenschaftler ihre politischen Grundvorstellungen in eine überhöhte Erwartungshaltung gegenüber dem Staatlichen und von dorther zur staatlichen Planung. Dies erlebte auch das ORL-Institut an der ETH Zürich, das sich zwar in seinen Forschungsarbeiten mit den grossen Konzeptionen, den Fachplanungen wie auch mit der politischen Planung kritisch und weiterführend auseinandersetzte, jedoch konsequent bestrebt blieb, die Integration der Raumplanung in den li-

VI. Wurzeln – mit Langzeitwirkungen

beralen, demokratischen, föderativen Rechtsstaat unter allen Titeln zu erreichen, was trotz der Irregularitäten, die mit der Raumplanung sowie deren Instrumenten einhergehen, weitgehend gelang. Die Planungseuphorie, wie sie in andern Staaten dominierte, klang bald einmal ab. Sinnbildlich steht dafür die Sammlung von *Sprüchen und Widersprüchen zur Planung,* die das ORL-Institut mit Robert Nef als geistreichem Autor in drei Auflagen publizierte. Die Planung wurde am gleichen Institut als geistige Auseinandersetzung mit der Zukunft verstanden, nicht als Gewährleisterin von Problemlösungen, höchstens als methodisch unterlegtes Hilfsmittel dazu.

Und so verbleiben nebenher zwei Ergebnisse:

a) Das Bodenrecht ist nicht identisch mit dem Raumplanungsrecht. Es verbindet sich in Teilen mit ihm, auch wenn der Bundesrat mit seiner ersten Botschaft zu den Verfassungsartikeln Art. 22ter und 22^{quater} aBV noch von einem „neuen Bodenrecht" gesprochen hatte. Gegenstände der Raumplanung und damit des Bundesgesetzes RPG sind eben nicht Boden und Recht, sondern vielmehr Raum, Planung und Recht. Der Raum nimmt sicherlich auf die Bodennutzung Bezug, erschöpft sich aber nicht darin. Die Planung darf sich im Rahmen der öffentlichen Aufgaben nicht als ausserrechtlicher Vorgang aufspielen. Rechtlich fundiert, dient sie im Umgang mit dem begrenzten Lebensraum diesem zu.

b) Mitten in einer geistigen Phase des Umbruches hin zur Planungseuphorie und zum Staatlichen hat sich der schweizerische Verfassungsgesetzgeber für die Raumplanung und das Eigentum unter Einbindung der Raumplanung in den demokratischen Rechtsstaat entschieden, wider Aspekte des Zeitgeistes, trotz Irregularitäten.

15. Die immer wieder neu gestellte Frage, welche *Einwirkungen der Zweite Weltkrieg und der Kalte Krieg* zwischen dem Warschauer Pakt und der NATO auf das Werden der Raumplanung und deren Verständnis ausgeübt haben, ist schwer zu beantworten.

Im Vordergrund steht die These des direkten Bezugs der für die Schweiz typischen rechtsstaatlich-föderativen und demokratisch approbierten Orts-, Regional- und Landesplanung und Raumplanung zur Aufrechterhaltung von Unabhängigkeit und Neutralität bis über das Ende des Warschauer Pakts und der Sowjetunion hinaus. Sie hat einiges für sich. Nach wie vor blieb nämlich das raumplanerische Kernanliegen im Wesentlichen unverändert. Der Zweite Weltkrieg und der Kalte Krieg bedingten sogar diese Ausrichtungen. Aber die Internationalisierung der Wirtschaft und der Politik, die Konjunkturen und deren Schwankungen, die technischen Innovationen, die Bevölkerungszunahme usw. zwangen wiederkehrend zu Neubeurteilungen. Diese mündeten in die Universalität der Beziehungen, in die Solidarität mit der Welt, in den Beitritt zur UNO und in ein differenziertes bilaterales Verhältnis mit der EU, ohne die Eigenstaatlichkeit und die Neutralität zu vernachlässigen. Die Schweiz verfolgte unter dem Titel der Raumplanung weiterhin ihre eigenen Ziele und Wege, doch deutlich modifiziert durch die Bedingungen einer veränderten Welt. Die Raumplanung war während Jahrzehnten eine Stütze der nationalen Politik, und sie bleibt es als nationale und internationale.

Was sich schon früh zu verändern begann, dies war und ist das Verhältnis zum Europarat, zur EWG, dann zur EG und später zur EU, dann aber auch zur UNO, zur KSZE und später OSZE und zu allen weitern internationalen Organisationen. Das heisst, die Schweiz begann, breiter als bekannt, sich zur Neugestaltung aktiver Aussenbeziehungen Ziele zu setzen. Die Internationalisierung der heimischen Wirtschaft liess aufhorchen. Die hiesige Ablehnung eines Beitritts zum europäischen Wirtschaftsraum öffnete dann den Weg zu einem intensiven bilateralen Verhältnis mit der EU. Eng waren und sind die Beziehungen zum Europarat, zur UNO samt Unterorganisationen, zum IWF, zur WTO usw. Die Kontakte zur NATO beschränken sich mit Hinweisen auf die Neutralität auf die Partnerschaft für den Frieden. Nochmals: *Solidarität, Neutralität und Universalität* verbinden sich zu einem gelebten Ganzen – nicht widerspruchsfrei, aber als Postulat.

Und was die europäische Raumplanung angeht, so hielt die Schweiz mit, soweit diese à part der EWG, EG und EU Gestalt annahm, so im Rahmen der europäischen Raumplanungsministerkonferenz, unter anderem als die Europäische Raumordnungscharta vom 20. Mai 1983 Gestalt annahm, sodann in Kooperationen mit der OECD, der ECE usw. Hingegen scheute die Schweiz vor intensiven Kontakten zur NATO zurück und vertraute in hohem Masse auf ihre eigenen Verteidigungskapazitäten und die Neutralität. Die internationalen Nachbarschaftskontakte wurden stets gepflegt, ohne dass aber die Schweiz an der Ausarbeitung eines europäischen Raumordnungs-

VI. Wurzeln – mit Langzeitwirkungen

konzeptes der entsprechenden EU-Minister mitgewirkt hätte. Sie war nicht beigezogen worden.

Nicht vergessen werden dürfen die schweizerischen Eigenleistungen an die europäische Raumordnung, so mit den Alpentransversalen von Schienen und Strassen, die Verbindungsachsen nach Paris, Frankfurt am Main, Stuttgart, München, Innsbruck und Mailand. Sodann hält sie die Zuwanderung samt grossen Pendlerströmen relativ offen, auch wenn angesichts der hohen Attraktivität der Schweiz insgesamt Mass gehalten werden muss. Eine neue Verfassungsbestimmung ruft nach Kontingenten. Die mit der EU vereinbarte Personenfreizügigkeit ist für ein Nichtmitglied mindestens ab einer nicht erwarteten Grössenordnung nicht problemfrei.

Dass die Schweiz Sitz zahlreicher internationaler Organisationen, vor allem in Genf, ist, festigt die Internationalität des Landes.

16. *Eine angesichts erheblicher Veränderungen in der jüngsten Zeit der Raumentwicklung notwendige Vorausbetrachtung drängt sich auf:* Die aktuelle Raumentwicklung ist gekennzeichnet durch deutliche Bevölkerungszunahme, durch wachsende individuelle und gesellschaftliche Ansprüche an den Lebensraum, durch erhöhte Mobilität, durch neue Einstellungen zur Arbeit und zum Freizeitleben, durch das Tangieren tradierter Werthaltungen, ferner durch den Blick auf die Wissensgesellschaft und die Digitalisierung mit ihren potenziell denkbaren (negativen?) Einflüssen auf dem Arbeitsmarkt, und auch der Klimawandel lässt Vorausahnungen zu usw.

Diese Verlagerungen und Neuakzentsetzungen lösten anhaltende Debatten zum Stand der Raumplanung aus, so in den Bereichen des öffentlichen und privaten Verkehrs, der Energieversorgung, des Umwelt- und des Landschaftsschutzes, der Zweitwohnungen, der Zersiedlung des Landes, des verdichteten Bauens, der Infrastrukturen, des Bodenmarktes usw. Grossräumig entstanden zwei Metropolitanräume, weitgehend bestimmt durch die S-Bahn-Netze und die insgesamt verkürzten Reisezeiten zwischen den Städten.

Neue Planungsansätze zeichneten sich ab. Politische Initiativen drängten voran. Das Bundesgesetz RPG wurde mehrfach teilrevidiert, jüngst 2012/2014 kraftvoll unter dem Gesichtspunkt des Bodenrechts, wider zu grosse Bauzonen als Antwort auf eine Landschaftsinitiative. In Aussicht genommen ist eine Totalrevision des Gesetzes, doch lässt diese auf sich warten, weil die Kantone geltend machten, raumplanerisch intensiv beansprucht zu sein. Zudem wurde ein nationales Raumordnungskonzept aufgelegt, mangels Kompetenzen des Bundes als informelles Instrument auf Kooperationsbasis von Bund, Kantonen, Städten und Gemeinden.

Einige Zahlen muss man sich merken: Die Einwohnerzahl von 4,1 Mio. vor dem Zweiten Weltkrieg hat sich seit 1939 mehr als verdoppelt auf rund 8,4 Mio. – mit höheren Ansprüchen an das Leben, die Lebensstandards und an den Lebensraum. Dazu kommen täglich rund 300 000 Arbeitspendler in die Regionen von Genf, Basel, Zürich und Tessin. Der Ausländeranteil ist erheblich gewachsen: landesweit auf über 20 Prozent. Der Flüchtlingsstrom trifft zudem die Schweiz sogar überproportional. Die Summe der raumrelevanten Probleme wird vor diesem Hintergrund und angesichts gegebenen Raumes deutlich grösser; und dies bei erhöhten Anforderungen und erheblichem Finanzbedarf im Bereich der Sozialversicherungen und der Infrastrukturen, mit oder ohne Energiewende, mit oder ohne neue subventionierte Strommärkte in Europa zulasten der heimischen Wasserkraft.

17. Ein besonderer Seitenblick ist der *Romandie* und dem Kanton *Tessin* zu widmen. Die Geschichte verlief in verwandten Bahnen, aber mit andern Akzenten.

In der *Westschweiz*, abgesehen vom Wallis, spielten in den Vorphasen die Naturgefahren nicht die gleiche Rolle wie in der Deutschschweiz. Besondere geografische Anforderungen gingen und gehen von den Lagen an den Seen, Genfer und Neuenburger See, von den Juragebieten, von den Städten Lausanne und Genf, von den Mittelstädten Neuenburg, La Chaux de Fonds, Freiburg, Sion, von den vielen dezentralisierten Kleinstädten, von den grossflächigen Ackergebieten im Kanton Waadt und von ausgedehnten Rebengebieten in den Kantonen Genf, Waadt und Wallis (z.B. Lavaux, Aigle usw.) aus. Sodann kommen im Wallis der Tourismus und die Bauwirtschaft hinzu. Die Letztere war durch die Anlage der Verkehrswege, den Ausbau der Wasserkräfte und anschliessend durch den Zweitwohnungsbau stark geworden. Und im Kanton Genf sind die gewichtigen Faktoren der hochgradigen Internationalität, des Forschungsplatzes, der grenzüberschreitenden Pendlerströme usw. zu gewichten, alles auf kleinem Raum,

VI. Wurzeln – mit Langzeitwirkungen

gleichsam nur durch einen Korridor hin zur Schweiz offen. Lausanne schliesst als Wissenschafts- und Wirtschaftsraum auf, bereits eng verbunden mit Genf.

Gemessen am schweizerischen Durchschnitt deutlich vorausgeeilt sind die Kantone Genf und Waadt im Bereich der Gesetzgebung zur Raumplanung. Der Kanton Genf erliess im Jahre 1929 ein Städtebauförderungsgesetz auf kantonaler Stufe, unter anderem mit der Einsetzung eines Planungsamtes, und der Kanton Waadt folgte im Jahre 1941 mit einem Baugesetz, das einen besonderen Abschnitt der Planung widmete: Ortsplanung mit Quartierplanung und besonderen Vorschriften zur kantonalen Planung von Strassen, Schutzgebieten an den Seen und zugunsten von Landschaften. Als Instrumente dienten vorweg das Gesetz, regierungsseitige Verordnungen und Pläne wie Zonen- und Strassenlinienpläne, nicht in der heutigen Art, aber als deren Vorboten. Vor allem das Instrument der Schutzverordnungen verdient Beachtung. Zu den Vätern zählten die Kantonsbaumeister und vor allem engagierte Architekten: Henri-Robert Von der Mühll sowie Jean-Pierre Vouga. Politisch setzte sich vor allem Georges André Chevallaz, Stadtpräsident von Lausanne, dann Bundesrat, für die Raumplanung ein, und zwar mit historischem Gespür. Als Mitglied des Kuratoriums des ORL-Instituts an der ETH Zürich achtete er darauf, dass der „Geist der Romandie" präsent war.

Im Kanton *Tessin* fallen auf der faktischen Seite die Industrialisierung in Südtessin, der Finanz-, Dienstleistungs- und Tourismusraum Lugano, sodann jener von Locarno–Bellinzona, angelehnt an die grossen Gebirgstäler mit Wasserkraftwerken, auf – mitten im Berggebiet mit Seen bei südlichem Klima. Doch alle Bereich sind belastet mit dem internationalen Transitverkehr auf Schiene und Strasse. Verstanden werden kann das Tessin ferner durch seine Exposition gegenüber der Lombardei, gegenüber Italien, bei intensivstem Rückhalt in den Zentren des schweizerischen Mittellandes. Die massiven Pendlerströme aus Italien sind Gewinn und Belastung zugleich. Auch im Tessin spielt die Bauwirtschaft eine grosse Rolle, in ähnlicher Abfolge wie im Wallis. Ein echtes Sonderproblem bilden die einst landwirtschaftlich genutzten *Rustici*, die in den Tälern das Landschaftsbild prägen, aber neu genutzt sein möchten, vor allem als Wochenend- und Ferienhäuschen.

Diese tatsächlichen Seiten erhellen spezifische raumordnungspolitische Anliegen. Sie betreffen vorweg die Bauwirtschaft, den Tourismus, die Landwirtschaft und im Tessin zusätzlich die Pendlerströme. Neben der klassischen Raumplanung spielt das regionale und regionalwirtschaftliche Denken eine zentrale Rolle, verbunden mit Ansprüchen auf Sonderheiten. Dies heisst aber nicht, die Raumplanungs- und Baugesetzgebung sowie die Raumplanung als solche seien nicht vorangetrieben worden. Der Kanton Genf hat schon früh neben dem Stadtbaurecht die *zones agricoles* schützen müssen, der Kanton Waadt glänzte gar im Gesetz vom 8. Februar 1941 mit generellen Planungsvorgaben für die Ortsplanungen. Dem Schutz der Rebgüter kommt sogar weitherum eine hohe Bedeutung zu.

Als die Orts-, Regional- und Landesplanung in der Deutschschweiz forciert wurde und die ETH Zürich klare Prioritäten markierte, waren weder die ETH-Lausanne (EPFL) noch die Università Svizzera Italiana (USI) geboren. Das Polytechnikum in Zürich stand damals im Dienst des ganzen Landes. Dem 1961 gegründeten ORL-Institut wurde sogar ein Kuratorium zugeordnet, in dem die Westschweiz und das Tessin vertreten waren. Auffallend hingegen war, dass die geschilderten besonderen Umstände in der Westschweiz bald schon zum Aufblühen der Regionalwissenschaften führten, so durch die Professoren Gaston Gaudard an der Universtät in Freiburg und Denis Maillat in Neuenburg. Aus der Universität Lausanne traten die Geografen (u.a. Laurent Bridel) hervor und später nahm auch das IDHEAP (insbesondere Peter Knöpfel) Fragen der Raumordnungspolitik auf. Aus der Freiburger Schule gingen die Tessiner Regionalwissenschafter Angelo Rossi (ORL-Institut/IDHEAP) und Remigio Ratti (USI) hervor. Auch darf nicht verkannt werden, dass in der Westschweiz das Denken ausgehend von empirischer Forschung in der Soziologie und Politologie besondere Beachtung genoss und geniesst. Es ist denn auch auffallend, dass die „urbanisation" in der Westschweiz in einem Atemzug mit dem l'aménagement du territoire genannt wird. Selbst in der Alltagsarbeit und erst recht beim Wirken in wissenschaftlichen Gremien treten die sozialwissenschaftlichen Ansprüche prononcierter hervor als in der Deutschschweiz. Das Unternehmen urbaplan SA in Lausanne darf als Beispiel erwähnt werden.

18. An dieser Stelle muss zusätzlich ein *Überblick über das politische Umfeld* gewagt werden, in dem sich die tatsächliche Raumentwicklung und die Raumplanung bewegen müssen, da sie dem Recht und auf die Politik ver-

VI. Wurzeln – mit Langzeitwirkungen

pflichtet sind, nicht nur formell, sondern auch materiell. Oder anders herum, das Reale, das Staatliche, das Rechtliche, sogar das Demokratische – sie schlagen bis auf die Raumplanung durch. Die Raumplanung als Wissenschaft unterliegt nicht diesen Grenzen. Sie lebt von der Forschungsfreiheit mit dem Anspruch, dem Zweckmässigen, dem Methodischen, dem Gerechten, dem Menschenwürdigen und dem Gewissenhaften auf der Spur zu sein.

Aus den Wurzeln der modernen Schweiz entwickelte sich eine hohe *Kontinuität des Staatsverständnisses, verbunden mit überraschender Flexibilität und Weitsicht.* Charakteristisch für die Schweiz war zunächst die Zuwendung zu den grossen Staatstheorien eines Montesquieu und eines Rousseaus sowie zum freiheitsrechtlichen sowie bundesstaatlichen Vorbild der USA. Aus deren Elementen formierte und realisierte sie die prägende schweizerische Staatsidee, ideell und organisatorisch. Sie gewann daraus den liberalen, demokratischen, föderativen und sozialen Rechtsstaat. Diese Staatsidee belebt das räumliche Geschehen als Ausdruck menschlicher Aktivitäten, vor allem aber auch die Planung und die Raumplanung, deren Verständnisse und deren Zielvorgaben – über alle Zeiten hinweg, ausgeprägt während der letzten rund 170 Jahre.

Zwischen Staats- und Planungsverständnis ist eine Relation auszumachen, allein schon deshalb, weil in einem freien Staat mit offener demokratischer Gesellschaft, vorherrschender Marktwirtschaft und Rechtsstaatlichkeit Planung völlig anders verstanden sein will als unter konträren Staatsformen. Sicherlich, die Schweiz war ab 1291 mit sich ausweitenden Zusammenschlüssen sowie gemeinen Herrschaften nicht im modernen Sinne republikanisch, doch brachen das Genossenschaftliche und das Mitbestimmende des christlichen Gemeindegedankens immer wieder in Ansätzen durch. Die Reformation, die Renaissance, die Aufklärung und die Französische Revolution bewirkten langsam und dann gar abrupt gedanklich und politisch die Auflösung der alten Eidgenossenschaft, letztlich über ein Ringen mit den Extremen des Einheitsstaates und der Restauration sowie der Konsolidierungsbemühungen hin zur bundesstaatlichen Schweiz von relativ hoher Beständigkeit ab 1848, demokratisch und wirtschaftlich ausholender unter der Verfassung von 1874. Deren jederzeitige Revidierbarkeit, im Verbund mit fakultativem und obligatorischem Referendum sowie ab 1891 mit der Verfassungsinitiative, insbesondere aus dem Volk heraus, sorgte für stimulierte, legitimierende politische Entscheidungsprozesse und also für hohe sachlich-politische Flexiblitäten. Die schweizerische Demokratie mag äusserlich langsam erscheinen, das sich aktualisierende politische Problembewusstsein und die vorauseilende Wachsamkeit machen sie aufmerksamer für Probleme, als es reine Parlamentsdemokratien sein können.

Die Weltwirtschaftskrise in den Jahren um 1930, der Weg von Staaten in Diktaturen, der politisch entwickelte Drang zum Krieg und viele weitere Faktoren belasteten die 1930er-Jahre. Dennoch vermochte sich das schweizerische Staatsverständnis, selbstredend nicht ohne innere Auseinandersetzungen, in den Grundideen zu behaupten, nicht frei von Fehlleistungen und Verirrungen, aber doch – bemerkenswert – als tragfähige Grundlage für die grosse Mehrheit des Landes. Und wie es eben so ist, Kriege bringen technische, wirtschaftliche und soziale, aber auch politische Veränderungen mit sich. Konflikte zwischen den Generationen, soziale Ansprüche, neue politische Akzente, so durch die Neukonstituierung der europäischen Politikstrukturen, drängten nach dem Zweiten Weltkrieg nach vorn. Sogar neue Bedrohungen legten sich auf die Völker. Ein Kalter Krieg bildete sich heran. Atomares Gleichgewicht, Einflusssphären- und Machtteilungen zwischen den internationalen Blöcken täuschten äusserlich friedliche Verhältnisse vor bei aufblühender wirtschaftlicher Konjunktur und hoher Leistungsfähigkeit der Marktfunktion. Divergierende Auffassungen zur offenen Gesellschaft und zur Marktwirtschaft, unter anderem als Generationenkonflikt im Nachgang zum Krieg, erreichten auch die Schweiz, vergleichsweise weniger heftig als im benachbarten Ausland, aber doch mit kräftigen Spuren wider die Traditionen, als geistige und öffentliche Unruhefaktoren, bis nahe zu den Gefahrenpunkten innerer Spannungen. Demokratische Prozesse der freien Willensbildung waren gefordert und blieben nötig.

Mit der inneren Festigung des institutionalisierten Europas und der Auflösung der Sowjetunion sowie den offenbar gewordenen Schwächen kommunistischer Planwirtschaft kam es zu einer Beruhigung, gleichzeitig aber auch zu einem Nachdenken über die Positionierung des eigenen Landes. Dennoch, das grundlegende Staatsverständnis vermochte sich in diesen Jahrzehnten zu bewähren und zu erhalten. Die Novellierung der Bundesverfassung von 1874 mit ihren unzähligen Nachführungen, erlassen im Jahre 1999 mit Inkraftsetzung auf das Jahr 2000, mag dafür als Beispiel stehen – übrigens just in der Phase des immensen Durchbruchs zum Internet, zur internationalen Kommunikation, zur Mobilität usw. Raum und Räume, Men-

VI. Wurzeln – mit Langzeitwirkungen

schen, Politikprominenzen, Wirtschaftsführer, Unternehmungen, Völker, Gesellschaften können oder könnten sich näherkommen – bei anhaltend wachsender Mobilität. Die Wissens- und Kommunikationsgesellschaft kündigt sich an. Und sie bewegt sich, aber nicht frei von (heiklen?) Nebenwirkungen der Machtbewahrung in einstigen Strukturen.

Die Kurzformel lautet: Die Schweiz als ein souveräner Kleinstaat – ein Rechtsstaat, gleichzeitig demokratisch, föderativ, liberal, sozial, lebensraum- und umweltbewusst, vorgeprägt durch die Neutralität, das Milizsystem, durch das Kollegialitätsprinzip für das Regieren, verbunden und angeregt durch die jederzeitige ganz- oder teilweise Revidierbarkeit der Verfassung – versteht sich als permanenter Auftrag, sich immer wieder neu um den Erhalt der Freiheit und der Wohlfahrt zu bemühen.

Hier noch eine geraffte *Darstellung staatspolitischer Grundanliegen* in ihrer Wurzelfunktion und deren Veränderungskraft:

a) Die Verfassung von 1848 bildete die Quelle jener dynamischen von 1874, ausgerichtet auf Aufgabenausweitungen aufgrund von Teilrevisionen sowie auf Demokratievertiefungen, die ihrerseits die Basis der formell und nur teilweise materiell revidierten Verfassung von 1999 wurde. Diese bildet die geltende Grundlage des heutigen Staates. *Konstante Merkmale aller drei Urkunden* sind die oben angedeuteten Elemente des Rechtsstaates, der direkten Demokratie mit Zügen eines teilverantwortlichen Parlamentarismus, des Föderalismus mit den Kantonen als Gliedstaaten und den relativ autonomen Gemeinden, der grundrechtlich, gesellschafts- und wirtschaftspolitisch liberalen Ausrichtung (individuelle Freiheit, offene Gesellschaft, Marktwirtschaft) sowie der sozialen und lebensräumlichen Verantwortung, begleitet von den regierungsseitigen Prinzipien der Kollegialität und der Konkordanz – in der Nähe eines elementaren Grundkonsenses, gerichtet auf das freiwillige Mittun der Bürgerinnen und Bürger, alles unterlegt vom verfassungsrechtlich explizit erwähnten Prinzip der Selbstverantwortung. Sicherlich ist alles nie perfekt entwickelt, oft sogar unterlaufen und gefährdet, stets aber inspiriert vom Streben danach.

b) Ein *Verfassungsentwurf von 1977*, also in den Jahren der Planungseuphorie mit ihren Raumordnungs-, Berggebiets-, Verkehrs- und Energiekonzepten bedacht, versuchte, den Staat betont an der Fähigkeit der effizienten Aufgabenbewältigung zu messen. Er scheiterte schon im Frühstadium. Zu staatsgläubig erschien der Entwurf. Geworden war zwar in der Zwischenzeit ein Staat mit relativ hoher Staatsquote bei steigender Aufgabenfülle und bei unverändert introvertiertem Staatsverständnis. Handlungsbedarf schien angezeigt. Die expansiven Aktivitäten in den Nachbarstaaten und sukzessive auch in der EWG begünstigten eine helvetische Sicht des Nachholens und des Gewappnet-Seins gegenüber sich auftürmenden Herausforderungen: klare Entscheidungsprozesse, breiter definierte Staatsaufgaben – gleichsam stillschweigend als Nachvollzug und in Anpassung an den Zeitgeist des staatlichen Involvierens. Aber an mehrheitsfähigen Vorgaben mangelte es trotzdem. Die Bedenken gegenüber dem zu mächtig auftretenden Staat und dem damit verbundenen Intervenieren überwogen. Immerhin wurde die Staatsverschuldung als Klippe erkannt und schon relativ früh bekämpft. Die geplante Neufassung der Bundesverfassung wurde trotz der Widerstände nicht gänzlich fallen gelassen. Das Postulat einer formellen Novellierung mit nur sanften materiellen Änderungen kam auf. Bedauerlich dabei war nur, dass dies ohne hinreichendes, kritisches Analysieren der neu einwirkenden innenpolitischen und internationalen Neigungen zur Überbewertung des Staatlichen, des Materiellen, und der Unterbewertung internationaler Divergenzen sowie der weltweit zu grossen Wohlfahrtdisparitäten mit der Konsequenz von Migrationen geschehen war.

c) Ob die *Verfassung von 1999* mit ihrer rein äusserlichen Zurückhaltung gegenüber Neuerungen dem Land einen guten Dienst erwiesen hat, wird sich weisen müssen. Wichtige Entscheidungen wie zum Verhältnis zum europäischen Wirtschaftsraum und damit auch zu EG gingen zwar voraus, andere wie der Beitritt in die UNO und der Justizreform folgten glücklicherweise rasch nach. Das erste Jahrzehnt des 21. Jahrhunderts lässt aber vermuten, dass die Verfassung zu wenige der fälligen Entscheidungen klärend mit Blick auf die Zukunft getroffen hat. Dies gilt für die Ausformung der Demokratie, die fortschreitende Internationalisierung, den Rang des Völkerrechts, das Verhältnis zur EG usw. Der derzeitig zu beachtende Vorbehalt der direkten Demokratie müsste auf alle Fälle national und für Drittstaa-

VI. Wurzeln – mit Langzeitwirkungen

ten sowie internationale Organisationen deutlicher nachvollziehbar sein. Das beiläufige Vernachlässigen des landeseigenen Respekts vor der Verfassung und auch vor der Demokratie darf nicht Schule machen. Und das Umfeld darf uns dies nicht zumuten. Das Rechtsbewusstsein, insbesondere an Verfassungstreue, muss allenthalben hochgehalten werden. Vor dem aktuell eher instabilen Hintergrund entfalten sich unbedachte internationale Angleichungen, ohne Rückbesinnung auf das geltende Recht, ohne Kalkulation des spezifischen Gedeihen, so im Sozialwesen, im Bereich der Infrastrukturen, der Personenfreizügigkeit, der Finanzleistungen an EU-interne Belange usw. Sicherlich, die Schweiz muss sich bewegen. Die Frage aber bleibt, ob die neue Verfassung die notwendigen Kautelen setzte und die erforderlichen Impulse des Ordnens und Lenkens wie auch des Begrenzens hinreichend begünstigt.

d) Selbst für die Raumplanung sind die Veränderungen massiv. Allein schon die Bevölkerungszunahme gibt zu denken, erst recht die internationale Vernetzung. Und so kommt es, dass sich Planung und Planungsverständnis vor dem Hintergrund der neuen Tatsachen neu ausrichten werden müssen. *Die Pionierphase der Raumplanung aus den Jahren seit dem Zweiten Weltkrieg und ihren Höhepunkten in den 1970er-Jahren muss durch ein reifes Raumplanungsrecht und eine sachgerechte, zeitgemässe Raumplanung wie auch Raumordnungspolitik abgelöst werden*, mit Blick auf die Konturen der „Stadt Schweiz", neu mit international gewichtigen Metropolitanräumen und den sich ein- und überholenden Agglomerationen, ohne die Eckwerte des Staatsverständnisses zu verletzen. Ob sich eine Verfassungsänderung zur Raumplanung aufdrängt, muss diskutiert werden. Fest steht, dass es nicht nur den singulären Verfassungsartikel (Art. 75 BV) zu betrachten gilt, sondern die Verfassung insgesamt, soweit sie in ihrer Umsetzung den Lebensraum berührt.

VII. Belebungen und Belastungen aus der Zeit um die Landesaustellung

1939 – und unmittelbar folgende Jahre

Die Weltwirtschaftskrise der 1930er-Jahre mit ihren allgemeinen und branchenspezifischen sowie mit ihren auf monostrukturierten und auf den Berggebieten lastenden wirtschaftlichen Problemen wie auch die manifesten Vorboten des Zweiten Weltkrieges veranlassten Bund und Kantone, *Massnahmen der Arbeitsbeschaffung* zu planen und anzugehen. Dabei wurde erstmals voll bewusst, dass auf örtliche, regionale und überörtliche Gesichtspunkte Rücksicht zu nehmen sei. Wirtschaftliche Struktur-, Infrastruktur- und Arbeitsmarktpolitik sowie Orts-, Regional- und Landesplanungspolitik reichten sich vorauseilend die Hand, unterlegt mit dem politischen Versuch, die nationale Kohäsion zu stärken, alles noch auf schmaler Basis, ohne Proklamation neuer Sachpolitiken. Dass dabei das Militärdepartement des Bundes eine führende Rolle einnahm, sei am Rande vermerkt, ist aber erklärbar, weil das damalige EMD sachlich zwingend zukunftsorientiert agieren musste und die sachlichen Zusammenhänge sowie Dringlichkeiten erkannt hatte. Auch verfügte der Bund zu jener Zeit, vor dem Erlass der Wirtschaftsartikel nach dem Zweiten Weltkrieg, kaum über entsprechende Kompetenzen wirtschaftlicher, technischer, infrastruktureller und finanzieller Art, sieht man von den gegebenen militärischen der umfassenden, breit verstandenen Landesverteidigung ab. Dass neben den laufenden Vorkehrungen bereits mit Blick auf die Nachkriegszeit auf Massnahmen mit ausholender Wirksamkeit zugegriffen wurde, deutet an, wie sorgfältig die lancierten sektoralen Schritte auf ihre Wirkungen und Nebeneffekte hin bedacht worden sind.

Die *Landesausstellung von 1939* in Zürich, im Volksmund kurz und bündig Landi genannt, wurde zum sichtbaren Aufbruch der Eigenverantwortung und Ausdruck gesamträumlicher Vorgaben, gleich mit zwei Ansprüchen: jenem einer baulich, industriell und gestalterisch modernen, gleichzeitig historisch fest verankerten wie auch wehrhaften Schweiz sowie jenem eines ländlich und landschaftlich getragenen, dem Ererbten, dem Beständigen und dem Vorsorgenden bis hin zur Ernährung zugewandten Landes. Auf dem linken Seeufer die moderne urbane und industrielle, auf dem rechten die dörfliche Schweiz – verbunden über den See durch eine kühne Luftseilbahn. Stichworte signalisieren: stärkste Lokomotive der Welt, ein Höhenweg für die Übersicht, ein sorgfältig gestaltetes, hochmodernes Hotel für den Tourismus, Design für Möbel, international ausstrahlende Mode – „Heimatstil" für den Gasthof, für den Bauernhof, aber produktiv werdende Landwirtschaft. Das Impulse setzende Gedankengut dieser Manifestation inmitten eines bereits brodelnden internationalen Umfeldes war dasjenige der sich ankündigenden Landesplanung.

Die Namen von Armin Meili (Architekt, Planer, Direktor der Landesausstellung), des Architekten Hans Hofmann und des Autors der *Geographie der Schweiz*, Heinrich Gutersohn (ETH-Professor), bieten sich an: hier der vordenkende, planende, und realisierende Landesplaner, dort der breit auslotende, analysestarke sowie deskriptiv-normative Geograf der Schweiz und ausserdem der eine kreative Gestaltung pflegende Architekt der eigenständigen Architekturschule der ETH. Historische Rückbezüge auf schweizerisches Gedankengut mit kühnen Zukunftsöffnungen – das war die Spannweite. Die von ihnen und ihren zahleichen Weggenossen gezeichneten Markierungen charakterisieren die Eckpfeiler der Landesplanung, in Teilen noch heute präsent, beispielsweise mit dem Doppel von Urbanem und Ländlichem, mit der Trennung von Siedlungs- und Nichtsiedlungsgebiet, mit der Technik und dem natürlich Wachsendem, mit dem Parallelen von Gestalten und Erhalten.

Auffallend ist, schon damals war Orts-, Regional- und Landesplanung, also die spätere Raumplanung, mehr als Bodenrecht, mehr als technisch orientierte Bebauungs- und bodennutzungsspezifische Flächenwidmungsplanung. Sie war Aufbruch zur gelebten und zur künftigen Schweiz, zum Innovationsanspruch in Technik und Wirtschaft, zum ersten Wirtschaftssektor (Landwirtschaft) und zum Werk- und Dienstleistungsplatz (zweiter und dritter Sektor), zum Touristenland, zu den Städten, den Gemeinden, zu den ländlichen Gebieten – in toto ein substanzieller Beitrag an den nationalen Zusammenhalt und an die christlich bedachte soziale Solidarität. Die Weltoffenheit mag unterspielt gewesen sein, doch der drohende Krieg und

VII. Belebungen und Belastungen aus der Zeit um die Landesaustellung

der fatale Zeitgeist des Faschismus riefen zur Besinnung auf die eigene Identität.

Der Zweite Weltkrieg, der noch während der Landesausstellung ausbrach, traf die Schweiz mindestens planerisch und damit verbunden hinsichtlich Identitätsbewusstsein, Kohäsion und Zutrauen in die eigene Kraft nicht gänzlich unvorbereitet, mindestens geistig nicht. Dennoch, nicht einzig die ausholenden Planideen der Landi machten deren kreativen Geist aus. Das Ererbte, gleichzeitig die Wegweisung bis zu gerade noch fassbaren Visionen, die konkreten realisierbaren Ansätze, das behutsam Gebotene, sie bildeten die Grundlagen des Durchhaltens mit Steuerungskraft bis weit in die Nachkriegszeit hinein. Nicht die Pläne standen also Pate für die Aussagen der Ausstellung, sondern deren wegweisenden Inhalte. Sicherlich nicht ohne Fehltritte, ohne Fragwürdigkeiten, auch nicht frei von einem gewissen Pathos an einzelnen Stellen, aber doch: realisierbare Vorgaben (Planungen) und adressatentaugliche Aussagen und Festlegungen (Pläne) sind eine wichtige Erkenntnis, nicht Selbstzweck. *Das Ineinanderspielen von Zielen und von zweckmässigen Massnahmen zählt, verbunden mit dem Gewinn an Engagement der Berührten und Betroffenen sowie der Bürgerinnen und Bürger* (Planungsprozesse).

Die Landesausstellung hat das realiter Planbare mit der Gestaltungskraft des Dynamischen und des Bewahrungsgebotes für das Erhaltenswerte im lebensräumlichen Kontext von Stadt und Land, von Städten, Dörfern, Regionen und insgesamt des Landes einprägsam bewusst gemacht. Der mitten im Krieg entworfene und umgesetzte sogenannte Plan Wahlen wurde zum Sach- und Fachplan der Versorgung mit lebenswichtigen Gütern, zum Ernährungsplan, gleichzeitig zum räumlichen Vorboten der weiträumig angelegten Landwirtschaftszonen im Sinne der Sicherung des Nichtsiedlungsgebietes für die landwirtschaftliche Güterproduktion und des Erhaltens der offenen Landschaft. Aber nicht nur dieser Plan bleibt als Vermächtnis. Es ist vor allem die Grundidee des Miteinanders der föderativen Schweiz, der städtischen und ländlichen Eidgenossenschaft. Raumplanerisch gesprochen, ging es um das Prinzip der gesamträumlichen Stärkung durch Einbezug des Urbanen und der offenen Landschaften. Aber, und dies darf nun nicht übersehen werden, zu dieser Zeit spielten leider die Stadtplanung und der Städtebau noch keine grosse Rolle. An der Landi waren sie noch kein zentrales Thema. Dennoch, es dominierten der *ganze* Raum, Stadt *und*

Land, der Lebensraum, sogar mit den Dimensionen der landwirtschaftlichen, der industriell-gewerblichen, der Dienstleistungen anbietenden, der kulturellen, der politisch vielgestaltigen Schweiz. Inspiriert von Bildungswillen, Kohärenz und trotz des Krieges von längerfristiger Zukunftszuversicht.

Politisch und gedanklich zusammengehalten wurde die ab 1930 aktuell werdende Absicht der bewussten Förderung der Landesplanung ausserdem durch die noch vor dem Weltenbrand lancierte fachliche und politische Stärkung der Weitsicht, sei es von der architektonisch-gestalterischen Seite des Bundes des Schweizerischen Architekten (BSA), sei es von der programmatischen Seite der staatlichen Arbeitsbeschaffung her, sei es durch die vorausschauende Planung von Investitionen für die als kritisch prognostizierten ersten Jahre der Nachkriegszeit durch die Gemeinwesen und die Wirtschaft. Im Mittelpunkt der politischen Herausforderungen stand die *Motion Meili betreffend Landes- und Regionalplanung* vom 26. März 1941, eingereicht im Nationalrat, ein Kind, wen wundert's, desselben Armin Meili, der die Landi entworfen und geleitet hatte und der bereit war, die zu gründende Schweizerische Vereinigung für Landesplanung (die heutige VLP) zu präsidieren; übrigens mit der Nebenabsicht, die Planungsgrundlagen durch engagierte Verbände erarbeiten zu lassen. Der Bundesrat nahm die Motion zwar nur als Postulat entgegen, doch war es die ETH Zürich, welche sich die Grundidee der Landesplanung zu eigen machte und dem Bund, dem die Kompetenzen fehlten, zur Hilfe eilte.

Die *Wissenschaft*, vor allem vertreten durch die ETH Zürich, rief 1942, also mitten im Zweiten Weltkrieg bei hoher Isolierung des Landes, zum Errichten einer Zentralstelle für Landesplanung an der ETH Zürich auf als eine kongruente Folge der Landesausstellung. Sie sollte zur Vorläuferin des späteren Instituts für Orts-, Regional- und Landesplanung an der ETH Zürich werden. Ziel und Zweck waren es, die nationalen Anstrengungen des Erhaltens und Gestaltens des Landes inmitten einer Gefährdungsphase zu bündeln und dem Land neue Impulse für die Nachkriegszeit zu vermitteln. Die Bedeutung der ETH-Tagung (1.–3. Oktober 1942) darf nicht unterschätzt werden. Einmal legte die ETH ihr ganzes Potenzial in die Waagschale. Sodann handelte sie in souveräner politischer Unabhängigkeit und reüssierte mit ihrem Prestige überlegener Sachkunde vor der Öffentlichkeit: das Thema der Landesplanung fand Zuspruch. Der Präsident der ETH Zürich, Prof. Dr. Arthur Rohn, damals als Präsident des Schweizerischen Schulrates tituliert, sprach zwar

VII. Belebungen und Belastungen aus der Zeit um die Landesaustellung

noch von einem Versuch, liess aber mit der späteren Gründung der geforderten Zentralstelle (1943) rasch Taten folgen.[22] Deren erster Leiter war ETH-Professor Heinrich Gutersohn, unterstützt von seinem Kollegen Ernst Winkler, beide Geografen. Die Gründung der Schweizerischen Vereinigung für Landesplanung (VLP), gleichsam die verbandseitige Unterstützung der Anliegen der Orts-, Regional- und Landesplanung mit den Gemeinden und den Kantonen als den wichtigsten Mitgliedern folgte auf dem Fuss (1943). Ihr erster Präsident war Armin Meili, später gefolgt im Jahre 1953 von Heinrich Gutersohn. Die faktische Leitung der Zentralstelle blieb während der ganzen Zeit bei Ernst Winkler. Die Wissenschaft sowie die Administrationen von Bund, Kantonen und Gemeinden reichten sich durch die beiden Neugründungen die Hand. Allerdings verfügte der Bund damals noch nicht über eine allgemeine Kompetenz des Legifierierens zur Orts-, Regional- und Landesplanung. Er war auf seine raumwirksamen, sektoralen Kompetenzen wie die Landesverteidigung verwiesen, nicht zuletzt bezüglich Wissenschaft samt Ausbildung auf die bundeseigene Hochschule (ETHZ). Die Kantone erahnten ihre Verantwortung, wenn auch teilweise zögerlich.

Um was es damals bei der Landesplanung ging, hat der Zürcher Architekt Rudolf Steiger an der ETH-Tagung von 1942 mit klaren Worten in einem für die damalige Zeit beachtenswert *rationalen Aufriss der landesplanerischen Aufgaben* zusammengefasst:

an 1. Stelle: das Landschaftsbild,
an 2. Stelle: die menschliche Wohnung,
an 3. Stelle: die Land- und Forstwirtschaft,
an 4. Stelle: die Industrie,

---

[22] Der zusammenfassende Bericht der Tagung an der ETH Zürich findet sich als Abdruck im Werk *Winkler Ernst/Winkler Gabriela/Lendi Martin*, Dokumente zur Geschichte der schweizerischen Landesplanung, Zürich 1979, S. 62 ff. Berichterstatter war der Architekt Ernst F. Burckhardt, teilweise bearbeitet von Paul Trüdinger (Basel), erstmals publiziert als Beilage zu „Strasse und Verkehr", Solothurn 1942, Heft Nr. 4. Auf diesen Bericht im Dokumentenband wird ausdrücklich verwiesen. Nebenbei zur Tagung an der ETH Zürich sei erwähnt: Dauer drei Tage, 33 Referenten, davon 19 Professoren, kurzum ein Grossanlass, eine sachpolitische wie wissenschaftliche Manifestation.

an 5. Stelle: der Verkehr,
an 6. Stelle: (aus 1–5 folgernd) die zulässige Nutzung des Bodens.

Diese sich gegenseitig beeinflussenden, gestaltenden, sich ausweitenden und sich begrenzenden Funktionen hat Rudolf Steiger als Umkehrung der Wirklichkeit – diese bevorzugte die unbeschränkte, maximal intensive Nutzung des Bodens – im Sinne einer normativen, trendkorrigierenden Planung zusammengerückt.

Bemerkenswert an der Tagung ist erstens: *Materielle Anliegen standen im Vordergrund, nicht Instrumente, Verfahren und nicht Methoden interessierten.* Und zweitens: Sie enthält sich ideologischen Anspielungen auf den die Schweiz isolierenden Zeitgeist von blankem Nationalismus und dem Boden als Fetisch sowie der egomanen Expansion des Lebensraumes durch kriegerische Okkupationen fremder Territorien. Drittens ist zu registrieren: *Das Rationale, nicht das Ideologische dominierte*, wenn auch begleitet von nationalem Überlebenswillen. Völlig neu sodann ist viertens: An der Tagung an der ETH Zürich waren, und dies überrascht, unter den Rednern nicht nur Architekten und Geografen auszumachen, sondern auch Juristen, Ökonomen, Kunstwissenschaftler, Verkehrsfachleute, Wasserbauer, Agrarwirtschaftler usw. *Das interdisziplinäre Anliegen* illustrierte Landesplanung als ein Zusammenwirken, nüchtern gesprochen, raumrelevanter Disziplinen. Und letztlich fünftens: *Bund, Kantone und Gemeinden* wurden involviert – das ganze Land mit all seinen Stufen und Kompetenzen. Sie zeichneten dabei die doppelte Spur der Raumplanung als öffentliche *und* als wissenschaftliche Aufgabe vor. Allerdings war der Bund in der frühen Phase mangels verfassungsrechtlicher Sachkompetenzen zur Landesplanung sicherlich erleichtert, dass die ETH wenigstens als Ausbildungs- und Forschungsstätte fürs Erste in die Lücke sprang.

Noch drei weitere, wichtige Komponenten der heutigen Raumplanung verbinden sich mit den Erfahrungen aus der Zeit des Zweiten Weltkrieges:

- Die Orts- Regional- und Landesplanung, wie sie damals gelehrt, gehandhabt und in die Bevölkerung getragen, wie sie öffentlich lanciert und örtlich-regional vorangetrieben wurde, sie wurde nicht theoretisch, nicht technokratisch, auch nicht ideologisch angegangen. Das Planbare war nie Selbstzweck. Sie nahm jene Herausforderungen an,

VII. Belebungen und Belastungen aus der Zeit um die Landesaustellung

die anstanden – von der Eigenernährung bis zur Arbeitsbeschaffung, von der Landesversorgung unter erschwerten Bedingungen bis zum Ausbau der Versorgung mit elektrischer, gleichsam einheimischer Energie. Daraus ergaben sich für die Nachkriegsjahre erhebliche Vorsprünge der Entwicklung. Langzeitwirkungen verbanden und verbinden sich seither mit einer sorgfältig vorangetriebenen Planung. Das Denken in Wirkungen setzte also schon früh ein, zusätzlich das Haushalten bei Knappheiten im an sich schon begrenzten Raum.

- Die Planung stiftete parallel zum Haushalten mit dem Raum, im Raum, an. Selbstbewusstsein des Bestehens inmitten von Problemhäufungen und also auch persönliches Identifizieren waren ihr eigen. Ob sie heute noch begleitend auf diesen Komponenten insistieren soll, darf man sich fragen. Zweifel regen sich. Es bleibt aber dabei, in den Kriegsjahren verbanden sich der Auftrag des Bestehens und der Wille, sich den Herausforderungen zu stellen. Die Eigenernährung musste gelingen, zumal die Zufuhr aus und durch Nachbarstaaten wegen Eigenbedarf, Besetzung oder Teilnahme am Krieg ausfiel. Und sie gelang.

- Die Orts-, Regional- und Landesplanung beschränkte sich von Anfang an nicht auf den Erlass von Plänen. Diese bilden vielmehr den Rahmen für das Ergreifen konkreter Massnahmen. Es kam faktisch zu Sachplanungen als Bindeglieder zur räumlichen Planung, beispielsweise zum Zusammenwirken von Wohnungsbau und räumlicher Planung: Wohnbauförderung als Teil der Raumplanung.

In den Jahren unmittelbar nach dem Krieg meldeten sich die gleichen Kreise erneut zu Wort. Es ging, wie vorausgesehen, darum, den Befürchtungen anhaltender wirtschaftlicher Einbrüche bei lahmender Konjunktur und schwankendem Arbeitsmarkt zu begegnen. Folglich wurden auf kommunaler, kantonaler und Bundesebene erneut Infrastrukturanlagen geplant und teilweise realisiert. Die bewusst angestrebte Verbindung von Infrastruktur und räumliches Geschehen stand Pate. Glücklicherweise erfüllten sich die negativen Erwartungen gefährdeter Beschäftigung nicht, jedenfalls nicht im erwarteten Ausmass. Im Gegenteil, bereits nach relativ kurzer Zeit kündigte sich ein zunächst behutsamer wirtschaftlicher Aufschwung an. Nach nur wenigen Jahren liessen der sich anbahnende Kalte und der ausgebrochene Koreakrieg wie auch die Krise in Ungarn der Politik und der Wirtschaft keine Ruhe. Die Verantwortung für den gegebenen, einmaligen und letztlich bei wachsenden Ansprüchen immer knappen Lebensraum blühte erneut auf als öffentliche Aufgabe, als wissenschaftliche Herausforderung, auch als Stärkung inmitten neuer Weltanschauungen und drohender Gefährdungen mit der atomaren Bedrohung im Hintergrund (sogar im Vordergrund?). Neue Blöcke, geprägt durch macht-, wirtschafts- und staatspolitische gegensätzliche Auffassungen markierten potenziell massive und vordergründig bereits geführte Auseinandersetzungen. Überraschend oder nicht wurden die Stossrichtungen der Orts-, Regional- und Landesplanung wie in der Zeit vor dem Zweiten Weltkrieg neu akzentuiert, gleichsam als Kontrapunkte zur Weltlage, als Blick auf das eigene Land, auf das Hiesige. *Die Planer suchten Problemmeisterung vor Ort, gleichzeitig Aufbruch in die Zukunft, und sie hatten sich unter neuen Bedingungen wie Mangelerscheinung und Konjunkturbewegungen zu bewähren, alles mitten in einer technisch und gesellschaftlich sich rasch verändernden Welt sowie unter bedrohlichen, internationalen Ost-West-Belastungen* – von der Eigenernährung über die Energieversorgung bis zur Landesverteidigung im Kalten Krieg, von der Berggebietspolitik bis hin zu den Städten, vom Wohnungsbau bis zu den Bodenpreissteigerungen, verbunden teilweise mit Nachholbedarf zurückgehend auf die Kriegsjahre, dann aber auch beeinflusst durch Konjunkturwellen bis und mit wachsendem Wohlstand vor Ort.

Nicht ausgewichen werden darf der heiklen Frage, ob und wie die *Verirrungen des Dritten Reiches als Diktat des Nationalsozialismus* hin zu einer „Lebensraum-Strategie" verbunden mit militärischem „Raumgewinn" durch „raumgreifende Operationen", alles basierend auf den fatalen Verirrungen von „Blut und Boden" als rassistisches Selbstbewusstsein und gerichtet auf Vernichtungen auf die schweizerische Orts-, Regional und Landesplanung in der kritischen Zeitspanne von 1933 bis 1945 durchgeschlagen haben. Nicht daran zu zweifeln ist, dass es negative, belastende Spuren gegeben haben dürfte, möglicherweise bis in das Umfeld der Orts-, Regional- und Landesplanung hinein, denn sie waren da, die sogenannten faschistischen Kräfte, allerdings nicht in politisch relevanter Parteienstärke, aber als geistige und politisch insistierende wie auch mitlaufende „Bannerträger" eines vermeintlichen Zeitgeistes. Demokratie und Föderalismus waren zwar zu jener Zeit nicht allenthalben hoch geschätzte Politikwerte, aber mehr Raum und Krieg waren für die neutral-defensive Schweiz keine Themata. Und

VII. Belebungen und Belastungen aus der Zeit um die Landesaustellung

eine „Reichsstelle Raumordnung" war für die Schweiz als föderativ geprägter Staat undenkbar. Selbst die Begriffe der Raumplanung, der Raumordnung usw. blieben damals fremd, übrigens bis zum Erlass der Verfassungsbestimmung über die Raumplanung im Jahre 1969. Erst recht stiess die auf „Raumgewinn" gerichtete Expansion auf Ablehnung. Diese wurde als konkrete Bedrohung erlebt; die Armee wurde mobilisiert und blieb mit erheblichen Kräften bis zum Ende des Krieges aufgeboten, unter erheblichen persönlichen, wirtschaftlichen und finanziellen Belastungen und Beschränkungen. Dies führte im Effekt zur *national-schweizerischen Eigenprägung der Landesplanung* als Orts-, Regional- und Landesplanung mit der Arbeitsbeschaffung, mit der Erhaltung und Gestaltung des eigenen Landes vor Augen, verbunden mit dem Willen zur Selbstbehauptung, unterstrichen mit dem Plan Wahlen, bereichert sodann mit den besonderen Akzenten zugunsten der Landwirtschafts- und Berggebiete, substanzreich wissenschaftlich unterlegt mit der ETH Zürich. Die schweizerische Orts-, Regional- und Landesplanung blieb in diesem Umfeld *von allzu fremden Ideologien bewahrt.*

Auch *von den ausländischen Planungen der unmittelbaren Nachkriegszeit gingen keine unmittelbar prägenden Wirkungen* auf die Schweiz aus. So schuf der Wiederaufbau in der Bundesrepublik Deutschland, der die Stadt- und Verkehrsplanung eindrücklich beeinflusste, keinen Anlass, die Stadtplanung in schweizerischen Gefilden zu forcieren und die Verkehrsplanung, wie dies teilweise in Westdeutschland geschah, vorweg auf den motorisierten Strassenverkehr auszurichten. Hier blieb es bei den Themen, wie sie mitten aus den Sorgen während des Zweiten Weltkrieges aufgekommen waren: Aufmerksamkeit gegenüber den Berggebieten, dem ländlichen Raum, der Landwirtschaft, den dörflichen Verhältnissen, dem Schutz der Landschaft, dem Denkmalschutz usw. Die Stadtplanung und der Städtebau blieben sogar vorerst deutlich zurück, sowohl in der Lehre als auch in der Forschung, selbst in der Gesetzgebung der Kantone, sieht man von den mutigen Versuchen ab, statt einer Landesausstellung eine neue Stadt zu bauen (Max Frisch, Luzius Burckhardt, Markus Kutter mit Blick auf die Ausstellung von 1964, Idee von 1953) oder sich ein Bild von den Städten zu machen, wie wir sie uns wünschen (Hans Carol, Max Werner, 1949). Es dominierte die Vorstellung von der „organischen Erneuerung der Städte", wie sie von Hans Bernoulli bereits 1942 vorgezeichnet worden war. Zusammengefasst: Die Bewahrung der hiesigen Städte vor dem „totalen Krieg" mit seinen Bombardierungen erschwerte in der Schweiz das Neuandenken der Stadtplanung und des Städtebaus. Nicht nur als Fussnote: Und es bewahrte die Städte weitgehend vor der „verkehrsgerechten Stadt".

Ebenso schwappte das *Grundverständnis einer integrierten Entwicklungsplanung,* das sich ab 1960 in Deutschland anbahnte und um 1970 bis auf die Ebene der Bundesregierung hinauf kulminierte, nicht auf die Schweiz durch. Es zielte, aus heutiger Sicht unverständlich, auf Machbarkeiten aufgrund von Planung. Wohl wurden auch in der Schweiz da und dort in Ansätzen Zukunftsvorstellungen vorgelegt, doch scheiterten sie am Trugschluss einer finalisierten umfassenden Endzustandsplanung und an den realen Bedingungen der schweizerischen Demokratie mit ihren dezentralen Welten. Die Arbeiten aus dem ORL-Institut zum schweizerischen Planungsrecht und zur politischen Planung zeigten schon früh die Vorteile einer dosierten Prozessplanung auf und hielten von Überzeichnungen ab. Das Raumordnungskonzept Schweiz von 1973 (CK 73) wurde nur von der sogenannten Konferenz der Chefbeamten verabschiedet, nicht von der Regierung, und zwar zu Recht, denn die Verfassungsgrundlage hätte gefehlt. Auch die Idee einer integrierten Entwicklungsplanung (politische Planung, Sachplanungen wie Raum- und Finanzplanung, dann aber auch Verkehrs-, Energie-, Bildungsplanung usw. mit einheitlichen Zielen resp. Zielsystemen) fand in der Schweiz keinen gewichtigen Zuspruch. Die hiesige Raumplanung betont demgegenüber die Bedeutung von Planungsgrundsätzen und unterstreicht die Änderbarkeit der Pläne, gerichtet auf eine kreative Prozessplanung. Auch die politische Planung beschränkte sich folgerichtig auf bundes- und kantonaler Ebene weitgehend auf Regierungsprogramme respektive auf Legislaturplanungen von in der Regel vier Jahren; in beiden Fällen im Sinne einer regierungsseitigen Absichtserklärung zu ihren Obliegenheiten, von denen die Parlamente des Bundes und der Kantone dem Grundsatz nach lediglich Kenntnis nahmen, allenfalls begleitet von Antragsrechten aus dem Parlament an die Regierung.

Keinen politikentscheidenden Einfluss auf die schweizerische Raumplanung gewann zudem die *staatliche Planung nach kommunistischem Verständnis.* Rein zeitlich wären bereits in der Zeit der Entstehung der schweizerischen Orts-, Regional- und Landesplanung, also vor und während des Zweiten Weltkrieges, Beeinflussungen denkbar gewesen. Der Kommunismus und mit ihm die staatliche Wirtschaftsplanung schlugen aber nie auf

VII. Belebungen und Belastungen aus der Zeit um die Landesaustellung

die Schweiz durch, wohl aus zwei Gründen: Auf der einen Seite war die Wirtschaftsfreiheit, damals durch die Verfassung angesprochen als Handels- und Gewerbefreiheit, relativ fest verankert und auf der andern galt die erste Aufmerksamkeit sowohl der Abwehr des faschistischen wie kommunistischen Gedankengutes als auch der Festlegung der im Interesse des Kleinstaates gelegenen Grundausrichtungen auf die Freiheit, die Demokratie und den Rechtsstaat. Das Vollmachtenregime, das während des Krieges zwar ein gewisses Übergewicht an wirtschaftlichen Interventionen mit sich gebracht hatte, wurde unmittelbar nach seinem Ende in den Jahren 1946 und 1949 abgelöst: a) durch den Erlass von sogenannten Wirtschaftsartikeln (vorweg Art. 31bis aBV) und b) durch ein neu ausgelegtes Dringlichkeitsrecht (Art. 89bis aBV) – alles auf Verfassungsstufe und verbunden mit dem Ziel, dem staatlichen Handeln konsequent rechtsstaatliche und demokratisch legitimierte Kompetenzen samt Grenzen zu unterlegen. Eine gewisse Planungseuphorie und ein Hang zu sozialistischen Vorstellungen im Bereich des Bodenrechts zeichneten sich erst in den 1960er- und 1970er-Jahren ab, also zu jener Zeit, als in der Bundesrepublik Deutschland die staatliche Planung relativ hohe politische Beachtung fand. Das politische Gegengewicht schufen in der Schweiz die liberalen Kräfte, die der Umkrempelung des Bodenrechts und der staatlich gelenkten Planung mit dem doppelten Ansatz der Betonung der Eigentumsgarantie (Art. 22ter aBV) *und* der Raumplanung (Art. 22^{quater} aBV) entgegentraten. Die Wirtschaftsfreiheit wurde als verfassungsrechtlich ohnehin gegeben vorausgesetzt. Sie vermochten sich mit diesen Ansätzen politisch und sachlich im Jahre 1969 durchzusetzen. Eine staatswirtschaftliche respektive gesellschaftliche Planung wurde ausgeschlossen.

Wie viel vor, während und nach dem Zweiten Weltkrieg an *militärischem Gedankengut* in das Planungsverständnis eingeflossen sein mag, ist schwer zu ermitteln. Präsent war es auf jeden Fall, mit Wirkungen auch über die Kriegszeit hinaus, mit neuer Relevanz in der Auseinandersetzung zwischen Ost und West unter atomaren Bedrohungen einerseits und Sorgen um die Landesverteidigung und Landesversorgung anderseits. Auf alle Fälle haben einige Planer auch in dieser neuen Phase höhere militärische Funktionen (z.B. war Armin Meili Miliz-Generalstabsoffizier) bekleidet. Total verschieden waren mindestens die methodischen Ansätze nicht. Der „Raum Schweiz" war sowohl den Landesplanern als auch den Militärs ein Anliegen, die Karten als Grundlagen des Planens waren ebenfalls beiden Seiten vertraut. Die ökonomische Komponente des Umgangs mit knappen Gütern dürfte ebenfalls eingewirkt haben. Sogar die kriegswirtschaftlichen Interventions- und Vollmachtenordnungen könnten hier wie dort Spuren eines gemeinsamen Planungsverständnisses hinterlassen haben. Und nicht zuletzt gab es auch in dieser weltgeschichtlich neuen Phase für die Schweiz so etwas wie eine nationale Rückbesinnung, wenn auch neuartig gegenüber der Zeit des Zweiten Weltkrieges. Die Gesamtverteidigung, neben der militärischen Landesverteidigung, mag zwar in Anlehnung an die konzeptionellen Planungen der 1960er- und 1970er-Jahre angedacht worden sein, sie war aber doch primär die Antwort auf den neu zu gewichtenden totalen Krieg im atomaren Zeitalter. Sie fand dennoch Kontakt zur Orts-, Regional- und Landesplanung, allein schon der Vorsorge und der defensiven Kriegsführung im eigenen Land wegen, verbunden mit dem Willen zur Landesverteidigung und zum Bewahren des nationalen Zusammenhalts in Krisenzeiten und Kriegslagen.

Viele der hier beleuchteten Ansätze zu den raumplanerischen Zielen, Instrumenten und Massnahmen sind im geltenden Planungsrecht in Umrissen noch greifbar. Erfreulich ist, dass es repetitiv formulierte Anliegen gibt, die heute neu interpretiert und verstanden werden. Die sich ändernde Wirklichkeit trägt dazu bei.

VIII. Neigungen des Bundes zur sektoralen Landesplanung

Ca. 1950 bis gegen 1969, mit anhaltenden Tendenzen

Mit dem Ende des Zweiten Weltkrieges wandte sich die politische Schweiz gegen übermässige staatliche Einflussnahmen auf die Wirtschaft und gegen das Vollmachtenregime. Die Korrekturen setzten 1947 die Wirtschaftsartikel (Art. 31 ff. aBV) sowie 1949 die Neuordnung des Dringlichkeitsrechts (Art. 89, 89bis aBV). Sie festigten die Handels- und Gewerbefreiheit als individueller und institutioneller Ausdruck der Wirtschaftsfreiheit – mit Ausnahmen auf Verfassungsstufe – und die ordentliche, verfassungskonforme Gesetzgebung mit einem zeitlich limitierten intra- und kontrakonstitutionellen Dringlichkeitsrecht, wie dies auch für die neue Bundesverfassung von 1999 mit stellenweise anderen Formulierungen zutrifft (Art. 27 BV, Art. 94 ff. BV betr. Wirtschaftsfreiheit; Art. 165 BV betr. Gesetzgebung bei Dringlichkeit).

Neben den staats- und wirtschaftspolitischen Akzentsetzungen folgten auf Verfassungsstufe sozialpolitische Vorgaben, so zur Alters- und Hinterbliebenen-, zur Invaliden- und die Aktivierung der Kranken- und Unfallversicherung. Die *sozialstaatliche Komponente* gewann an Konturen. Weniger deutlich forciert wurde die föderalistische Komponente. Sie war über lange Zeit durch die Kantone verteidigt worden, wurde aber bald einmal in ersten Anzeichen unterwandert durch eine gewisse *zentralistische Neigung* hin zum Bund als Gesetzgeber und dann auch hin zu dessen Finanzen. Der Bund bekam dadurch erweiterte Möglichkeiten, Einfluss auf das Geschehen in den Kantonen zu nehmen. Und die Kantone? Sie vermochten ihr Budget zu schonen. Eines der Gebiete, das hartnäckig von den Kantonen beansprucht blieb und wohl noch bleibt, bildeten die Orts-, Regional- und Landesplanung sowie das öffentlichrechtliche Baurecht, bis auf den heutigen Tag, und vielleicht deshalb, weil keine grösseren Finanzmittel im Spiel sind, aber auch mit Rücksicht auf die örtlichen wie regionalen Gegebenheiten und Bedürfnisse. Das Kulturelle mag anhaltend mitschwingen.

Mit der Betonung des ordentlichen Rechts und der Wirtschaftsfreiheit wie auch mit der Sozialstaatlichkeit des gegebenen demokratischen Rechtsstaates wurde für die Planung deutlich: *Die Orts-, Regional- und Landesplanung muss sich als Teil des Rechtsstaates verstehen. Sie darf weder als umfassende staatliche Planung noch als Wirtschafts- und schon gar nicht als Gesellschaftsplanung ausgestaltet werden.* Abgestreift worden sind die von 1940–1945 vorherrschend gewordenen interventionistischen und wenig direkt-demokratischen politischen Elemente. Unverändert geblieben sind hingegen zunächst auf Bundesebene die tradierten staatlichen Aufgaben im Bereich der öffentlichen Güter, Werke und Monopole mit Einschluss der staatlichen Anstalten von SBB und PTT. Verblieben ist unter anderem ferner die Sonderordnung der Landwirtschaftspolitik mit Wirkungen bis auf die heutigen Tage. Sie begünstigte unter anderem die Einführung eines bäuerlichen Bodenrechts und die Suche nach den Rechtsgrundlagen für die Landwirtschaftszone. Aktiv sind auch Restmengen einer Wirtschaftspolitik, die staatliches Einwirken nicht à tout prix ausschliesst. Das Setzen von marktbegrenzenden Massnahmen, unter Beachtung qualifizierter rechtlicher Anforderungen, wurde verfassungsrechtlich also nicht in allen Teilen ausgeschlossen, aber neu eng verbunden mit einem kritischen Auge gegenüber einer wachsenden Staatsquote, mit Hürden gegen Verstaatlichungen und mit positiven Vorzeichen für mehr Wettbewerb.

In den nun folgenden *Jahren ab etwa 1952 mehrten sich die sachlichen, wirtschaftlichen und gesellschaftlichen Herausforderungen* an den Staat und den Lebensraum: *Der Nachholbedarf aus den Jahren der Weltwirtschaftskrise und des Zweiten Weltkrieges schwillt an, die Bevölkerung wächst, die Mobilität, insbesondere die motorisierte, weitet sich aus, die regionalen und interregionalen Wanderungen in die Städte nehmen zu, die Wirtschaft blüht national wie international auf, die Verschiebungen vom ersten zum zweiten und nun auch zum dritten Wirtschaftssektor beginnen sich zu beschleunigen, die Konjunktur überhitzt, die Zersiedlung setzt ein, die Gewässer werden durch Siedlungen, Industrie und auch durch die Landwirtschaft belastet, die offene Landschaft leidet zunehmend am Wachstum der Städte und der ersten Agglomerationsgürtel, der Energiehunger scheint unstillbar, der Bildungsanspruch wächst, die Zuwanderung von Arbeitskräften aus dem Ausland schwillt an usw.*

VIII. Neigungen des Bundes zur sektoralen Landesplanung

Das alles ist vorerst nicht dramatisch, aber im Vergleich mit den folgenden Jahrzehnten sind es keimende Faktoren von räumlicher Relevanz. Bei alledem lastete auf dem Land der Kalte Krieg samt atomarer Bedrohung und mit seinen hohen Anforderungen an die Landesverteidigung, den Zivilschutz und die Landesversorgung für Kriegs- und Mangelzeiten. Auf der andern Seite bereicherte der internationale Informationszufluss, inklusive Technologieschüben, vorweg aus der amerikanisch-angelsächsischen Welt, die Ausbildung, das Wissen, das Entwickeln, Produzieren und die Bereitschaft, auf den internationalen Märkten aufzutreten.

Die Kantone und die Gemeinden sahen sich somit ab ca. 1952, vor allem aber ab etwa 1958/1960 vor grösste Aufgaben gestellt – noch mehr der Bund, nicht zuletzt deshalb, weil die Kantone gesetzgeberisch, finanziell und teilweise sachlich da und dort überfordert waren. Der Bund wurde zum Planen, Entscheiden und Handeln förmlich gezwungen, allerdings ohne die Möglichkeiten einer gesamträumlichen Strategie, da dazu die Rechtsgrundlagen fehlten und noch heute fehlen. Er musste vorwiegend auf *sektorale Sachkompetenzen* zurückgreifen. Und er tat es: Gewässerschutz, Natur- und Heimatschutz, Nationalstrassen, Binnenschifffahrt, Wohnbauförderung, konjunkturelle Massnahmen usw. Teilweise stand der Bund allein in der Pflicht, teils waren Bund und Kantone gefordert. Hier sind einige wichtige Daten des Erlasses von Verfassungsartikeln, die dem Bund Kompetenzen einräumten und denen die einfache Gesetzgebung auf dem Fusse folgte: *1953* Schutz der Gewässer gegen Verunreinigung (Art. 24^{quater} aBV, Art. 76 BV), *1957* Atomenergie und Strahlenschutz (Art. 24^{quinquies} aBV, Art. 89 ff. BV), *1958* Strassennetz (Nationalstrassen, Art. 36bis, 36ter und 37 aBV, Art. 83 ff. BV), *1959* Zivilschutz (Art. 22bis aBV, Art. 61 BV), *1961* Rohrleitungen (Art. 26bis aBV, Art. 91 BV), *1962* Natur- und Heimatschutz (Art. 24^{sexies} aBV, Art. 78 BV). Auch hier bleiben die Andeutungen knapp. Auffallend aber ist, *es handelt sich durchwegs um raumwirksame, mindestens um raumrelevante Aufgaben, wenn auch um sektorale, gleichsam sachlich-fachliche Belange, verbunden mit erheblichen Wirkungen auf den Lebensraum.*

Der Bund versuchte, die verfügbaren sektoralen Ansätze in Nuancen zu sprengen und *räumliche Aspekte aufzunehmen*. Hier sind einige Beispiele:

a) Die erste grosse, gesetzlich unterlegte Fachakzentuierung mit räumlicher Wirkung galt dem *Wald*. Das Bundesgesetz betreffend die eidgenössische Oberaufsicht über die Forstpolizei vom 11. Oktober 1902 hat den Wald nach Lage und Fläche integral unter Schutz gestellt. Das heute geltende Waldgesetz führt diesen Schutz weiter. Wir haben es mit einer raumwirksamen Fachplanung in Gesetzesform zu tun.

b) Über *die Gewässerschutzgesetzgebung* bemühte sich der Bund schon früh (1955), mit Vorgaben zu den generellen Kanalisationsprojekten die Dimensionierung der Bauzonen und das Angebot an baureifem Land in den Griff zu bekommen. Das Ergebnis fiel ernüchternd aus. Das Angebot an baureifem respektive bald einmal baureif werdendem Land stellt sich zwar ein, doch wurde das Bauland nicht bundesrechtlich sorgfältig genug definitorisch dimensioniert und alsdann planerisch-sachgerecht lokalisiert. Das Baugebiet erwies sich vielerorts aufgrund kantonaler und kommunaler Vorkehren als zu gross bemessen, zudem oft am falschen Ort. Eins steht fest, sektorale Massnahmen greifen oft zu kurz. Die Erschliessung als Bauvoraussetzung wurde übrigens erst etwas später durch die Gesetzgebung zur Wohnbauförderung und noch später durch das Raumplanungsrecht der Kantone und des Bundes präzisiert.

c) Der nicht weniger junge *Natur- und Heimatschutz* einschliesslich Landschafts-, Ortsbild- und Denkmalschutz wurde zum Vorläufer und allmählich zu einem indirekten Träger der Landesplanung. Doch auch ihm blieben durchgreifende Wirkungen versagt, weil er weder Wald noch Gewässer, auch nicht Agrarwirtschaft und schon gar nicht Städte und Dörfer sowie den Verkehr einschloss. Immerhin, der Natur- und Heimatschutz steuerte neben der älteren Forstpolizeigesetzgebung einen zweiten zentralen Ansatz bei. Er erliess aber nicht eine absolute Schutznorm, wie sie für den Wald ergangen war, sondern setzte das Instrument von Inventaren ein und verlangte von den Behörden für aufgeführte Landschaften und Ortsbilder ein planerisches, rechtliches Abwägen zwischen Schutz und möglichen Eingriffen, was sinnvoll und zweckmässig und nur dort fragwürdig war, wo die Inventarisierungen übertrieben wurden und werden. Eine halbe Stadt unter Inventarschutz des Ortsbildes zu stellen, blockiert die weitere Entwicklung und die raumplanerische Verdichtung von Baugebieten, auch wenn das Abwägen nicht gescheut wird.

d) Im *Bereich des Verkehrs* sind gleich vier Bereiche zu erwähnen: das Netz der Schweizerischen Bundesbahnen, das Nationalstrassennetz, die Binnenschifffahrt und die Rohrleitungen für Erdöl und Erdgas. Die

VIII. Neigungen des Bundes zur sektoralen Landesplanung

SBB, im Jahr 1898 gegründet, entstanden durch die Zusammenfassung konzessionierter Privatbahnen, weitgehend gerichtet auf das übergeordnete Netz mit Akzenten auf Städteverbindungen und internationale Anschlüsse. Die Nationalstrassenplanung setzte ab 1953 ein und gewann mit der Verfassungsgrundlage von 1958 Konkretisierungsreife. Planung und Bau begründen in Form von Städteverbindungen und internationalen Anschlüssen Raumstrukturen für das ganze Land, auch mit Blick auf den Transit, wobei der Gotthardtunnel anfänglich fehlte. Dass die Raumplanung rund um die Anschlüsse und im Bereich der Städte nicht parallel vorangetrieben wurde, sollte sich als gravierender Mangel erweisen. Die Nationalstrassen wurden eben als raumplanerische Tat in sich und aus sich heraus verstanden. Die Abwägungen zur Binnenschifffahrt wurden anders getroffen. Darauf wird separat verwiesen. Das Rohrleitungsnetz entstand ab 1960. Im Vordergrund standen Interessen für Erdgas- und Erdölpipelines, die es national wie unternehmerisch zu nutzen galt. Daraus entstanden korrelierende Standorte für Raffinerie, Toppinganlagen, thermische Kraftwerke (Collombey/Vouvty, Sennwald/Rüthi, Cressier). Weder die Rohrleitungen noch die Nutzeranlagen wurden vom Staat gebaut und betrieben. Ihr Schicksal wird von unternehmerischen Interessen beeinflusst.

Der Versuch einer *Gesamtverkehrskonzeption*, die 1977 publiziert worden ist, mündete in eine sachlich-politisch koordinierte Verkehrspolitik mit den Sachplanungen von Schiene und Strasse des Bundes sowie den kantonalen Plänen gemäss dem heranwachsenden Raumplanungsrecht des Bundes und der Kantone als Eckpfeiler. Das Raumplanungs- und das Verkehrsrecht sind aufeinander abgestimmt und koordiniert auszurichten und anzuwenden, und zwar mit dem Ziel, Verkehr und Raum in Einklang zu bringen. Dies gilt auch für die Finanzierung von Projekten des Agglomerations- und des Regionalverkehrs. Die verfassungsrechtliche Grundlegung des Verkehrs basiert noch immer auf separaten Regelungen für Schiene und Strasse, für den öffentlichen und privaten Verkehr. In die Zukunft geschaut werden sich die nationalen Verkehrsnetze neu am „Raumordnungskonzept Schweiz" orientieren müssen, das die Metropolitan- und Agglomerationsräume deutlich hervorzuheben hat.

e) Die *Binnenschifffahrt* für Hochrhein und Aare – samt der Idee des transhelvetischen Kanals – zu stärken, blieb Absicht, inspirierte aber das gesamtschweizerische Nachdenken über die räumliche Entwicklung, vor allem unter Gesichtspunkten der Standortgunst für die Industrien mit Schwergütern und Energiebedarf, die sich aufgrund der Neuausrichtung der schweizerischen Wirtschaft später bis zu einem gewissen Grad erübrigen sollten. Die gross angelegte Studie, ein Gutachten der VLP, gerichtet an den schweizerischen Wasserwirtschaftsverband, *Binnenschifffahrt und Landesplanung* in zwei Bänden von 1964, verfasst von Rolf Meyer-von Gonzenbach und Anton Bellwald, darf sich sehen lassen. Sie überholt den Geist des Nationalstrassenplanung als landesplanerische Tat per se, geht sie doch in der Analyse wesentlich weiter, indem sie Projekte und den gesamten Raum zusammenführte und auf räumliche Wirkungen und Auswirkungen auslotete. Eine entsprechende Durchdringung wäre auch für die Netze der Nationalstrassen und der Eisenbahnen wie auch der Busbetriebe in all ihren Ausbauphasen sinnvoll gewesen.

f) Auch singuläre Grossprojekte von Raumrelevanz kamen auf, die aber raumplanerisch weitgehend unbedacht blieben. Die Realisierungschancen wurden dadurch aber auch nicht grösser. Sie wurden zu sachbezogen angedacht und reüssierten nicht, sei es, weil neue Bedürfnisse aufkamen, sei es, weil die technischen, wirtschaftlichen und/oder ökologischen wie auch raumplanerischen Bedingungen einen andern Lauf vorzeichneten. Dies gilt für die Erschliessung des Landes durch Ölpipelines und -raffinerien, für die anvisierte Errichtung thermischer Kraftwerke[23], für einen zentralen nationalen Flughafen, für die Umsetzung des Ostalpenbahnversprechens zugunsten eines Eisenbahntunnels in der Ostschweiz in Nord-Süd-Richtung. Hervorzuheben sind folgende Gründe: Der dritte Wirtschaftssektor rückte sukzessive und für die Schweiz überdeutlich in den Vordergrund, die Atomkraft setzte ihre Akzente mit Werken in Mühleberg, Beznau, Gösgen und Leibstadt, und das sich anmeldende ganzheitliche planerische Denken samt Umweltschutz räumte sektoralen Sachvorhaben geringere Chancen ein.

Auffallend dabei ist, dass sich die damalige Landesplanung, abgesehen von der Binnenschifffahrt, zu solchen Projekten kaum zu Wort

---

[23] Siehe den Bericht der Kommission für den Ausbau der schweizerischen Elektrizitätsversorgung unter E. Choisy. Der Bericht beruht auf der Stellungnahme der zehn grössten Elektrizitätsproduzenten von 1965.

VIII. Neigungen des Bundes zur sektoralen Landesplanung

meldete. Selbst Planung und Errichtung von Endlagern für radioaktive Abfälle und von Sondermülldeponien, die ihrerseits raumrelevant sind, wurden nur zurückhaltend raumplanerisch erfasst. Die Interessenkollisionen spielten sich eher direkt zwischen Öl-, Kohle- und Atomkraftwerken sowie zwischen Natur- und Landschaftsschutz und Wasserkraftwerken usw. ab, unterlegt mit Umweltschutzanliegen und teilweise mit grundsätzlichen Vorbehalten. Auch die Raffinerieprojekte und eine Toppinganlage in Sennwald reüssierten nicht voll respektive ohne ausholende Industriebelebung. Wenn diese Art von Industrialisierung nachhaltig belebt worden wäre, hätte die Schweiz da und dort ein anderes Gesicht angenommen. Zu ihrem Vorteil? Zu ihrem Nachteil? Wie dem auch sei, das planerische Antizipieren in sektoralen Bereichen führt erfahrungsgemäss zu wenig abgestimmten Entwicklungen, die an sich selbst auflaufen.

g) Zu spät erkannt wurden spezifische räumliche Probleme um Kiesgruben und Steinbrüche sowie deren Renaturierung und Neunutzung. Jahrzehnte brauchte es bis, abgesehen vom Grundwasser, die Bedeutung des Untergrundes voll erkannt wurde, so bezüglich der Nutzung der Erdwärme in kleineren und grösseren Tiefen, dann auch hinsichtlich unterirdischer Versorgungs- und Verkehrsanlagen auf weite Sicht. Auf alle Fälle bedarf es einer vorausschauenden Planung der geordneten Nutzung des Untergrundes des Mittellandes mit seinen Städten.

h) Parallel zur blühenden Binnenkonjunktur ab 1955, welche auch die Bauwirtschaft erreicht hatte, verschlechterte sich *die Siedlungsqualität* in den Städten, in den Agglomerationen, sogar bis in das Umfeld gewachsener Dörfer, unter direkter und indirekter Belastung der offenen Landschaften und der Ökologie im Siedlungsbereich. Der Wohnungsbau mit wahllos hingestellten Blöcken und Feldern von Einfamilienhäusern sowie Treppenbauten an Hängen steigerte sich zur flächenintensiven unter krasser Vernachlässigung der qualitativen Gestaltung. Punktum: Die Siedlungsbilder begannen anhaltend zu leiden. Immerhin gaben bereits die expansiven Bautätigkeiten der 1960er-Jahre in einer ersten Runde Anlass zu restriktiven baulichen Massnahmen im Sinne einer Konjunkturdämpfung. Das war nicht falsch, aber zu kurz gegriffen. Auch hier zeigte sich eine letztlich zu sektorale Optik, obwohl hoch anzuerkennen ist, dass die nachfolgende, bundesseitige Wohnbauförderung ab etwa 1965 zur Quelle von Massnahmen der Orts-, Regional- und Landesplanung wurde.

i) Den Charakter einer sektoralen Planung nimmt nicht zuletzt auch die Umweltplanung an, nicht zuletzt durch die Umweltverträglichkeitsprüfung, der sie Bauten, Anlagen und auch Raumpläne unterwerfen will, um ihre Vorsorgeverpflichtung nachzukommen. Die Problematik liegt darin, dass der Umweltschutz von Grenz- und Alarmwerten ausgeht und das räumliche Abstimmen eher vermeidet. Er denkt eben nicht in Ziel- und Massnahmenkonflikten. Das Kompatible zwischen Raumplanung und Umweltschutz rückt leider in die Ferne. Das Beispiel demonstriert aber das Sektorale, das dem Bundesrecht anhaftet, bis ins Umweltrecht hinein.

Die Beispiele belegen das genuin fachlich-politische, sektorale Denken auf der Bundesebene. Es schlägt bis auf die heutigen Zeiten durch und spiegelt sich zudem im raumplanerischen Instrument des Sachplans. Vieles driftete auseinander. Die Nachteile sind vor allem seit jenen Zeiten erkennbar, in denen die Probleme komplexer wurden. Als juristische Hilfsmittel boten sich Vorbehaltsklauseln, Berücksichtigungsgebote, Koordinationsverpflichtungen und die koordinierte Rechtsanwendung an. Und auch die Planung als Koordination von Handlungsbeiträgen versuchte sich einzubringen, nicht zuletzt auch die Raumplanung mit ihren Ansätzen des Ganzheitlichen und Räumlichen, des Abgestimmten und Vorausschauenden. Im Kern stand und steht das Vermeiden des Verharrens im Sektoralen und im Gegenwärtigen. Ein heikler Grund des dominierenden Sektoralen liegt im enummerierten Kompetenzkatalog der Bundesverfassung, ein weiterer in der departementalen Gliederung der Bundesverwaltung sowie im Ämterprinzip. Gleichsam gilt: jedem Amt ein Gesetz, in jedem Gesetz ein als zuständig bezeichnetes Amt, eingeschnürt durch das Departement. Das Sektorale ist die Folge. Dabei kann es aber just in der Raumplanung nicht bleiben, denn der Raum und die Planung bedingen das Abstimmende aus der Vorgabe des gegebenen Raumes heraus.

Die sachliche Problemkumulation vom Verkehr zur Energie, von der Bildung bis zur Landesverteidigung, zum Gesundheits- und Sozialwesen, von den Finanzen bis zu den politischen Engpässen der Konsensfindung beunruhigten bald Politik und Wissenschaft, sukzessive die Öffentlichkeit. Deshalb mussten in Ansätzen Mittel und Wege ganzheitlicher Problemlösungen zwingend gesucht werden. Der zu Beginn der 1960er-Jahre neu gewählte eidgenössische Delegierte für Wohnungsbau, Fritz Berger, rückte neben

VIII. Neigungen des Bundes zur sektoralen Landesplanung

der ihm anvertrauten „Sachplanung Wohnungsbau" *belebend die Orts-, Regional- und Landesplanung ins Zentrum,* erhöhte die Qualitätsanforderungen an Planer und stärkte das gesamträumliche Denken durch Erschliessung als Bauvoraussetzung, landesplanerische Leitbilder, Zweckmässigkeitsprüfungen von Planungen usw. Noch blieb manches unklar. Aber der Weg für das Meistern der Sologänge des Sektoralen mit Auswirkungen auf den einen Lebensraum war konkretisierter erkennbar. Anknüpfungen bildeten die planerischen Vorstellungen rund um die Landesausstellung von 1939.

Auffallend spielten und spielen die *Sachplanungen auf kantonaler Ebene* nicht die gleiche Rolle wie auf jener des Bundes, wohl deshalb, weil die Kantone problemnäher agieren und die Summe von bundesseitigen und kantonalen Verpflichtungen zu erfüllen haben, ohne sich sich den mehrseitigen Herausforderungen entziehen zu können. Es ist für sie kaum vorstellbar, isolierte Sachplanungen zu betreuen. Die einstigen Strassenbauprogramme sind allein schon durch die Subventionsstränge nicht mehr in alleiniger Prioritätssetzung zu handhaben.

Diese Hinweise deuten an, dass der *Druck auf den Erlass einer zeitgemässen, zukunftsorientierten schweizerischen Gesetzgebung über die Orts-, Regional- und Landesplanung, ab 1969 als Raumplanung angesprochen,* sich damals von mindestens vier Seiten her aufbaute, nämlich

1. von den tatsächlichen enger und komplexer werdenden, die Landschaft und den Lebensraum belastenden Verhältnissen,
2. aus der Notwendigkeit heraus, den Ausbau der Infrastrukturen zu forcieren und diese gegenseitig und mit der räumlichen Entwicklung abzustimmen und auf die finanziellen Möglichkeiten auszurichten,
3. aufgrund der politischen Auseinandersetzungen über den Umgang
    a) mit der Zukunft der politischen, wirtschaftlichen, sozialen und ökologischen Lebensverhältnisse in der Schweiz und
    b) mit dem knappen Gütern Boden, Wasser, reine Luft, ruhige Gebiete, offene Landschaften, Finanzen, Konsens, Akzeptanz usw., und
4. aus dem Anliegen, das wenig kohärent bedachte Recht des Lebensraumes mit den besonderen Aspekten der Raumplanung, des Umweltschutzes, des Verkehrs, der Energie, der Kommunikation usw.

neu zu bedenken und insbesondere der Raumplanung einen erhöhten politischen Stellenwert mit dem Ansatz einer gewissen Gesamtsteuerung der Entwicklung zu vermitteln.

Eine relativierende Geschichtsdeutung, welche die bundesseitig aktivierten sektoralen Sachplanungen als einen Weg abseits der Orts-, Regional- und Landesplanung beschreiben würde, verkennt die diesen Bereichen immanenten räumlichen Wirkungen und gesamträumlichen Zielsetzungen. Unbestritten dürfte deshalb, ungeachtet der zentralen Bedeutung der Infrastrukturen, der Landschafts- und Umweltplanung für dieses Land, unter anderem sein, dass es ein Fehler war:

- die Nationalstrassenplanung als Landesplanungstat in sich und aus sich heraus zu feiern,
- den Gewässerschutz allein für die Bemessung der Bauzonen verantwortlich zu machen,
- die Landschaftsplanung einseitig vom Natur- und Heimatschutz her anzugehen,
- Gewässer, Wald, Forstwesen, Natur- und Heimatschutz isolierten Eigenregimen anzuvertrauen,
- die realen Bodennutzungen durch Bauten und Anlagen als solche und mithin ohne lebensräumliche Bezüge, Funktionen und Wirkungen innerhalb des gegebenen Lebensraumes zu würdigen,
- dem Heranwachsen inner- und interkantonaler Agglomerationen, der Urbanisierung der Lebensweisen usw. nicht ab ovo gehörig Aufmerksamkeit zu schenken.

Doch kann nicht verkannt werden, dass faktisch mit sektoralen Zugriffen immer wieder räumliche Wirkungen verbunden waren und sind, die möglicherweise beiläufig bedacht oder gar angestrebt worden sind. Allerdings blieb es in der Regel bei singulären Massnahmen ohne dosiert abgestimmte Verknüpfung mit sachlich und zeitlich nahen Investitionen. Die Bemühungen, aus den Sachproblemstellungen heraus Orts-, Regional- und Landesplanung zu entwickeln, kommen in den kantonalen Planungs- und Baugesetzen der ersten Generation aufbauend zum Ausdruck, doch stets resultierte eine Kluft zwischen bundesseitigen sektoralen Anstrengungen und sich anbahnenden räumlichen Planungen. Die kantonalen Planungs- und Baugesetze konzentrierten sich ohnehin auf kommunale und allenfalls

VIII. Neigungen des Bundes zur sektoralen Landesplanung

regionale Ordnungen, wobei die Bundesakzente weitgehend hinzunehmen waren. Diese Diskrepanz erweist sich übrigens bis heute als Belastung, auch wenn sich Modifikationen eingestellt haben. Die Aufgaben des Bundes und die spezifischen Kooperationen von Bund und Kantonen nehmen zwar zu, doch liegt die Erstverantwortung für die Ordnung des Lebensraumes ex lege bei den Kantonen. Dies bedingt vorhersehbar ein Neubedenken. Die Wegbereitung durch den Delegierten für Wohnbauförderung in den 1960er-Jahren wurde bereits hervorgehoben. In dieser Zeit der Dominanz des Sektoralen kam der schweizerischen räumlichen Entwicklung ferner das unbestritten gegebene Städtenetz zugute. Die Eisenbahninfrastrukturen, die Strassennetze, die Investitionen der PTT usw. richteten sich damals gleichsam von selbst darauf aus. Solche Selbstverständlichkeiten drängen derzeit nicht mehr nach vorn.

IX. Vor- und Nachwirkungen der traditionellen Orts-, Regional- und Landesplanung

Akzente über längere Zeiträume bis in die Gegenwart

Die Festigung des *Verständnisses der Raumplanung* hält an zu einem Blick zurück und vorwärts. Nur wenn man weiss, welche Kräfte aus der Zeit vor der verfassungsrechtlichen Neuausrichtung im Jahre 1969 am Werk waren, lässt sich erahnen, ob sich die angestrebte Neupositionierung der Landesplanung (Orts-, Regional- und Landesplanung) als Raumplanung durchzusetzen vermochte und auch in Zukunft vorherrschend sein wird. Erfahrungsgemäss wirkt die Vorgeschichte nach. Und ebenso erfahrungsgemäss kommen alte Gewohnheiten wieder auf. Vor allem reagieren Politik und Administrationen zu oft retardierend. Bleiben wird die Verankerung des Planungs- und Baurechts im öffentlichen Recht, auch wenn diese Rechtsgebiete in hohem Masse einst privatrechtlich, sogar ausserrechtlich kulturell geprägt waren. Noch in den 1960er-Jahren waren die Rechtsgrundlagen da und dort noch im Einführungsgesetz zum Zivilgesetzbuch (EGZGB) verortet, also nahe dem Privatrecht, wenn auch als öffentlich-rechtliche Schranken des privaten Eigentums.

Der vertraute schweizerische Begriff für die räumliche Planung lautete vor Jahren *Orts-, Regional- und Landesplanung*. Er spiegelt sich beispielsweise im Namen des Instituts für Orts-, Regional- und Landesplanung der ETH Zürich, welches während Jahrzehnten die wissenschaftliche und ausbildungsorientierte Seite vertrat. Der Begriff fand sich übrigens auch in der Formulierung des Art. 22^{quater} Abs. 3 aBV, gerichtet auf den Einbezug der Planungen aller Ebenen. Umgekehrt war von Raumplanung in den Anfangsjahrzehnten der keimenden Planung in der Schweiz kaum je die Rede, auch nicht von Raumordnung, Raumentwicklung. Der Begriff der Raumplanung kam bekanntlich erst in den parlamentarischen Verhandlungen zum Verfassungsartikel (Art. 22^{quater} Abs. 1 aBV, erlassen am 14. September 1969) auf. Er ist auch in der heute geltenden Verfassung enthalten, im Art. 75 BV, als Marginale und im Text, aber ohne einen zusätzlichen Verweis auf die Orts-, Regional- und Landesplanung. Es handelt sich also bei der Raumplanung seit 1969 um einen verfassungsrechtlich vorgegebenen Begriff, sogar um einen Rechtsbegriff. Dieser wurde im Rahmen der erwähnten Beratungen gewählt, um deutlich zu machen, dass es bei der räumlichen Planung nicht nur um eine Zonenplanung im Sinne einer verbindlichen Flächenwidmungsplanung und insbesondere deren bodenrechtlichen Aspekte gehe, von welchen der Bundesrat in seinen damaligen Anträgen vorrangig gehandelt hatte.

Im Begriff Orts-, Regional- und Landesplanung steht das Regionale für das Überörtliche im Sinne des funktionalen Raumes der Region à part der politisch-gebietsbezogenen Kantonalplanung. Durchgesetzt hat sich im Rahmen der Gesetzgebung des Bundes und der Kantone neben der Kommunal- die *Kantonalplanung*, bezogen auf das politisch-historische Hoheitsgebiet der Kantone; also nicht die Regionalplanung. Sukzessive an Bedeutung gewonnen hat im Verlauf der Jahre der funktionale *Raum der Agglomeration*, inner- und interkantonal, bis hin zum Metropolitanraum, der für ein Gebilde von Agglomerationen steht, die sich berühren und teilweise überschneiden. Insofern steht die klassische Orts-, Regional- und Landesplanung heute *vor einer neuen räumlichen Wirklichkeit*, die sich von früheren überdeutlich unterscheidet. Noch fehlt es an Governance-Strukturen.

Der während Jahrzehnten vorherrschende Begriff der Orts-, Regional- und Landesplanung, abgekürzt Landesplanung, lässt sich in seinem Werden zurückverfolgen. Auszugehen ist dabei von der Ortsplanung (Kommunalplanung). Diese agierte ursprünglich im sachlich begrenzten Rahmen von Bauordnungen respektive Baureglementen, basierend auf Grundlagen des Baupolizeirechts und ersten planerischen Eigentumsbeschränkungen in Bauklassen und Bauzonen. Die Bedeutung weitete sich Schritt für Schritt aus, vor allem im späten 19. Jahrhundert, zunächst in der Sache und dann auch in der Intensität der Regelungen. Die Erweiterung auf die Regional- und Landesplanung mit dem besonderen Anliegen, überörtliche Aspekte mit auf den Weg zu nehmen, bahnte sich allerdings erst mit dem Ersten Weltkrieg an, fassbar in den Intentionen der sogenannten Innenkolonisation, das heisst Landesversorgung mithilfe der hiesigen Landwirtschaft, Abstimmung öffentliche Werke mit der Landschaft, sodann in Hans Bernhards Ruf nach einer schweizerischen Siedlungspolitik unter Beteiligung der Kantone und vorweg des Bundes im Jahre 1919. 1935 wurde dann vonseiten des Bundes Schwei-

IX. Vor- und Nachwirkungen der traditionellen Orts-, Regional- und Landesplanung

zerischer Architekten (BSA) explizit eine Landesplanung postuliert, nachdem Armin Meili bereits 1933 einen Aufsatz über „Allgemeines über Landesplanung" veröffentlicht hatte. An der vom Bund eingesetzten Schweizerischen Landesplanungskommission – sie widmete sich unter anderem der Arbeitsbeschaffung, regional geordnet und ausgleichend – war es, gegenüber dem federführenden Eidgenössischen Militärdepartement eine schweizerische Regional- und Landesplanung zu fordern.

Armin Meili reichte in der Folge am 26. März 1941 im Bundesparlament als Nationalrat eine Motion betreffend Landes- und Regionalplanung ein, verbunden mit dem klaren Ziel, der wirtschaftlich bedrängten Schweiz mit landesplanerisch zweckmässig ausgelegter Arbeitsbeschaffung unter die Arme zu greifen. Erstmals tauchte damit dieser Begriff der Landes- und Regionalplanung im Parlament der Bundesebene auf. Er wurde in der Folge als Orts-, Regional- und Landesplanung formelhaft und substanziell rasch geläufig, bisweilen reduziert auf den Oberbegriff Landesplanung. Inhaltlich vor Augen geführt wurden die Postulate der Landesplanung – ich wiederhole mich – durch die Landesausstellung von 1939 in Zürich, später durch die Tagung für Landesplanung an der ETH Zürich von 1942, zur Zeit der Umsetzung des Plans Wahlen als Beispiel der Ernährungsplanung. Die Orts-, Regional- und Landesplanung nahm also Schritt für Schritt Gestalt an.

Die sachliche und politische Bewertung der Orts-, der Regional- und der Landesplanung veränderte sich, denn sie war materiell stets in Bewegung, allein schon dadurch, dass sie vielseitig gefordert war durch Naturkatastrophen, die Industrialisierung, das Eisenbahnzeitalter, zwei Weltkriege mit ihren politischen Implikationen, sodann ausgesetzt der Weltwirtschaftskrise der 1930er-Jahre und später durch den sich anbahnenden Technologie- und Wirtschaftswandel, bald einmal betont in Richtung des dritten Wirtschaftssektors.

Die spezifische Geschichte der Orts-, Regional- und Landesplanung lässt sich gliedern in die folgenden Phasen:

a) Werdende Ortsplanung als Vorprägung der heutigen Kommunalplanung

   Die Ortsplanung hat in der Schweiz eine längere Geschichte hinter sich. Mit den Stadtwerdungen im Mittelalter hebt sie an. Aus dem

Baurecht, präziser aus dem Baupolizeirecht, heraus hat sie sich entwickelt, mit Spuren bis auf die heutige Zeit, gerichtet auf Gefahrenabwehr (Wasser, Feuer, Immissionen), die für die polizeiliche Komponente typisch ist. Als zentrale Steuerungsmittel standen Bauvorgaben zu Materialien, Gebäude- und Grenzabständen sowie mittels Baulinien zur Verfügung. Von rechtlich-formell fest verankerten Instrumenten kann aber nicht gesprochen werden. Es ging um Gegeben- und Gewohnheiten sowie um Erforderlichkeiten. Die Unterschiede zwischen den Regelungen für ländliche und städtische Orte waren, unter den Gesichtspunkten der nachbarschaftlichen und baukulturellen Ordnung gesehen, gering. Hingegen waren die kulturellen und stilseitigen Einflüsse, auch die militärisch-polizeilichen Sicherheitsbestrebungen sowie die Wahl der Baumaterialen (Holz, Mauerwerk, Steinarten) als Elemente der Sicherheit und der abgestimmten, wenn möglich stilvollen Gestaltung lokal und regional differenziert.

Die Lage der Siedlungen, abgesehen von der Streusiedlungen, die in hohem Masse funktional bestimmt waren, wurde aufgrund der Erfahrungen mit den Naturgefahren, der Topografie, mit den agrarwirtschaftlichen Bedingungen, nach dem Verkehrsgeschehen und aufgrund der Erreichbarkeit von Zentren, mit oder ohne Marktrechte, gewählt, also nicht nach irgendwelchen rechtlich unterlegten, bewusst gesetzten Planungen, wohl aber nach Massgabe bedachter raumprägender Faktoren, ohne ihrer voll bewusst zu sein. Die keimende Industrialisierung ab der Mitte des 19. Jahrhunderts führte bald einmal zu Fabrikbauten an den Wasserläufen und zum neuen Phänomen von Fabrikherrenhäusern versus Arbeitersiedlungen, was dem öffentlichen Baurecht und dem Nachdenken über Vorgaben örtlicher Bauplanung Auftrieb gab. Das parallel sich überstürzende Eisenbahnwesen beeinflusste das Siedlungsgeschehen nicht minder nachhaltig; auch der Post- und private Güterverkehr auf der Strasse wuchs mit der Arbeitsteilung und den sich anbietenden Dienstleistungen nicht weniger deutlich.

Gegen das Ende des 19. Jahrhunderts und nach der Jahrhundertwende, mit Blick auf den Erlass des Schweizerischen Zivilgesetzbuches (ZGB), welches das öffentliche Baurecht gegenüber dem privaten (vorwiegend nachbarlichen) vorbehielt, begann sich das Erstere zu verstär-

IX. Vor- und Nachwirkungen der traditionellen Orts-, Regional- und Landesplanung

ken. Innerhalb der Kantone, welche über die Kompetenzhoheit über das öffentliche Baurecht verfügten, war es primär das kommunale Baurecht, das sich zu Baureglementen und Bauordnungen verdichtete. In einer weiteren Phase traten an die Seite des klassischen Baupolizeirechts spezifische Bauklassen nach Lokalisierung, Art und Intensitäten der Nutzung, die Instrumente des Überbauungs- und Bebauungsplans mit differenzierenden Sonderbauvorschriften. Parallel, früher oder später, kam der Zonenplan auf, der als Flächenwidmungsplan Wohn-, Gewerbe-, Grün- und Zonen für öffentliche Bauten vorsah, differenziert nach potenziellem Bedarf, zonenadäquaten Bauvorschriften und Immissionsempfindlichkeiten sowie immer bezogen auf das gegebene Siedlungsgebiet. Das Nichtsiedlungsgebiet blieb als übriges Gebiet, als unpräzise definiertes Gebiet gleichsam ausgeklammert. Das Instrument des Zonenplans erfuhr aber bald schon diverse Weiterungen: Zonen für die Industrie, die Landwirtschaft, Schutzgebiete, in sich differenzierte Bauzonen nach Nutzungsintensitäten, Mischzonen usw. Im Gegensatz zum benachbarten Ausland ist der Zonenplan grundeigentumsverbindlich. Die raumplanerische „Krönung" war der Rahmennutzungsplan (Zonenplan) als Nutzungsplan für den ganzen Lebensraum eines hoheitlichen oder funktionalen Planungsgebietes, in der Regel einer Gemeinde. Bis es so weit kam, vergingen jedoch Jahre. Der Bund setzte 1969 den bekannten verfassungsrechtlichen Akzent. Die Dimensionierung des Baugebietes – in Abgrenzung zum Nicht-Baugebiet – war damit zu einer verbindlichen Planungsentscheidung geworden.

Einzelne Kantone erliessen sodann bald einmal kantonale Bau- und Planungsgesetze, immer primär gerichtet auf die Erstförderung der örtlichen Planung. Die ersten konzentrierten sich auf die sogenannten städtischen Verhältnisse, so im Kanton Zürich mit Akzenten zugunsten von Zürich und Winterthur, verbunden mit der längerfristigen Neigung, das kantonale Bau- und Planungsrecht zugunsten der Gemeinden einzusetzen und zu stärken. Andere Kantone verharrten vorerst auf dem Einfügen gesetzlicher Grundlagen für das kommunal zu erlassende Planungs- und Baurecht in die Einführungsgesetze zum ZGB, verbunden mit Akzenten auf der Ortsplanung: Zonenarten als Eigentumsbeschränkungen, unterstützt von den Instrumenten Zonenplan (Rahmennutzungsplan), Sondernutzungspläne wie Überbauungs-, Bebaungs-, Gestaltungs-, Baulinienplan usw.

Der konsequente Schritt vom Baupolizeirecht zum Bauplanungsrecht für das Siedlungsgebiet, gar zum Bau- und Planungsrecht für den ganzen Raum, unter Einschluss des Nichtsiedlungsgebietes, wollte hingegen, wie angetönt, erdauert sein. Das Bundesrecht mit dem Natur- und Heimatschutz-, dem Gewässerschutz- und den Wohnbauförderungsrecht stellte sich mit ersten Hilfestellungen in der beginnenden zweiten Hälfte des 20. Jahrhunderts zur Seite. Die entsprechenden Bundesgesetze beflügelten den Erlass von kantonalen Bau- und Planungsgesetzen, immer noch primär als Grundlage für die kommunalen Planungen und schwergewichtig konzentriert auf das Baugebiet. Erst der Erlass der eidgenössischen Verfassungsartikel über die Eigentumsgarantie und die Raumplanung (1969) schufen den zwingenden Durchbruch für eine neue Generation kantonaler Planungs- und Baugesetze mit zweckmässigen Grundlagen für eine umfassendere örtliche und kantonale Planung, aber auch mit Vorboten für die Regional- und vor allem für die Agglomerationsplanung.

Die mit dem Bundesgesetz über die Raumplanung (RPG) eingeforderte Trennung von Siedlungs- und Nichtsiedlungsgebiet hat den früheren häufig verwendeten Begriff des übrigen Gebietes überflüssig gemacht. Die Orts-, Regional- und Landesplanung hat seither *den ganzen Raum zu erfassen* mit dem klaren Ziel, unter anderem der Zersiedlung zu wehren und das Baugebiet sorgfältig zu dimensionieren. In vier Bereichen blieb die Unterstützung für eine gekonnte Planung durch das Bundesrecht jedoch aus: die Planung des Nichtsiedlungsgebietes wurde nicht ausreichend geklärt, die Stadtplanung und der Städtebau fanden keine besondere Erwähnung, eine bundesrechtliche Regelung der Sondernutzungsplanung (Überbauungs-, Gestaltungspläne usw.) unterblieb, die Organisation von Regionen, Agglomerationen oder gar von Metropolitanräumen (funktionale Räume) wurde nicht angegangen.

Bemerkenswert blieb jedoch, dass sich die örtliche Planungspolitik parallel zu den rechtlichen Vorgaben (materielles, formelles Baurecht, mit Ausweitungen zum Erschliessungsrecht, zu Zonen- und Sonder-

IX. Vor- und Nachwirkungen der traditionellen Orts-, Regional- und Landesplanung

nutzungsplänen, zur Baulandumlegung, zu Schutzverordnungen usw.) bald einmal über das rechtlich unmittelbar festgehaltene Bau- und Planungsrecht erheblich ausweitete, gleichsam hin zur *informellen Planung*. Die Gemeinden begannen sich nämlich um die Eingemeindungen, Baulandreserven, Bodenpolitik, verkehrliche Erschliessung, Zentrumsbildungen, Denkmalschutz, gemeinnützigen Wohnungsbau, Industrieansiedlungen, Räume für stilles Gewerbe, vor allem auch um lebensnotwendige Anlagen, Einrichtungen, und Ausstattungen wie Apotheken, Arztpraxen, private Schulen, Kindergärten, Einkaufszentren usw. zu kümmern, je nach Zentralitätsgrad und Grösse der Gemeinden unterschiedlich intensiv, besonders ausgeprägt in den städtischen wie zentralörtlichen Gemeinden. Die örtliche Planung dehnte sich also aufgrund sachlicher, wirtschaftlicher und sozialer Problemstellungen Schritt für Schritt über die gesetzlich geforderte Ortsplanung aus. Sie stiess auf diesem Weg zusätzlich an die Grenzen staatlicher Verantwortung, an jene der Wirtschaftsfreiheit und der Selbstverantwortung der Bürgerinnen und Bürger, grösstenteils ohne explizite gesetzliche Grundlagen. Dem Staat gar eine umfassende Daseinsvorsorge für die Menschen aufzuerlegen oder ihn dazu blank bevollmächtigt zu erklären, kommt einer Fehlentwicklung gleich. Dies gilt auch für andere Generalklauseln wie die Grundversorgung.

Eine zusätzliche Akzentsetzung ergab sich für viele Gemeinden aus den wachsenden Ansprüchen an die Umwelt und Gestaltung bis und mit der erlebbaren *Siedlungsqualität*, enorm gefordert überall dort, wo der Wandel vom ersten zum zweiten und zum dritten Wirtschaftssektor und der innere, branchenseitige Strukturwandel wie auch die Bevölkerungszunahmen beschleunigt damit einhergingen. Der Umweltschutz, bundesrechtlich erfasst seit 1971/1985, wirkte sich bei den Ortsplanungen schon in einer sehr frühen Vorphase aus, banal als Immissionsmilderung durch Verlagerung der immissionsintensiven Gewerbe und Industrien an den Rand von Siedlungen. Dann folgten aufgrund der Gewässerschutzgesetzgebung die Kanalisationsplanungen samt Anschlusspflichten (generelle Kanalisationsprojekte), ferner die Regelung der Erschliessungspflicht (Strassen, Wasser, Energie, Entsorgung) als Bauvoraussetzung, verbunden mit einer ersten Dimensionierung der Baugebiete, später die Emissions-

und Immissionsvorschriften gemäss Bundesgesetz über den Schutz der Umwelt, die Umweltverträglichkeitsprüfung (UVP), die Verkehrsberuhigungen usw. Heute ist die räumliche Umweltplanung ein immanenter Teil fachlich-rechtlich gekonnter Ortsplanungen. Die Gestaltungsthematik ist heikler. Die Erstaufgabe bestand im Abblocken von Verunstaltungen. Die wahre Herausforderung zielt demgegenüber auf Qualitätserhöhungen. Anreize galt es zu setzen. Und erst recht, Plandiskussionen wurden oder wären unerlässlich geworden, da nur der qualifizierte Diskurs kritisches Erwägen zu begünstigen vermag. Vorteilhaft sind auch Instrumente wie Masterpläne, Wettbewerbe und öffentliche sowie private Gestaltungspläne. Sie müssten jedoch aus Prozessen entstehen, nicht durch Diktat.

Heikle Probleme spezieller Art kamen auf die Gemeinden im Berggebiet und in den Voralpen zu, so im Zusammenhang mit dem Tourismus, der Bauwirtschaft, dem Zweitwohnungsbau, der Basiserschliessung, dann aber auch mit Blick auf Abwanderungen von Teilen der einheimischen Bevölkerung bei fehlenden Arbeitsplätzen, auf die mangelnden Finanzmittel usw. Strukturpolitik und Regionalwirtschaftspolitik drängten und drängen sich auf. Die Raumplanung wurde nicht allenthalben ernst genug genommen. Orts- und Landschaftsbilder haben gelitten und leiden.

Nicht gemeistert wurde seitens der klassischen Ortsplanung das konkrete *Verhältnis zur Stadtplanung, zum Städtebau*. Die traditionellen Vorstellungen galten dem Dörflichen bis zu nicht städtischen Zentren mit den Wohn-, Gewerbe-, Industriezonen sowie jenen für öffentliche Bauten und Anlagen sowie Grünzonen. In einer frühen Phase konzentrierten sich zwar kantonale Baugesetze auf städtische Verhältnisse, so im Kanton Zürich. Doch wurde deren Geltungsbereich sukzessive auf alle Gemeinden ausgedehnt, ohne aber die spezifischen städtischen Bedürfnisse (Verkehr, öffentliche Einrichtungen, Gestaltung, Dichte usw.) qualifiziert abzudecken. Einzelne Städte wie Zürich verbanden immerhin Stadt- und Regionalplanung zu einem Ganzen. Selbst das Bundesgesetz über die Raumplanung (RPG) von 1979 verzichtete auf Sonderregelungen zugunsten von Städten. Im Vergleich zum Ausland wurden auch keine Städtebauförderungsgesetze erlassen, weder durch den Bund noch durch die Kantone, und

IX. Vor- und Nachwirkungen der traditionellen Orts-, Regional- und Landesplanung

dies wohl deshalb, weil die schweizerischen Städte von kriegerischen Zerstörungen verschont geblieben sind und weil die Kantone die Städte politisch in der Regel als Gemeinden einstuften.

Eine schwerwiegende Verknüpfung aus der örtlichen Planung des Baugebietes blieb lange – zu lange – hängen: Ortsplanung und Bodenrecht, Orts-, Regional- und Landesplanung als Bodennutzungsplanung, Raumplanung bedauerlich verkürzt als Bodennutzungsplanung. Bestimmend war nach sich perpetuierender Auffassung der Boden- und nicht der Raumbezug. Auch nach dem Erlass des massgebenden Verfassungsartikels und des neuen Bundesgesetzes über die Raumplanung erläuterte das neu geschaffene Bundesamt den Gegenstand der Raumplanung mit dem Hinweis auf die Bodennutzung: „Wer Raum nutzt, geht notwendig vom Boden aus. *Raumplanungsrecht auf Bundesebene umschliesst deshalb nur jene Regeln, die an den Boden anknüpfen.*"[24] Dies ist und war eine fatale Verkürzung der Verfassungsaussagen. Gegenstand der Raumplanung ist zwar immer auch die Bodennutzung, doch das umfassende Bezugsobjekt ist der Lebensraum. Der fragliche Text des Art. 22[quater] aBV spricht denn auch von Raumplanung, von der haushälterischen Nutzung des Bodens und der geordneten Besiedlung des Landes. Es geht eben neben der unmittelbaren Nutzung des Bodens immer auch um die Wirkungen auf den Raum und im Raum: Nicht das Trasse einer S-Bahn ist raumbestimmend, vielmehr ist es das Leistungsangebot. Es trägt zur Siedlungsentwicklung bei. Nicht der Strassenkörper zählt, die Erschliessungsfunktion und das Netz präjudizieren die Siedlungsentwicklung. Es brauchte Zeit, hin gegen 1990, bis sich das Bundesamt zu einer vertieften Deutung durchringen konnte. Anzeichen, die zu einseitigen Hervorhebungen der Bodennutzung Anlass gaben, flackern immer wieder auf.

b) Regionalplanung versus Kantonalplanung?

Die *Regionalplanung* hat in der Schweiz als Ebene der überörtlichen Planung nicht in allen und durch alle Kantone formelle Anerkennung

---

[24] *EJPD, Bundesamt für Raumplanung*, Erläuterungen zum Bundesgesetz über die Raumplanung, Bern 1981, S. 34.

und andauernde Förderung erfahren. An pionierhaften Versuchen fehlte es trotzdem nicht. Auch sind, durchaus positiv zu würdigen, nicht wenige der lancierten Regionen nach wie vor engagiert tätig, aber eher in der Art von Planungsorganisationen, die sich mit den berührten Gemeinden zusammen materiell um gemeinsame Planungsunterlagen und Planabstimmungen bemühen, ohne die formelle Gesamtplanung regional zu pflegen.

Ein erster Grund der zurückhaltenden Inanspruchnahme der Ebene der Regionalplanung leuchtet ohne Weiteres ein. Die meisten der Kantone sind nämlich zu klein, um innerhalb eines Kantons neben den Orts- und der kantonalen Planung eine weitere Planungsebene zu forcieren. Der Kanton Appenzell Innerrhoden meldet sich als luzides Beispiel. Die Aussage gilt aber auch für die bevölkerungsstarken Stadtkantone Basel-Stadt und Genf. Anders sieht es oder sähe es für flächenmässig grössere Kantone mit eigenen Teilräumen aus, so für Zürich, Bern, St. Gallen, Graubünden, Waadt usw. Aber selbst in diesen kann nicht davon gesprochen werden, die Regionalplanung bilde seit ihrer Hervorhebung ab dem Zweiten Weltkrieg eine prägende, sachlich-politisch gelebte Planungsstufe, wohl deshalb, weil für die Organisation dieser überörtlichen Ebene keine allgemeingültige Governance-Strukturen gefunden worden sind, aber auch deshalb, weil sich die Gemeinden von sich aus, wo es sich okkasionell aufdrängte, zu überörtlichen Lösungen bereit fanden. Die interkommunale Kooperation wurde übrigens recht erfolgreich gesucht und gefunden, wenn auch eher für Aufgaben, welche die einzelnen Gemeinden überforderten (Kläranlagen, Altersheime, Arbeitsmärkte, Verkehrsbelange usw.). Als Institution bot sich der Zweckverband an, in der Regel limitiert auf besondere Zwecke. Der sogenannte offene Zweck für beliebig anfallende Aufgaben wurde zu Recht nicht angestrebt, weil er die Gemeindestrukturen tangiert hätte. In jüngster Zeit treten die Gemeindefusionen in den Vordergrund. Sie lösen, wenn grossräumig angedacht, interkommunale Werke und förmliche Regionalplanungen ab.

Ein zweiter Grund ist, dass sich rund um die Städte relativ früh eine vernünftige Ersatzlösung mit Eingemeindungen anbot. Sie ersetzten und ersetzen Regionallösungen, sei es als Planungsverbände, sei es als sachlich bedingte Zweckverbände. Allerdings hat sich diese „Pla-

IX. Vor- und Nachwirkungen der traditionellen Orts-, Regional- und Landesplanung

nungsidee der Gebietsreform" in der Folge während vieler Jahrzehnte verflüchtigt. In der jüngsten Zeit werden vermehrt Gemeinden aus praktischen Gründen der Rationalisierung und vor dem Hintergrund der gestiegenen Mobilität zusammengelegt: a) im grossen Stil im Kanton Glarus als kommunale und gleichzeitig kantonale Gebietsreform (Reduktion auf drei Gemeinden), b) in dosierter Art der Zusammenlegung von kleineren, seltener grösserer Gemeinden aus Gründen der Effizienzsteigerung sogar in vielen Kantonen und c) neuartig als Ausgleich von Identitätsproblemen in wachsenden Agglomerationen. Die Zahl der politischen Gemeinden sinkt, mit Vor- und Auswirkungen auf die Schul- und Bürgergemeinden und weitere Korporationen.

Eine der ersten grösseren und zudem erfolgreichen Regionalplanungen war jene der Region Mittelrheintal im sankt-gallischen Rheintal, aufgegleist im Jahre 1950, als Planung erarbeitet vom Institut für Landesplanung (Forschungsstelle) der ETH Zürich und vom Zentralbüro Landesplanung der VLP, in der Substanz zurückzuführen auf Prof. Dr. Ernst Winkler von der ETH. Selbstredend stand die übergeordnete Planung angesichts der Ortsplanungen im Vordergrund, doch ergaben sich aufgrund des Verbundes der Gemeinden zwischen Au, Widnau, Diepoldsau und Rebstein mit dem Verkehrsknotenpunkt Heerbrugg Ansätze zu einer Verkehrs-, Industrie-, Arbeitsmarkt- und Bildungspolitik. Eine gemeinsame Regionalpolitik als Ergebnis der Regionalplanung bahnte sich an, und zwar leistungsfähiger, als interkommunale Zweckverbände mit geschlossenem Zweck hätten sein können. Weitere grosse Regionalplanungen sind im Kanton Zürich möglich geworden. Ausgerichtet auf Zürich und Umgebung (RZU), auf Wetzikon und Bülach, aber auch auf Pfannenstil und Zimmerberg. Professionell arbeitet hier noch heute die RZU. Die Regionalplanungen folgen, über alles gesehen, weitgehend dem Konzept zentraler Orte, so für Bülach und Wetzikon. Eine von der Topografie differenzierte Regionalisierung wurde in den Gebirgskantonen verfolgt. Der Akzent galt dem Wirtschaftlichen und Gesellschaftlichen mit dem Kernanliegen, der Abwanderung zu wehren.

Die Stagnation der Regionalplanungen ergab sich nicht nur wegen fehlender, kreativer Organisationsmodelle, sondern auch aus der sich parallel anbietenden *Regionalwirtschaftspolitik* als regionale Impulssetzerin. Von ihr wurde gesagt, statt Schranken, wie sie mit der Raumplanung einhergingen, bringe sie Franken. Und so kam es in einzelnen Kantonen zu einer gewissen Konkurrenz zwischen der von kantonaler Seite gepflegten Regionalwirtschaftspolitik und der bald einmal bundesgesetzlich unterlegten Raumplanung. Allerdings förderte der Bund die beiden Sparten Regionalwirtschafts- und Raumordnungspolitik ohne klare Koordinationsvorstellungen. Selbst die Regionalwirtschaftspolitik belebte zwei Gleise, nämlich unter den Titel der Berggebiete und jenem der monostrukturierten Gebiete (Textil, Uhren usw.). Den meisten Kantonen ging es dabei banal um subventionierte Wirtschaftsförderung. Bei der Berggebietsförderung vermengten sich viele Aspekte, unter anderem Raumplanung, Regionalwirtschaft, zentrale Orte und Infrastrukturen vielfältigster Art, später dann mit modifizierten Akzenten, vorweg der Begünstigung endogener Kräfte, noch später der Verknüpfungen zwischen „Wachstumsmagneten" und „benachteiligten Regionen", beispielsweise durch verkehrliche Anbindung des Kantons Glarus an die Agglomeration Zürich. Die naheliegende Synchronisation von Raumplanung und Regionalwirtschaft respektive Regionalpolitik wollte jedoch nicht restlos gelingen, möglicherweise deshalb, weil diese auf Bundesebene nicht gelingen durfte. Der Bund hielt an seinen departements- und ämterspezifischen Gesetzgebungen fest. Als dann noch die Umweltpolitik dazu kam, wurde die Menge der Schnittstellen zusätzlich erhöht. Bedauerlich war dies, weil die Raumplanung eingeengt wurde, statt dass die *Raumordnungspolitik* übers Ganze belebt worden wäre.

Der entscheidende Akzent, die innerkantonale Regionalplanung zurückzustufen, wurde mit dem Bundesgesetz über die Raumplanung von 1979 gesetzt, das sich primär für die Kantone entschied und diese in Pflicht nahm. Sie galten ex constitutione als die Erstverantwortlichen der Raumplanung. Also wurden sie angewiesen, die überörtliche Planung stufengerecht auf Kantonsebene zu pflegen, selbstredend verbunden mit der Freiheit, Regionalplanungen zu initialisieren, und eine kantonale Raumplanung auf der Basis eines kantonalen Richtplans zu instradieren, verbunden mit den Funktionen, die Ortsplanungen zu unterstützen und auch die bundesseitigen Aufgaben integrierend zu erfassen. Damit sind die *Kantone zur Schaltebene der überörtlichen Funktionen geworden*. Die Kantonalplanung

IX. Vor- und Nachwirkungen der traditionellen Orts-, Regional- und Landesplanung

rückte folgerichtig da und dort an die Stelle der ursprünglich angedachten funktionalen Regionalplanungen. Ein vorausschauender Nachteil muss festgehalten werden: Die historischen Grenzen bestimmen den Geltungsbereich der kantonalen Pläne. Und diese nehmen auf das Wachstum und die Veränderungen in den tatsächlichen Räumen des tatsächlichen wirtschaftlichen und gesellschaftlichen Lebens keine Rücksicht. Die Probleme der grenzüberschreitenden Entwicklungen bleiben damit ungelöst. Im Gegensatz zu den offenen Fragen rund um die Regionen sind die Agglomerationen, sogar die Metropolitanräume, heute bereits eine Realität.

c) Landesplanung – Summe von Sachplanungen?

Als die Forderung nach Landesplanung erste Konturen angenommen hatte, war zunächst unklar, ob der Bund lediglich eine Förderungsfunktion gegenüber Kantonen und Gemeinden zu erfüllen habe oder ob er stufengerecht auf Landesebene, anders formuliert, auf Bundesebene zu planen habe – sicherlich nicht exklusiv, wohl aber unter Einsatz der bundeseigenen Kompetenzen, abgestimmt mit den örtlichen und überörtlichen Planungen. Der Nuancierungen waren viele. Armin Meili hatte sogar die Meinung vertreten, es sei an den „Planungsverbänden", Grundkonzepte zu erarbeiten und einzubringen, nicht an staatlichen Ämtern.

Die ersten Grundlegungen der Landesplanung erfolgten durch die Vordenker Hans Bernhard, Armin Meili und Heinrich Peter, Heinrich Gutersohn, Ernst Winkler und weiteren mehr.[25] Erkennbar ist, dass es ihrer Auffassung nach für den Bund um den Erlass eines Siedlungsgesetzes, die Sicherstellung eines erheblichen Anteils der Eigenversorgung, die Verkehrsnetze usw. gehen würde, nicht einseitig nach den zu jener Zeit vorherrschenden Kriterien der Arbeitsbeschaffung und der Krisenbekämpfung, sondern vorausschauend zusätzlich mit Blick auf eine dereinst wieder aufstrebende Nachkriegswirtschaft.

---

[25] Deren zentrale Aussagen sind dem Dokumentenband von *Winkler Ernst / Winkler Gabriela / Lendi Martin*, Dokumente zur Geschichte der schweizerischen Raumplanung, Zürich 1979, zu entnehmen.

Die Vorstellungen blieben aber letztlich selbst bei diesen Autoren vage respektive wenig gefestigt und präzis, weil weder die Einbindung in den Bundesstaat, in die verfassungsrechtliche Kompetenzordnung noch die Bindung an das breit gefächerte, geltende materielle Recht ausreichend bedacht waren.

Dies gelang in Umrissen erst an der dreitägigen ETH-Tagung zur Landesplanung von 1942. Die rechtlichen Vorabklärungen brachte der Vortrag von Peter Liver, damals Rechtsprofessor an der ETH Zürich, später in Bern. Er zeigte das Recht als Bestimmungsgrund der Landesplanung auf und monierte, die vorhandenen Kompetenzen des Bundes, der Kantone und der Gemeinden zu nutzen. Er verwies mit andern Worten auf den verfassten Staat und das geltende und wohl auch auf das allenfalls zusätzlich zu erlassende Recht. Eine weitergehende Präzisierung aus heutiger Sicht zu erwarten, wäre überzogen, weil zu jener Zeit die Kriegswirtschaft das Sagen und das Vollmachtenregime zunehmend Platz beansprucht hatte.

Immerhin, vier Aspekte, die auch heute im Fokus stehen, wurden schon damals aus der grossen Zahl der Referate heraus als Aufgaben der Raumplanung angemahnt:
- die Siedlungsproblematik,
- die Landwirtschaft in ihrer Bedeutung für die Eigenversorgung,
- die Verkehrsnetze von Schiene, Strasse, Wasserstrassen, Luftfahrt, Pipelines sowie
- die Nutzung der Kompetenzen von Bund, Kantonen und Gemeinden samt dem geltenden raumrelevanten Recht als Grundlagen der Orts-, Regional- und Landesplanung.

Eine Orts-, Regional- und Landesplanung stand mithin an, die räumliche Probleme lösen sollte als Landesplanung im weiteren Sinn durch den mitwirkenden Bund, die Kantone und die Gemeinden. Nicht die Summe der örtlichen Planungen, nicht die Summe der überörtlichen Planungen auf kantonaler Ebene würden die Landesplanung ausmachen, sachliche Schwerpunkte sollten sie prägen, unter Inanspruchnahme der Bundes- und der kantonalen wie kommunalen Kompetenzen, planerisch aufgearbeitet.

IX. Vor- und Nachwirkungen der traditionellen Orts-, Regional- und Landesplanung

Unterblieben sind hingegen aus aktueller Sicht Aussagen unter anderem:
- zur internationalen Exposition,
- zur Theorie der Landesplanung,
- zum Verhältnis von landwirtschaftlicher und andern Nutzungen im Nichtsiedlungsgebiet,
- zur Stadtplanung und zum Städtebau,
- zur Ausgestaltung des Baurechts,
- zur ökologischen Dimension des Lebensraumes,
- zur Rechtsnatur der Pläne,
- zur Planabstimmung,
- zur Raumverträglichkeitsprüfung,
- zur Struktur des Planungsrechts.

Alles Aspekte, die auch heute nicht gültig geklärt sind. Diese und weitere Defizite, bedacht aus heutiger Sicht, wenn auch erwogen auf den damaligen Wissensstand, dürfen angesichts des Zweiten Weltkrieges nicht negativ wertend in die Waagschale gelegt werden, weil sie damals nicht voll erkennbar waren, so die Spannungsverhältnisse von Regional- und Kantonsplanung, von kantonal und kommunaler Planung, dann das faktisch bestimmende Städtenetz sowie die anlastende Problematik der historischen Grenzen als Gebietsvorgaben für das Erfassen der laufenden räumlichen Entwicklungsprozesse.

d) Gesamtschweizerische Grundvorstellungen

Unbewusst – oder doch da und dort sogar bewusst? – haben sich in die werdende schweizerische Raumplanung einige *gesamtschweizerische Komponenten der Raumordnung Schweiz* mit Nebenelementen faktisch als prägend eingeschlichen:
- das Mittelland,
- das Berggebiet,
- die Jurahöhen,
- die Städte, das gegebene Städtenetz Schweiz,
- die Agglomerationen,
- die monostrukturierten, wirtschaftlich bedrohten Gebiete,
- die peripheren Räume,
- der ländliche Raum, mit teilweise voralpinem Charakter,

- die Seen- und Flusslandschaften,
- die Waldbereiche,
- die Dörfer, die Streusiedlungsgebiete, die alpinen Stallungen,
- die national und internationalen Verkehrsachsen (mit Alpen- und Juraquerungen), Bahnknoten und Flughäfen,
- die nationalen und internationalen Versorgungs- und Entsorgungsnetze sowie Logistikräume,
- die Kommunikationsnetze,
- die gesellschaftlich-wirtschaftlich bedingten Transformations-/Konversionsgebiete innerhalb der Siedlungen.

Daraus entstanden mit der Zeit raumrelevante Politikbereiche wie die Verkehrs-, die Landwirtschafts-, die Tourismus- und vor allem auch die Infrastrukturpolitiken mit Einschluss der Strassen, der Eisenbahnen und der Werke der Wasserkraft. Auf sich warten liessen die Siedlungs- und die Lebensraumpolitik. Dies gilt auch für die von ökonomischer Seite postulierte Politik des Abbaus räumlicher, wirtschaftlicher und sozialer Disparitäten. Es war vorweg Prof. Georges Fischer von der HSG, der diesen Ansatz verfolgte, allerdings ohne durchschlagenden Erfolg, weil gleichwertige Lebensbedingungen als Voraussetzung des Messens von Unterschieden politisch nicht umsetzbar waren. Herausragend dominant blieben bis auf den heutigen Tag die Verkehrs-, Landwirtschafts- und die Berggebietspolitik.

Die *Wirtschaftspolitik* gewann nach dem Zweiten Weltkrieg an erheblicher Bedeutung, einerseits durch die sich öffnenden internationalen Märkte und anderseits durch die Stärkungen zugunsten der Binnenwirtschaft, dann aber auch durch das Lancieren von Konjunktur- und Strukturpolitik und durch die Geldpolitik der Nationalbank. Der politisch vorformulierte Leitgedanke der „Schaffung günstiger Rahmenbedingungen" für die Wirtschaft trug leider indirekt dazu bei, die staatliche Einflussnahme zu erhöhen. Die Landesplanung verfiel trotzdem nie der Versuchung, nach einer staatlichen respektive verstaatlichenden Wirtschaftspolitik zu rufen. Hingegen akzeptierte sie wirtschaftspolitische Massnahmen, soweit diese mit der Verfassung vereinbar waren, unter anderem kantonale Massnahmen zur Förderung des Standortes.

IX. Vor- und Nachwirkungen der traditionellen Orts-, Regional- und Landesplanung

Einen wichtigen Beitrag an das systematische Bearbeiten der Grundlagen der Orts-, Regional- und Landesplanung leisteten die Vorlesungen von Dr. Heinrich Gutersohn und Ernst Winkler an der ETH Zürich für die Studierenden aus allen einschlägigen Abteilungen und später von Walter Custer mit seinem Assistenten Wolf Jürgen Reith für die Architekten. Die Ausbildung zum ORL-Planer auf der Stufe eines Nachdiplomstudiums der ETH Zürich wurde 1975 lanciert. Bei den Bauingenieuren vertrat Kurt Leibbrand als Verkehrsplaner das Fachgebiet der Orts-, Regional- und Landesplanung. Das neu formierte ORL-Institut (1961 gegründet) belebte ab 1970 mit seinen Impulsen Forschung und Lehre. Aber bis zum Erscheinen eines schweizerischen Lehrbuches zur Raumplannung sollte noch eine gewisse Zeit verstreichen (1985).

Der schon früh verwendete Begriff der *Nationalplanung* stand nicht für die Bundesebene, sondern für eine zusammenfassende Sicht der Raumplanung der kommunalen, regionalen und kantonalen Aktivitäten unter Einbezug der realen und später formalisierten Sachplanungen des Bundes und der raumwirksamen Umsetzung des eidgenössischen funktionalen Raumplanungsrechts. Die rechtlichen Grundbedingungen des demokratischen, liberalen, föderativen und sozialen Rechtsstaats wurden voll akzeptiert. Die Gesamtausrichtung galt der Auseinandersetzung mit der Zukunft, so vor allem in der Zeit, als die Vorlesung zur Nationalplanung neu ausgelegt worden ist (Martin Rotach, Martin Lendi). In den Vordergrund rückten Finanz-, Raum- und Verkehrsplanung, während Gebietsreformen weitgehend ausgeklammert blieben. Der Einbezug der funktionalen Räume (Agglomerationen, Regionen) wurde hingegen traktandiert. Beigefügt sei, dass eine Schrift von Hans Aregger zur Nationalplanung (Zürich 1949) eine grosszügig angelegte Gebietsänderung moniert hatte, nämlich Reduktion auf vier Gliedstaaten. Der Gedanke wurde nicht aufgenommen, insbesondere auch nicht im Rahmen der Bestrebungen zu einer Verfassungsreform.

Der Durchbruch zu einer gesamtschweizerischen, raumplanerisch ausholenden konzeptionellen Sicht kam erst mit den Arbeiten an den *Landesplanerischen Leitbildern* des ORL-Instituts auf. Sie wurden 1971 publiziert und mündeten in das Raumordnungskonzept CK 73, ausgewählt von der Chefbeamtenkonferenz des Bundes, erarbeitet gemäss deren Randbedingungen vom ORL-Institut. Es wurde faktisch zur ersten informativen Vorgabe einer gesamträumlichen Vorstellung der Bundesebene und zentral für die parallel laufenden Gesetzgebungs- (BG über die Raumplanung von 1979) und Planungsarbeiten (GVK 1977).

e) Die Rolle der Kantone

Den Kantonen war von Anfang an in der Raumplanung eine tragende Funktion zugeschrieben. Sie nahmen sie zunächst wahr, indem sie die Gemeinden gesetzlich und planerisch in die Pflicht nahmen. Gleichzeitig kümmerten sie sich um die öffentlichen Werke wie Gewässerkorrektionen oder Meliorationen. Zudem bildeten sie die Brücke zum Bund, der seinerseits die eidgenössischen Werke von nationaler Bedeutung auf die politische Traktandenliste setzte und die Gesetzgebung zu raumrelevanten Belangen wie Verkehr, Post, Kommunikation und Wald vorantrieb. In den Vordergrund der raumplanerischen Belange rückten für die Kantone, vorweg über die Gemeinden, das öffentlich-rechtliche Baurecht und sukzessive dessen Differenzierung nach Bauklassen und Nutzungszonen (Wohnzonen, Gewerbezonen usw.). Neben den kommunalen Bauordnungen wurden kantonale gesetzliche Grundlagen zu den Planungsinstrumenten und zum Baurecht erforderlich, sei es in Form von Bestimmungen in den Einführungsgesetzen zum ZGB, sei es als kantonale Baugesetze, die in der Folge als Planungs- und Baugesetze dominierten. Es dauerte bis in die Jahre der werdenden Bundesgesetzgebung, bis alle Gemeinden und Kantone über planungs- und baurechtliche Erlasse verfügten.

Charakteristisch für die Rolle der Kantone im Bereich der Raumplanung ist die unmittelbare Nähe der beiden Rechtsgebiete des Bau- und Planungsrechts, ohne dass eine besondere Raumordnungspolitik dahinter gestanden wäre. Die planerische Fokussierung auf das Baugebiet war die Ursache. Diese Eigenart wirkt stellenweise bis heute nach, unterschiedlich ausgeprägt in den einzelnen Kantonen. Dazu kommt da und dort das Doppel von Regionalwirtschaftspolitik und Raumplanung. Die einen setzten parallel auf Raumplanung und Regionalwirtschaft (vor allem die Gebirgskantone wie Graubünden, Wallis und Tessin), andere konzentrierten ihre Anstrengungen auf die

IX. Vor- und Nachwirkungen der traditionellen Orts-, Regional- und Landesplanung

Förderung zentraler Orte (Zürich), die reinen Stadtkantone verhielten sich wie grosse städtische Gemeinden; kurzum, bei mehreren Kantonen schimmerte in den ersten Jahren nach Inkrafttreten des Bundesgesetzes über die Raumplanung noch immer ein Defizit raumordnungspolitischen Bewusstseins mit raumdynamischen Prägungen durch. Am Bund wäre es gewesen, im Zusammenhang mit der Genehmigung der kantonalen Richtpläne darauf zu reagieren.

Die hier geschilderten Elemente prägten, wenn nicht die Raumplanung, so doch die werdende *Raumordnungspolitik* bis zum Erlass der neuen Verfassungsartikel zu Raumplanung und Eigentumsgarantie sowie nuanciert bis zum Inkrafttreten des neuen Bundesgesetzes zur Raumplanung (1980), ja sogar nachklingend darüber hinaus, im Verbund mit der Regionalwirtschaftspolitik, der Regionalpolitik, der Verkehrs-, Umwelt- und Wirtschaftspolitik. Die Klippen zu einer ganzheitlichen Raumordnungspolitik wurden nie integrierend überwunden, aber die drei Standbeine der Eigenernährung, des Städtenetzes und der Berggebietspolitik gaben der Raumordnung Schweiz ein typisches Gesicht, das bis heute in den Grundzügen erkennbar ist – nachhaltig bis in die nachfolgenden Zeiträume hinein, getragen von den Kantonen, beeinflusst von den eidgenössischen Sachplanungen, unterlegt mit strategischen Ansprüchen und Versuchen des koordinierten Politikmanagements.

Die *Kantone* als Erstträger der Raumplanung haben sich, dem Föderalismusprinzip entsprechend und ihren Sonderanliegen folgend, vielfarbig und unterschiedlich intensiv der Raumplanung angenommen – rückblickend zu den Jahren vor 1969 und zeitlich vorwärts ab 1969 als dem Zeitpunkt gesamtschweizerischer Anforderungen. Die Gesetzgebung und der Erlass kantonaler Richt- und kommunaler Nutzungspläne wurde zwar intensiviert, ohne aber von sich aus der Raumplanung und vor allem der Raumordnungspolitik allenthalben, breit und intensiv, innovative Impulse zu verleihen, auch nicht in den Bereichen der Sonderanliegen wie Verkehr, Tourismus, Förderung der Bauwirtschaft. Der etwas schmal bleibende Eindruck berührt auch das Baurecht, das die Kantone für sich reklamierten. Es blieb bei eher formellen Belangen ohne visionäre materielle Herausforderungen. Dennoch: In den Kantonen mit grösseren Städten kam es immerhin zu planerischen Höhepunkten der Stadtplanung mit Abstimmungen zur Verkehrsplanung, zu Gestaltungsplanungen, Arealüberbauungen, Wohnanteilsplänen, zu Konversionsgebietsplanungen und zum kreativen Einsatz von Masterplänen mit hohen Qualitätsmerkmalen. Die im Bundesgesetz über Raumplanung kaum erwähnten Städte lebten mindestens teilweise vor, was die morgige Raumplanung in ihren wichtigen (heikelsten?) Teilräumen bewegen könnte. Beispielsweise die Siedlungsqualität.

Der heute geltende Verfassungsartikel über die Raumplanung (Art. 75 BV) und das geltende BG über die Raumplanung von 1979 verraten bei genauerer Würdigung „Schlacken", die bis in die Zeit der werdenden Orts-, Regional- und Landesplanung zurück eruierbar sind, zum Beispiel das Prinzip der Trennung von Siedlungs- und Nichtsiedlungsgebiet. So bedeutsam und erfolgreich es ist, so wenig kann es als singuläres den ausholenden Aufgaben der Erhaltung und Gestaltung des Lebensraumes gerecht werden. Dies gilt auch für die Prinzipien der dezentralisierten Konzentration respektive der konzentrierten Dezentralisation. Sie sind zu abstrakt, als dass sie hilfreich sein könnten. Am nächsten an eine erste Grundvorstellung heran, aber nicht ohne Seitenblicke auf das Berggebiet, die peripheren Räume und den ländlichen Raum, führen a) das gegebene Städtenetz und b) die aktuell so bedeutsamen Agglomerationen samt ihren Entwicklungstendenzen in Richtung auf mindestens zwei Metropolitanräume, der eine am Genfer See, der andere weiträumig rund um Zürich und Basel. Beide sind sowohl von nationaler als auch internationaler Bedeutung. Man mag aus innenpolitischen Gründen an weitere denken, doch entscheidend sind letztlich die internationale Ausstrahlung sowie die grenzüberschreitende Vernetzung. Ein nationales Raumordnungskonzept, ob verbindlich oder unverbindlich sei dahingestellt, muss die zwischenstaatliche Exposition zum Ausdruck bringen und herausfordern. Die anhaltende Vernachlässigung der funktionalen Räume, hinunter bis den mittleren und kleineren Agglomerationen, darf sich nicht bestätigen. Das weitere Beispiel der zu einseitigen Betonung der unmittelbaren Bodennutzung wurde bereits angeführt. Es spricht nicht gegen die der Raumplanung eigene bodenrechtliche Komponente, es erhellt aber, dass zusätzlich der Raum als solcher und die Wirkungen auf den Lebensraum zu fokussieren sind.

IX. Vor- und Nachwirkungen der traditionellen Orts-, Regional- und Landesplanung

Selbstredend ist eine solche gesamtschweizerische Grundvorstellung mit diesen Ansätzen nicht hinreichend erfasst. Die bunte Fülle raumplanerischer Eckwerte und raumordnungspolitischer Anliegen muss dazustossen. Zudem sollten stets die Nachbarstaaten, die EU und die „globalisierte Welt" bedacht werden. Wie sich die Schweiz positionieren will, mag offen sein. Das Nationale ist so oder so zu eng, selbst dann, wenn es zentral um den eigenen Lebensraum Schweiz geht. Ob es sogar zu einer nationalen wie internationalen raumordnungspolitischen Kooperation und Abstimmung kommen muss, darf gefragt werden, denn viele der hiesigen Probleme sind international beeinflusst wie Export, Import, Kapitalverkehr, die Energieversorgung, Luftverkehr, Transitverkehr auf Schiene und Strasse, Tourismus, Grenzgänger, Migrationsströme, Bildung und Forschung usw. Es wäre verwunderlich, wenn davon nicht Wirkungen auf den Lebensraum ausgehen würden.

X. Prozessorientierte, alle raumwirksamen Bereiche erfassende Funktion

Sukzessives Aufkommen ab 1965, 1969 und ab 1979/1989

Über die längere Zeitperiode ab etwa 1965 bis gegen 1990 *vertiefte die werdende „Raumplanung Schweiz" ihr Selbstverständnis.* Dies geschah auch mit Blick auf die Umsetzung im politischen Geschehen auf allen Staatsebenen und im geltenden und zu novellierenden Recht. Die Diskussion berührte den Rechtsbegriff der Raumplanung, die Raumordnungspolitik, die Realisierung, die wissenschaftlichen Theorienbildungen sowie das politische Verständnisvermögen der Öffentlichkeit, der Parlamente, Regierungen und Verwaltungen. In einer ausholenden Sicht nimmt die Diskussion kein Ende, doch ist die Raumplanung mindestens als öffentliche Aufgabe an das Recht gebunden und also auch auf den Rechtsbegriff der Raumplanung verpflichtet. Nachstehend wird versucht, Elemente zu beleuchten.

1. *Nach den langen Phasen sektoraler Planungen* (Abwehr von Naturgefahren, Eisenbahnen, Strassen, Binnenschifffahrt, Wald, Gewässerschutz, Natur- und Heimatschutz, militärische Anlagen usw.) meldete sich das *Verlangen nach Abstimmung und Koordination*, einerseits der laufenden sektoralen Planungen, anderseits unter den Gesichtspunkten von Raum und Zeit, der Gesetzgebung sowie der Finanzen. Die offenkundig gewordenen Interdependenzen standen Pate. An den sachlich-räumlichen Zusammenhängen zwischen Siedlungen und Verkehr, zwischen Bildungseinrichtungen und Zentren, zwischen Landwirtschaftspolitik und urbanem Leben, zwischen baulicher und ernährungsorientierter Boden- und Raumnutzung, zwischen Finanzen und öffentlicher Aufgabenerfüllung usw. vorbeizusehen, verbot sich. Sie waren evident geworden.

An die Seite der im Aufbau befindlichen Planung der öffentlichen Aufgaben, der Finanzen und der Gesetzgebung sollte neu die *Planung des gege-*

benen Lebensraumes treten, an den sich viele sachliche Ansprüche stellten, auf den sich die Problemlösungen auswirken und wo sich zeigen wird, mit welcher sachlichen, finanziellen, zeitlichen und räumlichen Effizienz die Probleme gelöst werden. Sie verstand sich nicht als finalisierte, endzustandsorientierte Planung, sondern als offener Prozess der Auseinandersetzung mit der immer wieder neu werdenden Zukunft und der sich modifizierenden Knappheiten. Die räumlich planerischen Intentionen zielen also neu darauf, auf *das Geschehen ganzheitlich, andauernd und nach zielorientierten Grundsätzen sowie unter Beachtung des Zeitfaktors wie auch der Finanzen und nicht zuletzt der politischen Kapazitäten einzuwirken.* Das damit verbundene Erhalten, Gestalten und Beitragen an Qualitäten verlangt nach immer wieder neu stimulierenden Impulsen.

2. Ab wann sich diese gesamträumliche und zeitlich ausholende Sicht sich ankündigte und später durchsetzte, ist schwer auszumachen. Es war ein Werden mit Vorreiterfunktionen, mit Rückschlägen, ein gegenseitiges Streitigmachen der Federführung, beispielsweise zwischen Verkehrs- und Orts-, Regional- und Landesplanung, zwischen Umweltschutz und Raumplanung, zwischen Raumplanung und politischer Planung. Eine Fixierung auf ein einziges Ereignis oder auf einen bestimmbaren Zeitpunkt ist somit nicht möglich. Immerhin wurde vorweg auf kommunaler, insbesondere auf Stadtplanungsebene, mindestens dort, wo sich Entwicklungsschübe konzentrierten, festgestellt, dass der Raum knapp ist und deshalb mit Umsicht zu nutzen sei. Diese Sicht weitete und weitet sich sukzessive aus – auf die Regionen, die Kantone, den Bund und noch zögerlich die Agglomeration. Wohl waren in allen Sach- und öffentlichen Aufgabenbelangen seit jeher räumliche Dimensionen auszumachen, doch fehlte es an der konsequenten Einbettung in den Raum und noch mehr an der Fokussierung auf den gegebenen Raum, in dem Staat, Wirtschaft, Gesellschaft und die einzelnen Menschen aktiv sind und sich gegenseitig die Nutzungen für private und öffentliche Interessen – immer in Mehrzahl – streitig machen. Die in den frühen Ansätzen durchaus erfolgreiche Nutzungsordnung des Bodens (Flächenwidmungs- und Zonenplanung) im Bereich der Siedlungen (Baugebiet) erwiesen sich bald einmal als in sich zu eng, zu monothematisch, wenn auch zentral: Das Gesamt-Räumliche und das Kreativ-Qualitätsbetonte kamen während längerer Zeit zu kurz.

X. Prozessorientierte, alle raumwirksamen Bereiche erfassende Funktion

Immerhin lässt sich in grossen Zügen rekapitulieren, dass bereits ab den 1930er-Jahren deutliche Ansätze zu einer gesamträumlichen Wahrnehmung erkennbar sind, etwa dort, wo Stadt und Land sich begegneten, wo überörtliche und nicht nur zwischenkommunale Aufgaben erkannt wurden. Über die frühen Bestrebungen der Siedlungspolitik hinaus wurde zunehmend bewusst, wie sehr es drängt, den ganzen Raum in seiner Vielseitigkeit und Bezogenheit auf Einwirkungen zu betrachten. An die Landi sei erneut erinnert. Auf alle Fälle wurden die Massnahmen der Arbeitsbeschaffung vor und nach dem Zweiten Weltkrieg bald einmal in den Kontext der Ordnung des Raumes gestellt. Dafür wurde zunächst der Begriff *Landesplanung* kreiert, differenziert und doch vernetzt jener der *Orts-, Regional- und Landesplanung* und ab 1969 jener der *Raumplanung*.

Eine der letzten grossen, relativ isolierten Sachplanungen mit evidenten Defiziten gesamträumlicher Betrachtung bildeten die Nationalstrassen (Vorplanung von 1953 bis 1958, in Realisierung mit fortschreitender Planung ab ca. 1960). Deren Planer erachteten dieses Werk in sich und aus sich heraus als landesplanerische Tat, mit der negativen Wirkung der Vernachlässigung der Auswirkungen auf das Siedlungsgeschehen, die Landschaft und die Veränderungen aufgrund der Transportleistungen auf Schiene und Strasse sowie der Grundeinstellung zur Mobilität. Auch die internationale Verknüpfung blieb rudimentär. Der Ausbau der Gotthardachse wurde gar ab ovo vertagt und später zwar gestattet, bald aber zurückgebunden mit der Absicht, die nationale und internationale Verkehrspolitik zu provozieren, konkret den Gütertransitverkehr weg von der Strasse auf die Schiene zu befehlen. Die international gewährleistete freie Wahl der Verkehrsmittel bedingte eine gewisse Relativierung. Wohl wurden da und dort gesamträumliche Aspekte beachtet, aber eben vorweg spezifische wie jene der national zu verbindenden Städte, primär unter verkehrsfunktionalen Gesichtspunkten des Ziel- und Quellverkehrs, nicht nach den prägenden Auswirkungen der Anschlussbauwerke auf die Städte und die dörflichen Siedlungen. Vor allem im Umgang mit den Städten und anderen Siedlungsengpässen tat sich die Nationalstrassenplanung schwer. Als eines der wenigen positiven Beispiele darf die Linienführung der Expressstrasse in St. Gallen erwähnt werden. Hier wurden Siedlungsentwicklung sowie Stadtbild und Altstadtschutz und Verkehrsaufkommen wie auch Immissionsbelastungen kreativ planend in Bezug gesetzt. Es wurde schlussendlich eine tangentiale Linienführung gewählt, die dem Raum mehr diente als die Vorstellungen der Durchfahrt (ursprüngliche Auffassung der Stadt St. Gallen) respektive der Totalumfahrung (ursprüngliche Zielsetzung des Kantons St. Gallen).[26]

Mit dem Nationalstrassenbau hatte es aber leider nicht sein Bewenden. Auch die Förderung des öffentlichen Verkehrs folgte mit der Bahn 2000, mit den neuen Alpentransversalen und dann vor allem mit den S-Bahnen der Spur der spezialisierten Sachplanungen, bis und mit massiven Wirkungen auf das Anwachsen der Agglomerationen und Metropolitanräume. Die Nähe von Raumplanung und Verkehrsplanung wurde auch noch zu Beginn des 21. Jahrhunderts unterlaufen, indem stellenweise erst die gebauten neuen Verkehrsanlagen in die Raumpläne eingetragen wurden. Gerade was die Agglomerationen angeht, wurde die gehörige Abstimmung zu oft verpasst.

3. Der ausformulierte *Ansatz ganzheitlicher Sicht* wurde entscheidend gefördert durch das wissenschaftliche Andenken der räumlichen Planung als gesamträumliche Entwicklungsplanung. Damit korrespondierte der *Expertenbericht*, veranlasst vom Eidgenössischen Departement des Inneren, zu Fragen *zur Landesplanung* (1966). Die entsprechende Kommission stand unter dem Vorsitz von Prof. Dr. Heinrich Gutersohn von der ETH Zürich, der als Nachfolger von Armin Meili die VLP präsidiert hatte. Sie suchte nach einer umfassenden Sicht der raumwirksamen Tätigkeiten der öffentlichen Hand und also letztlich der räumlichen Planung. Die Analyse führte zu einem ausholenden raumplanerischen Denken in den Kategorien aller raumwirksamen Tätigkeiten, sogar, wie vorangestellt erläutert, zum Vorschlag des Erlasses eines Verfassungsartikels zur Landesplanung (Nationalplanung). Vor allem aber war das faktische Involvieren von nominalem und funktionalem Raumplanungsrecht vorgespurt. Die Experten unterstützten sodann das Bemühen des Delegierten für Wohnbauförderung, den Wohnungsbau und die Siedlungsplanung zu synchronisieren und die Arbeiten an den *Landesplanerischen Leitbildern* zu forcieren. Voraus gegangen war im Jahre 1961 die formelle Gründung des ORL-Instituts der ETH Zürich mit den professoralen Leitern Walter Custer (Architektur), Kurt Leibbrand (Verkehrsingenieur) und Ernst Winkler (Geograf). Wenige Jahre darauf neu gelegt in die direktorialen

---

[26] Ein geschichtlich wichtiges Dokument: *Projektierungskommission*, N1, Städtische Nationalstrasse St. Gallen, Schlussbericht, St. Gallen, 23. Dezember 1968.

X. Prozessorientierte, alle raumwirksamen Bereiche erfassende Funktion

Hände von Martin Rotach (Verkehrsingenieur), der seinerseits mehrere ETH-Professoren einbezog (Ernst Winkler, Jakob Maurer, Martin Lendi). In diese Zeit fielen auch erhöhte wissenschaftliche Aktivitäten im Bereich der Geografie (Universitäten Zürich, Basel, Bern und Lausanne), der Regionalwissenschaften (Universitäten St. Gallen, Zürich, Bern und Freiburg) und der Ökonomie in Richtung Wirtschaftspolitik sowie Zukunftsfragen (Universitäten St. Gallen, Zürich, Basel, Freiburg). Eine nicht nebensächliche Rolle spielte die Konferenz der Schweizerischen Sekretäre der kantonalen und etwas später auch der städtischen Baudepartemente, bereichert durch fachliche Impulse insbesondere aus Basel (Rechts-, Stadt- und internationale Fragen), Bern (Gesetzgebung und deren Kommentierung), Zürich (Regionalisierung, Gesamtplanung), Schaffhausen (Landschaftsplanung des Randen), St. Gallen (Strassenplanung, Hochbauten, Raumplanung).

Auffallend ist bei alledem, es blieb ausserhalb des ORL-Instituts und der soeben erwähnten Expertenkommission in der Regel bei disziplinären Ansätzen – hier juristische, dort planerische, parallel immer auch architektonische und agrarpolitische, wirtschaftspolitische und regionalwissenschaftliche usw. Vorweg das ORL-Institut der ETH Zürich suchte ab etwa 1961 konsequent den interdisziplinären Zutritt von den Ingenieurwissenschaften über die Geografen und die Architektur bis zu den Politik- und Rechtswissenschaften. Es scheute insbesondere ab 1965 nicht den Einbezug und den Rat der Geistes- und Sozialwissenschaften wie auch verwandter technischer Wissenschaften. Zudem thematisierte es zeitig und von sich aus die Interdisziplinarität der Ausbildung in Orts-, Regional- und Landesplanung durch intensiviertes Einbeziehen von Professoren, Dozierenden und Studierenden unterschiedlichster Fachrichtungen, bereichert durch projektorientierte Übungen und Studien.

4. Dazu kamen die politischen Anstrengungen um die bundesseitige Schaffung von neuen Rechtsgrundlagen für die Landwirtschaftszone, deren Fehlen in den Kantonen und beim Bund reklamiert worden war, sowie der aufgebaute und aufgestaute politische Druck, das Bodenrecht neu zu konzipieren respektive es auf bereinigte Grundlagen zu stellen. Hinter dem kurzen Weg, auf dem Gesetzes- und Verordnungsweg die Landwirtschaftszone zu kreieren, wurden bald einmal berechtigte verfassungsrechtliche Bedenken geäussert. Selbst gegenüber der gesetzlichen Einführung über das bäuerliche Bodenrecht wurde Kritik geübt. Das vom Bundesrat (Justiz-

und Polizeidepartement) eingeholte Gutachten von Prof. Hans Huber (Bern) trat mit Hinweis auf die mit der Landwirtschaftszone verbundene breite „Sozialentwehrung" auf die Vorbehalte ein und mahnte zur Schaffung einer Verfassungsgrundlage. Der Bundesrat nahm diese Erwägungen ernst.

Bei den parlamentarischen Beratungen der *Verfassungsvorlage des Bundesrates für ein neues Bodenrecht* rangen zwei Themen um Vorherrschaft und gleichzeitig um Verknüpfung: a) die bodenrechtliche Komponente und b) die Zuwendung zum Lebensraum. Bodenpolitisch ging es, abgesehen von der Landwirtschaftszone, um die Regulatoren Markt versus staatliche Regulierung, konkret um die Verfügung über den Boden (Erwerbs- und Veräusserungsfreiheit) und die Nutzung des Bodens (Nutzungsfreiheit). Hinsichtlich der Lebensraumverantwortung rückte die Förderung der Orts-, Regional- und Landesplanung in den Vordergrund. Im Parlament setzte sich inmitten der Beratungen die Verbindung der verschiedenen Stossrichtungen durch: Festhalten am Markt als Zuteilungskraft unter Vorbehalt des Expropriationsrechts und des bäuerlichen Erb- und Bodenrechts bei allerdings getrennten Märkten für das Siedlungs- und Nichtsiedlungsgebiet, Zulassung von Beschränkungen der Nutzungsfreiheit durch Planungs- und Baugesetze sowie durch grundeigentumsverbindliche Nutzungsplanungen einschliesslich der gegenüber der Baufreiheit äusserst restriktiven Landwirtschaftszone, Betonung der verfassungsrechtlich festzuschreibenden Eigentumsgarantie und der Verpflichtung des Bundes, der Kantone und Gemeinden, auf die Erfordernisse der Orts- und Regional- und Landesplanung Rücksicht zu nehmen.

Das Parlament, über den Bundesrat und seinen Anträgen hinausgehend, *entschied sich*
  a) *für einen Verfassungsartikel über die Raumplanung (Art. 22^{quater} aBV) mit dem Begriff der Raumplanung,* um deutlich zu machen, dass es um den Raum als solchen geht, also um mehr als Bodenfragen des Siedlungsgebietes und einseitige Massnahmen zugunsten der Landwirtschaftszone,
  b) für einen weiteren *Verfassungsartikel über die Eigentumsgarantie (Art. 22ter aBV),* die bis dato nicht expressis verbis in der Verfassung verankert war, mit klaren Aussagen zu den Anforderungen an die Beschränkung der Verfügungs-/Nutzungsfreiheit und die Entschädigungsfolgen bei formeller und materieller Enteignung.

X. Prozessorientierte, alle raumwirksamen Bereiche erfassende Funktion

Dass die Aufgabe der Raumplanung weiterhin primär den Kantonen obliegen sollte, verstand sich vor dem Hintergrund des Vermeidens einer zentralstaatlichen Planung und dem Bestreben, eine menschennahe Planung zu begünstigen, gleichsam von selbst, auch in Würdigung der tradierten baurechtlichen und planerischen Kompetenzen der Gliedstaaten. Dessen ungeachtet wurden Bund, Kantone und Gemeinden – alle drei – in die Raumplanung einbezogen, je auf ihre Weise und geprägt durch eine abgestimmte, gleichzeitig durchgehende Planung: der Bund vor allem durch seine raumwirksamen Sachkompetenzen, die Kantone mit ihrer Kompetenz zur Gesetzgebung und zur kantonalen Gesamt- und Richtplanung sowie die Gemeinden mit ihrer Verantwortung für die räumliche Planung vor Ort.

5. Die Verfassungsergänzung von 1969 stellte die politischen und rechtlichen *Weichen für eine ganzheitliche Raumansprache*. Das durch sie erweiterte Verständnis der Raumplanung als einer dauernden, alle raumwirksamen Belange erfassenden, durchgehenden öffentlichen Aufgabe, Bund, Kantone sowie Gemeinden einschliessend, ist vor allem in der Einleitung zur Botschaft des Bundesrates vom 31. Mai 1972 zum Raumplanungsgesetz prägnant skizziert. Es blieb auch für das Gesetz von 1979 wegleitend, nachdem die erste Fassung eines Bundesgesetzes von 1974 im Jahre 1976 in einer Volksabstimmung knapp abgelehnt worden war. Die charakteristischen Elemente der Raumplanung, die mit Blick auf den Gesetzgebungsauftrag zu konkretisieren waren, lassen sich wie folgt zusammenfassen:

- Fokussierung der Planung auf eine anzustrebende Ordnung des Raumes (Raumordnung),
- prozessartige Daueraufgabe,
- Einbezug des ganzen Raumes,
- Aktivierung aller raumrelevanten (im konkreten Fall relevanten raumwirksamen) Massnahmen (Entscheidungen und Handlungen),
- Steuerung der tatsächlichen Entwicklung aufgrund des nominalen und funktionalen Raumplanungsrechts,
- öffentliche Aufgabe im Verantwortungsbereich der zuständigen Staatsorgane der Kantone, der Gemeinden sowie des Bundes, aber in Erstverantwortung der Kantone,
- Abstimmung der Pläne des Bundes, der Kantone und der Gemeinden im Sinne einer durchgehenden Planung im Gegenstrom von unten nach oben und umgekehrt,

– Ausrichtung auf das Recht durch Bindung an das Recht und dessen Aktivierung für die räumliche Entwicklung.

Die Botschaft des Bundesrates vom 27. Februar 1978 zum heute geltenden Bundesgesetz über die Raumplanung (RPG) vom 22. Juni 1979 bestätigt *dieses prozessbetonte und dennoch ganzheitliche, aber nicht abschliessend final orientierte Verständnis der Raumplanung* im Sinne einer stufengerechten öffentlichen Aufgabe des Bundes, der Kantone und der Gemeinden. In diesem Sinne ist die Raumplanung gleichsam Aufgabe und Mittel der Gestaltung der sich laufend verändernden und in ihrer Entwicklung zu beeinflussenden räumlichen Ordnung. Dieser Begriff lässt sich sinngemäss auf die Stadtplanung übertragen, die leider in der Verfassungsbestimmung (Art. 22^{quater} aBV) und im BG über die Raumplanung (RPG) vom 22. Juni 1979 nicht erwähnt, aber implizit enthalten ist, einfach deshalb, weil die Kantone die Gesetzgebungskompetenz zur Kommunalplanung mit Einschluss der Städte als Gemeinden für sich beansprucht haben.

Nach dem Erlass des Verfassungsartikels über die Raumplanung im Jahre 1969 folgten beinahe überstürzend Zweckmässigkeitsprüfungen von Orts- und Regionalplanungen, die Publikation der *Landesplanerischen Leitbilder*, Gesetzesentwürfe des Bundes und zahlreicher Kantone, Berggebiets-, Raumordnungs-, Gesamtverkehrs-, Energiekonzeption usw. Mit einem teilweise kritischen Unterton war gar von Planungseuphorie die Rede. Mittels dringlicher Massnahmen vom 17. März 1972, also noch vor dem Erlass des Bundesgesetzes, wurde seitens des Bundes sogar versucht, Belastungen der Landschaft durch provisorische Schutzgebiete abzuwehren. Auch ein Delegierter für Raumplanung wurde auf Bundesebene gewählt, gestützt auf eben diesen zitierten Bundesbeschluss. Die Gesetzgebungsarbeiten gingen zügig voran: Am 4. Oktober 1974 wurde das Bundesgesetz über Raumplanung vom Parlament verabschiedet, doch unterlag es knapp einer Referendumsabstimmung im Jahre 1976. Bodenrechtliche Akzentuierungen und ein volkswirtschaftlicher Ausgleich waren auf Kritik gestossen. Ein dynamischer konzipierter Neuentwurf folgte auf dem Fusse. 1979 wurde er vom Parlament verabschiedet, ohne dass ein Referendum ergriffen worden wäre. Das neu konzipierte Grundsatzgesetz setzte die Akzente betont auf Planungsgrundsätze, auf die Instrumente der Sach-, Richt- und Nutzungspläne, auf die konzeptionelle und programmatische gesamträumliche Entwicklung unter Abstimmung aller raumwirksamen Tätigkeiten, alles gerich-

X. Prozessorientierte, alle raumwirksamen Bereiche erfassende Funktion

tet auf die geordnete Besiedlung des Landes sowie die zweckmässige, haushälterische Nutzung des Bodens.[27] Eine dynamische Planung wurde anvisiert. Allerdings traten die bodenpolitischen Dimensionen immer wieder hervor und standen von Zeit zu Zeit sogar im zentralen Fokus des Bundesamtes für Raumplanung, so vor allem in den ersten Jahren nach dem

---

[27] Folgende Artikel des BG über die Raumplanung (RPG) vom 22. Juni 1979 sind beachtenswert: Art. 1, 2, 3, 4, 8, 13, 14, 19, 24, 25a usw. Es geht in dieser Reihenfolge um die Ziele, die Planungspflicht, die Planungsgrundsätze, die Mitwirkung, den Mindestinhalt der Richtpläne, die Sachpläne, die Nutzungspläne, die Erschliessung, Ausnahmen für Bauten und Anlagen ausserhalb der Bauzonen und um die Grundsätze der Koordination. Bei gleich mehreren der erwähnten Bestimmungen handelt es sich nicht um Grundsätze, wie die Rahmengesetzgebungskompetenz dies im Prinzip gebietet, sondern in Einzelfällen um durchgreifende Regelungen, so bezüglich der Bemessung des Baugebietes/Siedlungsgebietes, der Erschliessung als Bauvoraussetzung, des Bauens ausserhalb der Bauzonen usw. Auf die zurückhaltende Regelung der Nutzungspläne wird in einer besonderen Fussnote eingetreten.

Weil es sich bei den Richtplänen um ein Institut besonderer schweizerischer Prägung handelt, ist ein qualifizierter Hinweis angezeigt. Wichtig ist vor allem, dass des Richtplans spezifischer Inhalt auf das Konzeptionelle und Programmatische zielt und damit die Brücke zur politischen Planung und also zur Raumordnungspolitik schlägt. Es geht im Kern um einen behördenverbindlichen Plan; gemäss RPG geregelt für die Ebene des Kantons (kantonaler Richtplan) und damit auch für die Scharnierstufen Bund–Kantone resp. Kantone–Regionen–Gemeinden. In der Praxis besteht die Neigung, den Richtplan zu einem Vornutzungsplan zu degradieren. Er kann diese Funktion erfüllen, aber nur nebenbei, wenn auch unter Umständen angezeigt. Im Vordergrund steht die Koordinationswirkung sub specie des gegebenen Raumes. Die nachfolgende zit. Bestimmung behandelt und akzentuiert den Mindestinhalt, und zwar mit dem angesprochenen konzeptionellen und einem programmatischen Anspruch (in der noch nicht erweiterten Fassung, also in der ursprünglichen Version von 1979):

„Art. 8 Mindestinhalt der Richtpläne

Richtpläne zeigen mindestens
a) wie die raumwirksamen Tätigkeiten im Hinblick auf die anzustrebende Entwicklung aufeinander abgestimmt werden;
b) in welcher zeitlichen Folge und mit welchen Mitteln vorgesehen ist, die Aufgaben zu erfüllen."

Inkrafttreten des RPG von 1979 und dann viel später im zweiten Jahrzehnt des 21. Jahrhunderts.[28]

Die Raumplanung ist neben der Finanzplanung zu einer wichtigen *Querschnittsplanung* geworden, verantwortlich für den einen, gegebenen Lebensraum, für Raum und Zeit – wider das Sektorale. Die unterstützende politische Planung liess denn auch nicht lange auf sich warten. Am ORL-Institut der ETH Zürich, das 1971 die *Landesplanerischen Leitbilder* abgeschlossen und den Bericht „Raumplanung Schweiz" der sogenannten Kommission Kim über die Organisation und die Ziele der Raumplanung begleitet hatte, wurde nicht nur das Raumordnungskonzept CK 73 zuhanden des Bundes ausgearbeitet, sondern bald einmal der Blick auf die Möglichkeiten und Grenzen einer spezifischen schweizerischen Eigenart der politischen Planung im Spannungsverhältnis von Regierung und Parlament gerichtet. Es wurde gleichsam alles getan, das politisch-institutionelle und sachliche Umfeld mit der Raumplanung als Teil der „Planung der Zukunft" vertraut zu machen.

6. Konkret konzentrierte sich das auf den 1. Januar 1980 in Kraft getretene RPG auf die *Trennung von Siedlungs- und Nichtsiedlungsgebiet (des Bau- und Nichtbaugebietes)*, es befasste sich mit den besonderen Zielen der kontrollierten Entwicklung des Baugebietes (limitierte Dimensionen der Bauzonen etc.), der Sicherung des Nichtsiedlungsgebietes zugunsten der Landwirtschaft und der Landschaft (Einführung der Landwirtschaftszone mit einer deutlich begrenzenden Regelung von Ausnahmen für nicht zonenkonforme Bauten und Anlagen) sowie weiterer Schutzanliegen (Schutzzonen für Grundwasser usw.).

Die Raumplanung ist in diesem Sinne, wie schon angedeutet, *gesamträumliche Planung*, ergänzt durch Sachplanungen mit Akzenten auf die raumre-

---

[28] Änderung RPG vom 15. Juni 2012: Eine gewisse Neigung, die bodenrechtliche Komponente hervorzuheben und die Verantwortung für den ganzen Raum zu limitieren, bestand auf Bundesebene (vorweg innerhalb der Verwaltung) seit längerer Zeit; denn nicht wenige Bundesämter verteidigten kraftvoll ihre „abschliessenden Kompetenzen" gegen die Querschnittsansprüche der Raumplanung.

X. Prozessorientierte, alle raumwirksamen Bereiche erfassende Funktion

levanten öffentlichen Aufgaben des Bundes wie Verkehr, Naturschutz, Wald und Landschaftsplanung usw. sowie verbunden mit den konkretisierenden Nutzungsplanungen. Diese Ansätze schliessen von ihrem legislatorischen Anspruch her ausgreifendes konzeptionelles und programmatisches Planen nicht aus, sondern vielmehr ein – für den Bund, die Kantone und die Gemeinden, zentral durch die Richtplanung. Das Konkretisierende führt hin bis zur gestaltenden Bebauungsplanung und zur Landschaftserhaltung und -gestaltung. Nicht gemeistert wurden die Probleme der Stadt- und Agglomerationsplanung, die internationale Abstimmung der nationalen Raumplanung, die konstruktive Relation zum Umweltschutz, was allerdings nicht verwundert, weil das Umweltschutzgesetz erst später, nach dem RPG, erlassen (1983) und in Kraft gesetzt (1985) worden ist.

Die *Einbindung der Raumplanung in den bestehenden Staat* bedingte die raumplanerische Kompetenzverteilung auf Bund, Kantone und Gemeinden. Die föderalistische Grundstruktur war also gegeben. Die Grundverantwortung hatten die Kantone zu übernehmen, die Gemeindeautonomie in ihren kantonalen Ausprägungen blieb ein bestimmender Faktor und die Kompetenzen des Bundes sind ohnehin ex constitutione begrenzt. Gemildert wurde die äusserlich stringente Kompetenzordnung durch das Gegenstromprinzip der Planungen von unten nach oben und von oben nach unten, durch die Planabstimmung wider eine förmliche Planhierarchie und durch das Abstimmen aller raumwirksamen Tätigkeiten samt den daraus sich ergebenden Planungserfordernissen. Vermessen wäre die Behauptung, diese Prinzipien hätten sich in allen Teilen durchgesetzt. Gesetzlich wurden sie intendiert, doch bekundeten vor allem die Verwaltungen Mühe mit deren Eigenheiten. Selbst der *Richtplan* als konzeptioneller und programmatischer Plan wurde immer wieder von der Gepflogenheit, die Raumplanung kartografisch auszudrücken, eingeholt, folglich gezeichnet wie ein Zonenplan, also letztlich als nach Lage und Ausdehnung der Raumnutzung konkreter Plan: der Richtplan gleichsam als Vornutzungsplan, was er in Teilen sein mag, aber nicht exklusiv ist respektive sein darf. Für ihn geht es zwar da und dort auch um Flächen, in der Regel aber um Leistungen und Wirkungen im Raum. Nicht das Trassee einer S-Bahn ist auf dieser Ebene die entscheidende Aussage, sondern das Leistungsangebot mit seinen Wirkungen auf die Siedlung etc. zählt, wenn auch im Verbund mit den Linienführungen.

Selbst mit der so vertrauten *Nutzungsplanung* ist der Gesetzgeber in der ersten Fassung des RPG nicht klargekommen. Seine Regelung fiel zu abstrakt aus.[29] Vor allem insistierte diese nicht auf der Landschaftsplanung als Aufgabe der Raumplanung. Noch breiter vorausbedacht: Das Nichtsiedlungsgebiet bedarf ausgereifter Möglichkeiten grossräumiger landwirtschaftlicher Nutzungsflächen und zudem kleinerer, minimaler Nutzungen für Sondernutzungen wie Kiesgruben, unterirdische Einrichtungen, ausweichende Infrastrukturen usw. Die Regelungen des zonen- und nicht zonenkonformen Bauens sind zwar unerlässlich, doch ist die Beurteilung zu sehr auf einzelne Objekte gerichtet.

Weitere Sorgen bereitete von Anfang an die gesetzlich angestrebte *Redimensionierung der zu gross gewählten Bauzonen*. Auswege der Erschliessungs- und der Bauzonenetappierungen der Bauentwicklungsgebiete wurden beschritten, mit dem Nachteil, dass die zu grossen Bauzonen in vielen, zu vielen Orten bestehen blieben. Die seitens des Bundesgerichtes mit eigener Kreativität gepflegte Rechtsprechung zur materiellen Enteignung (Schadenersatz bei rechtmässigen Eigentumsbeschränkungen) hätte ein konsequenteres Vorgehen in Richtung der bundesgesetzlich restriktiv definierten Dimensionierung der Bauzonen ermöglicht. Neueinzonungen ins Baugebiet wären nicht minder kritisch zu handhaben gewesen. Aber damit konnte und durfte es nicht sein Bewenden haben. Die Dimensionierung des Baugebietes bleibt ein Thema ersten Ranges. Aufgeholt haben demgegenüber die *Sachplanungen des Bundes*, allerdings bei zu dürftigen besteht ein Defizit: Die Regelung der Verbindlichkeit, die von (Fach-)Gesetz zu (Fach-)Gesetz variiert oder sich gar verliert, mangelt.[30]

---

[29] Die Nutzungspläne sind in den Art. 14 ff. RPG geregelt. Selbstredend bleibt die kantonale Differenzierung in Rahmennutzungs- und Sondernutzungspläne vorbehalten. Gerade für das Nichtsiedlungsgebiet taugen aber jene, die für das Baugebiet bestimmt sind, nicht durchwegs.

[30] Die bundeseigenen Sachplanungen haben ihren Grund in den teilweise bereits vor der Entstehung der geltenden Raumplanungsgesetzgebung lancierten sektoralen Planungen. In diesem Sinne bestimmt das RPG in Art. 13:

„Art. 13 Konzepte und Sachpläne

Der Bund erarbeitet Grundlagen, um seine raumwirksamen Aufgaben erfüllen zu kön-

X. Prozessorientierte, alle raumwirksamen Bereiche erfassende Funktion

Das grosse Ziel, unentwegt die geordnete Besiedlung des Landes samt der zweckmässigen Nutzung des Bodens, nicht aus den Augen zu verlieren, erforderte einen Zusatz-, einen echten Mehraufwand. Den Grundsätzen und den Richtplänen, aber auch den Sachplänen und den örtlichen Plänen ist Inspiration zuzumuten: Kreativität, Innovation, selbst Visionen bleiben gefordert, auch jenseits der formellen Planungen, so in den Bereichen des Anregenden zugunsten der Wirtschaft, zugunsten des Gesellschaftlichen, des Kulturellen und der Politik. Planung lebt eben nicht nur im strukturell und institutionell Vorgegebenen, sondern auch im und aus dem Bewegenden des Ideenreichtums des Geistigen, Zweckmässigen und des Gebotenen. Stets belebend gedacht für die Basis des gesetzlich Vorgezeichneten. Das Informelle findet im Formellen seine Ausrichtung. An der Raumplanung als wissenschaftliche Disziplin und als Summe der mitengagierten Wissenschaften ist es, das Bereichernde des Überschusses bereitzustellen.

Bedauerlich ist einzig, dass sich das Bundesamt für Raumplanung nach der Inkraftsetzung des RPG verleiten liess, in Erläuterungen zum Bundesgesetz den Akzent der Raumplanung auf die Bodennutzungsplanung zu legen und die verfassungsrechtlichen Zusatzaussagen zur geordneten Besiedlung und zur Raumplanung zu verkennen.[31] Faktisch wurde das vom Bundesrat lancierte „neue Bodenrecht" wieder aufgenommen und die Vorstellungen der Raumplanung in den traditionellen Bahnen der Zonen- und Bebau-

nen; er erstellt die nötigen Konzepte und Sachpläne und stimmt sie aufeinander ab.

Er arbeitet mit den Kantonen zusammen und gibt ihnen seine Konzepte, Sachpläne und Bauvorhaben rechtzeitig bekannt."

Konzepte, rechtlich unverbindlich, beinhalten raumrelevante Grundlagen, erstrebenswerte Entwicklungen und raumwirksame programmatische Vorschläge. Die Sachpläne regeln einen sektoralen raumwirksamen Sachbereich und entsprechende Umsetzungsprogramme – Verbindlich-

keit gemäss Sachrecht. Die wichtigsten Konzepte und Sachpläne sind: Fruchtfolgeflächen, Landschaftskonzept Schweiz, Sachplan Alpentransit, Sachplan Verkehr (Teile wie Schiene, Strasse, Individualverkehr/ÖV auf Strasse), Luftfahrt, Übertragungsleitungen, Militär, Nationales Sportanlagenkonzept, Geologische Tiefenlagen.

[31] Siehe dazu *EJPD/Bundesamt für Raumplanung*, Erläuterungen zum Bundesgesetz über die Raumplanung, Bern 1981, S. 30 ff., insbesondere S. 34 Ziff. 17. Die Reduktion

ungsordnung belebt, bis hin zum Richtplan auf kartografischer Grundlage mit konkret werdenden Eintragungen der Bodennutzung. Das Konzeptionelle und Programmatische der souverän angedachten Richtplanung ging teilweise verloren. Auch wurde die Balance zwischen bodenrechtlichem Gehalt und planerischer Zukunftsorientierung tangiert.

7. Die *kantonalen Gesetzgeber* versuchten nur begrenzt, die offenkundigen Defizite zu Stadt- sowie Agglomerationsplanung, die Unbestimmtheiten zur Nutzungsplanung wie auch zur Siedlungsqualität und zur Planung im Nichtsiedlungsgebiet zu beheben. Sie beschränkten sich weitgehend darauf, die Instrumente der Nutzungsplanung zu differenzieren (Baulinien-, Überbauungs-, Bebauungs-, private und öffentliche Gestaltungs-, Erschliessungspläne). Der Bundesgesetzgeber bemühte sich zwar immer wieder um gesetzliche Novellierungen des Bundesgesetzes über die Raumplanung. Doch gelang es ihm seinerseits nicht, die bereits erwähnten Defizite zu eliminieren. Selbst Neufassungen der Bestimmungen zum Bauen ausserhalb der Bau-

auf den Boden erwies sich über Jahre als verhängnisvoll – bis und mit dem Verständnis der Raumplanung als solcher, der Ausrichtung der Verordnungen zum RPG und konkreter zur Funktion der Richtplanung. Politisch bestand der vermeintliche Vorteil in einer gewissen Abgrenzung zu andern Aufgaben der Bundes und seiner Departemente; allerdings um den Preis der geringeren Querschnittsfunktionen der Raumplanung. Die verkehrsplanerisch peinliche Annahme, die Verkehrswege seien als Trasses dann in die Richtpläne einzutragen, wenn sie gebaut seien, liess nicht lange auf sich warten. Dies brachte ein erhebliches Verkennen der Raumwirksamkeit des Verkehrs, insbesondere der S-Bahnen, auf die Siedlungsentwicklung und Agglomerationsbildungen mit sich. Die zit. Erläuterungen führten insgesamt auch zu einer Konzentra-

tion der bundesseitigen Vorgaben an die Kantone. Die erste bundesrätliche Verordnung über die Raumplanung vom 26. August 1981 fiel noch kurz und bündig aus. Die dritte Fassung vom 2. Oktober 1989 weist bereits 30 Artikel auf und erfasst u.a. die Richtplanung präzis: Grundlagen, Inhalt und Gliederung, Form, Erläuterungen, Bundesrichtlinien, Prüfung, Genehmigung usw. Fragwürdig ist dies im Kontext der explizit angeordneten Grundsatzgesetzgebung. In dieser Verordnung wird auch von den Fruchtfolgeflächen gehandelt. Die derzeit geltende Raumplanungsverordnung des Bundes vom 26. Juni 2000 ist nachgeführt auf 53 Artikel angewachsen. Die Zahl steht nicht für Numerisches, sondern für die inhaltliche Breite und Dichte. Diese haben mit einer Grundsatzgesetzgebung wenig bis nichts mehr zu tun. Die Tendenz, das

X. Prozessorientierte, alle raumwirksamen Bereiche erfassende Funktion

zonen verstolperten sich regelmässig. *Die Stadtplanung, der Städtebau, die Agglomerationsplanung und das Planen des Nichtsiedlungsgebietes blieben alles in allem gesetzliche Stiefkinder.*

Nur dank der Ergänzung der Bestimmungen der neuen Verfassung von 1999 (BV) über den Verbrauch von Treibstoffen und andern Verkehrsabgaben (Art. 86 Abs. 3 lit. b^{bis} BV, Massnahmen zur Verbesserung der Verkehrsinfrastruktur in Städten und Agglomerationen, neu gefasst in Art. 86 Abs. 1 BV aufgrund des BB über die Schaffung eines Fonds für Nationalstrassen und den Agglomerationsverkehr, NAF, vom 30. September 2016, Volksabstimmung vom 12. Februar 2017) gelang es, wenigstens Ansätze einer Agglomerationsverkehrspolitik zu initiieren. Die allgemein gehaltene Bestimmung von Art. 50 Abs. 3 BV, wonach der Bund Rücksicht auf die besondere Situation der Städte und Agglomerationen sowie der Berggebiete zu nehmen habe, beflügelte die raumplanerische Kompetenz der Kantone nicht. Diese bestanden nach wie vor auf ihrer Kompetenz der Stadt- und Agglomerationsplanung, ohne aber das Thema nachdrücklich hervorzuheben. Die erreichte finanzielle Unterstützung konkreter Projekte des öffentlichen und des Strassenverkehrs in Agglomerationen entbindet allerdings die Kantone nicht von ihrer Verantwortung für die Stadt- und Agglomerationsplanung sowie für den Städtebau. Ob es dereinst explizit am Bund sein wird, diese Akzente zu forcieren?

8. Die *Wissenschaft* umriss den Aufgabenbereich der Raumplanung in Nuancen von Anfang an grosszügiger, als die Politik dies zu tun vermochte. Sie nahm und nimmt die Zukunftsdimension betonter auf als die Gesetzgebung und verband damit bald einmal auch die ethische Komponente des Prinzips der Nachhaltigkeit, nämlich die intergenerationelle Verantwortung. Das ORL-Institut der ETH Zürich stand im Vordergrund[32], doch wäre es verfehlt, einzig auf dieses zu verweisen. Das geistige Umfeld rief nach

raumrelevante Recht auf Bundesebene zu konzentrieren, hält an (z.B. Zweitwohnungsbau). Sachlich möglicherweise nicht unbegründet, doch wäre es verfassungspolitisch und -rechtlich sorgfältiger, vorweg eine Änderung des Verfassungsartikels 75 BV (Raumplanung) zu erwägen statt zu verdrängen.

[32] Das ORL-Institut, 1961 gegründet, ist die Nachfolgeinstitution der Forschungsstelle für Orts-, Regional- und Landespla-

neuen Horizonten, nach neuen wissenschaftlichen Methoden und nach gesellschaftlich-politischen Veränderungen.[33] Sowohl die Hochschulen als auch die Regierungen, Parlamente und Verwaltungen sahen neue Problemstellungen auf sich zukommen.

Das ORL-Institut war ab 1975 dank der Initiative der aktuellen Leitung wach genug, die neuen Herausforderungen und Dimensionen in mehrfacher Hinsicht frühzeitig zu erfassen: Interdisziplinarität, Zukunftsfragen, neue Technologien und Informationssysteme, Ressourcenengpässe, Lebensraum als gefährdetes Gut usw. Mit den *Landesplanerischen Leitbildern* – 1971 publiziert – schritt es voran, vor allem aber baute es wissenschaftliche Kapazitäten auf und förderte Nachwuchskräfte für die Hochschulen und die Verwaltungen zum grossen Thema der Erhaltung und Gestaltung des Lebensraumes. Selbst in der breit abgestützten „Expertenkommission Schürmann" (Bundesgesetz über die Raumplanung) wirkten Berater aus dem ORL-Institut mit (Martin Lendi, Jakob Maurer). Dies gilt zudem für die nung am Geografischen Institut der ETH Zürich. Es war direkt der Schulleitung der ETH Zürich unterstellt, ausgerüstet mit einem nationalen Kuratorium und einer Direktion, später mit einer kollegial geführten Leitung mit wechselndem Vorsteher. Zusätzlich zu den sachgenuinen Aufgaben wurden dem Institut unter Wahrung der Lehr- und Forschungsfreiheit durch den bundesrätlichen Delegierten für Wohnungsbau (Fritz Berger) weitere konkrete Aufträge erteilt: Landesplanerische Leitbilder, Richtlinien zur Orts-, Regional- und Landesplanung, Planerqualifikationen, Zweckmässigkeitsprüfungen, Erteilen und Begleiten von Drittforschungsaufträgen usw. Diese bezahlten Sonderanliegen galten in der Zeitspanne von 1965 bis 1972. Sie fällt weitgehend mit der Direktionszeit von Martin Rotach (bis 1971) zusammen. Auf ihn folgte für wenige Jahre Theo Weidmann (Kulturingenieur). Aktive Professoren waren neben Martin Rotach resp. Theo Weidmann – nach Amtsalter – Ernst Winkler (Geograf), Jakob Maurer (Architekt/Planer) und Martin Lendi (Rechtswissenschaft). Später folgte zusätzlich Benedikt Huber (Architekt); und auf Theo Weidmann folgte Willy A. Schmid (Kulturingenieur). Hans Flückiger (Ökonom) löste den emeritierten Jakob Maurer ab und auf Benedikt Huber folgte Franz Oswald (Architekt). Das ORL-Institut wurde 2002 durch ein professorales und institutsbezogenes Netzwerk abgelöst.

Des ORL-Instituts Verdienst besteht in der wissenschaftlichen, interdisziplinären Grundlegung der Raumplanung als öffent-

X. Prozessorientierte, alle raumwirksamen Bereiche erfassende Funktion

liche Aufgabe und als Wissenschaft – äusserlich erkennbar an einer wissenschaftlichen Zeitschrift (DISP), einer Schriftenreihe, an Berichten, Studienunterlagen, am Aufbau und Ausbau eines interdisziplinären Nachdiplomstudiums, in der Aufnahme internationaler wissenschaftlicher Kontakte und in der Nachwuchsförderung, sogar über den formellen Titel der Raumplanung hinaus, bis weit in die Geistes- und Sozialwissenschaften wie auch in die geografischen, regionalpolitischen, datenverarbeitenden Disziplinen hinein. Sukzessive kamen Bereiche der ökologischen und vor allem der städtebaulichen und architektonischen Planung hinzu. Die Dokumentations- und Informationsstelle pflegte die Kontakte zur Öffentlichkeit und insbesondere zu den Trägern der Raumplanung als öffentliche Aufgabe, beispielsweise unterlegt durch die Publikation eines hilfreichen „Vademecum" zur Raumplanung (1970–1985).

Materiell standen in einer ersten Phase die Ziele, Instrumente und Massnahmen der Raumplanung sub specie des Rechts und der Wirksamkeit im Vordergrund, bereits parallel und anschliessend folgten Aspekte der Methodik des Planens und sachlich ausholende Weiterungen in Richtung Bodenrecht, Bodenpolitik, Regionalwissenschaften, politische Planung, Stadtplanung, Städteproblematik, Agglomerationsbildungen, Flächenstatistiken, Arealstatistik, Flächenraster, Flächenbilanzen usw. Ausserdem war die Wegbereitung für die geografischen PC-gestützten Informationssysteme vorzubereiten. Da Recht und Politik von allen Seiten her eindringen, und zwar mit Wirkungen auf die Raumplanung als öffentliche Aufgabe und als Disziplin, bedingte, dass gerade diese beiden Dimensionen zu allen Zeiten bedacht sein mussten – national und international. Die anstehenden Probleme der Raumplanung – ab 1969 als besondere Herausforderungen – spiegeln sich im Werk *Lendi Martin*, Recht und Politik der Raumplanung, Zürich 1984 (2. A., Zürich 1997).

Mit der gesetzlichen Einsetzung des Bundesamtes für Raumplanung (1.1.1980) wurde das ORL-Institut ein völlig normales Hochschulinstitut, allerdings befruchtet mit einem Vorsprungwissen und kritischem Potenzial. Prof. Lendi wechselte 1987 auf eine selbstständige Professur im Rahmen der Geistes- und Sozialwissenschaften. Er blieb aber dem Unterricht und Forschungsthemen des ORL treu, so zu Recht, Politik und zur Ethik der Raumplanung. In der Zwischenzeit war übrigens die ETH Lausanne gegründet worden, die sich ihrerseits der Raumplanung anzunehmen begann. Vor allem war das Ausweiten auf die Stadt- und Agglomerationsthematik wie auch auf den Städtebau – national und international – zwingend geworden.

[33] An *Meadows Dennis*, The Limits of Growth, Bericht des Club of Rome zur Lage der Menschheit, New York 1972, sei beispielhaft erinnert.

dringliche Massnahme betreffend provisorische Schutzgebiete (Martin Lendi). Bereits 1973 gaben all diese Grundlagen Anlass zum raumplanerischen Leitbild der Schweiz CK 73, das am ORL- Institut entwickelt und vom Delegierten für Raumplanung den Chefbeamten des Bundes unterbreitet worden war.[34] Die Mitarbeit an der Bundesgesetzgebung setzte sich auch zum RPG von 1979 fort (Martin Lendi).

In der Folge galt des ORL-Instituts Aufmerksamkeit den Anforderungen an die Doktrin, sodann den Theorien- und der Methodenlehren, ferner der politischen Planung, dem Verhältnis zwischen räumlicher und politischer Planung, der Struktur des Raumplanungsrechts, der Stadtplanung, primär ökonomisch gewichtet, und der Einführung der modernen computergestützten Instrumente und Hilfsmittel. Daneben wurden kommunale, kantonale und bundesseitige Planungen bedacht, internationale Kooperationen gewagt und die Stadtplanung, primär unter ökonomischen Gesichtspunkten, vertieft andiskutiert. Die Zeitschrift *DISP* des ORL-Instituts unterstützte in dieser Zeit die praktische und wissenschaftliche Seite der Raumplanung, unter anderem mit diversen Sondernummern.[35] Ein wichtiges Signal an die Studierenden, die nationale Praxis, an die Lehre in den diversen Wissenschaftszweigen und an die internationale Welt der Raumwissenschaften bildete das Lehrbuch *Raumplanung in der Schweiz – eine Einführung*, das erstmals 1985 erschien.[36] Es fasste den Stand des Wissens rund um das Wissenschaftliche und die Praxis, die Gesetzgebung und die Ausstrahlun-

---

[34] Die Koordination lag bei Martin Lendi und Martin Rotach. Insbesondere war der Erstere in allen Gremien mindestens als Experte, Berater oder gar als Mitglied präsent, gerade auch nach dem Rücktritt von Martin Rotach im Jahre 1971 als hoch verdienter Direktor des ORL-Instituts, dessen Erstbegabungen im Wissenschaftsmanagement lagen.

[35] Themenhefte der Zeitschrift *DISP* in der Aufbauphase von Raumplanung als öffentliche Aufgabe und als Wissenschaft waren u.a. Öffentlicher Verkehr (Nr. 40 und 50), Geschichte der Raumplanung (Nr. 56), Ökologie in der Raumplanung (Nr. 59, 60), Nutzungsplanung (Nr. 69, 70), Geographie in der Raumplanung (Nr. 76), Stadtentwicklung (Nr. 80, 81), Verfassungsmässigkeit der Landwirtschaftszone, Ein Zeitdokument (Nr. 82) und Didaktik des Raumplanungsunterrichts (Nr. 89, 90).

[36] *Lendi Martin/Elsasser Hans*, Raumplanung in der Schweiz – Eine Einführung, Zürich 1985 (3. A. 1991). Kennzeichen ist

X. Prozessorientierte, alle raumwirksamen Bereiche erfassende Funktion

gen zusammen. Die Ausbildung in Raumplanung lag in den Händen des ORL-Instituts der ETH Zürich nicht in der Form eines Grund-, sondern als Nachdiplomstudium für Absolventen aller raumrelevanten Hochschuldisziplinen, inklusive der Geistes- und Sozialwissenschaften. Die unmittelbare Leitung hatte ab 1971, faktisch schon Jahre früher, Jakob Maurer inne. Die professoralen Mitglieder der Institutsleitung und zahlreiche ihrer Mitarbeiter waren am Unterricht beteiligt. Das Institut suchte und pflegte interuniversitäre und internationale Kontakte. In dieser Phase waren sowohl die Wissenschaft als auch die werdende öffentliche Aufgabe von der Raumplanung im Auge zu behalten – kritisch, konstruktiv und wirkungsorientiert, gleichzeitig sachlich und perspektivenreich sowie frei von Illusionen und Ideologien. Dass der Raumplanung als öffentliche Aufgabe engere Grenzen gesetzt sind als der Wissenschaft, welche der Lehr- und Forschungsfreiheit zugetan ist, ermunterte beide Ausrichtungen, voneinander zu lernen.

9. Das neu gewonnene *breit gefächerte und zukunftsorientierte konzeptionelle Denken* übertrug sich rasch von der Raumplanung auf Berggebiets-, Verkehrs-, Energiebelange und weitere Bereiche. Der Zeitgeist stand dafür, aber die Raumplanung mit ihren planerischen Wurzeln für zahlreiche offene Problemfelder wurde in der Schweiz zum unmittelbaren Anstoss, sich inmitten komplexer werdender Problemstellungen betont der Zukunft zu widmen.

Die *Gesamtverkehrskonzeption* von 1977 gibt das markante Beispiel ab. Sie basierte in hohem Masse auf dem landesplanerischen Leitbild CK 73 und manifestierte den planerischen Willen, das einst dominierende sektorale Denken (Raum, Strasse, Schiene) zu überwinden. Raum und Mobilität waren in der Zwischenzeit zum untrennbaren Thema geworden. Die koordinierte Verkehrspolitik als bleibendes Postulat ist seither vorgezeichnet. In der Kommission hatten führend Alois Hürlimann (Präsident) und Carl Hidber (Stabschef, später Prof. für Verkehr an der ETH Zürich und vorher am ORL-Institut tätig gewesen für die Leitbilder und insbesondere für den Verkehr) mitgewirkt; beide mit Planung, Raumplanung und Verkehr eng vertraut. Zudem waren Kurt Kim (ehemaliger Präsident „Raumplanung Schweiz"), Martin Rot-

der duale Ansatz von Rechtswissenschaft und Geografie. Von Martin Lendi folgte zudem der Grundriss einer Theorie der Raumplanung, Zürich 1988 (3. A. 1996).

ach (in der Zeit als Delegierter für Raumplanung) und Martin Lendi unter den über 60 Mitgliedern auszumachen. Sie äusserten sich unter anderem aus der Sicht der Raumplanung, des Rechts, der Verfassungsvorgaben und der praktischen Zuordnung der koordinierten Verkehrspolitik innerhalb der Verwaltungen des Bundes und der Kantone.

In ähnlicher Weise wirkte sich das Entwicklungskonzept für die Berggebiete (Autor Hans Flückiger) aus. Es lag bereits 1970 vor. Die Gesamtenergiekonzeption folgte unmittelbar auf die Gesamtverkehrskonzeption mit ihren Ergebnissen, nämlich im Jahre 1978, nach dem Erdölschock und vor dem Erlass des RPG (1979) und des USG (1983). Martin Rotach wirkte beratend unter den Titeln des Verkehrs und der Raumordnung mit.

Festzustellen bleibt, dass gesamthaftes Denken Einzug gehalten hatte. Auch wenn dieser planungsintensive Schub mit der Zeit und unter dem Schock der Erdölkrise Mitte der 1970er-Jahre nachliess, die ausgreifenden Ansätze begleiten seither die Raumplanung und die Sachplanungen auf allen Stufen, deutlich erkennbar in den kantonalen Richtplänen und bei der Ausgestaltung der Sachpläne des Bundes. Dass sich die Planung zudem auf die politische Ebene ausweitete und sich als *politische Planung* in der Form von Legislaturplanungen respektive Regierungsprogrammen des Bundes und der Kantone etablierte, war bis zu einem gewissen Grad ein Ausfluss des Zeitgeistes und der Umstände, aber auch der sachlichen Notwendigkeiten, den sich verdichtenden Engpässen des politischen Entscheidens und Handelns vor dem Hintergrund der weltweit diskutierten Grenzen des Wachstums. Die schweizerische Konzentration der politischen Planung, in hohem Masse im ORL-Institut entworfen, auf die Gesetzgebungs- und Finanzplanung erwies sich als massvoll und damit als in vielen Teilen politiktauglich, auch wenn die Referendumsdemokratie den Blick eher auf das potenzielle, in der Regel singuläre Votum des Volkes als auf die Gesamtsicht der politischen Notwendigkeiten, Bedingungen und Dringlichkeiten richtet.[37] Aber weil dem so ist, umso sachlich nötiger ist die aus-

---

[37] *Linder Wolf/Hotz Beat/Werder Hans*, Planung in der schweizerischen Demokratie, Bern 1979. Der Koautor Hans Werder übernahm in der Folge

X. Prozessorientierte, alle raumwirksamen Bereiche erfassende Funktion

holende politische Planung, gerade auch für die Demokratie, erst recht für die direkte.

10. Die *institutionell-administrative Seite der Raumplanung* wurde bereits ab 1972 mit einem vom Bundesrat gewählten Delegierten für Raumplanung unterstützt, ab 1980 mit einem förmlichen Bundesamt, das sich neuerdings als Amt für Raumentwicklung versteht.

In dessen Pflichtenheft rückten im Verlauf der Jahre die Gesamtverkehrspolitik, die Nachhaltigkeitsdimension, die Betreuung der Alpenkonvention und die Geomatik (Vermessungswesen) auf. Neu ist auch der Vollzug des jüngeren Verfassungsartikels 75b BV über die Zweitwohnungen vom 12. März 2012 zu gewährleisten. Die Leistungen des Amtes kulminierten in der Publikation von Raumordnungsintentionen und Realisierungsprogrammen sowie in der Festigung der Ressortforschung zum Thema der Raumplanung. Mit den Vollzugsregelungen des Bundes und der weitgehend eigenständigen Gesetzgebung der Kantone sowie mit dem Erlass der ersten Generation der Pläne (Sachpläne, Richtpläne, Nutzungspläne) ging die Institutionalisierungsphase nach rund zehn Jahren etwa um 1990 zu Ende. Bis zu diesem Zeitpunkt hatte die Schweiz zudem im Rahmen der Europäischen Konferenz der Raumplanungsminister ab den Anfängen um etwa 1970 eine bedeutende Rolle gespielt, so im Zusammenhang mit der Formulierung der Europäischen Raumordnungscharta.

Das ORL-Institut sah sich bereits ab 1972 mit dem Erlass des Bundesbeschlusses über dringliche Massnahmen auf dem Gebiet der Raumplanung von administrationsverwandten Aufgaben entlastet, die es im Interesse der

die Leitung der Sektion „Legislaturplanung" in der Bundeskanzlei. Ihn löste in dieser Funktion Margrith Hanselmann ab, die ebenfalls am ORL-Institut aktiv gewesen war. Mit dieser Arbeit hat das ORL-Institut (Professur Martin Lendi) den Fächer der Disziplinen geöffnet und gleichzeitig die Raumplanung aus der Verwaltungstätigkeit in die Nähe der politischen Grundaufgaben gerückt. Die Autoren Linder und Hotz wurden später Professoren der Politikwissenschaft resp. der Wirtschaftspolitik an den Universitäten Bern resp. Zürich. Hans Werder fungierte als Generalsekretär des UVEK, dem bald einmal die Raumplanung unterstellt wurde. Siehe dazu auch Fn. 19.

Etablierung der Raumplanung von 1965 bis anfangs 1972 übernommen hatte. Es war wieder ein klassisches Hochschulinstitut ohne grössere Bundesaufträge und der Lehre und Forschung verpflichtet.

11. Die raumordnende Gestaltungsfähigkeit wurde zusätzlich durch die *Staats- und Verwaltungsgerichte* des *Bundes und der Kantone respektive deren Rechtsprechung* gestärkt. Das schweizerische Bundesgericht als Staats- und Verwaltungsgericht hat in seiner thematisch begrenzten Kognition zum Raumplanungsrecht der Kantone, zum Bundesgesetz über die Raumplanung und vor allem zu den raumrelevanten Gesetzen des Bundes und der Kantone (funktionales Raumplanungsrecht) in drei Grundsatzbereichen Aussagen von nachhaltiger Wirkung gewagt:

a) mit einem relativ restriktiven Ansatz zur materiellen Enteignung (Eigentumsbeschränkungen, die einer formellen Enteignung nahe kommen),
b) zur koordinierten Rechtsanwendung des formell und materiell relevanten Rechts in komplexen Belangen sowie
c) zu den Irregularitäten, die mit dem Planungsrecht verbunden sind (Rechtsnatur der Pläne, Verhältnis zur Rechtsgleichheit, zur Wirtschaftsfreiheit usw.).

Konsequent fiel auch die Rechtsprechung zum Bauen ausserhalb der Bauzonen aus, allerdings durch Detaillierungen dann doch wieder zu breit als Präjudizien angelegt. Im Nichtsiedlungsgebiet wohnen oder verbringen immer mehr Menschen Teile ihrer Lebenszeit, ohne mit der Landwirtschaft beruflich verbunden zu sein. Nicht minder praxisbedeutsam sind die Klärungen zum Verhältnis von Raumplanungs- zum Umweltrecht, die dem Bundesgesetzgeber nicht geglückt waren. Deutlicher hätte der Akzent auf die sachlich vorrangige Bedeutung der Raumordnung gelegt werden können. Eine gewisse Neigung des Bundesgerichts zur planerischen Einflussnahme, begrenzt nachvollziehbar aufgrund der ihm anlastenden Verantwortung, kann nicht übersehen werden, auch wenn die Kognitionsbefugnis zur Zurückhaltung ermahnt hätte. Fragwürdig ist die Ausdehnung des ausserhalb des RPG geregelten Verbandbeschwerderechts und des Umganges mit der Umweltverträglichkeitsprüfung im Bereich der Raumplanung, nachdem der Gesetzgeber im RPG weder das Verbandsbeschwerderecht noch die Raumverträglichkeitsprüfung vorgesehen hat. An der sachgerech-

X. Prozessorientierte, alle raumwirksamen Bereiche erfassende Funktion

ten Intensivierung der Rechtsprechung waren glücklicherweise namhafte Bundesrichter beteiligt, die aus ihrer früheren Tätigkeit hohe Sachkunde einbrachten. Der Name von Bundesrichter Prof. Dr. Alfred Kuttler darf hier für die Erstphase festgehalten werden.[38]

12. Unterstützt wurden das moderne Raumplanungsverständnis und das Planen durch die *Ausbildung*, nicht nur von Raumplanern im strengen Sinne des Wortes, sondern auch von Architekten, Ingenieuren, Juristen, Geografen, Ökonomen, Soziologen, Statistikern usw. und Verwaltungsangehörigen aller Staatsstufen. Lanciert wurden die ersten Vorlesungen an der ETH Zürich für Geografen, Architekten, Bauingenieure und weitere Diplomstudierende ab 1944, gehalten vorweg vom Geografen Prof. Dr. Ernst Winkler. Die konzentrierte grundlegende Ausbildung der Raumplaner fand im interdisziplinären Nachdiplomstudium der ETH Zürich statt, aufgegleist ab 1965 durch die Professoren Martin Rotach und Ernst Winkler, in der Folge unter der unmittelbaren Leitung von Prof. Jakob Maurer, gefolgt von den Professoren Hans Flückiger und Bernd Scholl. Die Interdisziplinarität spiegelte sich im Lehrangebot unter Einbezug der Professoren der ORL-Leitung, weiterer Fachgebiete der ETH Zürich sowie in der Öffnung für Studierende mit abgeschlossenen „raumrelevanten Studien" der Universitätsstufe von der Architektur und Ingenieurdisziplinen über die Geografie bis zur Rechtswissenschaft, zur Ökonomie, Soziologie usw. Die ETH in Lausanne baute viele Jahre später ein sinngleiches Studium auf. Ausserdem initiierten die Professoren Rotach und Lendi – teils gemeinsam – diverse Vorlesungen an der ETH Zürich, so zur Nationalplanung, zu Raum und Verkehr, zum Verkehrsrecht, zur Umweltpolitik, zum Recht des Lebensraumes, zum Recht der Siedlungswasserwirtschaft usw.

Die Universitäten nahmen ihrerseits Vorlesungen und Kolloquien in ihre fakultätsspezifischen Angebote auf. Das Raumplanungsrecht zum Beispiel wird heute, teilweise im Verbund mit dem Umweltrecht, an allen juristischen Fakultäten des Landes intensiv gelesen, erforscht und kommentiert. Einzelne Fachhochschulen schlossen sich mit speziellen Programmen für kommunale und regionale Planer an (Rapperswil, bis vor einigen Jahren

---

[38] Im Kapitel XIV. über die Begleit-Einwirkungen wird die Rechtsprechung des Bundesgerichts breiter hervorgehoben.

auch Brugg-Windisch). Die Schweizerische Vereinigung für Landesplanung (VLP) wandte sich ab ihren Anfängen insbesondere der Aus- und Weiterbildung der Praktiker zu, und dies anhaltend erfolgreich. Aus den Lehrstühlen an der ETH Zürich sind sodann mehrere Professoren (Hans Elsasser, Beat Hotz-Hart, Michael Koch, Wolf Linder, Wolf Jürgen Reith, Angelo Rossi, Beat Schmid, Bernd Scholl, Barbara Zibell) und viele Fachleute, engagiert in der Beratung und in Verwaltungen, hervorgegangen, die in leitenden Stellungen ihre Vertrautheit mit der Raumplanung wirkungsvoll einsetzten.

Die Weiterbildung in Raumplanung an der ETH Zürich gilt heute dem Master of Advanced Studies, dem Diploma of Advanced Studies sowie einem Certificate of Advanced Studies, differenziert nach Zweck, Dauer, Berufsbegleitung und erforderlichen Kreditpunkten. Die Grundidee basiert auf dem Ansatz eines raumrelevanten Studiums.

13. Ein politischer Zwischenakt: *Der Verfassungsentwurf von 1977* (VE 77), publiziert kurz nach der Ablehnung des RPG von 1974 im Jahre 1976 und vor dem Erlass des RPG von 1979. Der zu Beginn der 1970er-Jahre unterschwellig mitschwingende Geist der Dominanz des Machbaren, oft gar der Machbarkeit – zu häufig sogar durch den Staat – schlug, wenn auch nicht absolut, im Entwurf einer Expertenkommission durch. Die Landesplanung, verstanden als Oberbegriff für die Orts-, Regional- und Landesplanung, an der Stelle von Raumplanung, wurde dabei überraschend zu einem Bereich der Hauptverantwortung des Bundes (Art. 50 Abs. 1 lit. l VE 77), also abweichend zu Art. 22^{quater} aBV und in Divergenz zur späteren Verfassung von 1999 (Art. 75 BV). Unter den Hauptverantwortungen der Kantone wurden denn auch weder die Raumplanung noch das Baurecht und auch nicht das Planungsrecht erwähnt (Art. 51 VE 77). Damals war es ein weit vorauseilender Schritt, heute angesichts der Faktenlagen (Bevölkerungszunahme, -dichte, Agglomerationen usw.) und der sachlich parallelen Bundeskompetenzen in den Bereichen des Umweltschutzes, der Verkehrs usw. mindestens in Nuancen von Neuem erwägenswert. Die fragliche Expertenkommission pflegte alles in allem ein Planungsverständnis, das weit ausholte, so gemäss Art. 82 VE 77 mit dem Marginal-Solitär „Planung" und einer Variante dazu. Hier ist sogar von Wirtschaftsplänen die Rede, während die Raumplanung im Kontext der Verfassungen von 1874 und später von 1999 gehalten war und ist, die institutionalisierte und die individuelle Wirtschaftsfreiheit in ihrer Substanz zu beachten, auch wenn unbestritten von

X. Prozessorientierte, alle raumwirksamen Bereiche erfassende Funktion

der Raumplanung positive oder faktisch begrenzende wirtschaftliche Effekte ausgehen können.

Der Verfassungsentwurf von 1977 vermochte sich politisch nicht Gehör zu verschaffen. Damit war auch ein breiteres und intensiveres Planungsgehabe abgelehnt. Mitverantwortet wurde der fragliche Entwurf durch Bundesrat Kurt Furgler, der seinerseits für die Raumplanungsgesetzgebung zuständig zeichnete – letztlich erfolgreich.

14. *Ausländische Anregungen* empfing die hiesige Raumplanung in den Jahren ab etwa 1970 vor allem über die europäische Raumordnungsministerkonferenz des Europarates, die OECD und in besonderem Masse durch vorerst persönliche Kontakte zur deutschen Akademie für Raumforschung und Landesplanung (ARL) mit Sitz in Hannover sowie zur Lehre und Forschung in England und in den USA. Die Nachbarschaft zu Österreich und zum Fürstentum Liechtenstein begünstigte persönliche und fachliche Kontakte sowohl zu Regierungs- und Verwaltungsstellen als auch zu den Universitäten. Jene zu Frankreich und Italien wurden durch die geografischen und sprachlichen Gegebenheiten der West- und Südschweiz erleichtert. Die engen Beziehungen zur ARL wurden vonseiten der Schweiz durch Professor Ernst Winkler begründet und durch Martin Lendi vertieft.

Die enge Verbindung mit der genannten Akademie war allein schon deshalb gegeben, weil sich in Deutschland als einem Bundesstaat verwandte Problemstellungen auftaten. Dies gilt auch für entsprechende Debatten mit Österreich. Die zentralstaatliche Planung Frankreichs bot weniger Vergleichsmöglichkeiten. Die Stellungen der Regionen in Italien und deren Planungskompetenzen liessen und lassen sich ihrerseits nicht blindlings auf die Schweiz übertragen. Aus England inspirierten die Auseinandersetzungen mit der Agglomeration Greater London und mit den new towns. Die an sich schöpferischen Spannungsverhältnisse der Raumplanung zur Regionalwirtschaft, zum Umweltschutz, zum Verkehr und zu politischen Grundhaltungen variieren allerdings in den einzelnen Staaten rund um die Schweiz erheblich, auch im Verlauf der Zeiten. Die vieljährige Distanz der Schweiz zur EWG/EG/EU erschwerte eine direkte Kooperation. Sie arrangierte sich leichter mit dem Europarat, der sich übrigens vertiefter mit der Raumplanung befasste als die EG und später die EU. Mit dem Abschluss diverser bilateraler Verträge hat sich das Verhältnis der Schweiz zur EU positiv entwickelt, auch wenn sich der Respekt vor der hiesigen Demokratie in Grenzen hält.

Alles in allem suchte die Schweiz einen eigenen Weg in Fragen der Raumplanung. Und sie fand ihn in der hohen Ausrichtung auf die politischen Grundintentionen von Rechtsstaat, Demokratie, Föderalismus und vor allem durch Anlehnung an die politischen Entscheidungsprozesse samt Referenden und Initiativen: Raumplanung als Daueraufgabe, als Prozess. Sinnbild wurde der Richtplan gemäss Bundesgesetz über die Raumplanung von 1979. Seitherige Gesetzesrevisionen neigen – versteckt? – zu finalisierenden Aussagen. Die vorwegnehmende Endzustandsplanung ist jedoch keine Lösung, weil die Zukunft ungewiss ist und bleibt.

Die realen räumlichen Probleme zwischen der Schweiz und dem benachbarten Ausland sowie mit der werdenden EWG/EG/EU betrafen ab dem Zweiten Weltkrieg national den Ausbau der Wasserkraftwerke, Atomkraftwerke, thermische Kraftwerke, den Nationalstrassenbau, den Strassen- und Schienenverkehr, die Errichtung von Gas- und Ölpipelines, die Hochrheinschifffahrt, die Schifffahrt von Basel nach Rotterdam, die Errichtung und den Betrieb von Flughäfen usw., ausserdem die örtliche Bodennutzungsplanung, die Ausstattung mit öffentlichen Bauten und Anlagen sowie mit lebensnotwendigen Einrichtungen, die regionale Zusammenarbeit etc. Infrastrukturvorhaben provozierten, in Grenznähe, immer auch Nachbarschaftsprobleme, allerdings landesintern belastet durch die sich abzeichnenden Ressourcenengpässe, durch die Zuwendung zum zweiten und dann zum dritten Wirtschaftssektor der Dienstleistungen, ferner durch die Internationalisierung der Märkte und Unternehmungen, durch den gesellschaftlichen Wandel usw. – und dies alles bei gegebenem Lebensraum und zum Teil bei fehlender Koordination mit den werdenden europäischen Netzwerken. Zur Sprache hätten auch Immobilieninvestitionen durch In- und Ausländer sowie übermässige Zuwanderungen und grenzüberschreitende Pendlerströme kommen müssen. Hinter allem standen parallel wachsende Ansprüche an das Wohnen, das Arbeiten, die Freizeit und die Mobilität, und dies nicht nur in der Schweiz, sondern auch im benachbarten Ausland. Die Raumplanung hätte allenthalben als grenzüberschreitende forciert werden müssen, gerade auch international. Dies aber geschah nur begrenzt; die nationalen Vorkehrungen überwogen. Leider blieben grössere Abstimmungen mit den umliegenden Staaten und der damaligen EWG/EG aus, teilweise mit

X. Prozessorientierte, alle raumwirksamen Bereiche erfassende Funktion

Pendenzen bis auf den heutigen Tag (An- und Abflugrouten Flughafen Zürich). Auch der Ausbau der internationalen Zufahrten in Deutschland und Italien zum neuen, seit Langem geplanten und 2016 eröffneten Gotthard-Basistunnel vermochten nicht Schritt zu halten.

Die EU (1957 EWG, 1993 EG, 2009 EU) hat bis heute in ihren grundlegenden Verträgen die Raumplanung nicht zentral betont. Sie neigt mangels expliziter Kompetenzen dazu, Fragen der Raumordnung, der Städteplanung, der Infrastrukturen usw. aus dem Blickwinkel der sozioökonomischen Strukturpolitik und des Umweltschutzes anzugehen, weil dafür Kompetenzen und Gelder gegeben waren und sind. Vor allem der Infrastrukturausbau wurde in den zurückgebliebenen Mitgliedländern kraftvoll angestossen. Er wurde zu einer integrierten Vorleistung, die breiter raumwirksam hätte lanciert werden können. Das von den Raumordnungsministern der EG ausgearbeitete Europäische Raumordnungskonzept (EUREK 1999) blieb leider ohne durchschlagende Wirkung, hat aber immerhin dazu geführt, dass die einzelnen Staaten ihre Raumpläne mit den angrenzenden Staaten kommunizierend abstimmen. Die Schweiz war nicht einbezogen, auch nicht informell.

Aktuell sind es im Rahmen der bilateralen Beziehungen Schweiz–EU vor allem die Verkehrsplanung und die Personenfreizügigkeit, welche grenzüberschreitende raumplanerische Kooperationen gebieten, für die Schweiz vorweg im Nord-Süd-Verkehr auf Schiene und Strasse sowie angesichts der Probleme mit der sogenannten Masseneinwanderung respektive der völlig unterschätzten Einwanderung aus der EU. Das relative Versagen der deutsch-schweizerischen Raumplanungskommission im Zusammenhang mit dem Flughafen Zürich und mit dem grenzüberschreitenden Güter- und Pendlerverkehr auf dem Boden darf aufgrund der späten nur sektoral angedachten Auseinandersetzungen um die An- und Abflugrouten kritisch moniert werden.

15. Seit 1980, also seit dem Inkrafttreten des Bundesgesetzes über die Raumplanung, muss sich die Raumplanung als öffentliche Aufgabe gesamtschweizerisch im Rahmen von Verfassung und Gesetzen bewegen. Sie ist nicht mehr eine beliebig erfindbare und auch nicht mehr freimütig interpretierbare Funktion. *Das Recht in seiner Summe ist Massstab der Raumplanung*, gerade auch mit seinen Dimensionen der Freiheit und der Gerechtigkeit, die ihr übergeordnet respektive durch sie zu beachten sind.

Raumplanung ist nicht nur gleichsam, sondern, abgesehen vom reichlich angebotenen Planungsermessen, in grossen Teilen *rechtsgebunden*. Dessen ungeachtet bleibt die Raumplanung den faktisch virulenten, teils widersprüchlichen politischen, wirtschaftlichen und gesellschaftlichen wie auch ökologischen Stosskräften ausgesetzt. Den damit einhergehenden Zielkonflikten und Interessenkollisionen hat sie sich zu stellen, ohne die Möglichkeit, dem Recht zu entweichen, sondern im Gegenteil mit der Auflage, diesem konsequent zu entsprechen, und zwar bis und mit dem Einwirken auf gesetzgeberische und administrative Schritte anderer Stellen im Sinne der raumplanerischen Querschnittsfunktion.

Suboptimale Lösungen werden bereits in dieser frühen Phase für die Raumplanung zur Regel. Das ist bedauerlich. Verdächtigt wird sie, nicht zu genügen, selbst dort, wo sie den politischen Vorgaben und dem geltenden Recht zu folgen hat. Ventile, nötigenfalls Rechtsänderungen beantragen, in politische Prozesse eingreifen zu können, müssten ihr gewahrt sein. Sie sind es aber nicht immer. *Kurzum, Raumplanung ist eine wenig spektakuläre Aufgabe, und eine heikle dazu, herausfordernd zudem, weil sie die Zukunft betrifft.* Nötig ist sie allemal. Die Zukunft ist sogar der Raumplanung Stärke. Um so mehr ist sie oder wäre sie auf das kritische wissenschaftliche Befragen und Begleiten angewiesen. Das aktuell in der Planung unbewusst dominierende „Unbestimmt-Visionäre", das „Designhafte", das Setzen auf bauliche „Grossprojekte" (Stadien, Museen, Einkaufs-, Erlebnis- und Vergnügungszentren), das einseitig „ökonomische Bewerten" und/oder das politisch bevorzugte einvernehmlich „Verträgliche-Kooperative" zu begünstigen, sie vermögen ohne das Analytische und das Normative und auch ohne das Verbindliche nicht zu genügen. Die Raumplanung lebt vom Bedenken und Überzeugen, vom Bewahren und Gestalten, vom sorgfältigen Zurückhalten und dem unablässigen Voranschreiten im Kleinen und im Grossen, vom Grenzen ziehenden Ordnen und vom Anspruch auf Freiheit, auf Dynamik – in all ihren gesellschaftlich relevanten Facetten. Das Recht ist dabei Stütze und gleichzeitig geltender Fokus. Gutes Raumplanungsrecht arbeitet mit Freiräumen, mit Zielnormen, mit kontrolliert eingeräumten Planungsermessen, aber auch mit zwangsbewehrten, verbindlichen Normen. Immer wieder neu zu bedenken!

Die Widersprüche rund um die Raumplanung wurden vor und nach dem Inkrafttreten des neuen Bundesgesetzes über die Raumplanung nicht von

X. Prozessorientierte, alle raumwirksamen Bereiche erfassende Funktion

allen Seiten erkannt und anerkannt. Der *Anklage fehlenden Rechts* folgten *Vorhaltungen der Verrechtlichung* – eine wiederkehrende Vorwurfsabfolge. Der Ausbruch aus dem Recht wird denn auch seit dem Erlass des Bundesgesetzes und der Novellierung der kantonalen Gesetze häufig, in der Regel verdeckt, seltener offen, immer aber pointiert, gefordert. Die vordergründigen Thesen zur „Entrechtlichung" signalisieren jedenfalls Unwillen zum Recht oder behauptete Unfähigkeiten des Rechts in Planungsbelangen. Dies ändert aber nichts an den verfassungsrechtlichen Vorgaben, vor allem an den geltenden Grundsätzen rechtsstaatlichen Handelns. Selbst der sich anmeldende Ruf nach „weichen", nach „marktwirtschaftlich" ausgerichteten und sogar nach „informellen" Instrumenten erklärt sich aus dem kritischen Verhältnis zum Recht. Aber auch dieser wird letztlich am Rechtsstaat auflaufen, da auch der Markt und die ihm adäquaten Instrumente wie auch die vermeintlich „weichen", vertraglichen Vorgaben der rechtlichen Grundlegung bedürfen. Dies gilt für die Raumplanung als öffentliche Aufgabe. Als *Wissenschaft darf die Raumplanung für sich in Anspruch nehmen, vorrechtliche und ausserrechtliche Gesichtspunkte zu bedenken.* Sie darf auch über den Integrationsgrad ins Recht reflektieren und das Recht in Grenzen gesetzt sehen. Die Fragestellung ist aber eine elementar andere, wenn es um die Raumplanung als öffentliche Aufgabe geht.

An der *Rechtswissenschaft* war und ist es, *das Planungsrecht in seiner Eigenart zu erkennen* und die Gesetzgebung sowie die Rechtsprechung daran zu messen. Zu wenig beachtet wird durch sie, wie sehr sich der Bundesgesetzgeber im Kontext des Bundesgesetzes über die Raumplanung von 1979 bemüht hatte, dem Planungsermessen Raum zuzuerkennen, beispielsweise bezüglich der Wahl der Zonenarten, deren Lokalisierung und Dimensionierung und durch die Vorgabe von wägbaren Planungsgrundsätzen (finale Rechtssätze), die nicht in der Art konditionaler Rechtssätze nach dem Wenn-dann-Schema umzusetzen, sondern vor ihrer Anwendung untereinander und gegeneinander abzuwägen sind.

Das Planungsermessen ist allein schon deshalb zu erhalten, weil die zukunftsoffene Wirklichkeit im Vergleich zum gesetzten Recht, geprägt durch Erfahrungen, lebhafter, überraschender, agiler ist, als dem zur Starrheit neigenden Recht samt seinen Planfestsetzungen lieb sein kann. Ein Beispiel: Das digitalisierte Zeitgeschehen ist auf dem Weg, die Einkaufsgewohnheiten durch Internetbestellungen grundlegend zu verändern, also die Einkaufszentren zu tangieren, das Einkaufen in den Städten zu umgehen, deren Attraktivität zu mindern. Die Planung muss reagieren, die Politik ebenfalls. Auf alle Fälle müssen sie neu disponieren, weil die Wirklichkeit eine andere und erst noch stärker ist als die vorgegebenen Planungen. Vielleicht ist sie weniger dramatisch, aber immerhin evident für Änderungen im Investitionsverhalten bisheriger Anbieter. Anders herum gesagt, *das Planungsrecht und die rechtlich gestützte Raumplanung müssen dem Spannungsverhältnis von Recht und sich ändernder Wirklichkeit gewachsen sein*. Dem dienen Abstraktionsgrade, unbestimmte Rechtsbegriffe, Planungsermessen, Änderbarkeit von Plänen und Gesetzen zu. Sie dürfen nicht aus dem Planungsrecht verbannt werden. Auf ihnen gründet letztlich die Fähigkeit zur geforderten Prozessplanung.

Der leider seit geraumer Zeit auch im Planungsrecht verbreitete „Präjudizienkult" wird diesen Offenheiten nicht gerecht. Die Rechtsprechung darf sicherlich nicht zu einem Ausschluss des bewusst gewählten Ermessens beitragen. Sie würde den Willen des Gesetzgebers, Planung dynamisch zu erhalten, verfälschen. Selbst die Rechtsgleichheit kann in der Planung, auch unter dem Titel der wegleitenden Entscheide, nur eine abgeschwächte Bedeutung haben. Diese Grundeinsicht darf über die Summe der leading cases nicht ins Gegenteil verkehrt werden. Nebenbei sei gefragt, ob bewusst ist, dass die Bodenzuteilung innerhalb der Märkte des Baulandes und der eher landwirtschaftlich genutzten Flächen gerade nicht raumplanerisch determiniert ist, sondern weitgehend – vorbehalten sind erbrechtliche Sonderregelungen – nach „marktwirtschaftlichen Gesetzen" erfolgt? Ist gegenwärtig, dass die kantonalen Planungs- und Baugesetze und auch die Verordnung zum Bundesgesetz nicht in allen Teilen dem inneren Geist des betont dynamisch angedachten Bundesgesetzes folgen? Insbesondere ist präsent, dass dem Richtplan mit der angeordneten Unterlegung einer geografischen Karte und dem Einpflanzen von nutzungsplanerischen Vorgaben viel an eleganter Wirkungskraft genommen wurde?

16. Der *hohe Anspruch der Raumplanung*, sich auf den ganzen Raum als Lebensraum für die Menschen, die Fauna und die Flora zu konzentrieren und in einem dauernden Prozess alle raumwirksamen Massnahmen sachgerecht einzusetzen, liess sich nicht von Anfang an widerstandslos durchsetzen. Viele Kräfte stellten und stellen sich auf Bundes- und kantonaler wie kommunaler Ebene entgegen: theoretische und praktische, der Berufung

X. Prozessorientierte, alle raumwirksamen Bereiche erfassende Funktion

auf das Tradierte des Nutzungsplanerischen, von der Eigenprofilierung bis zum Insistieren auf Besonderheiten, von der Berufung auf Kompetenzen, Ämterzuständigkeiten, Auslagerungen aus der Verwaltung, Hinweisen auf Rechtssicherheit bis zum besseren Wissen, bis hin zur ausgewiesenen sachlich-politischen Erfahrung und zur Abneigung gegenüber dem Voranschreitenden. Solche Vorbehalte lehnten unter anderem auch die Querschnittsfunktion als Beeinflussungsversuche ab. Das Doppel von dynamischer Prozessplanung und verstetigender Festlegungen auf Zeit und Dauer gilt es zu beherrschen.

Das *Bundesamt für Raumplanung* nahm sich im ersten Jahrzehnt seines Wirkens eher zurück, und auch den Kantonen fiel es schwer, vom rein Nutzungsplanerischen abzurücken. Zudem dominierte das Denken in politischen Hoheitsgebieten, was die freie Sicht auf den Raum als Ganzes und auf die funktionalen Räume behinderte. Das raumplanerische Involvieren der Politik, der Regierungen, der Parlamente und auch der Verwaltungen samt öffentlichen Werken und Unternehmungen bereitete Mühe. Eine Wende drängte sich auf.

17. Die *Wissenschaft von der Raumplanung* zeichnet zu dieser Zeit im Gegensatz zum geltenden Recht kein geschlossenes Bild des Raumplanungsverständnisses. Ein Suchen nach neuen Öffnungen sowie das Beleben des Informellen und/oder des Vertraglichen rückten vor. Sogar vom Postulat der „Entrechtlichung" war da und dort die Rede, vor allem gerichtet gegen die Verrechtlichung der Planung und der Raumplanung im Besonderen. In der Schweiz wurde dieses weniger deutlich ausgesprochen als im benachbarten Ausland. Die Rechtswissenschaft liess aber in ihren Anstrengungen, die Raumplanung und das ihr eigene Recht zu verstehen, nicht nach. Die Zahl der juristischen Abhandlungen und Gesetzeskommentierungen nahm denn auch zu. Kritisch zu bedenken ist, ob es nicht angezeigt wäre, das fachliche Grundsätzliche genau so intensiv zu bearbeiten wie das juristisch kommentierende Aufdatieren und das Einbeziehen der mitlaufenden Rechtsprechung.

18. Nicht voll in Fahrt gekommen ist ab der Geltung des RPG die *Raumordnungspolitik* im Sinne der Mobilisierung des politischen Engagements der Regierungen, der Parlamente des Bundes, der Kantone und der Gemeinden, der Ämter, der Parteien, der Verbände usw. mit dem Hauptziel, allseits

das lebhafte Bewusstsein, das unerlässliche „feu sacré" für das Initiieren und Umsetzen raumordnender Prozesse. Die Raumplanung als unermüdliche Daueraufgabe inmitten sich verändernde Herausforderungen verlangt danach.[39]

19. Weichen wir der Kernfrage, die aufkommen muss und darf, nicht aus: *Überfordert die prozessorientierte Raumplanung sich selbst?* So eindrücklich einleuchtet, dass sie sich nicht als vorwegnehmende Festlegung der anzustrebenden Raumordnung verstehen dürfe, weil die Zukunft und die Wirklichkeit der Fakten und Verhaltensweisen nie endgültig in Gesetzen und Plänen fassbar sind, so muss doch erahnt werden, dass eine ständige Auseinandersetzung mit der sich bewegenden Wirklichkeit *und* der stets offenen Zukunft keine andere Wahl als jene zum prozessartigen Voranschreiten zulässt. Finalisierte, definitiv definierte „Endzustände" (resp. sogar ein singulärer Endzustand) als anzustrebende Raumordnung sind eine banalisierte Fiktion. Also muss das ständige Ringen mit den Realitäten und der Zukunft, die sich nicht selbst erklärt, akzeptiert werden, gerade auch für und durch die Planung und somit auch für die Raumplanung. Dies ist kein absolut neues Phänomen. Auch der Gesetzgeber und selbst der Verfassungsgesetzgeber wissen um den politischen, wirtschaftlichen und gesellschaftlichen Wandel: Gesetze müssen deshalb änderbar sein; nicht minder Raumpläne und Raumplanungsgesetze. Das Prozessartige der Raumplanung ist die Antwort auf das Unausweichliche der sich mutierenden Wirklichkeit wie auch der offenen Zukunft. Die Gegebenheit des Raumes respektive der Räume – des einen Lebensraumes – unterstreicht als Schranke sogar das Prozessbetonte, zumal die Begrenzung des Raumes ihrerseits das permanente Haushalten bedingt, das in Abhängigkeiten von Bedingungen und Bedürfnissen ein prozessartiges und anhaltend planerisches Vorgehen gebietet.

---

[39] Die in den ersten Jahrzehnten der schweizerischen Raumplanung bedeutsamen Probleme spiegeln sich in der Aufsatzsammlung von *Lendi Martin*, Recht und Politik der Raumplanung, Zürich 1984 (2. A. 1997), mit den zwei Untertiteln „Recht der Raumplanung" und „Politik der Raumplanung". Die Spannweite reicht bis „Werdende Europäische Raumordnungspolitik" und zurück bis zu „Raumbedeutsame Pläne". Die Grundthese wird sichtbar: Das Planungsrecht ersetzt nicht die Raumordnungspolitik. Es bedarf sowohl des Rechts als auch der Politik, soll die Raumordnung gedeihen.

XI. Verstetigung des vertieften Verständnisses?

Ab etwa 1990, Vorboten neuer Entwicklungen

Dass die Welt um 1990 mit dem längst geschuldeten Nachlassen des Kalten Krieges, der keimenden Globalisierung, der Stärkung der EG durch das vereinte Deutschland und mit dem Nachdenken über eine fällige Weltordnung einen Veränderungsschub erfuhr, ist bekannt. Auch wenn wir heute erleben, wie sehr Hoffnungen und Realitäten auseinanderdriften können, steht fest, dass die Welt sich auf dem Weg befindet, sich neu zu orientieren. Mitten drin bäumen sich neue Unruheherde auf, die mit unterschiedlichsten Mitteln Ansprüche erheben, beachtet und gehört zu werden. Die Veränderungsschübe haben auch die Schweiz berührt. Auf sie wird einzutreten sein, sogar mit dem Weitblick auf die Stossrichtungen hin zur Wissensgesellschaft im Umfeld neuer Technologieschübe um das Jahr 2000 sowie der Parallelität von Internationalisierung und Globalisierung und Wiedergeburt des Nationalstaatlichen.

Nehmen wir eine allgemeine und eine spezielle Aussage zur schweizerischen Raumplanung vorweg:

a) Als rechtlich unterlegtes öffentliches Anliegen ist die Raumplanung seit dem Ende der 1960er-Jahre und vor allem mit dem massgebenden Bundesgesetz ab 1979 zu einem *festen Bestandteil der öffentlichen Aufgaben in Bund, Kantonen und Gemeinden* geworden. Sie entfaltete sich lebhaft, sei es aufseiten der Gesetzgebung, sei es als Planungsaktivitäten, sei es realisierend. Auch politisch fand sie Unterstützung. Parteien und Politikakteure profilieren sich seit geraumer Zeit mit den Themen der Raumplanung. Die Erwartungshaltungen in der Bevölkerung sind nach wie vor gegeben, doch ist die Gewissheit auf bleibende Erfolge eher gedämpft, weil immer wieder neue Herausforderungen aufkommen.

b) Das Bundesamt für Raumplanung hat sich ab etwa 1990 den erhöhten Anforderungen gestellt und sich von den bedrängenden Zurückverweisungen auf das Bodenrechtliche und Nutzungsplanerische, das in den 1980er-Jahren dominierte, befreit. Es wandte sich in souveräner Art den Grundzügen der Raumordnung Schweiz zu, legte Realisierungsprogramme auf und verstärkte, als relativ kleines Bundesamt, den Koordinationsanspruch auf die Bundesämter, mit dem Ziel, mindestens im Bereich der ökonomischen Leistungen (Subventionen) raumordnungspolitische Akzente zu setzen. Dies alles blieb nicht ohne Auswirkungen auf die Kantone. Deren Richtpläne der ersten Generation wurden bald einmal durch solche der zweiten abgelöst, die erhöhte raumordnungspolitische Anforderungen stellten. Die Vorleistungen des Bundesamtes dürfen insgesamt nicht unterschätzt werden, gelang es doch, mit den lancierten Schritten der Raumplanung und der Raumordnungspolitik Aufwind zu verleihen. Bemerkenswert dabei ist, dass Bundesrat und Parlament involviert wurden und dass das engagierte Neu-Anstossen auf Zeit vom Ballast einer zu administrierten Raumplanung befreit werden konnte. Dass sich nicht alle Bundesämter in gleichem Masse einspannen liessen, ändert nichts daran, dass die Raumplanung an politischem Stellenwert zugewann. Mit diesen Aussagen sei unterstrichen: Das Bundesamt für Raumplanung hat sich, ungefähr zwischen 1989 und 2000 unter dem Einfluss von Hans Flückiger als Direktor dem zeitgemässen und gleichzeitig ursprünglichen Verständnis der Raumplanung geöffnet und im richtigen Zeitpunkt die erforderlichen Akzente gesetzt.[40]

---

[40] Massgebend ist vor allem: *Schweizer Bundesrat*, Bericht über die Grundzüge der Raumordnung Schweiz, vom 22. Mai 1996, BBl 1996 III, S. 556 ff., gefolgt von bundesrätlichen Realisierungsprogrammen 1996–1999 (BBl 1996 III S. 627 ff.), 2000–2003 (BBl 2000, S. 5292 ff.) usw. Vorausgegangen war bereits 1989 ein Bericht über Massnahmen der Raumordnungspolitik (BBl 1990 I, S. 1002 ff.). Über die Intentionen in den 1980er-Jahren orientiert der Raumplanungsbericht des Bundesrates von 1987: Bericht über den Stand und die Entwicklung der Bodennutzung und Besiedlung in der Schweiz vom 14. Dezember 1987. Der letzte Titel verrät die reduzierte Sicht der 80er-Jahre. Die neueren Texte stehen hingegen für einen ausholenden Zutritt zur Raumplanung im Sinne der verfassungsrechtlichen und gesetzlichen Bestrebungen, der früheren *Landesplanerischen Leitbilder* und der Expertenkommission von 1966. Mithin, die Grundzüge der

XI. Verstetigung des vertieften Verständnisses?

Raumordnung Schweiz markieren eine substanzielle Problemsicht. Sie wurden zudem bewusst mit dem Ziel eingebracht, den Bundesrat als Regierung und das Parlament in die Raumordnungspolitik zu involvieren, eng verbunden mit politischer Legitimierung, insbesondere auch mit Nebenwirkungen auf die Bundesverwaltung, die Kantone, die Öffentlichkeit und das benachbarte Ausland, inklusive die EG und später die EU.

Die *Grundzüge der Raumordnung Schweiz* beleuchteten in neuartiger Art und Weise, wenn auch nicht in der Breite der *Landesplanerischen Leitbilder* von 1971 und des Raumordnungskonzepts CK 73 der Chefbeamtenkonferenz, den Istzustand der Raumordnung und der Raumordnungspolitik, sodann die erforderlichen Strategien der Raumplanung Schweiz sowie die Aktionsfelder der Raumordnungspolitik des Bundes. In der Sache – materiell – geht der Bericht über die Grundzüge nicht vom geltenden Recht und auch nicht von der heiklen Kompetenzordnung Bund–Kantone aus, sondern von den substanziellen Problemen und entwickelt gestützt darauf Strategien zur Raumordnung, wissend, dass der Politik durch das Recht materielle und formelle Grenzen gesetzt sind. Die Hauptpunkte der Strategien gelten der Zukunft des Lebens- und Wirtschaftsraumes Schweiz, dem Ordnen der städtischen Räume, dem Stärken der ländlichen Gebiete, dem Sorgen für den Natur- und Landschaftsraum und der Einbindung der Schweiz in Europa, alles unter mehr Kohärenz des raumwirksamen Handelns.

Viele Aspekte dieser Strategieansätze sind Vorboten des heutigen Umfeldes, wenn auch noch zu zeigen sein wird, wie massiv sich die weiteren Veränderungen im Nachgang zu den 1990er-Jahren ab dem Jahr 2000 ausnehmen sollten.

Das Inhaltsverzeichnis der Grundzüge präsentiert sich in den Kerntiteln wie folgt:

1. Wozu braucht es die Grundzüge
2. Wo stehen wir heute?
   - 2.1. Raumentwicklung, Flächen und Strukturen
   - 2.2. Städte und Agglomerationen
   - 2.3. Ländliche Räume
   - 2.4. Landschaft unter Druck
   - 2.5. Die Schweiz im internationalen Umfeld
   - 2.6. Die zukünftige Handlungsmöglichkeiten
3. Strategien der Raumordnung Schweiz
   - 3.1. Eine Zukunft für den Lebens- und Wirtschaftsraum Schweiz
   - 3.2. Städtische Räume ordnen
   - 3.3. Ländliche Räume stärken
   - 3.4. Natur- und Landschaftsräume schonen
   - 3.5. Die Schweiz in Europa einbinden
   - 3.6. Strategien zur Raumordnung Schweiz – eine Gesamtschau
4. Aktionsfelder der Raumordnungspolitik
   - 4.1. Mehr Kohärenz im raumwirksamen Handeln des Bundes
   - 4.2. Beitrag zu einer nachhaltigen Entwicklung der Volkswirtschaft
   - 4.3. Festigung des Städtesystems Schweiz

c) Für die Etablierung der Raumplanung als wissenschaftliche Disziplin zeichneten sich neue Wege ab. Dem ORL-Institut gelang es leider nicht, den Aufgabenbereich hinreichend zu weiten. Das Ausrichten auf Netzwerke bahnte sich an. Umgekehrt fand die Raumplanung an den Universitäten neue Zutritte, so in den Bereichen der Geografie, der Kartografie, der Statistik, der Informatik, der Ökonomie, der Ökologie, der Soziologie und vor allem der Rechtswissenschaft, gleichsam in den raumrelevanten Wissenschaften. Zudem wurde die Raumplanung als öffentliche Aufgabe voll mündig, was die Wissenschaft von Zusatzfunktionen und prononciert praxisorientierten Forschungen entlastete. Neben dem Bundesamt für Raumplanung war es vor allem das Bundesamt für Statistik, das in der Raumanalyse kompetent wurde. Die Ausbildung in Raumplanung blieb an der ETH Zürich und an der ETH Lausanne samt Bologna-Prozess gewährleistet und fasste innerhalb eines Teils der erwähnten Wissenschaften Fuss. Dass die Hochschule Rapperswil nach wie vor der Raumplanung zugetan ist, darf positiv vermerkt bleiben. Der grosse Vorteil der Netzwerke an der ETH Zürich ist die wiedergewonnene Nähe zum Städtebau und zur Stadtplanung, national und international mit Institutionen in Basel und Singapur.

Kehren wir zu den anstehenden und auflaufenden *tatsächlichen Veränderungen zurück*. Seit geraumer Zeit, ab etwa 1990 treten sie nämlich deutlicher hervor, sicherlich nicht einseitig als abrupte Erscheinungen, sondern als sich von Periode zu Periode nuancierende Tatsachen, als erhöhte Ansprüche an den Lebensraum, dann aber auch neue Wahrnehmungen und als

4.4. Förderung des ländlichen Raumes
4.5. Einbindung in die europäische Raumordnung.

Vorausblickend kann erahnt werden, dass zu Beginn des 21. Jahrhunderts die bereits in diesem Zusammenhang – indirekt – erkannten Defizite noch deutlicher gesehen werden können und die Strategieverfolgungen noch deutlicher an Grenzen stossen dürften. So oder so: Die angedachte Wende war sachlich und übrigens auch verfassungsrechtlich und gesetzlich geboten und deshalb als notwendig einzuleiten. Verwunderlich wäre es hingegen gewesen, wenn es nicht zu Bedenken gekommen wäre, zumal Vorbehalte in Verwaltungen des Bundes und der Kantone bekannt waren: Sie befürchteten eine Vormacht der Raumplanung.

XI. Verstetigung des vertieften Verständnisses?

sich vertiefendes Problembewusstsein. In der Gegenüberstellung mit den Pionierzeiten werden die Verschiebungen besonders markant fassbar. Gerade für die Zeit um die Jahrtausendwende wird klar erkennbar, wie fortentwickelt bis gar erheblich verschieden die Herausforderungen gegenüber der Zeit der Konzipierung der Raumplanung als öffentliche Aufgabe und des Raumplanungsrechts in den 1960er- und 1970er-Jahren geworden sind:

- Das *politische Umfeld ist nicht mehr dasselbe.* Der Fall der Mauer, die Auflösung der Sowjetunion, die inneren und äusseren Strukturprobleme der EG aufgrund fachlicher und gebietsmässiger Ausweitungen sowie rechtlicher Neubasierungen, die Ablehnung des Beitritts der Schweiz zum Europäischen Wirtschaftsraum (EWR), dann aber auch die insgesamt erfolgreiche und gleichzeitig wirkungsvolle Lancierung des bilateralen Weges mit der EU bis und mit der eher fragwürdigen Personenfreizügigkeit. Solche und weitere Punkte setzen neue Fragezeichen zur Organisation und Ausrichtung der schweizerischen Raumplanung, sogar hinsichtlich der internationalen Positionierung. Die in der Zwischenzeit aufgekommenen Fragezeichen und Ungewissheiten zur internationalen Entwicklung relativieren die positiven Vorzeichen teils erheblich, ohne aber die Veränderungen wegzuwischen. Hinter allem stehen die Globalisierung der Weltwirtschaft und der tastende Aufbruch zu einer Weltordnung vor dem Hintergrund von umspannender Mobilität und unendlicher Kommunikation, aber auch begleitet von Interessenwahrungen in nationalstaatlicher Art.

- Markant ist für die Schweiz die *Bevölkerungszunahme.* Gegenüber den rund 4 Mio. Einwohnern zu Beginn des Zweiten Weltkrieges tendieren die Zahlen deutlich in Richtung von 8,4 Mio. Einwohnern. Der Gründe sind viele. Die Personenfreizügigkeit, vereinbart mit der EU, entwickelt Nachfrage und Sogkraft, bedingt durch Zwänge hier und Erwartungen dort; Arbeitsmarktdivergenzen, disparate Lohnerwartungen usw. tragen ihrerseits dazu bei. Neben der Zuwanderung sind zusätzlich die täglichen grenzüberschreitenden Pendler in der Grössenordnung von insgesamt rund 300 000 in die Räume von Genf, Basel, Zürich sowie Lugano und Locarno zu bedenken. Dazu kommen Asylbewerber und Flüchtlinge. Belastet werden raumrelevant neben dem Wohnungsmarkt vor allem die Infrastrukturen und deren Leistungsangebote in den Bereichen Verkehr und Energie. Das

Phänomen der internationalen „Massenwanderungen" samt potenziellem Familiennachzug mit sozialen Folgekosten trübt zusätzlich das Zukunftsbild und bewirkt in der Öffentlichkeit eine gewisse Sorge. Raumplanerisch relevant ist die Bevölkerungszunahme ausserdem im Zusammenhang mit den kumulativ wachsenden Ansprüchen an den Lebensraum bezüglich Wohnen, Arbeiten, Mobilität und Freizeit bei hoher Urbanisierung, etwas reduziert durch Verlagerungen vom zweiten zum dritten, weniger raumintensiven, Wirtschaftssektor.

– *Das Marktgeschehen,* mit Einschluss der neuen Wissenschaftsschübe bei den Natur- und den Kommunikationswissenschaften sowie in den Ingenieurdisziplinen, in ihrer vollen Breite von der Elektrotechnik über die Robotik und die Informatik bis zum Infrastrukturbau, *wirkt anspornend und konkurrierend auf die Schweiz ein* – auf ihre international ausgerichtete Wirtschaft, auf die Hochschulen usw. und sodann auf die Einflussmöglichkeiten der hiesigen Politik. Die anhaltende Finanzmarktpolitik des billigen Geldes schlägt auf die Verschuldungsmöglichkeiten und die Immobilienpreise durch. Der hohe Frankenkurs, insbesondere gegenüber dem Euro, belastet zusätzlich. Zwei Aspekte sind gegeben: a) Die international engagierten grossen und mittleren Unternehmungen werden nach ihrer Leistungsfähigkeit und nach den Märkten für Produktion und Absatz internationaler, die hiesige Politik büsst an Regelungseinfluss ein – mit Auswirkungen bis hin zur Raumplanung. b) Die Nachbarstaaten und die gleichfalls berührten internationalen Organisationen beargwöhnen die Schweiz und üben einen gewissen Druck auf sie aus, keine eigenen politischen und sachlichen wie auch steuerseitigen und rechtlichen Wege zu gehen. Die *nationale Wirtschaftspolitik* hatte nach 1990 zwar bald schon diverse Krisen zu überwinden (Immobilienkrise 1992, Finanzmarktkrise 2008, Frankenüberbewertung ab 2014), mit negativen Auswirkungen über Jahre, doch wurde schon früh erkennbar, dass sich die schweizerische Wirtschaft auf hohem Niveau einigermassen zu behaupten weiss, wenn auch bei gedrosseltem Wachstum. Wie sich die Entwicklung längerfristig anbahnt, muss als offen erkannt werden. Folglich muss das Raumplanerische in Szenarien bedacht werden.

– Verbunden damit sind *erhebliche Veränderungen in der Gesellschaft,* spürbar an der Überbetonung des Individuellen und der Ichbezogen-

XI. Verstetigung des vertieften Verständnisses?

heit über neu akzentuierte Lebensstile wie Singlehaushalte und den vollen Einbezug der Frauen in die Berufswelt, ferner bis zum Altersaufbau und zur internationalen Durchmischung bei einem Ausländeranteil von zunehmend gegen über 20 Prozent. Die für die Schweiz unmerklich typisch gewordene urbane Lebensweise zeitigt sogar Auswirkungen auf die ländlichen Räume und die Berggebiete, dann aber auch auf die Beziehungen zum international benachbarten Umfeld. Nicht zu übersehen und deutlich zu unterstreichen ist die Internationalisierung der Wirtschaft bis hin zu den KMU nach Arbeits- und Absatzmärkten, nach Produktionsstandorten, Finanzdienstleistungen, Leitungsfunktionären usw. Das alles ist nicht ohne ursächliche Relevanz für die Ansprüche an den Raum. Ob die sozialen Veränderungen sogar – unterschwellig oder sichtbar werdend – einen Wertewandel bereits beinhalten oder ankündigen?

– Faktisch ist die Schweiz ab etwa 1990 Schritt für Schritt, mindestens im Mittelland, *zu einer Stadt geworden,* sicherlich nach verbreitetem urbanen Lebensstil, stellenweise sogar nach der Dichte, dann aber auch nach der wirtschaftlichen und kulturellen Bedeutung der gegebenen und sich anbahnenden Stadtgebiete, ferner nach den Ausdehnungen und Berührungen der Agglomerationen und auch aufgrund der neu geschaffenen Verkehrsstrukturen samt erweiterten Leistungsangeboten des öffentlichen und zugunsten des privaten Verkehrs. Die S-Bahnen beschleunigen das Wachstum der Agglomerationen besonders auffällig. Zweifellos dämpfen die Durchgrünung, die Waldflächen, die Gewässer und ganz allgemein die kleinkammerigen Geländekonfigurationen die Belastungen durch die Baugebiete, doch ändert dies nichts daran, dass die Schweiz insgesamt zur „Stadt Schweiz" tendiert. Die fehlenden Doktrinen zur Stadtplanung, zum Städtebau wie auch zur Agglomerationsbildung und nicht zuletzt zur Organisation der die politischen Grenzen von Kantonen überschreitenden Ballungen und Metropolitanräume wiegen deshalb schwer.

– Es ist vor allem die Stadt Zürich, die bald einmal erkannt hat, dass es mit erfolgreichen – diese liegen zurück – und vor allem mit erfolgsarmen Eingemeindungen wie auch mit Zonenplanungen und Sondernutzungsplänen tradierter Art nicht getan ist. Erste Versuche mit

Wohnanteilplänen führten zwar zu einem gewissen Erfolg wider den Verlust an Wohnraum in der Stadt. Vor allem die Strategien der teilräumlichen Stadterneuerung – so in den ehemaligen Industriegebieten – führten zu einem hohen Gewinn (Zürich West, Zürich Oerlikon usw.). Die Bildungsmeile vom See über Bellevue, Kunstmuseum, Universität, Universitätsspital, ETH, verlängerungsfähig bis zur Universität Irchel, gar mit Anschlussmöglichkeiten bis zur ETH-Hönggerberg, erweist sich als tragfähig, gleich auch als Symbol des hohen Stellenwertes der Bildung und Ausbildung und der Kooperation der Forschungsstellen in Richtung der Lifesciences, der Informatik und der Elektrotechnik. Auf der andern Seite fügt das ETH-Studio Basel sukzessive kreative Anstosselemente für die Wahrnehmung der „Siedlung Schweiz" bei. Positive Akzente kommen auch von der Verkehrsplanung her. Die Westschweiz brilliert mit der ETH Lausanne als Impulssetzerin für den „Arc Léman", der die beiden Teilräume Lausanne und Genf bogenähnlich umspannt und den Jura in Teilen einschliesst. Die Internationalisierung findet in ihm einen bevorzugten Raum.

– Gleichsam von aussen beobachtet, dann aber auch von innen gesehen, bieten sich heute *zwei Grossräume* an: Zürich–Winterthur–Basel–Aarau–Luzern–Zug mit Ausdehnungen in die Ostschweiz und Genf–Lausanne. Auch wenn es sich von den Bevölkerungszahlen her im internationalen Vergleich nicht um sehr grosse Ballungen handelt, doch akkumulierte Werte wirtschaftlicher Kraft, des Verkehrsaufkommens, der internationalen Wettbewerbsfähigkeit usw. machen sie zu echten Metropolitanräumen. Sogar von europäischem Gewicht, und im Verbund mit dem Tessin liegen sie zudem in der sogenannten „Banane" London–Brüssel–Frankfurt am Main–Mailand. Ein europäischer Teilraum von besonderer Attraktivität. Auch wenn diese Achse mit dem in Betrieb genommenen Gotthard-Basistunnel gemessen an der Osterweiterung der EU nicht sehr zukunftsträchtig sein sollte, für Europa und die Schweiz mit Einschluss des Alpentransits ist sie als Nord-Süd-Akzent bleibend wichtig.

– Die weitgehend in und ab den 1960er- und 1970er-Jahren geplanten und gebauten *Infrastrukturen* waren zwar ausholend angedacht, kommen nun aber in die Jahre und an ihre Kapazitätsgrenzen, wenn sie diese nichts bereits überschritten haben. Die Bevölkerungszunahme

XI. Verstetigung des vertieften Verständnisses?

fällt eben ins Gewicht, so beim Strassen- und nicht minder beim öffentlichen Schienenverkehr, dann aber auch im Energiebereich, bei der Wasserversorgung und beim Gewässer- und Umweltschutz. Der Nachholbedarf bezüglich Unterhalt und Erneuerung sowie dringend notwendiger Erweiterungen werden zu Herausforderungen. Der knappe Raum mahnt zu intelligenten Planungen, so zur Substituierung des materiellen durch den immateriellen Verkehr, dann aber auch zum Ausweichen in den Untergrund – mindestens für die Logistik?

– Neue Engpässe stehen an. Die Raumplanung hat bezüglich ihres politischen Einflusses zu bedenken, dass sie nicht nur mit den gleichsam hauseigenen Problemen ringt, sondern in Kauf nehmen muss, dass in andern Bereichen Lasten aufgelaufen sind, welche die Handlungsfreiheit des Staates auf allen Ebenen bedrängen. Die Sozialwerke, das Gesundheitswesen, die Sicherheitspolitik, sie alle rufen nach Sanierung und Erhalt ihrer Leistungsfähigkeit, unterlegt vom Wunsch, ihre Angebote zu optimieren. Aber nicht nur die Finanzen markieren Engpässe. Politische kommen dazu: von der Problemwahrnehmung bis zur Problemmeisterung, auch im Umgang mit Prioritäten, auch mit der demokratischen Legitimierung. Alles in allem: Der Lebensraum wird bedrängt.

– Die Schweiz muss, wenn man das Geschehen mit seinen Weiterungen und Intensivierungen seit den Perioden nach der Pionierzeit in die Waagschale legt, *die räumliche Situation neu beurteilen.* Die Raumplanung des sich öffnenden 21. Jahrhunderts kann unter den veränderten Voraussetzungen nicht mehr die gleiche sein wie im 20. Jahrhundert mit seinen primär örtlichen und kantonalen, ländlichen und städtischen Bedingungen. Neue Impulse für neue Antworten auf neue Problemstellungen sind gefragt.

– Am insistierenden *Aufzeigen von akuten Defiziten* führt beim kritischen Andenken nichts vorbei. Sie betreffen, abgesehen von den soeben erwähnten Aspekten funktionaler Räume, die hinkende Stadt- und Agglomerationsplanung, die Implementations- und Umsetzungsfunktionen im Bereich der Nutzungsplanungen, das Angehen der Siedlungsqualitäten, die Flexibilisierung der Pläne, die fachliche Grundlegung der nationalen Raumplanung, das Planungs- und Baurecht, das Verhältnis von Raumplanung und Umweltschutz usw. Ganz allgemein: Die

Schweiz stösst in den Grossräumen von Genf, Basel, Zürich, Lugano und eigentlich rundherum immer deutlicher an sachliche und politisch-historische Grenzen – sie ist als Kleinstaat ein „Grenzenland". Im realen und übertragenen Sinn: ein Land in Grenzen und an Grenzen stossend. Dies gilt beispielsweise für Einrichtungen wie Flughäfen, für die es nicht beliebig viele Standorte gibt. Selbst die öffentlichen Unternehmungen haben sich ihrer raumplanerischen Verantwortung bewusst zu sein, jedenfalls bei der Wahrung der ihnen anvertrauten oder durch sie zu respektierenden öffentlichen Interessen.

- Zwei markante Volksvoten führten in dieser Zeitspanne ab 1990 gleichsam am abwägenden lebensräumlichen Denken, wie es die Raumplanung pflegt, vorbei, gleichsam zurück in sektorale Aussagen absoluter Art: a) die sog. *Rothenthurm-Initiative* zum Schutz der Moore, die 1987 angenommen worden ist, und b) diejenige zum *Schutz des Alpengebietes vor dem Transitverkehr*, die 1994 zu einer Verfassungsänderung geführt hat. Sie betreffen die Art. 24^{sexies} Abs. 5 aBV (Art. 78 Abs. 5 BV) und Art. 36^{sexies} aBV (Art. 84 BV) samt Übergangsbestimmungen. Typisch für die beiden neuen Regelungen sind die absoluten Formulierungen und die damit verbundene reduzierte unmittelbare Anwendbarkeit. Die Raumplanung wird mit zu spezifischen Vorgaben belastet. Dass im zweiten Fall nach einer völkerrechtskompatiblen Auslegung gesucht werden musste, ändert nichts daran, dass das Raumplanerische bedrängt wurde. Zeitlich vorausschauend, stellten sich verwandte Probleme später bei der *Zweitwohnungsinitiative* ein, angenommen im Jahre 2012 als Art. 75b BV, dann mit der *Landschaftsinitiative*, eingereicht im Jahre 2008. Sie war ebenfalls absolut formuliert, doch setzte sie sich nicht durch, weil ein indirekter Gegenvorschlag in der Form einer Revision des Bundesgesetzes über die Raumplanung vom 15. Juni 2012 auf die differenzierte Integration in den Kontext der Raumplanung verwies. Auch die *Masseneinwanderungsinitiative*, die zum Art. 121a BV (Steuerung der Zuwanderung) führte, wirft verwandte Fragen auf. Auffallend ist, dass die Verfassungsinitiativen mit raumrelevanten Themen teilweise belastend wirken, wenn sie nicht auf das Wesen und die Funktionsweise der Raumplanung abgestimmt sind.

Diese Gedanken bedürfen in einzelnen Punkten der Vertiefung. Nicht dass die Raumplanung allwissend für alles und jedes verantwortlich sein müsste.

XI. Verstetigung des vertieften Verständnisses?

Aber um zu verstehen, was im Raum geschieht und wie sich die Anforderungen an den Lebensraum ausnehmen, gar darstellen werden, muss die Raumplanung analytisch und vorausschauend weit ausholen. Diese Fähigkeiten wirken sich auf ihr Prospektivvermögen gegenüber dem Leben in Raum und Zeit sowie letztlich auf den Lebensraum als solchen aus, und zwar als Potenzial für die weitere Zukunft, wenn das Werden und das Neuwerden prozessorientiert einbezogen werden.

Das erste Jahrzehnt ab Inkrafttreten des Bundesgesetzes über die Raumplanung (1980) war insgesamt zu einem aufbauenden *Sichtbarwerden des planerischen Einwirkens,* mal im Sinne der abwehrenden negativen, mal im Sinne der die Entwicklung betonenden positiven Planung geworden. Planungs- und Baugesetze und die Pläne aller Art wurden allenthalben eingesetzt und sogar sachlich sowie politisch diskutiert. Allerdings hemmten der föderalistische Respekt vor den Kantonen und die Rücksichtnahme auf die Empfindlichkeit der Bundesämter das durchgreifende Handeln. Das neu involvierte Bundesamt liess es sodann in ausgreifenden Querschnittsansprüchen und Durchsetzungsanforderungen an Kraft des Insistierens fehlen. Die Grundsatzgesetzgebung wurde zu restriktiv verstanden. Eine gewisse Reduktion auf Bodenrechtliches und Nutzungsplanerisches schlich sich übergewichtig ein. Dennoch gilt die Generalaussage: Die politischen Instanzen und die breite Öffentlichkeit standen der Raumplanung wohlwollend und erwartungsvoll zur Seite. Sogar in Parteiprogrammen taucht sie auf. Auch die NGO begannen ihre Aufmerksamkeit zu erhöhen. Und vor allem, das Bundesgericht unterstützte die rechtsstaatliche Ausrichtung der Planung mit einer hilfreichen Rechtsprechung. Dessen ungeachtet nahm der Druck auf den Lebensraum zu, sei es im Bereich der Agglomerationen, sei es mit dem Zweitwohnungsbau im Berggebiet, sei es zulasten der Landschaft durch Erweiterungen der Baugebiete, durch expansive Infrastrukturen im Nichtsiedlungsgebiet und durch nicht zonenkonforme Bauten und Anlagen in der Landwirtschaftszone. Die kritische Wachsamkeit war nicht überall gleich ausgeprägt.[41]

---

[41] Die sich erweiternden Problemstellungen sind breiter dargestellt in: *Lendi Martin,* Lebensraum, Technik Recht, Zürich 1988 (2. A. 1997). Sie werden erfasst unter den Titeln des Umweltschutzes, der Technik, der Raumplanung und der Raumordnungspolitik. Bereits damals war von der Redimensionierung der Bauzonen und vom

In der *zweiten Periode von 1990 bis 2000* hat sich, wie berichtet, vieles positiv verändert. Das Planungsverständnis wurde aufseiten des Bundesamts radikal vertieft, der Querschnittsanspruch auf Bundesebene erhöht und in den Kernbelangen wurde der Druck auf zögernde Kräfte, sogar auf einzelne Kantone, deutlich verstärkt. Die zweite Generation der Richtpläne nahm straffere Züge an. Fragezeichen blieben vorweg gegenüber der Wahrnehmung der Tragweite der wachsenden Raumbelastungen. Wurde in den Kantonen und Gemeinden voll erkannt, wie die Bevölkerung zunahm, wie die Ansprüche an den Raum wuchsen und wie sehr die Infrastrukturen in Rückstand gerieten respektive geraten könnten? Auf alle Fälle wurde die Planungsannahme nur begrenzt neu getroffen. Auch die gesetzlichen Vorgaben hielten sich eher stabil. Ausgeblieben ist vor allem die dringende Aufforderung, den Entwicklungen jene kritische Aufmerksamkeit zu schenken, die rechtzeitig hellhörig und weitsichtig macht, und zwar ins 21. Jahrhundert hinein. Zugegebenermassen stellten die Probleme sich für die Schweiz in besonderer Art. Die internationalen Vorzeichen drifteten markant auseinander. Trotzdem wäre es lobenswert gewesen, die analytischen und prognosegewandten Kräfte aus Wissenschaft und Praxis zu bündeln. Immerhin setzte die Architektur an der ETH Zürich mit dem Städtebau, der Stadtplanung, der Landschaftsgestaltung und zur Geschichte der Städte sowie der Stadtplanungen zusätzliche Akzente. Und die Ausbildung in Raumplanung wurde gar durch Prof. Hans Flückiger, der vom Bundesamt und von der Universität Bern an die ETH gewechselt hatte, neu konzipiert und dem gewonnenen – zurückgewonnenen? – Planungsverständnis angepasst, und zwar mit Wirkung über die Auflösung des ORL-Instituts hinaus. Die Vorboten der überdeutlich voranschreitenden Urbanisierung riefen bedauerlicherweise nur limitiert nach der *Frage nach Defiziten und also nach einer neu zu gestaltenden Raumplanung und Raumentwicklung*. In den 1990er-Jahren war zudem der Druck der Fakten aus heutiger Sicht noch relativ klein. Dieser sollte sich bald ändern. Ob zudem die Vereinnahmung der Politik durch den

verdichteten Bauen die Rede. Selbst im weiteren Band: *Lendi Martin*, Bewährung des Rechts, Zürich 1992, werden die Herausforderungen der Raumplanung unterstrichen und die widersprechenden Interessen im Rahmen des Bodenrechts neu artikuliert. Wichtig sind die Gesamtsichten innerhalb der Raumplanung und des Kontextes, in dem die Raumplanung zu erfassen ist.

XI. Verstetigung des vertieften Verständnisses?

Erlass der Verfassung von 1999 die Spannkraft der Raumordnungspolitik negativ beeinträchtigt oder positiv belebt hat, bleibt zunächst ungeklärt.

Auch die lebhaft aktiven Hintergründe der Internationalisierung und Globalisierung zeigen, dass *sich die schweizerische Raumplanung neu verstehen und einbringen muss.* Es geht hier vor allem um das Andenken und Einbeziehen der Märkte für Energie, Rohstoffe, Produktion von Gütern, Arbeit, Finanzen usw., dann um die neuen politischen und wirtschaftlichen Akteure USA, Russland, EU, China, Indien, Brasilien usw., die wirtschaftspolitischen Vernetzungen, beispielsweise mit den Staaten der EU-Osterweiterung sowie den EU-Staaten Südeuropas und ganz konkret mit den unmittelbaren Nachbarn. Die Schwerpunkte und den Stand der tatsächlich betriebenen europäischen Wirtschafts-, Währungs-, Finanzmarkt- und Sozialpolitik usw. gilt es, mit Priorität zu bedenken. Sie wirken sich auf die Schweiz, wenn auch indirekt, akzentuiert aus. Und was signalisierten die eher faktische EU-Sicherheits-, EU-Aussen- und EU-Umweltschutz- sowie EU-Raumordnungspolitik für unser Land? Wagen die schweizerische Politik und konkret die hiesige Raumordnung diese Dimensionen nicht anzugehen, so riskiert das Land, seinen Anspruch der Einflussnahme auf das lebensräumliche Geschehen mit seinen politischen, wirtschaftliche, sozialen und ökologischen Implikationen zu verkürzen und vor allem die Standortflexibilitäten der Wirtschaft sowie das Engagement der Zivilgesellschaft mit ihren Öffnungsnotwendigkeiten zu verkennen.

Wiederkehrend kritisiert und *mit Vorbehalten eingedeckt werden* in dieser Zeit – seitens der Politik, der Verwaltungen und in Teilen aus Kreisen der Wissenschaft – *die Begriffe Raumplanung und Planung.* In gewisser Hinsicht ist dies nachvollziehbar, da sie Assoziationen zur Staatswirtschaft wecken. Es geht aber bei der Raumplanung weder um Wirtschafts- noch um Gesellschafts-, auch nicht um Staatsplanung, sondern um die *geistige und tätige Auseinandersetzung mit der Zukunft* in ihrer Bedeutung für das natürliche und gestaltende Leben in Raum und Zeit, ausgerüstet mit Sensibilitäten für das Politische, für das Wirtschaftliche, Gesellschaftliche und Ökologische wie auch für Werthaltungen wie stets sub specie der Nachhaltigkeit. Dabei gilt es, vernetztes Denken in die Zukunft hinein zu pflegen, also nicht einseitig gerichtet auf sektorale Anliegen, sondern stets bewusst auf Zusammenhänge, beispielsweise von Stadtentwicklung, Demografie, Lebensstile, Arbeitsmarktverhältnisse, Verkehr, Bildungsangebote usw., immer aber rückgekoppelt an Raum und Zeit.

Folgende *Merkpunkte* drängen sich auf, um die sich ab dem Jahr 2000 beschleunigende Entwicklung vor dem bis hierher gezeichneten Hintergrund voll erfassen zu können:

a) Die Raumplanung hat sich als andauernde Aufgabe erwiesen. Die Frage ist falsch gestellt, wenn einzig nach dem Gelingen oder Misslingen gefragt wird. Sie hat unter den gegebenen sachlichen, wirtschaftlichen, rechtlichen und politischen Bedingungen die Probleme anzugehen und sie hat laufend die Lage neu zu beurteilen. Die Neubeurteilung betrifft die Ziele, Instrumente, Massnahmen und die angestrebten Wirkungen, ebenso das geltende Recht. Das eine darf aber nicht ohne das andere lanciert werden.

b) Die national und international sich verändernden raumprägenden Fakten mit Blick auf die Weltordnung, das europäische Umfeld, die Technologieschübe usw. mit Akzenten auf Digitalisierung, Kommunikation, Mobilität, auf den sich anbahnenden wirtschaftlichen Strukturwandel usw. zu erkennen ist dringend, und dies alles verbunden mit Ungewissheiten zu den potenziell sich verstärkenden Auswirkungen möglicher Wohlstandsdisparitäten und von Rückfällen ins Nationale, ins Staatliche, ins Ideologische, ja sogar ins überdreht Religiöse. Sie mahnen, die Realitäten für Raum und Zeit nicht ausser Acht zu lassen. Eine nur optimistische oder einseitig pessimistische Deutung könnten sich als Fehlleistungen erweisen.

c) Die Raumplanung als öffentliche Aufgabe darf sich nicht vom Alltagsgeschehen in den Verwaltungen vereinnahmen lassen. Sie muss sich selbst und der Politik samt ihren Begleiterscheinungen gegenüber als hellwach erweisen. Dabei bedarf sie des nicht minder kritischen Parts der Wissenschaften, insbesondere der Raumplanung als wissenschaftliche Disziplin. Die um 1990 erkennbar werdenden Veränderungen wurden vom Bundesamt für Raumplanung wahrgenommen. Sie bewirkten einiges, führten allerdings noch nicht zu einer resoluten Neuausrichtung der Raumordnungspolitik. Immerhin: *Das Bundesamt wandte sich an Regierung, Parlament und Öffentlichkeit und legte 1996 die neuen* Grundzüge der Raumordnung Schweiz *vor*. Das Parlament hat diese zur Kenntnis genommen. Die fachlich-sachlichen Pendenzen in den Kantonen und die Priorität einer neuen Ver-

XI. Verstetigung des vertieften Verständnisses?

fassung auf Bundesebene verführten realiter zu einem verhaltenen Zögern.

d) Die seit 1969/1979 angestrebte Raumplanung erinnert unaufhaltsam an die Bedeutung des Raumgeschehens und an die aktuelle Verantwortung für das Leben im Raum und Zeit sowie für die kommenden Generationen. Und so fehlte und fehlt es wenigstens nicht an gehöriger Aufmerksamkeit. Aber die Veränderungsfaktoren hielten nicht inne. Sie überstürzen sich seit 2000.

e) Die Raum-Wissenschaften und die Wissenschaft der Raumplanung? Sie sind gehalten, das nachvollziehbare, kritische Denken zum Räumlichen als Auseinandersetzung mit der Zukunft zu pflegen, ohne dem Fehler des Rechtfertigens und/oder der anhaltenden Kritik der Raumplanung als öffentliche Aufgabe zu verfallen, aber gerichtet auf das Ziel, die Verantwortung für den Lebensraum zu stärken, und zwar auf allen Ebenen der Politikwirklichkeit und im Rahmen von singulären Projekten genauso wie in konzeptionellen Aufrissen und programmatischen Vorgaben.

f) Die Raumplanung übernimmt sich nicht, sondern erfüllt ihren Auftrag, wenn sie unter dem Gesichtspunkt des Lebens in Raum und Zeit das politische, wirtschaftliche, gesellschaftliche und ökologische Geschehen verfolgt und in die Zukunft blickend die gesetzlich bereitgestellten oder bereitzustellenden geeigneten, erforderlichen und gebotenen Massnahmen ergreift und auf ihre Wirkungen hin laufend überprüft. Ziel ist die Lebenserhaltung und Lebensentfaltung. Sie muss ihre intergenerationelle Verantwortung immer wieder neu verstehen und wahrnehmen.

g) Die Raumplanung, wenn sie nicht aufmerksam den Problemen nachgeht, riskiert, dass sie politisch durch Gesetze in verwandten Bereichen wie Umweltschutz, Verkehr usw. sowie durch erfolgreiche Volksinitiativen auf kantonaler und Bundesebene präjudiziert wird.

h) Die Neufassung des Bundesgesetzes über die Raumplanung darf nicht ausgeschlossen werden. Vorangehen muss eine umfassende Analyse der sich anbahnenden Neuentwicklungen. Rechtlich zu klären wird das Verhältnis zum Bau-, Umwelt- und Verkehrsrecht sein. Allenfalls ist eine Revision des Verfassungsartikels über die Raumplanung zu erwägen.

XII. Beschleunigtes räumliches Geschehen

Ab 2000 – neue Verfassungsgrundlage?

Auf den 1. Januar 2000 trat die neu formulierte Bundesverfassung in Kraft. So bedeutsam sie für die Schweiz ist, ihre unmittelbare Wirkung auf die räumliche Entwicklung blieb zunächst gering, da sie es bei den vertrauten Eckwerten für eine freie Wirtschaft und offene Gesellschaft beliess. Auch die besonderen Formulierungen zur Raumplanung, zur Eigentumsgarantie, zur Niederlassungsfreiheit, zur Demokratie, zum föderativen Bundesstaat und zum Rechtsstaat folgten den bisherigen Grundvorstellungen. *Umso ausgeprägter schritt das tatsächliche Geschehen voran mit grössten Auswirkungen auf das räumliche Geschehen,* verbunden mit politischen Reaktionen bis und mit zusätzlichen Partialrevisionen der Verfassung von erheblicher Aussagekraft für die Raumplanung. Die Anzeichen zu einer notwendigen Wende in der Raumordnungspolitik verdichten sich seither, auch wenn vorerst ungeklärt bleibt, ob die teils dramatischen Veränderungen zu einer materiellen Neuakzentuierung der Raumplanung Anlass geben.[42]

---

[42] Minimale Übersicht zum Wandel, bewusst in reduzierten Stichworten, im Sinne eines Erstzutritts, aber auch gedacht als Übersicht zu vernetzten Zusammenhängen:

– Politik: Blockbildungen, atomares Gleichgewicht, multipolare Welt, supranationale Organisationen, neue Weltordnung, Rückfall in die Nationalstaatlichkeit, negativer Etatismus, zu hohe Staatsquote

– Wirtschaft: sektorale Verlagerungen, globale Konkurrenz, technologische Veränderungen, konjunkturelle, strukturelle, währungsseitige Bewegungen, Akzentsetzungen auf 2., dann 3. Wirtschaftssektor, Übergang zur Wissensgesellschaft, neue Bereiche wie Robotik, Automatisierung, Digitalisierung, Belastungen durch zu hohe Staatsquote

– Gesellschaft: demografische Veränderungen, Einbezug der Frauen ins Berufsleben, Informations- und Wissensgesell-

Wie dramatisch sich die jüngsten Entwicklungen ausnehmen, ist schwer in Worte zu fassen, da ein breites Wirkungsgefüge infrage steht und da landeseigene und internationale Umstände ineinander wirken. Eins steht fest, seit der gedanklichen Grundlegung der gesamtschweizerischen Raumplanung im Umfeld der Landesausstellung von 1939 hat sich die Bevölkerung der Schweiz mehr als verdoppelt, wie erwähnt von 4,1 Mio. auf rund 8,4 Mio. Einwohner (2016) bei einem ausländischen Anteil von beinahe 20 Prozent (2016) und bei gewachsenen Lebensstandards und verändertem Lebensstilen, mit deutlich erhöhten Ansprüchen an den Lebensraum bezüglich Wohnen, Arbeiten, Freizeit, Mobilität usw. Sie alle, mit Ausnahme der Flüchtlinge und im Gegensatz zu früheren Jahrzehnten der einreisenden Fremdarbeiter, partizipieren am keimenden Wohlstand und teilen dessen Gewohnheiten, was sichtbar an den Wohn- und Mobilitätsbedürfnissen ist. Als dramatisch empfunden wurde der Fall „Galmiz". Im Jahre 2005 wurde bekannt, dass die Gemeinde gleichen Namens mitten im Landwirtschaftsgebiet eine grosse Fläche für einen potenziellen Industriestandort hat umzonen lassen. Verwirrung und Proteste waren die Folge. Als bundesrechtswidrig, als dem Richtplan widersprechend, als Raumplanungsdebakel wurde der Casus beklagt. „Galmiz" wurde gleichsam zum Symbol einer angesichts der Bedrängnisse „versagenden" Raumplanung.[43] Die Menge der aufkommenden Engpässe des Wahrens der Raumordnung war aber bereits zu dieser Zeit von weit grösserer Ursachenvielfalt: Technisierung,

schaft, Lebensstile, Wertebewusstsein, Internationalisierung der Bevölkerung, Migration, Flüchtlinge, Personenfreizügigkeit gegenüber EU, unterschätzte Zunahmen der Bevölkerung und der langfristigen Auswirkungen
- Ökologie: defizitäres Gleichgewicht, sinkende Biodiversität, Klimaveränderungen
- Räumliches: Bevölkerungszunahme, Urbanisierung, Agglomerationen, Metropolitanräume, Auswirkungen der Digitalisierung auf Einkaufszentren, Städte, Arbeitsplätze, Arbeitsmärkte, die Innenentwicklung
- Infrastrukturen: Engpässe für Schiene und Strassen, für Versorgung und Entsorgung, Steuerung des Verkehrsaufkommen
- Energie: postulierte Energiewende, relativierte Energiemärkte, Marktstörungen, Steuerung des Verbrauchs und der Produktion.

[43] Der Fall „Galmiz" illustrierte das Nichtgewappnetsein der Raumplanung für die Standortwahl zugunsten von Grossunternehmungen. Das Defizit bestand im ab ovo bestehenden Dilemma des Verhältnis-

XII. Beschleunigtes räumliches Geschehen

Digitalisierung, Bevölkerungszunahme, Internationalisierung der Wirtschaft, Verhaltensänderungen in alltäglichen Gewohnheiten vom Einkaufen bis zur Nutzung von Arbeitsplätzen, Veränderungen der Lebensstile und der Werthaltungen usw. So wie sich die Perspektiven anbieten, muss mit markanten Akzentverschiebungen für die Raumordnung gerechnet werden.

Nicht ausgeschlossen werden kann allerdings, dass die insgesamt vorteilhaften wirtschaftlichen Bedingungen negativ beeinträchtigt werden könnten, was unter anderem auch die massiv erhöhte Zuwanderung unter dem Titel der Personenfreizügigkeit möglicherweise reduzieren würde. Auch die Auslagerung von Produktionsstätten ins kostengünstigere Ausland muss im Auge behalten werden. Selbst die Auswirkungen einer allfällig platzenden Immobilienblase auf die Volkswirtschaft müssten bedacht werden. Allerdings werfen die internationalen Flüchtlingsströme aus Kriegs-, Krisen- und Gebieten der Wohlstandsdisparitäten zusätzliche Fragen auf, verbunden mit massiven Folgekosten. Die Raumplanung tut so oder so gut daran, die offenen Flanken hin zur Wirtschaft und Gesellschaft im Auge zu behalten. Sie ist kein Rezept für alles und gegen alles. Sie muss die Probleme aber immer wieder neu analysieren und die Auswirkungen auf die Gesellschafts- und Raumstrukturen angehen. Ihr Grundanliegen der Erhaltung und Gestaltung des Lebensraumes über Zeiten hinweg in die Zukunft hinein wird sich auf alle Fälle nicht mit starrer Zielvorgabe halten lassen.

Schwer vorhersehbar sind vor allem die *räumlichen Auswirkungen technischer und der politischen, wirtschaftlichen sowie gesellschaftlichen Entwicklungen*, auch wenn klar festzustellen ist, dass das *Zeitalter der Digitali-*

ses zwischen Raumplanung und Regionalwirtschaft, Industrieansiedlungspolitik usw. Das Vorgehen der Gemeinde war zweifellos fragwürdig, doch bot das Recht keine andere Lösung, beispielsweise der raumverträglichen Standortevaluation mit erst nachfolgenden Nutzungsplanverfahren. Wie dramatisch der Fall endete, muss zu denken geben: Die fragliche Firma bevorzugte aufgrund der Widerstände einen Standort ausserhalb der Schweiz. Die anschliessend lancierte Landschaftsschutzinitiative berührte nuanciert verwandte Belange, aber nicht den geltend gemachten Grund. Evaluative Raumverträglichkeitsprüfungen müssten bei einer Totalrevision des RPG ernsthaft bedacht werden.

sierung und der Wissensgesellschaft mit ihren spezifischen Anforderungen und Auswirkungen auf das Privat- und Berufsleben angebrochen ist, und zwar definitiv. Der Umwälzungen sind viele. Das Mobiltelefon verändert das Verhalten der Menschen angesichts der stets präsenten Informations- und Kommunikationsmöglichkeiten. Im portablen PC lässt sich alles zusammentragen und neu bearbeiten, was an einem dienstleistenden respektive produktionsgestaltenden und/oder verfahrensleitenden Arbeitsplatz anfällt oder gar die Führung eines mittleren Unternehmens erfordert: Zahlungsverkehr, Konsultation und Bearbeitung von Datenbanken, Korrespondenz, Kundenpflege usw. Der Arbeitsplatz beginnt sich vom fest vorbestimmten Ort zu lösen. Die Erreichbarkeit ist gewährleistet, das Archiv und die aktuellen Dokumente sind jederzeit verfügbar, erst recht die Kommunikation nach innen und aussen.

Dass sich das *Bildungswesen* weitet, lässt sich folgern. Jedermann, wo immer er lernt und studiert, wird im Prinzip über vergleichbare Informationsquellen verfügen. Die allgegenwärtige Automation, Robotik, Sensorik, Informatik usw. verlangen nach breiterer Erfindungs-, Innovations- und Umsetzungskraft, und dies alles bei hoher Kommunikation und Mobilität. Diese Aussage genügt, um die Veränderungspotenziale, die sich neu weltweit auftun, zu illustrieren. Mit andern Worten, *die raumplanerisch so bedeutsame Standortgebundenheit für Dienstleistungen und Produktionsstätten beginnt sich zu relativieren. Ihre Empfindlichkeit misst sich an andern als den tradierten Faktoren.* Erheblich ist das Ganze sowohl für das Berufs-, das Freizeit- als auch für das Familienleben. Wenn sich damit Lebensstile, Lebensgewohnheiten und sogar Wertvorstellungen modifizieren, dann ist die Raumplanung sogar überdeutlich neu gefordert, sei es hinsichtlich der Analyse der äusseren Umstände und des Sozialverhaltens, sei es bezogen auf die begrenzte planerische Lenkungskraft und die rechtlichen Normsetzungen, sei es hinsichtlich veränderter Angebote und Nutzungen.

Dazu kommt, dass sich die verunsicherte *Weltwirtschaft* ungeduldig, gleichzeitig zu wenig bedacht bewegt und die Politik den Schritt zu einer legitimierten Weltordnung auf absehbare Zeit nicht wagt. Welche Staaten mit welchen Macht- und Wirtschaftsansprüchen auftreten, wird sich weisen. Gegenden mit Hungersnöten und massiv ungleichen Lebensbedingungen wird es auf längere Sicht da und dort geben. Bedauerlich ist nur, dass sich nationalstaatliche Akzente bereits heute wieder bemerkbar machen, nicht nur bei kleineren Staaten in Afrika. Auf die Migrationen als Folge von Disparitäten wurde bereits hingewiesen: Die Welt ist eine Schicksalsgemeinschaft, die sie nicht wahrhaben will, vergleichbar mit den Staaten, die gehalten sind, ihren Lebensraum zu bewahren und zukunftstauglich zu gestalten. Weil das Autarke in einer differenzierten Welt nicht mehr als Rezept genügt, muss die Kooperation obsiegen, gestützt auf einer friedlichen Weltordnung des gegenseitigen Respekts und des Handels.

Die *Positionierung der Schweiz* inmitten eines politischen, wirtschaftlichen wie gesellschaftlichen Umfeldes, das seinerseits in grossen Teilen gefordert und überfordert sein könnte oder schon ist, wird zu einem weiteren Faktor sich häufender Ungewissheiten. Die Währungsbelange spielen eine schwer kalkulierbare Rolle, erst recht rund um den Franken, der gleichsam, wenn auch sehr indirekt, „raumrelevante" Züge annimmt. Ob die Wettbewerbsfähigkeit des Landes und der Wirtschaft – in toto, nach Branchen, nach börsenkotierten Unternehmungen und KMU usw. – erhalten werden kann? Anders herum:

a) Die Raumplanung muss die politische, wirtschaftliche, technische, gesellschaftliche und ökologische Entwicklung in ihren neuartigen Vernetzungen national und international im Auge behalten und die daraus hervorgehenden Wirkungskräfte auf den Lebensraum Schweiz abschätzen. *Es genügt nicht mehr, nach traditionell hausgemachten Trends im Sinne von Urbanisierung, Binnenwanderungen, Zersiedlung usw. zu handeln,* so bedeutsam sie sind. Es bedarf zusätzlich einer vorauseilenden nationalen wie internationalen Analyse der hohen Vernetzungsphänomene bei spezifischen Bedingungen vor Ort. Betroffen davon sind insbesondere die international exponierten Unternehmungen sowie die Binnenwirtschaft. Die Staatsquote zu erhöhen, ist keine Lösung. Schuldenbremse und Staatsquotenlimitierung müssen sich im Interesse des Lebensraumes die Hand reichen.

b) Seit 2000 steht die *Informations- und Wissensgesellschaft* vor der Tür. Nein, sie ist bereits präsent, bis hin zu neuen Kommunikations-, Bildungs-, Einkaufs-, Zahlungs- und Berufsformen. Die auch unter internationalen Aspekten breit aufgestellte schweizerische Wirtschaft hat diesen Schwung aufgenommen. Die Digitalisierung ist daran, optimale tools zu finden. Nicht dass sich damit Frieden in aller Welt verbinden liesse, die politischen Vorstellungen und Ansprüche aufgrund der sozioökonomischen Disparitäten sowie der politisch divergierenden Intentionen der Mächte und der Mächtigen gehen nach wie vor auseinander. Wichtig ist aber, dass die Schweiz ihre spezifischen Fähigkeiten und Kompetenzen einbringt. Die hohen Bildungs- und Ausbildungsgrade könnten hilfreich sein. Dass dabei auch der Finanzmarkt eine Rolle spielen dürfte, leuchtet ein.

c) Die konkrete, faktisch räumliche Entwicklung in der Schweiz hat sich bereits in den letzten 20 Jahren mit positiven und negativen Vorzei-

[44] Die neueren Tendenzen zur tatsächlichen Raumentwicklung wurden von den Kantonen, dem Bund, von den Verbänden sowie der Wissenschaft frühzeitig wahrgenommen; sie steigerten sich zu spezifischen Sonderaspekten bis in Verfassungsinitiativen hinein: Zweitwohnungen, Zuwanderung, Bevölkerungswachstum, nicht aber zur Raumplanung als solcher. Als besondere Dokumente können unter vielen hervorgehoben werden:
– *VLP*, Jahresberichte ab ca. 2005, mit eindrücklichen Darstellungen der neuen Anforderungen (jeweils Bern 2005 ff.)
– *Bundesamt für Statistik*, Statistische Jahrbücher der Schweiz
– *Kt. Aargau/Departement Bau, Verkehr und Umwelt*, Raumentwicklung Aargau, Gesamtstrategie Raumentwicklung, Beschluss des Grossen Rates vom 5. September 2006, Aarau 2006
– *RZU*, Charta 08, 50 Jahre Regionalplanung Zürich und Umgebung, Zürich 2008
– *SIA*, Die Schweiz wird knapp, Tec21, Zürich 2010

– *Zeitschrift Collage*, Bodenrecht – ein verkanntes Thema reanimiert, 1/2011
– *Bundesrat, Konferenz der Kantonsregierungen et al.*, Raumkonzept Schweiz, vom 20.12.2012, Bern 2012
– *Kantonsplaner/innen AG, LU, SH, SZ, SG, TG, ZG, ZH*, Raumordnungskonzept für die Kantone im Metropolitanraum Zürich, Zug 2015

Der Bund zog seinerseits Konsequenzen: a) planerisch durch Bearbeitung eines neuen Raumordnungskonzeptes und b) gesetzgeberisch durch eine Änderung des Bundesgesetzes über die Raumplanung sowie die Inaussichtnahme einer Totalrevision des RPG. Das Volk als Staatsorgan stimmte dem Erlass, veranlasst durch Verfassungsinitiativen, eines Artikels zu den Zweitwohnungen und eines weiteren über die Zuwanderung zu. Der erwähnten Änderung des RPG ging übrigens ebenfalls eine Verfassungsinitiative (Landschaftsinitiative) voraus, die allerdings zugunsten der Gesetzesnovellierung zurückgezogen wurde. Die Kantone sahen und sehen sich

chen spürbar beschleunigt.⁴⁴ Sogar die Politik hat dies wahrgenommen. Im Vordergrund steht die *eklatante Bevölkerungszunahme* durch Zuwanderung. Sie schnellte in kurzer Zeit empor. Hinzukommen die täglich rund 300 000 Personen, die zur Arbeit in die Grossräume von Genf, Basel, Zürich und Lugano und Locarno pendeln. Die absoluten Zahlen müssen im Zusammenhang mit den allseitig wachsenden Ansprüchen an den Lebensraum und an die Nutzung der Infrastrukturen gesehen werden. Allein schon aufgrund der bilateral mit der EU vereinbarten Personenfreizügigkeit, in Kraft seit 2002 mit Wirkung auch zugunsten neuer Mitglieder der EU, fällt wesentlich mehr ins Gewicht als seitens des Bundesrates prognostiziert worden war. Die massive Siedlungsentwicklung ist der sichtbare Ausdruck. Die überlasteten Verkehrseinrichtungen (Strasse und Schiene) und der Wohnungsbau markieren Grenzen. Die Immigranten verstärken bis heute raumplanerisch überdeutlich beansprucht, weil es einerseits gelte, das neue Bundesrecht umzusetzen, und weil parallel den sich kumulierenden tatsächlichen Anforderungen an den Lebensraum zu genügen sei.

Die beschleunigte räumliche Entwicklung spiegelt sich ausserdem im Wahrnehmen der Agglomerationsprozesse, im planerischen Andenken von Metropolitanräumen, im Bedenken der Urbanisation, im Neuerfassen der gesamtschweizerischen Dimensionen der Verkehrspolitik, im Ausbau der S-Bahnen, in der Förderung der verkehrlichen Agglomerationspolitik für Schiene und Strasse usw. Ob an fünf, drei oder nur an zwei Metropolitanräume gedacht wird, ist weniger wichtig, als dass deren internationale Funktionen gewichtet werden. So besehen wäre eine Konzentration auf zwei der am höchsten rangierten Räume (Genf–Lausanne und Basel–Luzern–Zürich und Teile der Ostschweiz) sinnvoll. Entscheidend wird die Fähigkeit sein, nicht nur innenpolitisch zu denken. Die internationale Optik kann auch in der Raumplanung nicht mehr übergangen werden. Dass für die Metropolitanräume Governance-Strukturen vorzusehen sind, versteht sich. Ob das Raumkonzept Schweiz in allen Teilen auf die beschleunigte räumliche Entwicklung zugeht und hinreichend perspektivische Annahmen trifft, muss hier nicht beurteilt werden, doch darf die Frage als solche gestellt werden. Es muss auf alle Fälle nachgeführt werden. Auch ist die rechtliche Verbindlichkeit des Konzeptes völlig offen und also mehr als fragwürdig. Aus dem Recht auszubrechen, scheint elegant zu sein, könnte sich aber als Fehler erweisen. Nota bene: Die Verbindlichkeit eines Plans verpflichtet auch die Herausgeber auf höchste Sorgfalt.

ihrerseits die Urbanisierung und die Agglomerationsbildung und -ausdehnung. Die noch durchgrünte „Stadt Schweiz" prägt neu das schweizerische Mittelland. Das einst ausgewogene, typisch schweizerische Städtegefüge inmitten ländlicher Räume wird von Agglomerationen überlagert und verdrängt. Die Schweiz ist räumlich eine andere geworden und wird sich voraussichtlich weiterhin verändern, und zwar mit sichtbaren Auswirkungen auf den Lebensraum, spürbar unter anderem in der Überlastung der Infrastrukturen von Schienen und Strassen. Positiv bleibt festzuhalten, dass darauf die Politik deutlich reagiert hat, wenn auch verkehrsspezifisch mit Fondsbildungen, strafferen Kompetenzen und adäquaten Mitteln je für den Ausbau der Eisenbahninfrastruktur (FABI, 2014) sowie für die Nationalstrassen und den Agglomerationsverkehr (NAF, 2017).

In diese Periode fällt als Reaktion die Publikation des neuen *Raumordnungskonzepts Schweiz* von 2012, getragen vom Bund, den Kantonen und dem Städte- wie auch dem Gemeindeverband. Sie stellt eine unverbindliche Sicht auf die Strukturen der Raumordnung Schweiz dar. Da dem Bund zum Erlass eines gesamtschweizerischen Raumplans die Verfassungsgrundlage fehlt, mangelt es ihm auch an der bundeseigenen Zuständigkeit für das Einbringen eines nationalen Raumordnungskonzepts oder landesplanerischer Leitbilder, Szenarien usw. Der Umweg über eine Mehrfachträgerschaft wirkt originell, behebt aber nicht das Defizit einer Bundeskompetenz. Immerhin deutet der Versuch die Notwendigkeit einer nationalen konzeptionellen Sicht der Raumordnung Schweiz an, allein schon um die kantonalen Richtpläne würdigen und die Sachpläne des Bundes zum Verkehr usw. raumtauglich einordnen zu können. Allerdings melden sich Zweifel, ob die vorangehenden Analysen das Zukünftige gewichtig genug gedeutet haben. Zudem wirkt das Konzept etwas statisch. Die beschleunigten und beschleunigenden Prozesse treten zu wenig deutlich hervor. Und erst recht werden die aufgelaufenen und auflaufenden Raum-, Infrastruktur- und sozioökonomischen Defizite nicht genügend als Mahnung an die künftige Raumordnungspolitik moniert. Dass das Konzept zusätzlich einer betonteren internationalen Ausrichtung und Abstimmung bedürfte, erfordern die Internationalisierungstendenzen.

Zu wenig insistierend hat sich die *Raumplanung als Wissenschaft* eingebracht. Es mangelt an der Artikulierung der national wie international aufflackernden Veränderungen, die sich auf den hiesigen Lebensraum auswir-

XII. Beschleunigtes räumliches Geschehen

ken, nicht nur unter den Gesichtspunkten der Siedlung, der Landschaft und von Transport und Versorgung, sondern zurückgreifend auf das oben dargestellte Geschehen in Technik, Wirtschaft usw., das direkt oder indirekt auf den nationalen bis örtlichen Lebensraum durchschlägt. Das Fehlen des kompakt aktiven ORL-Instituts – in welcher Ausprägung auch immer – macht sich bemerkbar. Ob Drittorganisationen dessen Funktion wieder aufnehmen können? Das Befassen mit nationalen und internationalen Aspekten der Raumplanung hat zwar markant zugenommen, so hinsichtlich der Stadtthematik, doch fehlt es an der Mobilisierung der Summe der Faktoren, die national für den Lebensraum prägend werden könnten oder bereits prägend sind, z.B. Konflikte und Disparitäten als Ursachen internationaler Migrationen, Abläufe der Urbanisierung, wirtschaftliche, soziale und politische Auswirkungen übergrosser Agglomerationen. Solcher und verwandter elementarer Fragen muss sich die Raumplanung mit weiten Horizonten als Wissenschaft annehmen und kritisch reflektieren.

Die *Alltagspolitik* hat auf die beschleunigten Veränderungen stellenweise dramatisch reagiert, jedenfalls drastischer als in den Jahrzehnten vor der Jahrhundertwende. Auffallend dabei ist, dass spezialisierte Verfassungsinitiativen ergriffen wurden, gleichsam aus einer Unzufriedenheit heraus, aber pointiert konkret angegangen. Die lancierten Initiativen widmeten sich also besonderen, sachlich nicht kohärenten Themen, festigten aber mit ihren Akzenten insgesamt den politischen Stellenwert der Raumplanung. Eine allgemein gehaltene Initiative zur Stärkung der Raumplanung wurde nicht vorgelegt. So widmeten sich die Initiativen:

a) dem Landschaftsschutz mit dem Ziel, das verdichtete Bauen in den deutlich zu begrenzenden Bauzonen zu fördern und die offene Landschaft von Überbauungen freizuhalten,
b) dem Zweitwohnungsbau mit dem Ansinnen einer absoluten Begrenzung vor Ort zu begegnen,
c) gegen die Masseneinwanderung (Steuerung der Zuwanderung) mit dem Begehren, auf eine national eigenständige Regelung und Begrenzung der Zuwanderungen zu bestehen und
d) einer ökologisch abgestimmten Bevölkerungsplanung (Ecopop-Initiative).

Diese Initiativen zielen samt und sonders auf Ausweitung der Bundeskompetenzen. Die in Art. 75 BV festgehaltene Grundsatzgesetzgebungskompetenz wird also relativiert, vor allem wenn, wie im Fall der Zweitwohnungen, die Verfassungsbestimmung sogar als unmittelbar anwendbar interpretiert wird. Die erstgenannte der Initiativen kam übrigens nicht zur Abstimmung, da sie mit Blick auf eine breit angerichtete, bodenrechtlich orientierte Änderung des Bundesgesetzes über Raumplanung vom 15. Juni 2012 zurückgezogen wurde. Die Revision wurde in der Folge in einer Referendumsabstimmung angenommen. Die Initiative zum Zweitwohnungsbau wurde überraschend durch Volk und Stände akzeptiert (Art. 75b BV samt Übergangsbestimmung) und führte zum Erlass eines BG über Zweitwohnungen vom 20. März 2015 mit raumplanerischen Akzenten. Die Umsetzung der ebenso überraschend angenommenen Initiative zur Steuerung der Zuwanderung (Art. 121a BV samt Übergangsbestimmung) bereitet mindestens unter dem Titel des Verhältnisses zur bilateral mit der EU vereinbarten Personenfreizügigkeit juristisches und politisches Kopfzerbrechen. Die Gesetzgebung entspricht dem Verfassungstext mit dem Akzent auf der Inländerprivilegierung nur sehr begrenzt. Die Ecopop-Initiative wurde hingegen als zu „ideologisch" deutlich abgelehnt. Die erfolgreichen Verfassungsinitiativen signalisieren erhöhte Besorgnis um die Raumordnung. Dies ist mindestens politisch erfreulich, darum wissend, dass die Siedlungsverdichtung an Grenzen stösst, Infrastrukturen überfordert sind, dass die Agglomerationen über längere Zeit weiter wachsen könnten und dass die räumliche Ordnung der Schweiz an Qualität einbüssen dürfte.

Über alles gesehen, war dem Bundesrat bewusst geworden, dass die Raumplanungsfragen neu bedacht werden müssen. Er hat deshalb neben dem bodenrechtlich inspirierten und vorweg das Baugebiet begrenzenden Ergänzungsgesetz eine *Totalrevision des RPG* in Aussicht gestellt. Dieses Anliegen wurde von den Kantonen mit Hinweis auf ihre neuen planerischen Belastungen aus der Gesetzesnovellierung zurückgewiesen und dann durch den Bundesrat auf unbestimmte Zeit leider vertagt. Bedauerlich ist dies deshalb, weil zwar die Intentionen der sogenannten Landschaftsinitiative stufen- und in den Kategorien der Raumplanung sachgerecht geregelt werden konnten, aber doch klar ist, dass die grossen Themen der „Stadt Schweiz", der Metropolitanräume, der Stadtplanungen usw. noch nicht angesprochen sind. Die Totalrevision des RPG darf deshalb nicht blindlings aufgeschoben bleiben. Die entscheidende Frage wird aber sein, auf was sich diese allgemeine Erneu-

XII. Beschleunigtes räumliches Geschehen

erung inhaltlich konzentrieren soll und ob die Revision im Rahmen des geltenden Verfassungsartikels 75 BV, der nach wie vor eine Grundsatzgesetzgebung anvisiert, angegangen oder unter einer *neu zu formulierenden Verfassungsgrundlage* neu angedacht werden soll. Fest steht, dass die tatsächliche räumliche Entwicklung sich markant anders darstellt als zu den Zeiten des Erlasses des Verfassungsartikels über die Raumplanung im Jahre 1969. Diese Tatsache zu bedenken ist auf alle Fälle angezeigt.

Zurückgeschaut ging es bei der Raumplanungsgesetzgebung der Bundesebene um den zentralen Grundsatz der Trennung von Siedlungs- und Nichtsiedlungsgebiet sowie um elementare Ziele, Instrumente und Massnahmen. Diese Intentionen bleiben unbestritten. *Heute aber muss die Raumplanung –* zusätzlich *– neu ausgerichtet und instrumentalisiert werden:* Das Urbane, das dominiert, gilt es, qualitätsbewusst zu ordnen, die Landschaft gilt es, breiter und differenziert zu schützen und zu gestalten, neben den politischen Gebieten (Kantone, Gemeinden) gilt es, neu die funktionalen Räume der Agglomerationen und Metropolitanräume zu involvieren, ferner gilt es, die Stadtplanung und den Städtebau explizit einzubeziehen und markant zu fördern. Das Baurecht muss mindestens helfen, die Siedlungsqualität zu mehren und die Landschaftsplanung muss endlich als Teil der Raumplanung konzipiert sein. Dazu kommen Fragen der Einbindung der eidgenössischen und kantonalen Sachplanungen, der Organisation der Agglomerationen usw. Überlegenswert wäre es, die Raum- und Verkehrsplanung als besondere Aufgabe der Metropolitan- und Agglomerationsräume für ihre Belange zu bestimmen. *Alles in Allem: Die faktische „Stadt Schweiz" – im Verbund mit den Berggebieten, mit ländlichen Räumen sowie Grenz- und Landschaftsschutzgebieten – erfordert konzeptionelle und programmatische Vorgaben, die zudem international abgestimmt sein müssen, bereichert mit anregenden Impulsen zur Siedlungsentwicklung und -gestaltung, zur Landschaftsbewahrung und -gestaltung, zur Versorgung und Entsorgung, zum Verkehr, zum Umweltschutz und zur politischen Legitimierung. Es ist ein an offenen Problemen reiches Themenbündel.*

Konkreter diskutiert werden muss zudem: a) Wie kann sichergestellt werden, dass die Raumplanung der Stadt- und Agglomerationsplanung nicht ausweicht? b) Welche Bedeutung kommt dem Baurecht zu? Nachdem das Verdichten der Überbauungen in den definierten Baugebieten nicht mehr zu umgehen ist, müssen die planerischen und baurechtlichen Voraussetzungen zwingend eingefordert und geschaffen werden, planerisch auch auf Agglomerationsstufe, vor allem auch bereichert mit Qualitätsmassstäben. Der Gesetzgeber, der auf Bundesebene die Verdichtung anstrebt, ist komplementär verpflichtet, dafür günstige Voraussetzungen zu schaffen. Ohne anregendes Planungs- und Baurecht geht dies nicht. Also muss klar bedacht werden, welche materiellen und formellen baurechtlichen Vorgaben seitens des Bundes zu erlassen sind. Banale Abwehr der Verunstaltung genügt nicht mehr. Und nicht zuletzt muss vonseiten des Bundes deutlich markiert werden, was unter dem Titel des Bauens ins Gesetz gehört und was technischen Fachnormen überlassen bleiben kann. Klar zu regeln sind überdies die Relationen zum Verkehrs-, Umwelt- sowie zum Natur-, Heimat- und Denkmalschutzrecht. Es darf nicht sein, dass das Planungs- und Baurecht von Dritten her fremdbestimmt an der Erfüllung der Ziele der Raumplanung behindert wird. Ein Beispiel: Der Denkmal- und Ortsbildschutz darf nicht so weit gehen, dass die Dynamik und Qualität der Verdichtung illusorisch wird.

Mit diesem Wissen ist also – diskursfähig – zu fragen, ob der Bund einer *umfassenden Kompetenz zur Gesetzgebung in Fragen der räumlichen Planung und des Baurechts* bedürfe oder ob es bei den Erstverpflichtungen der Kantone bleiben kann. Es genügt nicht, gedankenlos abwehrend zu reagieren und auf der bisherigen Ordnung zu insistieren. Es bedarf möglicherweise der Differenzierungen, auf alle Fälle hinreichender Gründe für die neuen oder alten Kompetenzordnungen. Elementar ad demonstrandum: Kann die Kluft zwischen bundesrechtlichem Umweltschutz- und Ortsbildschutzrecht etc. und kantonalem Planungs- und Baurecht noch vertreten werden? Und wie steht es mit der Internationalisierung der Bauwirtschaft angesichts des kantonalen Baurechts? Ferner, wie hat sich das Baurecht in sich verändert und wie müsste es sich neu verstehen? Die angelaufene Harmonisierung des formellen Baurechts durch die Kantone löst die materiellen Problemverstrickungen nicht. Bedürfte es nicht ganz allgemein der materiellen und formellen Abstimmung des nominalen und funktionalen Raumplanungsrechts mit Einschluss des Baurechts auf Bundes- und/oder kantonaler Ebene? Wie könnte dies geschehen? Mit erweiterten Bundeskompetenzen? Gegen das Ausweiten können durchaus vertraute föderative Gründe geltend gemacht werden, doch bleibt die Frage virulent, ob nicht mindestens die Kernpunkte des Planungs- *und* des Baurechts bundesrechtlich erfasst sein müssten. Wie immer die Regelungen im Rahmen einer Totalrevision des Bundesgesetzes über die Raumplanung und bei weiteren Revisionen des funktionalen Raumplanungs-

XII. Beschleunigtes räumliches Geschehen

rechts getroffen werden, die *Begleitfrage nach den angemessenen Bundeskompetenzen* muss präsent sein.

Folgende *verfassungspolitische Intentionsvarianten* sind denkbar:

a) Belassen des geltenden Verfassungsartikels 75 BV über die Raumplanung in seiner derzeitigen Fassung,
b) Ergänzung durch eine Bestimmung über die funktionalen Räume (Agglomerationen, Metropolitanräume) und das Mitwirken des Bundes in deren Organisation,
c) Ergänzung der bestehenden Grundsatzgesetzgebungskompetenz durch Hinweise auf das Baurecht, das Städtebauförderungsrecht, die Stadt- und Agglomerationsplanung,
d) umfassende Bundesgesetzgebungskompetenz zum Raumplanungs- und Baurecht mit (grosszügigen?) Vorbehalten zugunsten der Kantone.

Eine umfassende Gesetzgebungskompetenz des Bundes könnte lauten:

> *Art. 75 Raumplanung und Baurecht*
> *Die Gesetzgebung über die Raumplanung und das Baurecht ist Sache des Bundes.*
> *Er bezieht die Kantone ein und überlässt ihnen einen hohen Grad an planerischer und rechtlicher Gestaltungsfreiheit.*

Ergänzungen in Richtung der Zwecke der Raumplanung und ihrer Zukunftsoffenheit sind denkbar. Sie werden hier nicht näher angesprochen, damit die Kompetenznorm als solche deutlich erkennbar wird. Da nicht anzunehmen ist, dass die Kantone zu einer umfassenden Kompetenzübertragung bereit sein könnten, wird hier als Kontrast eine föderative Regelung entworfen, die aber ein sachadäquates Agieren des Bundes *im Sinne eines diskutablen Beispiels* erlauben würde:

> Art. 75 Raumplanung (Entwurf)
> *Abs. 1 und 2 BV neu,* die bisherigen Abs. 2 und 3 würden zu Abs. 3 und 4
>
> *Der Bund legt Grundsätze der Raumplanung fest mit den Zielen der Erhaltung und Gestaltung des Lebensraumes sowie der haus-*

> hälterischen Nutzung des Bodens. Er bezieht insbesondere die Stadt- und die Agglomerations- sowie die Verkehrs- und die Landschaftsplanung ein. Er kann baurechtliche Mindestanforderungen zur Mehrung der Siedlungsqualität und der Gewährleistung der Rechtsanwendungs- und Verfahrenskoordination erlassen.
>
> Der Bund kann mit den Kantonen konzeptionelle und programmatische Richtlinien zur landesweiten Raumentwicklung erlassen und sich an der Organisation interkantonaler Agglomerationen, die sich mit der Abstimmung von Siedlung und Landschaft, Raum und Verkehr und anderer räumlicher Strukturen befassen, beteiligen.
>
> Der Bund fördert und koordiniert die Bestrebungen der Kantone und arbeitet mit ihnen zusammen.
>
> Bund und Kantone berücksichtigen bei der Erfüllung ihrer Aufgaben die Erfordernisse der Raumplanung.

Der vorstehende Verfassungstext beansprucht nicht die Form eines nicht modifizierbaren Vorschlages. Er will lediglich verdeutlichen, wie sachlich dringendste Probleme auf einer (knapp?) hinreichenden Verfassungsgrundlage angegangen werden könnten, ohne die Verantwortung der Kantone für die Raumplanung und das Baurecht infrage zu stellen, auch wenn die Erstverantwortung der Kantone relativiert werden muss. Nicht erwogen wird der Erlass eines kodifizierten Bundesbaugesetzes. Ein solches wäre denkbar. Allerdings ist die baulich-kulturelle Vielfalt in der Schweiz derart ausgeprägt, dass die eher rein bauwirtschaftliche Begründung mit vertretbaren Argumenten verworfen werden kann. Wissenschaftlich fällig ist eine systematische Neuerfassung des schweizerischen Baurechts in all seinen Dimensionen, verbunden mit Grundsatzfragen. Beispielsweise: Ist die Baufreiheit der zentrale Anknüpfungspunkt für das Verständnis des Baurechts und seiner Ausgestaltung?

Eine *Totalrevision des heute geltenden Bundesgesetzes über die Raumplanung* ohne Verfassungsrevision setzt eine klare Auslegung des geltenden Verfassungsartikels und eine Mängelanalyse des geltenden Gesetzes voraus. Im Vordergrund dürften Defizite in den Belangen der Richt- und Nutzungspläne, der Stadtplanung, des Städtebaus, der Qualitätsanforderungen, des planerischen Erfassens des Nichtsiedlungsgebietes sowie des

XII. Beschleunigtes räumliches Geschehen

Einbezugs der funktionalen Räume (Agglomerationen, Metropolitanräume) stehen. Je grösser diese Auflistung ausfällt, desto grösser ist die Gefahr, den Anforderungen einer Grundsatzgesetzgebung auszuweichen. Bereits mit den bis heute vorgenommenen Revisionen hat die Summe integrierter bundesrechtlicher Regelungen mit durchgreifendem Charakter erheblich zugenommen. Eine zusätzliche Ausweitung tangiert, belastet oder verletzt gar den Charakter der Grundsatzgesetzgebung. In diesem Fall müsste mindestens eine sanfte Erneuerung des Verfassungsartikels 75 BV in Erwägung gezogen werden, im Extremfall in Richtung einer umfassenden Bundeskompetenz (mit Vorbehalten).[45] Nicht überschritten werden dürfen die

---

[45] Der Aufbau eines totalrevidierten Bundesgesetzes über die Raumplanung könnte sich – unter Vorbehalt der verfassungsrechtlichen Vorgaben – in etwa auf folgende Merkpunkte beziehen:

Einleitung
a) Ziele, Planungsgrundsätze
b) Planungspflicht
c) Planungsmitwirkung
d) Koordinierte Rechtsanwendung
e) Querschnittswirkung

Träger, Organisation, Grundaufgaben
a) Bund, Kantone, Gemeinden (inkl. Städte)
b) Regionen, Agglomerationen, Metropolitanräume
c) Mitwirkungspflichten

Instrumente
a) Nutzungspläne, Rahmennutzungsplan, Sondernutzungspläne
b) Richtpläne
c) Sachpläne
d) Masterpläne insbesondere für Innenentwicklungen
e) Raumordnungskonzepte
f) Raumverträglichkeitsprüfung für Grossprojekte

Massnahmen
a) Raumwirksame Massnahmen des funtionalen Raumplanungsrechts
b) Besondere baurechtliche Anforderungen
c) Besondere städtebauliche Anforderungen
d) Besondere erschliessungs- und verkehrsrechtliche Anforderungen
e) Besondere landschaftsplanerische Anforderungen
f) Stadtplanung/Städtebau
g) Besondere bodenrechtliche Massnahmen
h) Vertraglicher Einbezug von Ausstattungen und Einrichtungen, angeboten durch die Wirtschaft.

Wirkungskontrollen
Fördermassnahmen
Rechtsschutz
Übergangsbestimmungen

Grenzen, die der Staats-, Wirtschafts- und Gesellschaftsplanung im freiheitswachen Rechtsstaat gesetzt sind und bleiben.

Was die beschleunigten Entwicklungen des Raumgeschehens angeht, so ist ungewiss, ob sie in bleibender Dynamik auftreten. Es sind *mehrere Szenarien* denkbar: Stagnation, Einbussen an wirtschaftlicher Kraft oder gar anhaltendes Aufblühen. Der einwirkenden Faktoren sind viele: Währungsschwankungen, Stärke oder Schwäche des Frankens, weltwirtschaftliche Konjunkturschwankungen, neue Technologieschübe, Verhältnis zur EU, innere und äussere Entwicklungen der EU, Migrationsströme und Flüchtlingspolitik, anhaltende oder zurückweichende wirtschaftliche Globalisierung, weltwirtschaftliche und politische Verlagerungen, mit oder ohne neue Weltordnung, politische Instabilitäten, Klimaveränderungen, erfolgreiche oder verblassende Energiewende usw., und dies alles bei limitierten nationalen Einflussmöglichkeiten. Was aber bleiben dürfte, das ist in etwa der bereits erreichte hohe Stand der Bevölkerungszahlen und der Ansprüche der hier lebenden Menschen an den Lebensraum, selbst wenn wirtschaftsseitige Einbussen aufkommen sollten. *Den Lebensraum zu schützen, zu erhalten und zu gestalten, bleibt so oder so eine dringende Aufgabe, weil er Lebensvoraussetzung ist.*

XIII. Ideen – Theorien – Methoden

Hinter der äusserlich nachvollziehbaren Geschichte stehen politische, philosophische, sachliche, ökonomische, teilweise leider auch ideologische Intentionen. Die gefestigten Strukturen des Kleinstaates sowie die liberalen Grundsätze der Verfassungen von 1848, 1874 und 1999 wie auch der begleitende demokratische Legitimierungszwang haben die *Übernahme fremden, fremdartigen und befremdenden Gedankengutes weitgehend verhindert*. Keimende Fehlentwicklungen wurden rechtzeitig korrigiert respektive zurückgebunden. Die grossen Verirrungen und Verwirrungen um faschistoide Blut- und Bodenverherrlichungen, um kommunistische staatliche Planwirtschaft, um nationalsozialistische Lebensraumerweiterungen mittels kriegerischer Mittel sowie um die selbst in parlamentarischen Staaten aufkommenden Versuchungen, einer alle staatlichen, wirtschaftlichen und gesellschaftlichen Tätigkeiten durchdringenden Regierungsplanung zu verfallen, blieben der Schweiz letztlich erspart.[46] Sie konzentriert sich

[46] Die Geschichte der schweizerischen Raumplanung nahm glücklicherweise einen andern Verlauf als im benachbarten Ausland. Unbestritten ist, dass das Gedankengut der Planungsexperimente der sozialistischen und kommunistischen Staaten wie auch jenes der abwegigen des Nationalsozialismus in Deutschland da und dort in in der Schweiz zu Worte kam, doch erzielte es keine Durchbrüche. Dennoch belastet das Bild der umfassenden Planung in vielen Varianten das Verständnis des Planens und der Planung. Darum ist es so wichtig, dieses immer wieder neu zu vertiefen und zu legitimieren. Der damit verbundene Diskurs verhindert immerhin Einseitigkeiten und Verabsolutierungen. Erste Voraussetzung ist die feste Verankerung jeder Art von Planung im demokratischen Rechtsstaat. Planung, wie sie heute diskutiert wird, nämlich als Koordination, als Kooperation, als Prozess, als strategische Orientierung, als Konsensbildung, als Kommunikation, als Sach- und Querschnittsplanung, als nachhaltige Aufgabe der intergenerationellen Verantwortung, sie findet inmitten eines Staates statt, der rechtsstaatliches und demokratisch legitimiertes Handeln voraussetzt.

unter Beachtung des geltenden Rechts mit dem Vorrang der Grundrechte und der Grundsätze des rechtsstaatlichen Handelns auf die geistige und tätige Auseinandersetzung mit der Zukunft – ethisch im Sinne der intergenerationellen Verantwortung.

Insbesondere sind in diesem Land selbst reduzierte Vorstellungswelten staatlicher Machbarkeit und verstaatlichender Reformen nicht durchgedrungen. Im Gegenteil zumindest, was die Raumplanung betrifft. Sie war anfänglich hierzulande die freiheitliche, föderative, rechtsstaatliche Gegenkraft zu potenziellen bodenpolitischen Fehlentwicklungen. Das schweizerische Raumplanungsrecht muss denn auch in seinen Anfangsgründen sogar, wie bereits angedeutet, als liberale Antwort auf die teilweise radikalen Bodeninitiativen der 1960er-Jahre so verstanden werden. Die Kreise um die NZZ-Redaktoren Kurt Müller und Walter Schiesser, um die zürcherischen FdP-Politiker Fritz Honegger, Rudolf Friedrich, Riccardo Jagmetti, die allesamt der jungen Raumplanung der Bundes- und kantonalen Ebene gewogen waren, belegen diese These. Auch die Namen von Simon Frick, Elisabeth Kopp, Willi Rohner, Kurt Kim, Leo Schürmann weisen in diese Richtung. Diese Aussage gilt auch, weiter zurückblickend, für die Phase weitreichender Impulse mitten im Zweiten Weltkrieg. Die beispielhaften Stichworte der Landesausstellung 1939 in Zürich mit Armin Meili als Direktor, vom Plan Wahlen des Prof. F. T. Wahlen und von der ETH-Tagung von 1942, unter anderem mit den Professoren Heinrich Gutersohn, Peter Liver sowie Ernst Winkler aus dem Kreis der wissenschaftlichen Begleiter, belegen die Aussage. Die helvetische Raumplanung darf sich also – im internationalen Vergleich – durchaus auf eine *eigene Geschichte* berufen. Nicht zu verkennen ist aber, dass schon relativ kurz nach der Ablehnung der sozialistischen Bodenrechtsinitiativen sich aus deren Kreisen zahlreiche Akteure positiv hin zur rechtsstaatlich-demokratisch fundierten Planung und Raumplanung öffneten. Einer der ersten war Nationalrat Anton Muheim (Luzern). Er trug aktiv zur Etablierung bei. Heute wird die Erwartungshaltung, gerichtet auf eine taugliche Raumplanung, von der Mehrheit der Parteien getra-

Insofern ist der Kontrapunkt zu den unheilvollen Entfremdungen gesetzt, nicht nur durch die Lehre von der Raumplanung, sondern primär durch die rechtsstaatlichen Verfassungen, konkret für die schweizerische durch die Einbindung der Raumplanung in die Verfassung von 1874 und neuerdings in die nachgeführte von 1999.

gen, mit variierenden Positionsbezügen. Dass die links-grünen Parteien etwas kraftvoller für sie eintreten und dass die kritischen Vorbehalte eher von rechts her signalisiert werden, dürfte sachgerecht rapportiert sein. Die Notwendigkeit der Raumplanung ist, über alles gesehen, unbestritten.

Es wäre aber eine zu voreingenommene und beschönigende Sicht, wenn jegliche *Spuren überzeichnender und fehlgeleiteter Ansätze* geleugnet würden. Die Schweiz war in der Zeit des Nationalsozialismus und des Kommunismus nicht gänzlich frei von unguten bis peinlichen Ansichten. Diese äusserten sich allerdings weniger in Gesetzen und konkreten staatlichen Massnahmen, eher in Proklamationen von Gruppierungen sowie in politischen Debatten um Innen- und Aussenpolitik, später um Pläne, Konzepte, Programme. Dass die hier skizzierten gleichsam liberalen Ursprünge bald einmal durch freiheitlich denkende Kreise, die der Raumplanung Linkslastigkeit vorhielten, verkannt wurden, darf dabei nicht vergessen werden. Der schweizerische Gewerbeverband, zum Beispiel, hielt sich mit Kritik wiederholt nicht zurück. Ebenso muss der Tatsache in die Augen geschaut werden, dass in der jüngeren und in der jüngsten Zeit vor allem, aber nicht nur, ökologisch Inspirierte die Raumplanung mit Vorwürfen des Versagens belasteten, so im Zusammenhang mit dem bereits geschilderten Fall „Galmiz".

Ein kritischer Punkt ist allerdings, dass die in den Kernphasen des Zweiten Weltkrieges und der Verankerung der Raumplanung in der Verfassung erfolgte *Abkoppelung der schweizerischen Raumplanung von der Stadtplanung und vom Städtebau* ihre eigene Ideengeschichte verkürzt hat; man kann auch aus gegenteiliger Optik sagen, die Raumplanung habe sich zu einseitig auf die grossen Zusammenhänge der Raumordnung konzentriert. Da die Städte nicht unter Kriegseinwirkungen gelitten hatten, waren sie eben kein zwingendes Thema. Und doch, die fehlende wissenschaftliche Beschäftigung mit den Städten – es gab kein grundlegendes schweizerisches Lehrbuch zur Stadtplanung – führte nicht zu einem Anregungsdefizit. Denn Städte wurden und werden gestaltet, einst von Paris bis Wien, in der jüngeren Zeit Brasilia, auf seine Art auch Las Vegas. Sogar in der Schweiz. Verwunderlich ist dies nicht, weil die Städte in der Schweiz – als grosse, mittlere und kleine – mit ihrer guten Verteilung nach Grösse und Rang im Raum die Siedlungsstruktur der Schweiz geprägt haben, auch wenn das anhaltende Agglomerationswachstum die Konturen sukzessive verwischt. Die Landschafts-, die Siedlungs-, die Transport- und Versorgungsstrukturen lassen sich ohne die Städte nicht verstehen. Verwunderlich ist die gelebte Stadtnähe aus einem weiteren Grund, denn der Stadtplanung ist in der Schweiz von der praktischen Seite her stets der Vorliebe grosser Planer-Persönlichkeiten gewiss: Hans Aregger in Bern, Hans Marti, Franz Eberhardt in Zürich, Fritz Peter, Carl Fingerhut, Fritz Schumacher in Basel, Paul Trüdinger, Franz Eberhard in St. Gallen. Von Städten, die wir uns wünschen, war die Rede (Hans Carol, Max Werner), eine neue Stadt wurde sogar geplant, angeregt vom Triumvirat Max Frisch, Luzius Burckhardt und Markus Kutter in einem Pamphlet *Achtung die Schweiz*, von 1955, aufgenommen und zum Projekt geführt von Ernst Egli für das Furttal, angedacht als Variante zur Landesausstellung von 1964 sowie zurück bis Hans Bernoulli mit seinem Aufsatz von 1942 über die organische Erneuerung unserer Städte. Aber als Gegenstand der Raumplanung blieben die Städte dennoch gedanklich und rechtlich während der prägenden Jahrzehnte weitgehend ausgeklammert, was als ein Verlust für die Ideengeschichte der Raumplanung gelten muss. Heute bahnt sich mit der „Stadt Schweiz" und in den Städten als Zentren durch die Stadtplaner sowie mit den ETH-Institutionen in Zürich, Basel und Singapur eine Umkehr an: Raumplanung ohne Stadt- und Agglomerationsplanung lässt sich nicht mehr denken. Nicht nur nebenbei sei angemerkt, das ORL-Institut hat sich mit Arbeiten des Ökonomen Angelo Rossi schon früh wider den Zeitgeist des Stadtpessimismus und für die Stadtentwicklung hervorgetan. Auch Hans Elsasser hat als geografischer Inspirator frühzeitig das Stadtgefüge als Strukturelement der Schweiz signalisiert. Das waren verdienstvolle Ansätze.

Seit Jahrzehnten gibt es eine *Tendenz der materiellen Verkürzung der Ideen und Anliegen der Raumplanung* und damit eine gewisse Verfälschung: die monothematischen Plakatierungen, beispielsweise mit Schlagworten wie „konzentrierte Dezentralisation", „zentrale Orte", „Trennung Siedlungs- vom Nichtsiedlungsgebiet", „haushälterische Nutzung des Bodens", „Bodenpolitik", „Grundversorgung", „Daseinsvorsorge" usw. reduzierten das jeweilige Raumplanungsverständnis. Jedes Anliegen mag als Ziel oder Massnahme für sich genommen überzeugen. Doch die Zurücknahme auf ein spezifisches lenkt von der Verantwortung für den Lebensraum ab mit ihrer Zielbandbreite und Massnahmenvielfalt wie auch mit dem Einhergehen unumgänglicher Zielkonflikte und von Interessengegensätzen. Auch kommt das Rezeptartige hoch, was fragwürdig im Umfeld des planerischen Räsonierens ist. Ein zu enger Massstab wird verbreitet, obwohl zu jeder Zeit die Raumplanung einlud, es nicht bei Singulärem und Sektoralem bewenden zu lassen. Zugegeben, kommunikationstüchtige Promotoren der Raumplanung neigen aus ihrer Funktion heraus nicht ohne gute Gründe zu inhaltlichen Zuspitzungen. Diese erleichtern plausible Öffentlichkeitsarbeit, so der sekündliche und minütliche Verlust an Quadratmetern von Landwirtschaftsland an zu überbauende Grundstücke und an Verkehrsflächen. Aus solchen Anspielungen resultiert häufig, leider zu häufig, eine arge Verkürzung der Wahrnehmung der räumlichen Probleme und damit der Grundaufgaben der Raumplanung. Zwei Beispiele: Die dringlichen Massnahmen von 1972 forcierten den Landschaftsschutz (provisorische Schutzgebiete) – *Raumplanung als Gefahrenabwehr, als negative Planung, als Verbotsplanung*. Beim Erlass des Bundesgesetzes von 1979 dominierte das Postulat der haushälterischen, vor allem der zweckmässigen Bodennutzung – *Raumplanung als Bodennutzungsplanung*. Dieses Stichwort degradiert die konzeptionell und programmatisch angelegten Richtpläne teilweise zu Vornutzungsplänen. Die in der Folge zu beanstandende relative Unaufmerksamkeit gegenüber den Städten, den Agglomerationsprozessen, ganz allgemein gegenüber der Raumentwicklung als Vorgang, ist der hohe Preis der Überbetonungen solcher Aspekte. An Gegenkräften fehlte es nicht. Nur mangelte es für das Ganzheitliche an informationstauglichen, politiknahen Kernsätzen. Ein altes wie neues Prinzip rückt gegenwärtig in den Vordergrund: das *Prinzip der Nachhaltigkeit*. Schafft es als erst spät verfassungsrechtlich proklamiertes (Art. 73 BV) die Gradwanderung zwischen sachlicher Breite samt inhaltlicher Intensität und öffentlichkeitsnaher Zuspitzung? Möglicherweise ja, aber nur dann, wenn seine kumulierten Vorgaben für Politik, Wirtschaft, Gesellschaft und Ökologie sowie die ethische Komponente der intergenerationellen Verantwortung ins allgemeine Bewusstsein vordringen.

In der *Wissenschaft* selbst schwankten über alle Perioden und Phasen der Geschichte die vorherrschenden Meinungen zwischen den Ansätzen reiner Planungsmethodik und inhaltlicher Schwerpunktbildungen, zwischen den Präferenzen für das Kleinräumige und jenen für den Gesamtraum, zwischen eher architektonischen Akzenten und jenen des konzeptionell-programmatischen öffentlichen Handelns, zwischen ästhetischen Vorlieben und politischen Anforderungen, zwischen bodenrechtlichen Ansätzen und konzeptionellen Strategien der Raumgestaltung und -entwicklung, zwischen Vorlieben für die Stadtplanung und jenen der Landschaftsplanung usw.

Keine der damit verbundenen einzelnen Ideen und Sichtweisen erzielten je absolute Aufmerksamkeit. Es blieb bei dialektischen Einbezügen, ferner beim Sowohl-als-auch. Selbst eine dominierende Theorie der anzustrebenden Siedlungsentwicklung, der Raumplanung insgesamt, wurde in der Schweiz nicht entwickelt.[47] Und keine der von Zeit zu Zeit bevorzugten Theorien setzte sich vorherrschend durch. Es blieb – und bleibt? – bei *differen-*

---

[47] Eine allgemeine, in sich geschlossene Theorie der Raumordnung resp. Raumentwicklung existiert nicht. Sie würde auch keinen Sinn machen, ausser als offener Grundriss. Die *Theorien der Raumplanung* betreffen a) die Erklärung der tatsächlichen räumlichen Entwicklung, b) normative Planungsvorgaben für die anzustrebende räumliche Ordnung und Entwicklung und c) das Verständnis der räumlichen Raumplanung. Allfällige Theorien zur Wirkungskontrolle sind m.E. nicht raumplanungstypisch und können deshalb hier ausser Betracht bleiben. Diese drei Theorienbereiche müssen auseinandergehalten werden. Die belegbaren und häufigsten Theorien sind jene der tatsächlichen und der geplanten räumlichen Entwicklung. Sie sind in hohem Masse regional resp. regionalwirtschaftlich angedacht (z.B. Standorttheorien, Theorien des räumlichen Wachstums und der entsprechenden Entwicklung). Sie müssten allein schon der international angestossenen politischen, wirtschaftlichen und gesellschaftlichen Veränderungen wegen neu bedacht werden. Sie hatten, eher indirekt denn direkt, in den vergangenen Jahrzehnten ohnehin nur begrenzt eine gewisse Rolle mit Wirkungen bis in die Praxis hinein gespielt.

Der Geschichte der Raumplanung haben sie nicht den Stempel aufgedrückt.

Hervorgetreten sind in der Schweiz, wenn schon, die *Theorien des Verständnisses der Raumplanung*. Im Vordergrund steht seit dem Erlass des Verfassungsartikels und des Bundesgesetzes über die Raumplanung jene der Raumplanung als öffentliche Aufgabe und gleichzeitig als wissenschaftliche Auseinandersetzung mit der künftigen politischen, wirtschaftlichen, gesellschaftlichen und ökologischen Entwicklung in Raum und Zeit unter Einbezug wertbetonter individueller und kollektiver Verhaltensweisen. Damit verbindet sich, allein schon wegen der Nähe zur Politik, immer ein pragmatisches Element. Ein gewisses Gewicht kam der Lehre von der Planung als Methode des Umganges mit Nichtwissen und Ungewissheiten zu, doch wurde diese Sicht wiederkehrend von den materiellen Zieldiskussionen überlagert. Dass daneben ab ca. 1969 die Planung als Koordinationsaufgabe betont, später als Kooperationsverpflichtung, sogar als Managementherausforderung und ausserdem als marktorientiertes Geschehen verstanden wurde, muss vermerkt sein. Das Engagement der Gemeinwesen, im öffentlichen

XIII. Ideen – Theorien – Methoden

zierenden Doktrinen. Auch prägende Schulen lassen sich für die wichtigsten Phasen der schweizerischen Geschichte der Raumplanung nicht ausmachen; selbst das ORL-Institut der ETH Zürich, das während geraumer Zeit einflussreich war, kaprizierte sich zu Recht nicht mit dem Insistieren auf seiner Sicht der angezeigten Raumentwicklung. Dem ist gut so. Theorien dienen nicht der Vorherrschaft, übrigens auch Methoden nicht. Es geht immer um Verständnis-/Verfahrensmöglichkeiten. Der anhaltende Diskurs zwischen regionalwirtschaftlichen Planungsbemühungen, dem Umweltschutz und der strukturierten Raumplanung, dann auch die leicht divergie-

Interesse, auf gesetzlicher Grundlage und verhältnismässig angelegt, blieb aber stets vorbehalten.

Die materiellen, „erklärenden *Theorien der tatsächlichen Raumentwicklung*" folgten in der Schweiz weniger abstrahierenden Theorien als vielmehr Modellen, beispielsweise der Anziehungskraft von Städten und Zentren, also von regionalen, interregionalen und auch internationalen Wanderungen, beispielsweise auch der gesellschaftlich bedingten Urbanisierungsprozesse. Von der ökonomischen Seite her wird den sog. Standorttheorien Bedeutung zugemessen. Nicht minder häufig werden sozioökonomische Disparitäten als Ursachen räumlicher Vorgänge unterstrichen. Ferner wird auf Innovations- und Systemtheorien zurückgegriffen. Auffallend ist bisweilen ein „fliessender" Übergang vom tatsächlichen Erklären zu normativen, planerischen Theorien, vor allem markant in der Theorie der zentralen Orte, die erläutert und vorgibt. International gewichtet gewinnen vergleichende Theorien an Bedeutung, die summiert das Bilanzieren erlauben.

Die *planerischen Sollens-Theorien,* unter denen die Theorie der zentralen Orte einst dominierte, werden zwar regelmässig zitiert, doch rückten sukzessive gesamträumliche Konzepte und Strategien in den Vordergrund, solche von grossräumig und regional angelegten Strukturen von Zentren, Achsen, Bändern, Agglomerationskernen und -gürteln usw., immer in Verbindung mit offenen Landschaften sowie Transport- und Versorgungsanlagen, ferner solche der konzentrierten Dezentralisation (dezentralisierter Konzentration) unterschiedlicher Grade, ferner solche qualitativ angemessener (gleichwertiger) Lebensbedingungen in allen Landesteilen usw., ihrerseits regelmässig verbunden mit den Vorgaben der Begrenzung des Siedlungsgebietes (der Bauzonen) und also der Trennung von Siedlungs- und Nichtsiedlungsgebiet. In Diskussion gebracht sind Ansätze zu Theorien einer nachhaltigen Raumentwicklung vor dem Hintergrund politischer Effizienz, wirtschaftlicher Leistungsfähigkeit, sozialer Solidarität und des ökologischen Gleichgewichts. An breiter Anerkennung aber gebricht es – noch?

renden Auffassungen zwischen den akzentuiert auftretenden Professuren aus verschiedenen Disziplinen (Geografie, Ökonomie, Recht, Informatik, Soziologie usw.) verhinderten Einseitigkeiten.

Dies erwies sich für die Raumplanung in ihrem Werden als vorteilhaft. Sie blieb stets offen und verrannte sich nicht in verengende Theoriestreitigkeiten. Immerhin sind gewisse Präferenzen erkennbar: Konzeptionelles Denken herrschte in den Siebzigerjahren vor (landesplanerische Leitbilder mit Impulsen hin zur Verkehrs-, Energie-, Landschaftsplanung usw.), bis vor kurzem respektive heute findet der Zutritt vorwiegend über *Managementmethoden, ökonomische Effizienzpostulate* sowie – konkret im Massstab 1:1 – über markante *Bauten und Anlagen* (Museen, Kongresshäuser, Stadien, Hochhäuser, Einkaufszentren usw.) statt, gefolgt von Quartierplanungen (Stadtteilen). Zwischendurch überwog die *Planung als Methode* des Umganges mit dem Ungewissen und seitens der Verwaltung wie auch der Gerichte als *am Einzelfall orientiere Rechtsanwendung*. Verbreitet fanden sich sodann in der Schweiz Anlehnungen an die bekannte Theorie der *zentralen Orte* als Mittel der Raumstrukturierung in der kantonalen Richtplänen sowie in regionalwirtschaftlichen Konzepten, ob aus planerischer Überzeugung oder als bequemes Muster, soll hier nicht bewertet werden. Eher vermieden, jedenfalls nicht übertrieben angerufen, wurde der anderweitig gepflegte, schwierig zu interpretierende Ansatz *gleichwertiger Lebensbedingungen in allen Landesteilen*. Er war im Spannungsverhältnis zwischen Städten und Berggebieten, ländlichen Räumen, Grenzgebieten und wirtschaftlich monostrukturierten Gebieten entwickelt und eingebracht worden. Die Lebensqualität wäre übrigens ein zu interpretierender Begriff, er taugt gerade deshalb nicht als normativer Massstab für die Raumplanung. Stellt man auf die geltende Bundesgesetzgebung ab, so könnten die föderativen Elemente der *Dezentralisierung* und der *Förderung aller Landesteile* herausgelesen werden, doch überragen diese Zielansprachen das rein Raumplanerische, und zwar durch politische Vorgaben allgemeiner Art. Zu berücksichtigen sind aufgrund der neuen Verfassung von 1999, und das ist raumplanerisch echt relevant, die Berggebiete, die Städte und Agglomerationen mit ihren Sonderproblemen. Dass die „Blankotitel" wie Daseinsvorsorge nicht taugen, wurde bereits belegt. Sie sind eben nicht fassbar und darum nicht zielführend; sie stehen auch nicht für erhärtete Theorien, weil sie zu inhaltslos sind. Über alles gesehen, darf die Wissenschaft der Raumplanung doktrinäre Akzente setzen und Theorien entwickeln, auch kritische. Für die Raumplanung als öffentliche Aufgabe ist primär das geltende Recht bestimmend, wobei sie sich aber immer wieder neu mit der Wissenschaft samt deren Anliegen *und* mit den anstehenden sowie aufkommenden Problemen auseinandersetzen sollte.[48] Sich eng monothematisch und monokausal festzulegen, steht Gesetzen nicht zu, da sich verändernde Entwicklungen im Auge zu behalten sind.

In der *Literatur* fällt das *Bild des Planungsverständnisses* äusserst vielfältig aus, vor allem in den 1970er-Jahren und neu in jüngster Zeit. Es reicht von der fragwürdigen Planung als Finalisierung einer räumlichen Entwicklung bis zur nicht minder fragwürdigen Planung als erzwingbare Kooperation. Die einzelnen Autoren rangen und ringen um inspirierende Akzentsetzungen, nicht zuletzt motiviert aus dem Anliegen, nicht vorgefassten Meinungen, einem Schema oder einem ideologisch gefärbten Begriff zu verfallen, und verbunden mit der Gefahr, just diesen Zutritten die Türen zu öffnen. Es war vor allem die deutsche Debatte, welche die Nuancierungen mit zum Teil betont politischen Gewichtungen verband. Die vorauseilende Definition von der „Planung als vorwegnehmende Koordination von Handlungsbeiträgen und deren Steuerung über längere Zeit", in der Schweiz wiederholt zitiert, wurde nicht grundsätzlich diskutiert. Es blieb bei Erwähnungen und Variationen.[49] Immerhin wurde mehrheitlich das Einverständnis erzielt,

---

[48] Bei der Raumplanung als öffentliche Aufgabe fällt insbesondere das Schwanken zwischen zwei Kernanliegen auf: a) bodenpolitische Akzente, Priorität der Bodennutzungsplanung, und b) konzeptionelle und programmatische Raumentwicklung. Dahinter stehen nicht spezifische Ideen, Theorien oder Visionen, sondern politische gewichtete Präferenzen und Postulate. Die bodenpolitischen Akzente dominierten vor dem Erlass des Verfassungsartikels über die Raumplanung, bei der Formulierung des Gesetzes von 1974 (abgelehnt 1976), nach der Inkraftsetzung des RPG von 1980 bis ca. 1990 und dann wieder um 2014 bis 2016. Das konzeptionelle Denken trat 1972 mit der Publikation der *Landesplanerischen Leitbilder* hervor, dann mit dem Erlass des RPG von 1979 und in der Zeit ab 1990 sowie mit dem Konzept *Raumordnung Schweiz* von 2012.

[49] Diese vorauseilende grundsätzliche und allgemein verwendbare Definition stammt von Fritz Scharpf, Planung als politischer Prozess, Frankfurt a. M. 1973, S. 37 ff. Sie wurde häufig zitiert, aber zu selten hinreichend bedacht. Hier folgt eine Zusammenstellung von Planungsdeutungen (eine Auswahl in Stichworten), wie sie vor allem in Deutschland diskutiert und in der

dass es sich bei der Planung um das prozessartige Angehen von Zukunftsfragen handle und keinesfalls um politische Ideologien. Allerdings hat sich mit der Distanzierung eines Teils liberaler Kräfte und der Übergewichtung sozialpolitischer Anliegen eine Nuancierung in Richtung einer indirekten politischen Strategie zulasten der Wirtschaft und der Gesellschaft ergeben. Handelt es sich hierbei um Gebrauch oder gar Missbrauch der Raumplanung als Mittel der Wirtschafts- und Gesellschaftspolitik? Dies ist (noch?) eine thesenunterlegte Frage und keine gefestigte Meinung, aber eine kritische Vorfrage zu einer denkbaren Fehlentwicklung.

In der jüngeren Zeit wird die Planung übergewichtig bestimmt von Anliegen marktwirtschaftlicher Ausrichtung, der Kooperation zwischen Behörden, zwischen solchen und Privaten und der Partizipation der Planungs-

Schweiz ebenfalls mitbedacht wurden: Planung als Aufgaben- und Problembewältigung; Bestandteil rationalen Handelns; Setzen von Entscheidungsprämissen; strategisches Wählen; Steigerungsmöglichkeit kollektiven Handelns; Koordination; Kooperation; Lernprozess; Partizipation; Steuerungsprozess; konzeptionelles Erfassen; gesellschaftliche Neuorientierung; intergenerationelle Verantwortung; Setzen von Randbedingungen für die Wirtschaft; soziale Verantwortung; Abbau von Disparitäten; Sicherung der Grundversorgung; Erhalten und Gestalten in die Zukunft hinein; anwaltschaftlicher Einsatz für Minderheiten und artikulationslose/-arme Betroffene; ökologische Vorgaben im weitesten Sinn; Zukunftsorientierung; Steuerungs-, Kommunikations- und Konsensprozess; Einsatz regionalwirtschaftlicher Kräfte und Massnahmen; Managementmethode des Bestehens gegenüber der Zukunft; informelle Auseinandersetzung mit der Zukunft; impulssetzende Projektierung und Realisierung prägender Bauten und Anlagen.

Dieser variationsreiche Ansatz und die entsprechenden Debatten rund um die Planung übertrugen sich teilweise auch auf die Schweiz, sie blieben aber vor dem Hintergrund des pragmatischen Zutritts im Gefolge praktischer Vernunft und der offenen Vorgaben des Gesetzesgebers immer wieder begründet stecken. Für den demokratischen Gesetzgeber und für eine offene Gesellschaft wie auch für eine breit orientierte Wissenschaft sind solche Auseinandersetzungen spannend, doch taugen die besonderen Akzente kaum für die unerlässliche politische Konsensfindung zum Befassen mit der Zukunft durch Behörden oder durch die Wissenschaft. Die Raumplanung als öffentliche Aufgabe muss sich ohnehin ans Recht halten. Selbst der Begriff der Raumplanung ist für sie ein Rechtsbegriff.

XIII. Ideen – Theorien – Methoden

berührten und -betroffenen. Planung wäre gleichsam so etwas wie eine Kommunikationsstrategie oder gar das Einbiegen auf den Markt und/oder auf marktwirtschaftliche Instrumente, allenfalls verbunden mit Anreizen. Vonseiten der konzentriert auf die prozessbetonte Planung ausgerichteten Raumplanung wird gar eine *Ökonomisierung der Raumplanung* beklagt oder befürchtet. Unbestritten dürfte die Analysekraft der Lehre von der Ökonomie sein. Insbesondere ihre empirische Komponente erhellt tatsächliches Raumgeschehen und verweist auf Verwirklichungschancen in Aussicht genommener Massnahmen. Ob und wieweit sie die Raumentwicklung steuernd zu bereichern vermag, ist offen. Immerhin tut die Raumplanung gut daran, multi- oder auch interdisziplinäre raumrelevante wie raumwirksame Beiträge seitens der Ökonomie aufzunehmen, zumal das Wirtschaftliche objektiv und subjektiv die Raumentwicklung mitgestaltet. Umgekehrt kann das Ökonomische keinen solitären Anspruch erheben.

Auffallend ist dabei, dass die faktisch gehandhabte Raumplanung in eher traditionellen Bahnen der Gebots- und Verbotsplanung verläuft. Dennoch muss von einer gewissen geistigen Unruhe gesprochen werden, da viele Autoren ihr eigenes Planungsverständnis einbringen und es bis zum Zelebrieren führen. Das repetitiv aufkommende kritische Verhältnis zum Recht wird dabei zum Warnsignal. Es führt über die bekannten Spannungen zwischen Recht und Planung hinaus bis zum Postulat der *Entrechtlichung* – wider die *Verrechtlichung*. Die Gesetzgebung ist darüber in Bewegung gekommen. Sie eilt von Novellierungen zu Novellierungen, doch bleiben die Gesetzgeber gegenüber grösseren Änderungen eher skeptisch, zumal ihnen das typisch Hoheitliche naheliegt, allenfalls verbunden mit dem Vertraglichen in definierten Fällen, aber alles rechtlich und rechtsstaatlich unterlegt.

Wenn die Geschichte eins lehrt, dann ist es dies: *Der weitgehende Verzicht des Gesetzgebers auf Anbindungen an bevorzugte Planungstheorien und -methoden erweist sich als Vorteil*. Die Raumplanung kann sich im Rahmen einer eher formellen Gesetzgebung mit grosszügig vorbehaltenem Planungsermessen, was materielle Normen, vor allem im Sinne finaler Rechtssätze (Zielnormen, Planungsgrundsätze) nicht ausschliesst, zu ihrem Vorteil weiterentwickeln. Die Planung wird auf diese Weise für alle Beteiligten zum fortschreitenden Lernprozess. Es sind nicht die Theorien und die präjudizierende Rechtsanwendungspraxis, welche das tägliche Andenken, Konzipieren, Anordnen, Implementieren, Umsetzen, Durchsetzen und Kontrollieren der Wirkungen bereichern. Eine relativ offene Gesetzgebung schafft aus sich heraus günstige Voraussetzungen für ein kreatives, problemorientiertes Planen; eine zu stringente bewirkt verengende Verrechtlichung. Diese erstickt endgültig wache Planung. Dies besagt nicht, Theorien seien nicht wichtig. Sie sind es, zwar nicht als formulierte Inhalte von Gesetzen und Plänen, sondern als Impulse an die durch den Gesetzgeber zu erlassenden Gesetze, als Impulse an die Planer. *Die Basis guter Gesetzgebung ist gegeben durch Theorien- und Methodenfreiheit.* In diesem Sinne sind Theorien des sach- und politikadäquaten Verständnisses der Raumplanung wie auch jene zur tatsächlichen und geplanten räumlichen Entwicklung wohl bedeutsam, aber als kritisches Bereichern, nicht als verbindliche Aussagen. Die schweizerische Lehre, wenn ich recht sehe, hat also mit guten Gründen weder auf Inkorporation von Theorien in die Gesetzgebung und in Pläne insistiert, noch hat sie auf Überhöhungen einzelner Theorien und Methoden bestanden. Sie akzeptiert in allen Zutrittsdimensionen zu *Theorienvielfalt* und *Methodenpluralismus,* auch wenn sie auf die Notwendigkeit von Planungsgrundsätzen und grundlegenden Prinzipien in ihrer gegebenen Gegensätzlich- und Widersprüchlichkeit hinweist.

Zwischen Theorien und Visionärem besteht ein Zusammenhang. Sie locken sich gegenseitig heraus. Die Variabilität der Theorieansätze und der Visionsmöglichkeiten deutet dies an. Das Verbindende, das mindestens das Denkbare herausfordert, schafft indirekt Raum für die *politische Ausrichtung der Raumplanung*. Sie verhilft zu ausgreifenden und doch pragmatischen Erfahrungen und Neuausrichtungen unter Einbezug der Öffentlichkeit: ein Plus schweizerischer Eigenart. Die Politiknähe spiegelt sich in der demokratisch-rechtlichen Basierung der Raumplanung, im Einbezug der politischen Instanzen in die Planfestsetzung, in der direkten Begegnung von Planung und sachlicher wie auch politischer Wirklichkeit und auch umgekehrt. Der so oft angeprangerten Verrechtlichung sind die Gesetzgeber dieses Hintergrundes wegen nicht beliebig verfallen, auch wenn die Versuchung lauerte. Das RPG in seiner ersten Form von 1979 ist sogar überraschend knapp gehalten. Die limitierende Kompetenz zur Grundsatzgesetzgebung wies zusätzlich diesen Weg. Leider hielten sich der novellierende und der Verordnungsgesetzgeber nicht in allen Teilen daran, obwohl sie ihrerseits auf die gleiche Strukturvorgabe verpflichtet gewesen wären. Auch muss vor einer betont und intensiv präjudiziellen Rechtsprechung gewarnt werden. Sie hat als Folge der auf Bundes- und kantonaler Ebene ausgebauten Verwaltungs-

XIII. Ideen – Theorien – Methoden

gerichtsbarkeit zu einer gewissen Rechtslastigkeit bis in die Einzelfälle hinein beigetragen. Relativ offene Konflikte gab es mit den Lehren der Regionalwirtschaft und des Umweltschutzes. Während die Ersteren bereits im Ansatz räumlich dachten, entdeckten die Ökologie und der technisch orientierte Umweltschutz den Raum relativ spät (zu spät?). Beide Spannungsfelder hätten nicht sein müssen. Die Raumplanung hat ihnen gegenüber stets offene Türen gezeigt, mindestens vom Gedankengut der Querschnittsplanung und des Einbezugs des funktionalen Raumplanungsrechts her.

Etwas konkreter, herwärts des Allgemeinen:

a) Das aus der Geschichte heraus für die Schweiz erklärbare *dominierende Ordnungsprinzip der Trennung von Siedlungs- und Nichtsiedlungsgebiet, von Baugebiet und Bauverbotsgebiet, von landwirtschaftlichen und bauzonenbezogenen Bodenmärkten* hat für die Politik einen relativ hohen Stellenwert erlangt. Es ist dies eine Grundformel, die verstanden wird, obwohl sie nicht alle Schattierungen der Raumplanung und insbesondere der Siedlungs- und Landschaftsplanung berührt. Dass sie dem Erlass des Verfassungsartikels über die Raumplanung 1969, wenn auch nicht ausdrücklich, Pate stand, den Bundesbeschluss über dringliche Massnahmen 1972 provozierte und die Struktur der Bundesgesetze über die Raumplanung von 1974 (1976 in einer Volksabstimmung abgelehnt) und 1979 sowie die Rechtsprechung wie auch die kantonalen Richtpläne prägte, steht fest. Allerdings ist es nicht das einzige Prinzip. Neben ihm spielen die Lehren von den zentralen Orten, das Gebot der konzentrierten Dezentralisation respektive der dezentralisierten Konzentration, die Rechtspflicht der haushälterischen Bodennutzung, das Prinzip der Nachhaltigkeit usw. eine wegweisende Rolle. Nicht minder wichtig sind jene der Planabstimmung im Gegensatz zur Planhierarchie und des Gegenstromes der Planung von oben nach unten wie auch von unten nach oben. Erweitert werden die Prinzipien durch die Planungsgrundsätze mit Gesetzesrang und Justiziabilität. Verfassungsrang erlangt haben die Aussagen zur zweckmässigen und haushälterischen Bodennutzung, zur geordneten Besiedlung und neu zur Nachhaltigkeit.

b) Ein faktisches Strukturprinzip für die Raumplanung ergab sich für die Zeiten bis zum Agglomerationswachstum aus dem schweizerischen

Städtegefüge mit grösseren, mittleren und kleineren Städten, gut verteilt über das ganze Land, mit ländlichen Räumen zwischendurch und bis zu den Zugängen zu den Alpenquerungen. Das Städtenetz wurde zusammen mit dem eigengewichtigen Berggebiet zur faktischen Strukturgrundlage für das Ordnen gesamtschweizerischer Planungsintentionen, so für das Eisenbahnwesen mit den Intercity-Schnellzügen und für die Nationalstrassen, die in ihrer ersten Phase als Städteverbindungen konzipiert worden sind. Die Städte waren damals vorweg Punkte des Ziel- und Quellverkehrs. In den *Landesplanerischen Leitbildern* dominierten die etwas wenig konkreten Aussagen der „konzentrierten Dezentralisation" respektive der dezentralisierten Konzentration. Immerhin rückte die Beachtung des Städtegefüges nach dem Zweiten Weltkrieg, auf Zeit in der Lehre und vor allem in der politischen Betrachtung, die Stadt, die Städte, die Stadtplanung und den Städtebau etwas in den Vordergrund. Elemente, die mindestens in der Gesetzgebung bald einmal unter dem Stadtpessimismus wieder etwas verloren gingen und aktuell national wie international neu belebt werden müssen. Neue Professuren an der ETH Zürich und deren Institute in Basel und Singapur vermitteln seit geraumer Zeit Impulse. Ob sich diese Ansätze vollumfänglich aufrechterhalten lassen?

c) Das Prinzip *gleichwertiger, nicht gleichartiger Lebensbedingungen in allen Landesteilen* respektive des Abbaus ökonomischer Disparitäten hat sich in der Schweiz vor allem in jenen Perioden des Bundesstaates gestellt, als interregionale Binnenwanderungen faktisch und rechtlich möglich wurden und sich steigernd anbahnten. Die Berggebiete und die grösseren Städte waren es, die nach Massnahmen gerufen hatten. Parallel zum Raumplanungsgesetz wurde ein erstes Investitionshilfegesetz zugunsten der Berggebiete beschlossen. Schlussendlich kam es sogar zur gesetzlich gestützten Inspiration der Vernetzung von Agglomerationen mit Teilräumen aus den Bergregionen. Insgesamt darf die Feststellung gewagt werden, dass über einen Aufgabenausgleich zwischen dem Bund und den Kantonen und einen angepassten Finanzausgleich die Leistungsfähigkeit der Berggebietskantone angehoben werden konnte. Flankierend haben Verkehrserschliessung, Sozialversicherungen und die Landwirtschaftspolitik unterstützend gewirkt. Vom raumplanerischen Ziel gleichwertiger Lebensbedingungen ist aktuell kaum mehr die Rede.

XIII. Ideen – Theorien – Methoden

d) So reich, nach Zahl und Inhalten, die Abhandlungen zur Raumplanung, zur Stadtplanung, zur wirtschaftlich orientierten Raumordnungspolitik wie auch zur älteren Orts- und Regionalplanung sind, *an klärenden, doktrinstarken Lehrbüchern besteht nach wie vor ein erheblicher Mangel.* Am ehesten finden sich solche zur Kommunalplanung, sodann äusserst breit und ausgeprägt zum Raumplanungsrecht, teils in Verbindung mit dem Bau- und Umweltrecht. *Eine Einführung in die schweizerische Raumplanung* vermittelte der Autor zusammen mit seinem damaligen Mitarbeiter Hans Elsasser, Wirtschaftsgeograf, später Professor für Wirtschaftsgeografie an der Universität Zürich), mit einem Werk, das mehrere Auflagen erreichte. Jakob Maurer, ebenfalls vom ORL-Institut, wandte sich den Methoden der Raumplanung zu, verbunden mit dem Bestreben, eine Theorie des eher formalen Verständnisses des Umganges mit Ungewissheiten zu formulieren. Der Versuch, den vielfältigen materiellen Theorien der tatsächlichen und normativen Seite der räumlichen Entwicklung eine solche des Verständnisses der Raumplanung mit Auswirkungen auf die materiellen gegenüberzustellen, wurde vom Autor dieser Darstellung gewagt *(Grundriss einer Theorie der Raumplanung)*, später in vielen Abhandlungen vertieft, unter anderem in Richtung einer Ethik der Raumplanung. Dass in der eigentlichen Pionierphase Abhandlungen in Form von kürzeren Texten vorherrschten, verwundert nicht. Die entsprechenden Schritte waren nötig. Dass gleichzeitig Richtlinien für die Orts-, Regional- und Landesplanung zu entwerfen wie auch Skripte für den laufenden, anschwellenden Unterricht zu verfassen waren, überzeugt. In der jüngeren Zeit war es der Geograf Laurent Bridel von der Universität Lausanne, der ein eindrückliches Grundlagenwerk zur Raumplanung publizierte. Es prägt und stützt den Stellenwert der Raumplanung vor allem in der Westschweiz mit Ausstrahlung auf die Deutschschweiz.

e) Das verbleibende Defizit an etablierten, international respektierten *Standardwerken* zur Planung, zur Raumplanung, zur Stadtplanung, zur Verkehrs-, zur Umweltplanung usw. erweist sich bis auf den heutigen Tag als erheblicher Mangel, um so mehr als auf internationaler Ebene das Angebot nicht wesentlich grösser ist, sieht man von den weltweit greifbaren Werken zu den „regional science" ab. Immerhin konnte seitens der Schweiz auf die Standardwerke der deutsche Akademie für Raumforschung und Landesplanung (*Handwörterbuch der Raumordnung, Grundriss der Raumplanung, Methoden und Instrumente räumlicher Planung* usw.) gegriffen werden, allerdings mit dem Vorbehalt einer nicht nur in Nuancen anderen politischen Kultur, erkennbar für die Raumplanung beispielsweise in den Belangen der Planungspartizipation, der Bürgernähe, des Demokratieverständnisses, der Struktur der Zivilgesellschaft, des Verhältnisses zur EU.

f) In Lehre und Forschung erlebte das Befassen mit der Raumplanung starke Impulse durch die schon früh lancierte *Interdisziplinarität*. Es war vor allem das ORL-Institut der 1960er-Jahre, das sich Schritt für Schritt aus den Bindungen an die Gründerväter aus Geografie und Architektur löste und das Spektrum auf Ingenieure (Bau-, Kultur- und Umweltingenieure), Informatiker, Ökologen, Geistes- und Sozialwissenschaftler ausdehnte, insbesondere durch den Einbezug von Ökonomen, Juristen, Soziologen usw. Neben dem ORL-Institut, auch inspiriert von diesem, nahmen Planungsbüros bald einmal diese Dimensionen auf, so besonders früh das zürcherische Planungsbüro von Ernst Basler, mit führenden Köpfen wie Samuel Mauch und Thomas Schneider, das bei der Institutionalisierung der Langzeitplanung den Schritt hin zur Interdisziplinarität wagte und später sukzessive auf das ganze Tätigkeitsfeld ausdehnte – dies im Unterschied zu den einstigen grossen Ingenieurbüros wie Elektrowatt und Motor-Columbus, die den Akzent eher auf den ganzheitlich denkenden Ingenieur setzten und dabei einer gewissen fachlichen Diversifikation nacheilten. Zudem stösst beiläufig ein Nebenphänomen hinzu. Die Landesausstellung in Lausanne von 1964 war, wie jene von 1939 in besonderem Ausmass, eine Impulssetzerin, weniger in einem politischen Sinn der national-inneren Festigung und internationaler Kompetenz als vielmehr mit Blick auf das Werden einer ganzheitlichen Sicht. Das ist nicht verwunderlich, weil sich in dieser Zeit „die Dinge im Raum zu stossen" begannen. Die Raumplanung ab 1969, der Umweltschutz ab 1971 wurden zum Signal. Dieser Aufbruch hielt längere Zeit an, wurde aber in Teilen da und dort unterlaufen und geschwächt, vor allem durch die Neubelebung des Disziplinären, bis im Umfeld der Lifesciences die Interdisziplinarität im Konnex von Medizin, Naturwissenschaften und Technik, am Rande sogar umgeben von Geistes- und Sozialwissenschaften, neu belebt wurde. So in Zürich, dann auch in

Lausanne. Die beiden ETH von Zürich und Lausanne animierten. Im Bereich der Raumplanung schlug diese Renaissance nicht im gleichen Masse durch. Das Netzwerk, das im Jahr 2002 das ORL-Institut ablöste, wurde trendbetont verstanden als ein Zusammenwirken und nicht Ineinanderwirken von Disziplinärem auf loser Grundlage breiter Zieldimensionen. Die Erfahrung bestätigt: Selbst ein Netzwerk bedarf eines Kerns, der Kernprofessuren.

g) In jüngerer Zeit spalten sich die Geister rund um das Planen und die Raumplanung erneut. Relativ fest verankert ist die gewonnene und akzeptierte Klarsicht der *Unterscheidung von Raumplanung als öffentliche Aufgabe und als Wissenschaft.* Dabei wird immer wieder neu versucht, gegenseitig aufeinander kritisch mahnend einzuwirken. In diesem Sinne wirft die Wissenschaft der öffentliche Aufgabe vor, sie arbeite zu betont mit den politischen Räumen (Staaten, Länder, Kantone, Kommunen, Gemeinden), während die Ämter der Wissenschaft anlasten, sich in Methoden, Modellen, funktionalen Sichtweisen und Bezugsräumen zu ergehen, um dann die Bedeutung der politischen Umsetzung unter den Bedingungen der rechtlichen Vorgaben zu verkennen. Damit hat es aber nicht sein Bewenden. Die Raumplanung als öffentliche Aufgabe hat in der Zwischenzeit tatsächlich den Brückenschlag zwischen politisch-rechtlichen Gebieten und funktionalen Räumen weitgehend verschlafen oder gar unterdrückt. Und die Wissenschaft hat sich nicht mehr hinreichend Rechenschaft gegeben, dass die Raumplanung als öffentliche Aufgabe auf die Politik und vor allem auf das Recht verwiesen ist, was sie hätte veranlassen müssen, mit den Rechts- und Sozialwissenschaften im Gespräch zu bleiben. Leider hat das Interdisziplinäre seit geraumer Zeit bei der Bewältigung komplexer Probleme an Schwungkraft und Selbstverständlichkeit eingebüsst, bis in die Ausbildung hinein. Das Wissenschaftliche beschränkt sich in hohem Masse auf das Erarbeiten von Modellen als innovationsanregende Abbildungen planerischer Zugriffe auf die Wirklichkeit sowie auf das Bilanzieren der Wirkungen raumwirksamer Massnahmen. Grosse Fortschritte wurden auf der andern Seite in der Entwicklung von Informationssystemen erreicht, wobei sogar sozialwissenschaftliche Daten verfügbar werden. Sodann dominiert nach wie vor das Methodische rund um das Planen, nicht ohne Bedeutung, aber zu einseitig.

h) Das „Theoretische" der ausholenden Raumplanung *auf den ganzen Raum und alle raumrelevanten Ziele/Massnahmen* verliert derzeit etwas an Überzeugungskraft. In jeder Hinsicht, auch mit Blick zum Analytischen und zum Zweckmässigen – zudem in Relation zum Gebotenen. Von der Tatsache laufender Veränderungen ausgehend vermeinen weite Kreise, es genüge, die Prozesse vor Ort über markante Neubauten (Museen, Firmentürme usw.) zu beeinflussen, wenn auch mit dem Ziel, die räumliche Ordnung auf diesem Weg zu stärken: objektorientierte, städtische Raumplanung für urbane Menschen in eher urbanen Räumen. Sie pflegt nicht – sicherlich zu wenig – das breite Analysieren und das Ausrichten von Prozessen. Bevorzugt werden das Abstecken von konkreten Möglichkeiten des Handelns und das Bilanzieren offener Optionen. Eine solche Raumplanung/Stadtplanung bedarf sicherlich keiner ausholender Theorien, weder der bestimmenden und ordnenden Entwicklungskräfte noch des Verständnisses einer betont normativen Planung. Es reiche vielmehr, auf die Menschen zuzugehen, sie zu befragen, die Behörden zu interviewen, die Wirklichkeit realistisch zu sehen und dort einzuhacken, wo konkret erneuert wird, nämlich beim herausragenden Bauen als Ausdruck des politischen, wirtschaftlichen und gesellschaftlichen Geschehens, als Umfeld des Privaten und des Öffentlichen. Dass daraus eine monothematische Massnahme des Verdichtens ohne Qualitäten resultieren könnte, scheint nicht gross zu beunruhigen. Positive Vorzeichen verdien jene Stadt-, Agglomerations- und regionalen Planungen, welche die Objektorientierungen mit öffentlichen Räumen (Strassen, Plätze, Parks) in überblickbare Teilräumen thematisieren und zu einem Ganzen fügen. Das Beispiel der Stadt Zürich mit den Planungen wie Zürich-West, Zürich-Oerlikon und der Bildungsmeile vom See über Bellevue zum Kunsthaus und dann zur Universität sowie zur ETH. usw. könnten Schule machen.

i) Die Aktivitäten des neu zu Beginn des 21. Jahrhunderts lancierten ETH-Studio Basel, weitgehend von renommierten Architekten getragen, folgt in etwa einer Generallinie, die als Kontrast zu jener des einstigen ORL-Instituts beschrieben werden kann. Dieses hatte am Ende der 60er- und zu Beginn der 70er-Jahre des vergangenen Jahrhunderts die systematische Analyse gepflegt und normativ angedachte Leitbilder vorgelegt. Der Niederschlag der neuartigen Planungsintentionen manifestiert sich demgegenüber im *Vorherrschen des Deskrip-*

tiven, parallel im weitgehend subjektiven/ernsthaften Wahrnehmen der Wirklichkeit als dichte, meinungsbildende Aussagen, im Anknüpfen an positiven und negativen Evidenzen, verbunden mit Neigungen zum Informellen – das Hoheitliche und das Theoretisch eher ablehnend, insgesamt bahnbrechend das Kreative als Impuls des „planerischen Schöpfens" hervorhebend. Es darf erwartet werden, dass das ETH-Studio Basel bald einmal die Akzente nuanciert, vor allem dann, wenn es entdeckt, dass es neben der Architektur des Gestaltens andere Disziplinen gibt mit nicht minder interessanten und erwägenswerten Anliegen. Das ETH-Studio in Singapur befürwortet einen breiteren Ansatz, der das Zukünftige, das Räumliche, das Funktionale und das Qualitative für Städte des digitalen Zeitalters – deren Zahl, Grösse und Ausstrahlungskraft weltweit massiv zunimmt – verbindet.

j) Einen deutlichen Anspruch an die Raumplanung erhob die *Lehre von der Ökonomie*. Vor allem die Forschungsgruppen um Prof. René Frey in Basel und neu um Prof. Reiner Eichenberger in Freiburg, vernetzt mit dem Forschungszentrum CREMA in Basel und mit dem Studienzentrum BENEFRI der Universitäten Bern, Neuenburg und Freiburg, setzen konsequent auf die Relevanz des Ökonomischen. Die beiden Exponenten bereichern den wissenschaftlichen Disput. Es geht dabei vorweg um die Steuerung räumlicher Prozesse mittels marktkonformer Instrumente. Das Schaffen von Anreizen und das Erheben von Lenkungsabgaben dominieren. Deswegen aber von einer Ökonomisierung der Raumplanung zu sprechen, ist verfehlt, weil unbestritten sein dürfte, dass neben ökonomischen Akzenten gesetzliche und planerische Massnahmen mindestens bei der Negativplanung (Verbotsplanung) und im Bereich der Gefahrenabwehr unbestritten sein dürften.

k) Und was ist mit den *raumplanerischen Methoden*? Jede junge Wissenschaft ist bemüht, sich Klarheit über ihre Methoden zu verschaffen, also die Vorgehensweisen zu ermitteln, wie Ziele bestimmt und erreicht werden können. Die Identitätsfindung verleitet sie, nach eigenen Wegen zu suchen, sich gleichsam die Wissenschaftlichkeit durch das Zuordnen von Methoden zu bestätigen. Dies ist auch der Raumplanung widerfahren, vorweg als Wissenschaft, weniger als öffentliche Aufgabe. Sie hat sich gleichsam in den ersten Jahren der Etablierung auf „das ins Zentrum Rücken" der Methoden kapriziert, sicherlich nicht ausschliesslich, aber doch mit einem Standbein. So geschah es auch am ORL-Institut der ETH Zürich, dass sich Prof. Jakob Maurer und seine Forschungsgruppe, mit Wirkungen bis auf den heutigen Tag, parallel zu andern Arbeiten in hohem Masse der Methodik verschrieb. Es ist machvollziehbar, sogar äusserst positiv, aber doch insofern eine fragwürdige Akzentuierung, als Methoden letztlich nichts anderes als Hilfsmittel darstellen, den Herausforderungen, den gestellten Aufgaben und Aufträgen zu genügen, ihnen durch adäquate Vorgehensweisen zu entsprechen. Das Ansprechen der richtigen Methoden hätte auf alle Fälle nicht blind dafür machen dürfen, dass die Raumplanung als Auseinandersetzung mit der Zukunft auf bereits bekannte und erprobte Methoden aus nahestehenden Disziplinen hätte greifen können, die auf ihre Art zukunftsgerichtet aktiv eingesetzt wurden. Interessant ist sodann, dass der Gesetzgeber zur Raumplanung von der Erwähnung von Methoden Abstand nahm. Es wäre auch ein grundsätzlicher Fehler gewesen, die Raumplanung auf spezifische Methoden festzulegen. Dies gilt bis heute und mit Controlling und Benchmarking. Vielmehr: Die *Methodenfreiheit* muss gewährleistet sein, denn nur sie stellt sicher, dass sich die verantwortlichen Organe immer wieder neu fragen, wie sie problemgerecht vorzugehen haben. Die heikelste Komponente besteht darin, dass auf den Lebensraum nicht nur die methodisch korrekt operierende, strategisch und taktisch geschickt auftretende Raumplanung einwirkt, sondern auch Sachbelange wie Infrastrukturen auftreten, die von Politik, Wirtschaft und Gesellschaft oft eigenwillig veranlasst werden. Die eigene Methodengewandtheit darf nicht als unfehlbar, als Garantie guter Raumplanung, überschätzt werden. Dies besagt nicht, es sei wertlos, Methoden einzubringen. Im Gegenteil. Zwingend nötig ist es, die Methodik intensiv zu pflegen, aber stets begleitet von raumplanerischer Um- und Weitsicht.[50]

[50] Eine kräftige Unterstützung erfahren die Methoden der Raumplanung durch Informationssysteme: Datenbanken, thematische Kartografie, statistische Jahrbücher des Bundesamtes für Statistik, geografische wie geomatische Daten bis zu den einzelnen Parzellen und aufdatiert bis zu Flächenbilanzen. Die thematische raumrelevante Kartografie hat in der Schweiz vor allem dank der Arbeiten des ETHZ-Instituts zur Kartografie unter den Professoren Ernst Spiess (1965–1996) und Lorenz Hurni

XIII. Ideen – Theorien – Methoden

l) Noch ein Wort zu den *Visionen*. Die Methodenfreiheit, der Abstand zu den Theorien und das involvierte Planungsermessen inmitten der rechtlichen Vorgaben öffnen den Raum für das Ausholende, das Zukünftige und sogar für das Visionäre im Sinne der Vorausschau, der Weitsicht und der Rücksicht auf die kommenden Generationen sowie

(ab 1996) einen bemerkenswerten Aufschwung erlebt. Dies darf auch für das Bundesamt für Statistik hervorgehoben werden, das die für die Raumplanung aussagekräftigen Daten von den Flächennutzungen bis zu den Infrastrukturen und zur Bevölkerung aufarbeitet und, wenn immer möglich, räumlich kartografisch illustriert. Verbunden mit zwei Eigenschaften: a) oft auf geografischer/territorialer Kartenbasis und b) zu oft mit lokalisierten Ersteffekten und zu wenigen Aussagen hinsichtlich der Raumwirksamkeit. Ein banaler Strasseneintrag besagt etwas über den Flächenbedarf und die Verbindungen, aber zu wenig über die Leistungsangebote sowie die Relation zur Siedlungsentwicklung, zur Agglomerationsbildung usw. Das Gleiche trifft auch für die S-Bahnen usw. zu. Anders formuliert: Die angesprochenen Informationssysteme sind hilfreich für das Vermitteln aktueller Daten, sagen aber noch nicht Entscheidendes aus über Trends und die normativen Zielorientierungen. Dem werden konzeptionelle wie programmatische (Richt- und Master-)Pläne und -Programme gerecht. Die Informationssysteme sollten deshalb auch über die raumplanerischen Konzepte, Richtpläne, Nutzungspläne und deren Funktionen berichten. Interessanterweise geschieht dies sogar bis in Atlanten hinein. Als beispielhaft dürfen gelten der *Atlas der Schweiz* und der *Statistische Atlas der Schweiz*. Der Letztere ist interaktiv ausgestaltet und tagesaktuell sowie kostenlos verfügbar. Über ihn lassen sich die massgebenden Statistiken finden. Das Inhaltsverzeichnis dazu nimmt sich aus wie ein Katalog zur Raumplanung, nicht nur unter dem spezifischen Titel „Raum und Umwelt". Die kantonalen und städtischen statistischen Ämter bieten verwandte Dienstleistungen an.

Das Flankierende der Informationssysteme trägt wesentlich zur Qualität der schweizerischen Raumplanung bei. Sie werden im Zeitalter der Digitalisierung die analytisch-planerischen Aktivitäten sogar beflügeln, aber nicht davon befreien, Zweck, Ziele und Grundsätze der Raumplanung wertend und wegweisend zu bestimmen.

Vorarbeiten zur Arealstatistik und zum sog. Hektarraster gehen auf das ORL-Institut zurück, das diese an das Bundesamt für Statistik weitergab. Die ersten computergestützten und statistisch-mathematischen Innovationsleistungen erbrachte Prof. Oldrich Stradal, der vom genannten Institut beigezogen worden war, um die computerseitige Unterstützung nicht zu verpassen.

deren Freiheit zur Verantwortungswahrnehmung in ihren Zeiten. Dieses Offen-Sein schafft aber nicht nur Raum für verantwortete Visionen, sondern auch für ideologische Vereinnahmungen und Selbstbindungen der Raumplanung und ihrer Ziele. Die Raumplanung muss sich deshalb als öffentliche Aufgabe und als Wissenschaft ihrer rechtsstaatlichen und forschungsfreiheitlichen Erstverpflichtungen stets bewusst bleiben. Sie darf sich nicht verleiten lassen, abwegigen Visionen zu verfallen: Die Geschichte wird zur Mahnung.

XIV. Begleiteinwirkungen

Neben Ideen und Theorien zur Raumplanung übten und üben parallele politische, wirtschaftliche, gesellschaftliche und wissenschaftliche Institutionen einen erheblichen Einfluss auf das Werden und Sich-Verändern der Raumplanung wie auch auf deren Verständnis aus. Sie sind breit gefächert. Sie lassen sogar den politischen Stellenwert variieren, denn sie bedrängen und/oder artikulieren die Raumplanung. Es wäre falsch, sie als Störfaktoren zu verdrängen, denn von ihnen gehen auch zudienende Impulse aus. Gewisse Phänomene tauchen dabei unter dem funktionalen Titel des wirkungsvollen Begleitens der Raumplanung auf, die aus sich heraus eigenständig abzuhandeln wären; beispielsweise die Rechtsprechung, die hier hinsichtlich der Wirkung auf die Raumplanung beleuchtet und nicht rechtswissenschaftlich kommentiert wird.

Das sind einmal *die politischen Stosskräfte und Trends*, beispielsweise in Richtung der Ausweitung und der Zentralisierung der öffentlichen Aufgaben beim Bund, dann auch in Richtung der gesetzlichen Steuerung der Umsetzung oder der Auslagerung, gar der Privatisierung, nicht zur gleichen Zeit, teilweise sogar überlappend, sogar antizyklisch. Die Beispiele der sich steigernden Verselbstständigung von Swisscom, SBB, Post, RUAG, der ETH-Bereiche, bald einmal auch von Flughäfen, machen dies sichtbar. Solche politische Implikationen schlugen und schlagen auf die Raumplanung und ihr Verständnis durch. Konkret hat die Raumplanung die Ausweitung der öffentlichen Aufgaben und die Aufgabenüberwälzung auf den Bund sowie die wachsende Verselbstständigung aktiv miterlebt, sei es in Belangen des materiellen und immateriellen Verkehrs (z.B. Nationalstrassen wurden zu Bundesstrassen, die Mobilfunknetze bedrängen das Festnetz), sei es im Sektor der Energieproduktion und -versorgung (z.B. Vorgaben gegen Atomenergie, Subventionierung von Alternativenergien belasten die Wasserkraftwerke, neue Stromnetze werden erforderlich). Alle diese Aufgaben sind von erheblicher Raumbedeutung. Faktisch ist aber der Einfluss der

Raumplanung just auf diese gesunken, zumal die Unternehmungen, versehen mit Leistungsverpflichtungen, sich Drittauflagen zu entziehen trachten: Sie anerkennen den planerischen Zugriff der Raumplanung in der Regel nicht. Auf alle Fälle tun sie sich schwer, sich als mitverantwortlich für die Raumordnung Schweiz zu verstehen. Das weitere Beispiel des Umweltschutzes liegt auf der Hand. Bekanntlich wurde der Verfassungsartikel über den Umweltschutz zwei Jahre später (1971) erlassen als jener über die Raumplanung (1969). Und das Bundesgesetz über den Umweltschutz trat sogar rund fünf Jahre (1985 gegenüber 1980 für das RPG) später in Kraft. Weil aber die Kompetenz betreffend Umweltschutz dem Bund anvertraut und nicht in den Kontext kantonaler Aufgaben gestellt wurde, erlebte der Umweltschutz grössere sachliche und politische Aufmerksamkeit als die Raumplanung seitens a) des Bundes und b) der nationalen Öffentlichkeit. Die Erstverantwortung für die Raumplanung liegt eben nach wie vor bei den Kantonen. Das Verhältnis zwischen diesen auseinanderdriftend angegangenen Rechtsgebieten bleibt deshalb belastet. Beim Erlass der Verfassung von 1999 kam es sogar zu einem kleinen Gerangel, ob im Rahmen der Verfassung die Raumplanung oder der Umweltschutz an erster Stelle zu erwähnen sei. Das Parlament folgte nicht der Sachlogik und dem Bundesrat mit der Priorisierung der Raumplanung, sondern dem politischen Trend und rückte den Umweltschutz in den Vordergrund, wohl deshalb, weil die umfassende Bundeskompetenz für ihn sprach.

Die demokratische Offenheit gegenüber der Raumplanung als öffentliche Aufgabe spiegelt sich in den *Medien*. Sie artikulieren einerseits Akzentbildungen in der werdenden öffentlichen Meinung und anderseits beleben sie impulsreich die öffentliche Debatte um sachliche Themen und Entscheidungsprozesse zur kommunalen, regionalen, kantonalen und nationalen Raumordnungspolitik. Dass dabei zugespitzte, konkrete raumrelevante Probleme wie Zuwanderung, Zweitwohnungsbau, Eigenernährung, Fruchtfolgeflächen, Limitierung der Bauzonen, Wohnungswesen usw. erhöhte Aufmerksamkeit seitens der Medien und deren Konsumenten finden, verwundert nicht. Auch wenn die Pressekonzentration anhält, der Fernsehzuspruch in der Generationenskala ungleich ausfällt und die Informationsflüsse in der digitalisierten Welt neue Kanäle finden, bleibt erstaunlich, dass sich die Medien der Welt der Raumplanung stellen. Die Verknüpfungen mit der direkten Demokratie, mit dem Verbandswesen, mit der Nähe zu den Verwaltungen dürfte eine der Ursachen bilden. Nicht zu unterschätzen ist jedoch auch, dass die existenzielle Bedeutung der Auswirkungen von Raumplanung auf die Bürgerinnen und Bürger die Medien anregt und das Interesse der Öffentlichkeit belebt. Erstaunlich ist ferner, dass eine der grossen Tageszeitungen (NZZ) sogar ein Redaktionsmitglied voll mit den Problemen rund um den Lebensraum betraut. An den Verantwortlichen der Raumplanung ist es, mit den Medien im Gespräch zu sein. Die Medien als vierte Gewalt zu bezeichnen, ist mindestens im Bereich der Raumplanung eher abwegig, denn ihnen fehlt es an Verbindlichkeit des Einwirkens. Sie vermitteln Information, betonen Meinungen, kritisieren Positionsnahmen, bestärken oder widersetzen sich Prioritäten; kurzum, sie bewegen Anliegen und Bewertungen. Entscheiden können sie nicht, auch nicht in planerischen Belangen, vor allem dort nicht, wo legitimierte Organe ex lege berufen sind. Einen Gradmesser bilden die Medien für den politischen Stellenwert der Raumplanung, wenn auch nicht exklusiv. In ihnen und durch sie wird erkennbar, wie sich das öffentliche Interesse an der Raumplanung ausnimmt, welche Probleme erwähnenswert sind und welche Erwartungshaltungen sich an die Raumplanung richten. Er war in der Schweiz ab der Weltwirtschaftskrise, während des Zweiten Weltkrieges, in den Perioden der anschwellenden Konjunkturzyklen und erst recht in den Jahren der Bevölkerungszunahme sowie der währungspolitisch- und finanzmarktbedingten Flucht in Immobilien relativ hoch, also gerade auch im zweiten Jahrzehnt des 21. Jahrhunderts.

Eine besondere Wirkung auf den sachlichen und politischen Stellenwert übt das breite *Spektrum des parteiseitigen politischen Engagements aus*, unterschiedlich zu unterschiedlichen Zeiten, teils überlappend, aber doch mit markanten Verschiebungen. Signalisiert wurde bereits, dass Raumplanung und Umweltschutz in den Jahren 1969 und 1971 von sogenannten bürgerlichen Kräften mit den Zielen der Ordnung des Raumes, der Trennung der Bodenmärkte wie auch der inhärenten Sicherung des Grundeigentums und der betont polizeilichen Gefahrenabwehr des Umweltschutzes forciert, lanciert und in den Volksabstimmungen zum Erfolg geführt wurden, einerseits wider die etatistischen Bestrebungen in Bodenbelangen und anderseits zugunsten einer nicht ideologischen, sachlich begründeten Raumordnung sowie eines positiv verstandenen Landschafts- und Umweltschutzes. Diese Anliegen wurden, – bevor es sogenannte grüne, monothematische Parteien gab, verfolgt, auch wenn sich die ökologischen Bewegungen zu jener Zeit zu finden begannen. Dies hat sich in der Folge erheblich verändert, etwa ab 1985 bis gegen das Ende des Jahrhunderts.

Das planerische Element der Raumplanung wurde von sozialistischer Seite bald einmal für sich reklamiert, wie auch die Absicht mitlief, über den Umweltschutz Einfluss auf die wirtschaftliche und gesellschaftliche Entwicklung auszuüben, unter anderem mittels der Umweltverträglichkeitsprüfung aller grösseren Einrichtungen und aller weiterführenden Pläne sowie mittels der Einführung und der Handhabung des Verbandsbeschwerderechts, einseitig zugunsten ökologisch ausgerichteter Nichtregierungsorganisationen. Als Reaktion auf diese intendierte Einflussnahme auf die wirtschaftliche Entwicklung begannen sich die bürgerlichen Parteien Schritt für Schritt, wenn auch in unterschiedlichem Masse, von Raumplanung und Umweltschutz etwas zu distanzieren, nicht von den sachlichen Kernanliegen der Raumplanung und des Umweltschutzes als solchen, aber von den Begleiterscheinungen der Ideologisierung. Eine erste Korrektur setzte eine späte straffere Regulierung des Verbandsbeschwerderechts.

Ein erfrischender Wind geht vom *Thinktank Avenir Suisse (for economics and social issues)* aus. Er äussert sich, vor allem in der Direktionszeit von Gerhard Schwarz (bis April 2016), wenig theoretisch, aber höchst problemorientiert und zukunftsoffen zur Zersiedlung, zum Verkehr, zum Wohnen, zur Stadtentwicklung, zu Agglomerationen, zu Vorgaben und Vollzug sowie ausholend zu spezifischen Szenarien, z.B. wie es gelingen könnte, für 10 Mio. oder vielmehr Einwohnern Wohn- und Arbeitsräume zu organisieren. Er gewichtet das Potenzial der Verdichtung, erwägt den Abtausch von Bauzonen und eine Neuorientierung des Finanzausgleichs: Konzentration auf der Makro-, nicht nur auf der Mikroebene, konkret in den erweiterten Grosszentren von Basel, Genf, Bern, Zürich usw. An dieser elementar belebenden Denkweise fällt der grosse Abstand zum traditionell ausgewogenen Planen auf – zugunsten kreativer Denkansätze. Die Mischung von globalen Trends, nationalen Herausforderungen und liberalen, marktnahen Lösungen verdient Beachtung. Ob sich daraus eine neue Sicht der Raumordnungspolitik erwarten lässt, ist derzeit offen.

Die *Beratende Kommission zur Raumplanung* beim Bundesamt für Raumplanung, erstmals eingesetzt durch den Delegierten für Raumplanung in den 1970er-Jahren, ist in der Öffentlichkeit kaum wahrgenommen worden. Diese war unter all ihren externen Präsidien stets beratend tätig, was zwar kritische Aspekte ein-, aber Appelle an die Öffentlichkeit ausschloss. Am ehesten wagte Präsidentin Cornelia Füeg als erfahrene Politikerin aktives

XIV. Begleiteinwirkungen

und insistierendes Nachfragen. Die Bewegung, die um 1990 durch Dir. Hans Flückiger ausgelöst war, hat die damalige Kommission explizit mitgetragen und mindestens fachlich und politisch legitimiert. Dass das Bundesamt mit zunehmender Grösse sukzessive selbstständiger wurde, versteht sich. Es kam sogar Beratungsresistenz auf. Der *Rat für Nachhaltigkeit,* vom Bundesrat anfangs 1998 nach Verabschiedung des Strategieberichtes zur Nachhaltigkeit eingesetzt, nahm Themen zur Politik im Allgemeinen, zur Wirtschaft, Gesellschaft, zum Umweltschutz, zur Raumplanung usw. auf, konzentrierte sich aber schwergewichtig auf umweltseitige Belange. Die relative Nähe der Mehrzahl der Mitglieder der Kommission zu NGO erschwerte auf alle Fälle eine konzentriert regierungsadressierte Beratung, wie sie der Bundesrat stipuliert hatte. Der Rat wurde bald einmal aufgelöst, wohl auch deshalb, weil die „Nachhaltigkeit" wie auch die „koordinierte Verkehrspolitik" auf das ARE übertragen worden sind, wobei dieses Amt bereits über eine bestehende Beratungskommission verfügte. Im Übrigen: Wäre der Bundesrat als Regierung wirklich bereit gewesen, sich von einer eher politischen Kommission beraten zu lassen?

Ein indirekter Einfluss auf die Raumplanung ging von den *Ausbildungs- und Forschungsstätten aus,* so vor allem aufgrund der diversen Veranstaltungen in den einzelnen Abteilungen und Departementen an der ETH Zürich und der ETH Lausanne, ferner von den Kursen an den Techniken (heute Fachhochschulen) Rapperswil und Brugg-Windisch, gestartet Mitte der 1970er-Jahre. Die Grundstruktur der Auffächerung wurde durch die Kontroversen zwischen integriertem Grundstudium und Nachdiplomstudium geprägt. Leider wurden die Veranstaltungen in Brugg-Windisch (Nachdiplomstudium) nach erfolgreichem Start bald einmal eingestellt, sicherlich nicht aus fachlichen Qualitätsgründen. Die Fachhochschule in Rapperswil forcierte ein Grundstudium mit Akzenten auf dem Kommunalen und Regionalen und dem Landschaftsschutz. Mit zahlreichen Grundlagenwerken ist daselbst Kurt Gilgen hervorgetreten. Die Bedeutung des ORL-Instituts der ETH Zürich muss nicht nochmals unterstrichen werden. Zwingend ist hingegen der Hinweis auf all jene zahlreichen Institute des ETH-Bereiches und der Universitäten, die von ihren Funktionen (Geografie, Kulturingenieurwesen, Infrastrukturen, Verkehr, Gewässerschutz, Forstwirtschaft, Regionalwirtschaft, Städtebau, Stadtplanung, Kartografie, Informatik usw.) her eigenständig Fundamentales beigesteuert und Querschnittswissen eingebracht haben. Sprunghaft nahm die Alimentierung des Wissens um das räumliche Geschehen aufgrund der mit dem Internet realisierbaren Informationssysteme zu. Das Bundesamt für Statistik, dies sei unterstrichen, hat die Aspekte der Raumplanung voll integriert. Dessen statistischen Jahrbücher sind geradezu – beiläufig – zu Standardwerken der Daten zur Raumplanung geworden. Neben den Universitäten sowie den beiden ETH verfolgen auch die eidgenössischen Forschungsanstalten der WSL und der EAWAG raumplanerische Problemstellungen. Dass die ETH Lausanne sich nicht nur anschloss, sondern aufschloss, darf unterstrichen sein.

Einen nicht unwesentlichen Nachdruck auf die Raumplanung gewann die *Politikberatung,* und zwar von der klassischen Expertise über fundierte Analysen bis zu innovativen Forschungsarbeiten unter Einbezug internationaler Erfahrungen. Mangels hauseigener Kompetenzen und wegen fehlender Erfahrungen, bisweilen auch zur Verstärkung eigener Positionen, setzt vor allem die Bundesverwaltung zunehmend auf den Beizug sich anbietender Experten, Planungsbüros und Hochschulinstitute. Ausserdem benutzt sie die Kanäle der Ressortforschung sowie der Nationalen Forschungsprogramme, um mit Planern und Planungsbüros vernetzte Probleme eruieren und die Auswirkungen auf Gesellschaft und Wirtschaft bearbeiten zu lassen. Bald einmal formierten sich sogar neue professionelle Beratungsfirmen, die sich in hohem Masse, bis einseitig auf die öffentliche Hand und deren Bedürfnisse ausrichteten, nicht ohne neue Fragestellungen und sogar neue Herausforderungen zu wecken. Dass es dabei hin und wieder auch zu personellem Networking zwischen Verwaltungen, Beratungsbüros, Verbänden (NGO) sowie einzelnen Parlamentariern kam und kommt, lässt sich vermuten.

Die neu aktiv gewordenen *Planungsbüros* gewannen zunehmend an Einfluss, vorerst auf die Verwaltung, bald einmal aber auch auf die parlamentarischen Kommissionen und indirekt auf die Regierung. Unter den besonders qualifizierten sticht vorweg die Prognos AG in Basel hervor, gegründet 1959 von Prof. Edgar Salin und aus der Welt der Banken unterstützt, zukunftsausgerichtet auf alle Fakten und Eckwerte, die für die öffentlichen Verwaltungen und die politischen Entscheidungsträger aller Ebenen relevant sind. Politische Planung, Raumplanung und wirtschaftsbedeutsame Kernaussagen reichten sich die Hand. Einen besonderen Namen machten sich die Geschäftsleiter Peter G. Rogge und später Heik Afheldt (Mitglied der Akademie für Raumforschung und Landesplanung). Auch wenn der deutsche Markt deutlicher ansprach als der schweizerische, die ideenseitigen und organisatorischen Parallelitäten zu den Bestrebungen des ORL-Instituts der ETH Zürich und zu den Prospektivstudien von Professor Kneschaurek in St. Gallen sind mindestens zeitlich auffallend. Anderer Art, weil von der Ingenieurseite her angelegt, trat das Planungsbüro von Ernst Basler (später konstituiert als *E. Basler + Partner AG, EBP,* Zollikon/Zürich) mit Sitz in Zollikon und Zürich hervor, vor allem deshalb, weil es konsequent die Interdisziplinarität suchte. Ernst Basler und seiner Crew gelangen neue Aufschlüsse zu neuen Problemstellungen, so von der baulichen Sicherheit bis in die politische Sicherheitspolitik, von der Infrastrukturplanung bis in die Vorgaben zur Nachhaltigkeit. Eine verwandte Organisation zum ORL-Institut der ETH Zürich, und gleichzeitig engagiert wie ein Planungsbüro, entstand 1973 in der Romandie die Communauté d'études pour l'aménagement du territoire (CEAT), ein Zusammenschluss, der heute auf einer Übereinkunft von 1975 und 1998 basiert. Die neuste Fassung wurde von den Kantonen Bern, Freiburg, Genf, Jura, Neuenburg, Waadt und Wallis, vom Bundesrat und der EPFL unterzeichnet. Sie ermächtigt zur Koordination von Lehre und Forschung, zur Lehre, zum Erstellen von Gutachten und zur Politikberatung in allen Belangen der räumlichen Planung – von der Stadtplanung bis zu grossräumlichen Planungen respektive zu regionalen, landesweiten und internationalen Vorhaben. Die besondere Stärke der CEAT liegt in der Nähe zu den Regionalwissenschaften und der Regionalpolitik wie auch zur werdenden Agglomerationspolitik, vor allem in der Spannweite so unterschiedlicher Räume wie dem Genfer See mit dem „Arc Léman" und dem westschweizerischen Jura mit dem „Arc jurassien".

Unter den *Verbänden,* welche die Raumplanung auf ihre Fahne geschrieben haben, sticht die *Schweizerische Vereinigung für Landesplanung* (VLP) hervor. Sie wurde bekanntlich gegründet, als die Raumplanung sich zu etablieren begann, nämlich mitten während des Zweiten Weltkrieges. Sie ist nach wie vor äusserst aktiv, vor allem in der Beratung eidgenössischer, kantonaler und kommunaler politischer Behörden und Amtsstellen sowie in der Aus- und Weiterbildung der für die Raumplanung zuständigen Mitarbeiter der Kantone und Gemeinden. Ihre Mitglieder sind die Kantone und die Hälfte der Schweizer Gemeinden. Bestimmend für die Aktivitäten waren stets die Direktoren und die wichtigsten Mitarbeiter. Herausragend war die Phase mit den Namen von Ruedi Stüdeli als Direktor und von Marius Baschung, später Direktor des Bundesamtes für Raumplanung, sowie von

Heinz Aemisegger, anschliessend Bundesrichter. In der jüngeren Zeit fällt die VLP unter Lukas Bühlmann durch ihre fachlich hohe Kompetenz auf. Einen besonderen Weg suchte die *Studiengesellschaft für Raumordnungs- und Regionalpolitik* (ROREP). Sie betonte seit ihrer Gründung im Jahre 1975 den Ausgleich zwischen ländlichen und städtischen respektive zwischen wirtschaftlich schwachen und wirtschaftlich starken Gebieten, übrigens eine Formulierung, die mit dem Zweckartikel des Bundesgesetzes über die Raumplanung (Art. 1 RPG) weitgehend übereinstimmt. Es handelt sich im Kern um eine Politik der Förderung der Regionalwirtschaft, mit der sich auch Aspekte der Berggebietsförderung und der Agglomerationsstrukturierung verbinden lassen. Als Defizit muss sie sich das unzulängliche Befassen mit dem Raumplanungsrecht anlasten lassen. Das ihr eigene Raumplanungsverständnis kann mit den Stichworten Regionalwirtschaft, Raumplanung, konkreter mit Berggebietsförderung und Unterstützung monostrukturierter Räume erklärt werden. Die ROREP trat mit guten Gründen gegen die ab 1980 auf Zeit sichtbar werdende Neigung des Bundesamtes für Raumplanung an, die Akzente der Raumplanung auf die Bodennutzungsaspekte zurückzufahren.

Das *Verbandswesen* zu Raumplanung, Landschaftsschutz, Natur- und Heimatschutz, zum Verkehr, zum Umweltschutz, zur Landwirtschaft, zum Forstwesen, zur Wasserwirtschaft, zum Finanzausgleich, ganz allgemein zur Wirtschaft usw. ist nicht ohne Wirkung auf die Raumordnung und die Raumordnungspolitik geblieben – national und kantonal, sogar kommunal, und zwar in mehrfacher Hinsicht: einmal auf dem Weg der fachlichen Beratung, durch öffentliche Kritik, sodann teilweise über Verbandsbeschwerden und nicht zuletzt über Volksinitiativen und Referenden auf Bundes-, kantonaler und kommunaler Ebene, mit der schweizweit lancierten Landschaftsinitiative und den kantonalen Initiativen zu den Fruchtfolgeflächen als jüngere Beispiele. Auch das Mittun bei Initiativen und Referenden anderen Ursprungs versteht sich, je nach Interessenlagen, so bei der Zweitwohnungsinitiative. Die ideelle Verbandsbeschwerde spielt unter den Titeln der Umweltverträglichkeit und des Natur- und Heimatschutzgesetzes eine nicht unerhebliche Rolle gegenüber raum- und umweltrelevanten Einrichtungen, obwohl die Raumplanungsgesetzgebung als solche dieses Rechtsmittel nicht kennt. Ob die bundesgerichtliche Rechtsprechung als Rechtfertigung der Beschwerdelegitimation von ideellen Verbänden, beispielsweise neu zur Bemessung der Baugebiete, ausreicht, darf gefragt werden. Die modernen Verbände verstehen sich oft auch als Nichtregierungsorganisationen mit nationalen und internationalen Aspirationen. Ihre Problematik liegt dabei in ihrem spezialisierten öffentlichen Anliegen, die sie als solche im Fokus führen. Die Regierungen sind demgegenüber gehalten, das geltende Recht in toto im Auge zu behalten, was zwischen ihnen und den NGO zu heiklen Divergenzen Anlass geben kann, bis und mit unterschiedlicher Interessenwahrnehmung und -verfolgung auf nationaler und internationaler Ebene, so im Zusammenhang mit den Protokollen zur Alpenkonvention.

Eine neuere Form kommt den *Konferenzen kantonaler Regierungen* zu. Ob sie als Verbände zu verstehen oder als föderative Organe anzusprechen sind, ist fragwürdig, doch kommt ihnen ein grosser Stellenwert innerhalb des organisierten kooperativen Föderalismus zu. Explizit verfassungsrechtlich vorgesehen sind sie nicht, doch erweisen sie sich als hilfreiche „kurze Wege". Jene Konferenz, der die kantonalen Planungs- und Baudirektoren angehören, hat beispielsweise im Jahre 2015 auf die Zurückstellung der Totalrevision des Bundesgesetzes über Raumplanung Einfluss genommen. Die faktische Macht der Regierungskonferenzen darf nicht darüber hinwegtäuschen, dass ihre verfassungsrechtliche Verankerung und vor allem ihre demokratische Legitimierung echt fragwürdig sind, übrigens auch mit Rückwirkungen in ihre Kantone zurück, weil Beschlüsse der Regierungskonferenzen präjudizierend die kantonale Demokratie belasten.

Geklärt werden müsste, wie sich die politischen Trends der *Internationalisierung* im Verbund mit der Möglichkeit der Relativierung des demokratischen Einflusses auf die Raumordnung auswirken. Das für die Schweiz einst wegleitende internationale Nachbarrecht wahrt seine Bedeutung für den Bereich der Raumplanung in Belangen von Immissionen, Atom- und Wasserkraftwerken, Wasserentnahmen und -umleitungen, Grenzverkehr usw., zumal die Schweiz gleichsam rundherum an Grenzen stösst. Besonders empfindliche Probleme schaffen alle Fragen rund um das Wasser und den Luftverkehr. Die seit Langem bestehende grenzüberschreitende Zusammenarbeit fand ihre Regelung im *Europäischen Rahmenübereinkommen über die grenzüberschreitende Zusammenarbeit zwischen Gebietskörperschaften* vom 21. Mai 1980. Institutionell war es nach dem Zweiten Weltkrieg vor allem die *Europäische Raumordnungsministerkonferenz*, die raumplanerische Aspekte vorantrieb. Es handelte sich dabei nicht um ein Organ der EWG, sondern um eine Institution des Europarates. Die Mitglieder stammten dementsprechend aus dessen Umfeld. In den Jahren um 1970 nahm sie ihre Aktivitäten auf. Den Höhepunkt setzte sie mit dem Einbringen der Europäischen Raumordnungscharta vom 20. Mai 1983 (Charte européenne de l'aménagement du territoire). Diese zählt zum sogenannten soft law des Völkerrechts. Sie blieb jedoch ohne grössere Bedeutung, vor allem weil die EG/EU den Versuch wagte, ein Europäisches Raumordnungskonzept zu lancieren. Mangels ausreichender Kompetenzen konnte dieses aber nicht verbindlich erklärt werden. Die *Alpenkonvention* der Alpenländer und der EG/EU unterstellt ihrerseits einen grossen Teil des Landes, rund 60 Prozent gemessen an der Fläche, internationalen Möglichkeiten der Einflussnahme und beschränkt damit vorauseilende nationale raumplanerische Akzentsetzungen. Ergänzende Protokolle wurden zu Recht kritisch bewertet und stiessen im Parlament auf Ablehnung. Mit heiklen Auswirkungen auf die Raumplanung ist auch aufgrund der sogenannten *Aarhus-Konvention* von 1998 und 2001, die erst 2014 durch die Schweiz ratifiziert wurde, zu rechnen, wenn deren Anwendungsbereich ausgedehnt würde. Sie strebt in Belangen des Umweltschutzes, gemäss internationaler Terminologie sehr breit zu verstehen, den Informationszugang und den Rechtsmittelweg an die Gerichte an. Solche Beispiele zeigen, dass über internationale Umwege die hiesige Rechtsfortentwicklung präjudiziert wird. Ähnliche Vorgänge könnten sich im Kontext der funktionalen Raumplanung, also in den zahlreichen Bereichen der Energie, des Verkehrs usw. anbahnen. Die Rechtsbewegungen auf internationaler Ebene müssen deshalb sorgfältig verfolgt werden. Die Internationalisierung kann in Teilen durchaus angemessen sein, doch muss dieser Schritt bewusst und nicht beiläufig unter irgendwelchen Titeln getan werden.

Dass die Raumplanung als Querschnittsplanung auf raumwirksame Aufgaben ausserhalb ihres nominalen Pflichtenheftes einwirken muss, leuchtet ein. Es kann ja nicht sein, dass Dritte unter den Kompetenzträgern den raumplanerischen Grundintentionen zuwiderlaufende Entscheide treffen. Umgekehrt sieht sich die *Raumplanung genauso exponiert gegenüber Wirkungen Dritter aus öffentlichen Aufgabenerfüllungen,* beispielsweise durch den Natur- und Heimatschutz, konkret durch den Denkmalschutz, inklusive Ortsbildschutz, vor allem im Städtebau, dann aber auch durch den Landschaftsschutz und extrem durch vorauseilende Verkehrsplanungen. Solche Querbeziehungen müssen durch Informationsgespräche, Koordinations- und Kooperationsbemühungen gelöst werden, was nicht immer leicht zu erfüllen ist, weil Faktenlagen und Führungsrhythmen divergieren. Das Beispiel der raumplanerisch angestrebten baulichen Verdichtung in restriktiv definierten Baugebieten macht sichtbar, wie schnell vor allem in Städten Konflikte mit dem Denkmalschutz mit seinen beiden Spielarten der formellen Unterschutzstellung und der Inventarisierung, die nach Abwägungen ruft, auftreten. Der Landschaftsschutz schliesst seinerseits unmittelbar wirksame Schutzmassnahmen und Inventarisierungen ein, zudem motivierende von Naturparks, die das raumplanerische Grundziel der Erhaltung der offenen Landschaft berühren. Das Problem wird noch heikler, da die Raumplanung die Fruchtfolgeflächen zu gewährleisten hat und der Infrastrukturausbau im enger werdenden Siedlungsgebiet an Grenzen stösst. Das Verhältnis von Raumplanung zur Verkehrsplanung ist sogar prioritär, da das Wachstum der Agglomerationen durch Schiene und Strasse massiv beeinflusst wird.

Die modernen Lehren des *New Public Management* (NPM) wie auch der *Public Private Partnership* (PPP), die sich in hohem Masse an der Steuerung durch den Markt respektive durch marktnahe Instrumente orientieren, bereichern seit 2000 die Diskussion um die künftige Ausgestaltung der Raumplanung und sind gleichzeitig aber auch Grund zur Versuchung, die rechtlichen Vorgaben mit dem Hinweis auf die erzielbaren Wirkungen zu unterlaufen. Eine gewisse Beeinträchtigung der Legalität staatlichen Handelns geht mit diesen Prinzipien faktisch einher. Die Zuwendung zu Markt und neuen Handlungsformen entwickelt sich übrigens auffallend mit einer *Neubelebung der Debatte um das Planungsverständnis*. Sie weist unter anderem in Richtung von Kooperationen zwischen den Gemeinwesen und Privaten respektive zwischen öffentlichen Unternehmungen und Privaten, sogar zwischen den Raumplanungsbehörden und Planungsadressaten auf öffentlich- oder privatrechtlicher Grundlage, verbunden mit Vorbehalten gegenüber dem Hoheitlichen. Die zieladäquate Steuerung der Raumentwicklung mittels marktwirtschaftlicher Instrumente könnte tatsächlich, mindestens in Teilen zweckmässig sein, doch darf das Recht keinesfalls bagatellisiert werden. Selbst Informelles und Privates, das Verbindlichkeit anstrebt, bedarf des öffentlichen oder des privaten Rechts. Wie bedeutsam das Recht für die Wahl respektive Ausformulierung der Ziele und der Instrumente, aber auch für die Inpflichtnahme der Behörden und Privaten und für die Durchsetzung der Raumplanung ist, wird nachvollziehbar, wenn man bedenkt, wie stumpf die Raumplanung in den Zeiten vor der Aktivierung der Raumplanungsgesetzgebung agierte.

Ständige Begleiter der Raumplanung sind seit dem Zweiten Weltkrieg aus verwandten Gründen die *Verwaltungsreformen*. Beide reagieren auf die Anhäufung von Verwaltungsaufgaben wie auch auf Verhaltens- und Werthaltungsänderungen. Auch seit der Institutionalisierung der Raumplanung sind gleiche mehrere Schübe zu verzeichnen, teils formelle, teils materielle wie auch mentalitätsmässige: Auslagerungen, Privatisierungen, führungsbedeutsame Elemente usw. Irgendwie betreffen sie immer auch die Raumplanung, insbesondere unter dem Titel der Querschnittsbezüge. Konkret: Die ausgelagerte Verwaltung fühlt sich nicht in gleichem Masse durch die Raumplanungserfordernisse angesprochen wie die zentrale, erst recht nicht die verselbstständigte, gar privatisierte. Selbst die moderne Absicht, die Verwaltung respektive einzelne Ämter durch Leistungsvereinbarungen und Globalbudget neu zu mobilisieren, wirft im Endeffekt Fragen auf. Sind engagierte Ämter oder Departemente noch bereit, auf Zusatzanliegen der Raumplanung einzutreten? Auf ihre Kosten? Abneigungen gegenüber Drittbelange tun sich jedenfalls auf. Dies gilt erst recht für Unternehmungen mit eigener Rechnung, eigener Bilanz. Ist es wirklich vorstellbar, dass Post und SBB und eben mit Globalbudget ausgerüstete Ämter von sich aus auf eigene Kosten raumplanerische Ziele aufnehmen und verfolgen? Und wie steht es um vereinbarte oder hoheitlich angeordnete Gebietsreformen? Lassen sie sich durchsetzen? Sie reichen von Eingemeindungen bis zu Gemeindefusionen, von geplanten Kantonsvereinigungen bis zur Neugründung eines Kantons. Raumplanerisch sind solche Fragen unter Umständen von erheblicher Bedeutung, insbesondere bei der Festigung der Kerne (Kernstädte) wachsender Agglomerationen oder sogar bei der Eingrenzung und Abgrenzung von Agglomerationen. Ob und wieweit Gebietsreformen vonseiten der Raumplanung eingefordert werden sollen, muss wohl überlegt sein. Vorweg gilt es, die funktionalen Räume von den Hoheitsgebieten mit ihren historisch geprägten Grenzen zu unterscheiden und beide in Relation zu setzen. Dabei können angezeigte Gebietsreformen erkennbar werden.

Welchen Einfluss hatte die 68er-Bewegung mit ihren vielfältigen und überengagierten Vorstellungen zu den staatlichen, gesellschaftlichen und wirtschaftlichen Strukturen? Sie reichten von der Ablehnung des Staates bis zu dessen Erstverantwortung für Veränderungen, vom Abbau von Autoritäts- und Kompetenzordnungen bis zu neuen Partizipationspostulaten. In dieser Widersprüchlichkeit stellt sich die Frage umso mehr, als der Verfassungsartikel über die Raumplanung im Jahre 1969 erlassen und das erste Bundesgesetz über die Raumplanung – in den Jahren 1970 bis 1974 ausgearbeitet und durch das Volk im Jahre 1976 abgelehnt worden ist. Begleitet war diese Zeit des Auf- und Umbruchs für die Raumplanung einerseits an den Hochschulen durch studentische Turbulenzen und anderseits auf der politischen Bühne durch teilweise extreme Programme zur Verstaatlichung des Bodens und ganz allgemein der Ausweitung staatlicher Funktionen. Überraschenderweise wurde die Raumplanung just in dieser Zeit, mindestens in der Schweiz, vis à vis staatlicher Herausforderungen zu einem bürgerlichen Anliegen, positiv und kritisch. Es galt dabei, pointierte Vorgaben wie entschädigungslose Expropriationen, Mehrwertabschöpfungen, Zonenexpropriationen, Vorkaufsrechte des Staates usw. breit zu diskutieren. Das knappe Volks-Nein von 1976 obsiegte wider überhöhte Bodenrechtsintentionen und wider die Planung als Wegbereiterin wirtschafts- und gesellschaftspolitischer Nebeneffekte. Dieses Votum suggerierte eine offenere Regelung mit Akzenten zugunsten einer weniger stringenten, einer dynamischeren Planung unter Zurücknahme bodenrechtlicher Akzente. Das Bundesgesetz von 1979 trug in der Folge noch ausgeprägter die Handschrift sachzugewandter Kräfte, ohne den Grundgehalt der Verfassungsbestimmung zur Raumplanung zu missachten. Die Einflüsse der 68er-Bewegung und der raumplanungskritischen Kreise auf den materiellen Inhalt des RPG blieben, so besehen, eher gering. Dies sollte sich erst Jahrzehnte später nuanciert ändern, nämlich mit dem Einzug einer neuen Generation an Mitarbeiter in die Bundes- und kantonalen Verwaltungen, aber auch in die wissenschaftlichen Gruppierungen der Politikberatung sowie in das Leben der Parteien. Die bodenrechtliche Zusatzinstrumentalisierung in Anlehnung an das abgelehnte Gesetz von 1974 liess also auf sich warten, und zwar bis ins zweite Jahrzehnt des 21. Jahrhunderts. Abschliessend zu diesem Punkt kann nicht verschwiegen werden, dass es an den Universitäten, und also auch im ORL-Institut der ETH Zürich, zu Beginn der 1970er-Jahre zu einigen Störungen und aufgeregten Diskussionen seitens der 68er-Bewegung gekommen war. Am genannten Institut legten sich diese recht bald, wohl deshalb, weil sich dieses nach den erledigten Bundesaufträgen als Wissenschaftsträger auf definiertem Niveau neu finden musste.

Die Förderung der Raumplanung als junge Wissenschaft und als jüngere öffentliche Aufgabe hielt sich abseits der ETH Zürich vorerst in Grenzen. Hätte der Delegierte des Bundes für Wohnbauförderung (Fritz Berger) Mitte der 1960er-Jahre nicht den Zusammenhang von Wohnbauförderung, Siedlungsplanung und Landesplanung erkannt, so wären die Initiativen des 1961 gegründeten ORL-Instituts stecken geblieben. Er veranlasste die Finanzierung der Leitbilder, der Zweckmässigkeitsprüfungen der Orts- und Regionalplanung und der Ausarbeitung von Richtlinien zur Raumplanung. Der Schweizerische Nationalfonds begünstigte bald einmal einige Grundlagenarbeiten, so zur politischen Planung. Und kurz darauf folgten Nationale Forschungsprogramme mit Themen von räumlicher Tragweite. Bis dato sind es deren acht. Nach der Ernennung des Delegierten für Raumplanung im Jahre 1972 verlagerten sich die ausserordentlichen finanziellen Mittel des Bundes auf die neuen Instanzen in der Verwaltung. Das ORL-Institut musste auf der andern Seite gestrafft und auf die hauseigene Grundlagenforschung sowie die Lehre ausgerichtet werden, was erfolgreich geschehen ist. Dabei wurde immer wieder neu diskutiert, ob und in welchem Masse die Regionalwissenschaften sowie der Städtebau samt Stadtplanung intensiv einzubeziehen seien. Angedacht wurde auch der Einbezug der neu verfügbar werdenden Informationssysteme. Die Professuren von Benedikt Huber (Architektur), Nachfolger Franz Oswald (Architektur), und von Willy A. Schmid (Kulturingenieur, ökologische Planung, virtuelle und konkrete Landschaftsplanung) signalisierten die Bemühungen. Mit Hans Flückiger als Nachfolger von Jakob Maurer wurde übrigens ein Ökonom mit grossen Erfahrungen in Regionalwissenschaften und Raumplanung in die Leitung berufen, um die sozialwissenschaftliche Balance auch im Bereich der Lehre nicht gänzlich zu verlieren, nachdem Martin Lendi 1987 in die damalige Abteilung für Geistes- und Sozialwissenschaften unter Aufrechterhaltung des Rechtsunterrichts am ORL-Institut gewechselt hatte. Hans Flückiger verlieh der Ausbildung in Raumplanung neue Strukturen. Die grosse Zahl der erforderlichen fachlichen Kontakte (Städtebau, Stadtplanung, Landschaftsplanung, thematische Kartografie, geografische Informationssysteme, Geistes- und Sozialwissenschaften usw.) sprach schlussendlich im Jahre 2002 für eine Neuorganisation im Sinne eines Netzwerkes unter Auflösung des ORL-Instituts – eine vertretbare Lösung für die Raumplanung als Wissenschaft. Die „Hausse" im Städtebau und in der Stadtplanung festigten die Architekturabteilung der ETH Zürich mit ihren führenden Professoren Angélil, Christiansen und Lampugnani, sodann das Studio Basel und die Forschungsstätte Singapur. Was sich davon in die Zukunft retten lässt, ist aus diversen personellen, finanziellen und organisatorischen Gründen offen. Eins aber darf sich nicht ergeben, nämlich der Rückfall in

XIV. Begleiteinwirkungen

eine Isolierung der Raumplanung: Stadt- und Agglomerationsplanung, Landschaftsplanung usw. müssen eng vernetzte Teile der Raumplanung sein und bleiben, sogar signifikant.

Erhebliche Begleiteinwirkungen auf die Raumplanung gehen von der *Rechtsprechung* aus, insbesondere seitens des Bundesgerichts.[51] In einer

---

[51] Die Rechtsprechung ab den ersten Jahren seit dem Inkrafttreten des RPG ist zusammengestellt bei *Lendi Martin* unter Mitarbeit von Thomas Kappeler, Rechtsfälle zum Raumplanungsrecht, 3. A., Zürich 1993 – bereits unter Einbezug des funktionalen Raumplanungsrechts. Daselbst findet sich auch eine Zusammenstellung der ersten vorausschauenden und sachadäquaten „leading cases" (a.a.O., S. 42, basierend auf einer Gewichtung des Verfassers in Kooperation mit Bundesrichter Prof. Dr. Alfred Kuttler, für die jüngere Rechtsprechung mit Bundesrichter Dr. Heinz Aemisegger und Samuel Kissling, Mlaw, von der VLP). Hier führe ich sie verkürzt auf mit den Zusatzhinweisen, dass sie alle fortentwickelt worden sind und dass sie deshalb als erste, stichwortartige „Weichenstellungen" zu verstehen seien: Anerkennung der Eigentumsgarantie als ungeschriebenes Verfassungsrecht (BGE 94 I 602); Rechtsgleichheit (BGE 107 Ib 334); Rechtsnatur der Pläne (BGE 107 Ia 273); Rechtsnatur des Richtplans (BGE 107 Ia 77); Eigentumsgarantie, Eigentumsbeschränkungen, materielle Enteignung (BGE 109 Ib 13; 103 Ia 417); Handels- und Gewerbefreiheit (BGE 109 Ia 264); Begriffe Nutzungsplan und Sondernutzungspläne (BGE 111 Ib 13); Justiziabilität der Planungsgrundsätze (BGE 112 Ia 65); Koordination der Rechtsanwendung (BGE 116 Ib 50); Rechtsschutz, Legitimation, Kognition usw. (BGE 117 Ia 302); Dimensionierung der Bauzonen (BGE 115 Ia 350; 114 Ia 371); Nichteinzonung/Auszonung, materielle Enteignung (BGE 131 II 728); Abweichung Sondernutzungsplanung von Grundnutzungsplanung (BGE 135 II 209); Verwaltungsrechtlicher Vertrag/Lenkungsabgabe (BGE 136 I 142); Verkabelung von Hochspannungsleitungen (BGE 137 II 266); Zweitwohnungen/Bundesaufgabe (BGE 139 II 271); Richtplanung/Grossvorhaben (BGE 137 II 254); Überprüfung Nutzungsordnung (BGE 140 II 25); Konzentrationsprinzip in der Landwirtschaft (BGE 141 II 50); Mehrwertabschöpfung/Mehrwertausgleichsregelung durch Gemeinden (Urteil BGer 2C_ 886/2015 vom 16.11.2016); Verbandsbeschwerderecht bei Neueinzonungen (BGE 139 II 271 sowie BGer Urteil 1C_315/275 und 1C_321/2015E vom 24.8.2016).

Die Rechtsprechung des Bundesgerichts war stets kreativ und galt konsequent der Umsetzung des Bundesrechts, übrigens auch dort, wo die kantonalen Gesetzgeber und Regierungs- und Verwaltungsinstanzen flexibler sein wollten. Insofern

rein juristischen Abhandlung zum Raumplanungsrecht wäre die entsprechende Rechtsprechung zentral im direkten Zusammenhang mit der Darlegung des geltenden Gesetzes- und Verordnungsrechts abzuhandeln; hier aber geht es um das Phänomen der Raumplanung und also gleichsam um den eigengewichtigen Beitrag der Rechtsprechung auf sie wie auch um die kritischen Berührungspunkte. In einer ersten Phase hatte sich die Rechtsprechung insbesondere mit den Eigentümlichkeiten des Raumplanungsrechts vertraut zu machen: mit der Nähe zur Eigentumsgarantie, mit dem Tatbestand der materiellen Enteignung, mit den zulässigen Zonenarten und mit dem Bauen ausserhalb der Bauzonen, dann aber im Kontext des

kann man sich fragen, ob die Rechtsprechung mehr sei als eine wirkungsvolle „Begleiterscheinung". In mancher Hinsicht ist sie nämlich sogar konstitutiv für das Werden der Raumordnung Schweiz, so im Bereich des Bauens ausserhalb der Bauzonen resp. des Siedlungsgebietes. Es darf sogar gesagt werden, die Raumplanung hätte ohne das sach-/rechtsverständnisvolle Einwirken des Bundesgerichts nicht jene Klarheit erlangt, welcher das junge Raumplanungsrecht bedurfte. Es war auf alle Fälle sachlich erfreulich, dass u.a. mit den Bundesrichtern A. Kuttler, H. Aemisegger und P. Karlen Persönlichkeiten mit qualifizierten Kenntnissen im Bereich des Raumplanungsrechts ins hohe Gericht gewählt worden sind.

Politikrelevant wurde vor allem die Rechtsprechung a) zur koordinierten Rechtsanwendung im Bereich der Raumplanung sowie b) jene zur Verbandsbeschwerdelegitimation gestützt auf Art. 12 NHG in spezifischen raumplanerischen Belangen im Sinne von Bundesaufgaben.

Zur aktuellen Rechtsprechung des Bundesgerichts im Bau-, Planungs- und Umweltrecht siehe *Aemisegger Heinz*, Aktuelle Rechtsprechung des Bundesgerichts im Bau-, Planungs- und Umweltrecht, Bern 2015. Mit der Justizreform von 2006 und der entsprechenden Änderung des RPG sowie mit der bodenrechtslastigen Novellierung des RPG von 2012, in Kraft seit 2014, ist die Rechtsprechung des Bundesgerichts sachlich breiter geworden. Und sie dürfte noch intensiver eingefordert werden. Allerdings ist grundsätzlich zu bedenken, dass es weder Aufgabe des Verordnungsgesetzgebers des Bundes noch des Bundesgerichts sein kann, die im Rahmen der Grundsatzgesetzgebung ex lege offenen Handlungsräume der Kantone zu begrenzen. Auch ist zu bedenken, dass das seitens des Gesetzgebers bewusst gewählte Planungsermessen nicht durch Dritte relativiert oder gar vertan werden darf. Das bewusst gesetzte Planungsermessen steht für eine dynamische Planung, die nicht durch irgendwelche rechtliche Vorgaben ersetzt werden sollte – auch nicht darf.

neuen Bundesgesetzes über die Raumplanung mit neuartigen Grundsatzfragen, bis und mit der Justiziabilität der Planungsgrundsätze, des Verhältnisses der Raumplanung zur Rechtsgleichheit, zur Wirtschaftsfreiheit, zur Niederlassungsfreiheit, ferner konkreter mit Baugebietsetappierungen, mit der Erschliessung als Bauvoraussetzung, mit der Rechtsnatur der Pläne, mit Abgrenzungsfragen zum Umweltschutz usw. Seit der Justizreform von 2006 ist die Regelung bezüglich Rechtsmittel und Gegenstände ausgeweitet. Das Bundesgericht sieht sich neu konfrontiert mit der neuen Rechtsmittelordnung. Es verfügt somit über eine breitere Rechtsprechungskompetenz. Dabei muss es darauf achten, das spezifisch Planerische nicht durch das gewohnte juristisch-legalistische Denken zu bedrängen. Auf den Punkt gebracht: Richter sind keine Planer. Genau dies aber verlangt von den Richtern Respekt vor dem Planen. Die heikle Grenze wird dort tangiert oder überschritten, wo das gesetzlich eingeräumte Planungsermessen und/oder die für Planungsgesetze typische Zukunftsoffenheit der Pläne und Gesetze verkannt wird. Die Neigungen, durch Gesetze oder gar durch Verordnungen auf der Basis konditionaler Rechtssätze deterministisch zu wirken, dürfen durch die Rechtsprechung in Planungsbelangen nicht blindlings übernommen oder gar gesteigert werden, weil das Planungsrecht nicht, mindestens nicht einseitig, banal konditional konzipiert ist. Es betont eben das „Planerisch Generell-Konkrete" sowie das „Planerisch Konzeptionell-Programmatische" unter der Voraussetzung des Abwägens von Zielen und von Interessen. Die Rechtsprechung hat dies in der Auslegung des Planungsrechts konsequent zu beachten. Die Planung aus dem Planungsrecht durch die Rechtsprechung zu eliminieren, wäre mehr als fragwürdig. Auch darf die Dichte der Präjudizien in der Summe nicht derart eng werden, dass die gesetzlich angestrebte Planungsflexibilität zugunsten einer faktischen und erst noch rückwärts orientierten „Rechtsprechungs-Regelung" bedrängt wird. Die Planung ist – zu unterstreichen – nicht nur nebenher eine zukunftsoffene, prozessartige Problemmeisterin. Sie ist es per se mit ihren spezifischen Eigenschaften der Orientierung an Zielen, an unbestimmten Begriffen, am Planungsermessen, an sachlichen Zielkonflikten usw. Eine nicht minder heikle offene Frage ergibt sich unter dem Titel des Abwägens konkurrierender öffentlicher wie privater und vor allem unter sich konkurrierender öffentlicher Interessen, weil damit eine „dosierte" Rechtsanwendung einhergeht. Mit dem Stichwort der „koordinierten Rechtsanwendung" wird zwar der komplexe Sachverhalt aufgenommen und in einem ersten Schritt scheinbar gemeistert. Eingehender wären aber die Auswirkungen auf das Legalitätsprinzip zu bedenken: Es wird mindestens berührt, unter Umständen gewichtig. Alles in allem darf bestätigt werden, dass die Rechtsprechung in hohem Masse bestrebt war (und ist?), sich mit den „Eigenheiten" der Raumplanung auseinanderzusetzen. Die Rechtswissenschaft gewann ihrerseits Erkenntnisse hinzu – ad demonstrandum: Schadenersatz bei rechtmässigen Handlungen, finale und konditionale Rechtssätze, Pläne als Institute sui generis (generell-konkrete Nutzungspläne sowie konzeptionell-programmatische Richtpläne), koordinierte Rechtsanwendung. Die hier spezifisch adressierte Aufforderung richtet sich auch an den Gesetzgeber, der im Verlauf der Novellierungen dem konditionalen Recht nach dem Wenn-dann-Schema mehr zutraut als dem offeneren Planungsrecht.

Die wohl grösste rechtspolitische Neuerung brachte die Neuformulierung der *Bundesverfassung vom 18. April 1999* (in Kraft seit 1. Januar 2000). Sie ist hier nicht kritisch zu würdigen, wohl aber darf festgestellt werden, dass Gedanken, die auch in der Raumplanung diskutiert worden waren, in die BV zentral, nicht nur beiläufig, aufgenommen worden sind: Verantwortung gegenüber den künftigen Generationen, nachhaltige Entwicklung, dauerhafte Erhaltung der Lebensgrundlagen, besonderer Abschnitt zum Lebensraum unter dem Titel „Umwelt und Raumplanung". Sicherlich wäre manches deutlicher zu akzentuieren gewesen, beispielsweise die Notwendigkeit der koordinierten Rechtsanwendung, die Bedeutung funktionaler Räume, die Breite und Tiefe der Agglomerationspolitik, die qualitative Seite der Siedlungspolitik usw. Dessen ungeachtet hat die neu formulierte Bundesverfassung von 1999 das raumplanerische Gedankengut breit und fest verankert, weit über den spezifischen Verfassungsartikel hinaus in viele Formulierungen, so mit Anspielungen auf Knappheiten, den haushälterischen Umgang mit Ressourcen auf die Grundversorgung usw.

Alle Faktoren zusammengezogen ergibt für die Kantone, auch wenn sie sich auf die „alte" Kompetenzzuordnung berufen, wonach sie die Raumplanung und das Baurecht zu prägen haben, eine *neue Grundsituation*. Der Bund verfügt in der Zwischenzeit über eine Summe von Gesetzgebungskompetenzen mit erheblichen Auswirkungen auf das Raumgeschehen: in dem Bereich des Verkehrs, der Energie, des Umweltschutzes, der Kommunikation, flankiert neu von Bestimmungen über die Zweitwohnungen, über die Nationalstrassen als Bundesstrassen, den Agglomerationsverkehr, die

XIV. Begleiteinwirkungen

Masseneinwanderung, den Finanzausgleich usw. Dazu kommen neue Gewichtungen vor allem im Bereich der Energie und Phänomene der faktischen Veränderungen wie die Bevölkerungszunahme, verbunden mit wachsenden Ansprüchen an den Lebensraum. Zudem häufen sich zwischen- und überkantonale Probleme (Metropolitanräume, Agglomerationen) wie auch solche, die nationale Grenzen tangieren oder sprengen. Dass die Kantone vor diesem Hintergrund mehr Einfluss auf die Bundespolitik reklamieren, verwundert nicht. Parallel müssen sie sich auch bewusst werden, dass derselbe Bund, der die Kantone für die Raumordnung verantwortlich macht, die Raumentwicklung direkt und indirekt nachhaltig beeinflusst – mit steigenden Tendenzen. Ob sie wirklich noch in der Lage sind, für die Raumordnung Schweiz aus sich heraus, wenn auch verbunden mit Planungsbeiträgen des Bundes (Sachplanungen, raumdosierte Anwendung raumwirksamer Kompetenzen), geradezustehen?

Neben den inlandseitigen kommt den internationalen Begleiteinwirkungen eine nicht unerhebliche Rolle zu, auch wenn der souveräne Staat Schweiz seine Unabhängigkeit unterstreicht. Sowohl die tatsächliche Raumentwicklung als auch die institutionalisierte Raumplanung internationaler Organisationen und der Nachbarländer tangieren die Raumordnung Schweiz, und zwar in den beiden Bereichen der Raumplanung als öffentliche Aufgabe und als Wissenschaft. Die Nachbarstaaten gehören, nuanciert anders das Fürstentum Lichtenstein, das zum Europäischen Wirtschaftsraum (EWR) zählt, zur EU und zum Europarat, von denen raumplanerische Bestrebungen ausgehen, wobei die EU die Raumplanung nicht als eigentliche Kompetenz ausweist. Die EU versieht aber sehr wohl raumwirksame Prinzipien und Funktionen wie Personenfreizügigkeit und Verkehr. Für den Europarat geht es vor allem um das Grundsätzliche der Raumplanung (Raumordnungscharta) und sodann um die grenzüberschreitenden Probleme. Die einzelnen Staaten haben die Raumplanungsorganisation den nationalstaatlichen Vorgaben angepasst: zentralistisch (Frankreich), bundesstaatlich föderativ (Deutschland, Österreich) oder sogar eher an die Regionen delegiert (Italien). Innerhalb der EU haben die für die Raumplanung zuständigen Minister der Mitgliedstaaten ein Europäisches Raumordnungskonzept (EUREK, 1999) erlassen, das als Informationsbasis für die EU und die Mitgliedstaaten dienen soll. Die EU-Kommission hat im Anschluss dazu ESPON (European Spatial Planning Observation Network) eingesetzt, das der Raumentwicklung auf der Spur bleiben und die Koordination der Sachplanung dienen wird. Von der EU kann die Schweiz lernen, dass selbst in einer Organisation, die von einer formell instradierten Raumplanung absieht, der Raum als Kohärenzbasis der Zusammenarbeit betrachtet und der Abbau von Disparitäten als Ziel verfolgt wird. Die Raumplanung als wissenschaftliche Disziplin profitiert in Europa innerhalb der EU aufgrund von Forschungsgeldern und -projekten unter finanziellen Vorleistungen der Schweiz und über diese hinaus von den universitären Kooperationen in Lehre und Forschung, wobei die ARL mit ihren Grundlagenwerken Massstäbe setzt. Weitere Impulse gehen von der OECD (Wirkungsorientierung) aus, sodann von den bereits erwähnten Sonderleistungen Grossbritanniens (town planning) sowie der Niederlande (Bodenrecht) und auch der USA (Integration in die „Regional Sciences").

XV. Menschen

Die Raumplanung lebt nicht nur von Theorien und Ideen, auch nicht einseitig von politischen Programmen. Sie braucht Menschen, die inspirieren und die Probleme angehen. Und sie adressiert sich an Menschen, die in Raum und Zeit leben sowie den Raum erleben und beleben. Als *Werk von Menschen für Menschen ist sie letztlich menschenorientiert.* Dies gilt sowohl für die Raumplanung als öffentliche Aufgabe als auch für die Raumwissenschaften.

Die enge Verknüpfung von Menschen als Initianten und als mitdenkende Adressaten ist zudem für die Schweiz aus einem staatspolitischen Grund typisch: Schweizerische Planer und Planungsbetroffene sind immer auch Mitbürger mit politischer Verantwortung, also selten reine Technokraten, hoffentlich auch selten genug Theoretiker der Planung, sei es in amtlichen Stellungen, in der Wissenschaft, sei es auf dem freiberuflichen Markt, oder eben als Glieder der Demokratie. Zur Erinnerung: Die *cives* verfügen in der Demokratie, erst recht in der direkten, auf allen Staatsebenen über politische Rechte, auch in Raumplanungsbelangen (Referenden, Initiativen). Das Milizprinzip, der Einbezug Privater in das amtliche Geschehen relativiert seinerseits, wenn auch aktuell nicht mehr so ausgeprägt wie früher, die professionelle, bürokratische Planungsverwaltung. Die Raumplanung als öffentliche Aufgabe vermittelt allen Beteiligten unmittelbare Planungsbegegnungen sowie -erfahrungen. Die informelle wie formelle Planungspartizipation der Berührten und Betroffenen tritt neben die politisch-demokratische Mitwirkung, zudem auch neben den Rechtsschutz. Recht, Politik und Planung reichen und geben sich notwendigerweise die Hände. Das ist seit dem Aufgleisen der Raumplanung als öffentliche Aufgabe ungebrochen der Fall. In der Wissenschaft sind kritisches Befragen, Offenheit und Neugierde wichtiger als das kooperative Miteinander im Planungsgeschehen; es ist an ihr und an den sie repräsentierenden Menschen, der Raumplanung als Wissenschaft souverän und besonnen, kritisch und konstruktiv zugleich zu begegnen, die Menschen als bedachte Adressaten und als Akteure zu würdigen.

Vor diesem Hintergrund und in dieser Art der Nuancierung und Relativierung individueller Leistungen für die Raumplanung ist es zulässig und sogar beispielgebend angezeigt, für die Schweiz einzelne, einflussreiche Promotoren der jüngeren Zeit zu erwähnen und durch sie sichtbar werden zu lassen, wie viel sie zur theoretischen, politischen und faktischen Grundlegung der Raumplanung beigetragen haben – auf ihre Art und Weise, zu ihrer Zeit –, sei es als Politiker, Architekten, Ingenieure, Geografen, Soziologen, Juristen, Politologen und Ökonomen, sei es aufseiten der Regierten, der Regierungen, der Verwaltungen, der Verbände und Parteien, der Wissenschaft oder der freien Berufswelt bis in Immobiliengeschäfte und Banken hinein. Dass die Frauennamen seltener anklingen, erklärt sich aus den Umständen der Zeit. Dies wird sich ändern. Bereits jetzt steht dem Bundesamt für Raumentwicklung mit Maria Lezzi eine Frau als Direktorin vor, und vier kantonale Ämter werden derzeit von Frauen betreut und in den entsprechenden Studiengängen pendelt der Frauenanteil bis gegen 40 Prozent. In den folgenden Ausführungen tauchen immer wieder die Namen auf von Erika Spiegel, Gerlind Weber, Annemarie Huber Hotz, Barbara Häring-Binder, Brigitte Wehrli usw. Jener von Annemarie Grèt-Regamey als Professorin an der ETH Zürich sei betont.

Die *Auswahl* der zu nennenden Persönlichkeiten bleibt der übergrossen Zahl wegen rudimentär:[52] Hans Bernhard, Hans Bernoulli, Karl Kobelt (späterer Bundesrat), Armin Meili, Friedrich Traugott Wahlen, Heinrich Gutersohn, Ernst Winkler, Max Werner, Walter Custer, Hans Marti, Fritz Berger, Kurt Kim, Rudolf Stüdeli, Alfred Kuttler, Leo Schürmann, Rolf Meyer-von Gonzenbach, Otto Glaus, Martin Rotach, Ernst Basler, Hans Aregger, Jakob Maurer, Jean Pierre Vouga, Laurent Bridel, Claude Wasserfallen, Marius Baschung, Benedikt Huber, Willy A. Schmid, Hans Flückiger, Bernd Scholl usw., in einer denkbaren historischen Abfolge ihres Wirkungszenits. Übrigens eine bunte Mischung von Architekten, Ingenieuren, Geografen, Kulturingenieuren, Agrarwissenschaftlern, Juristen, teils sogar in Doppelfunktion als Planer und Politiker in einem sehr weiten Sinn, so Armin Meili, Karl Kobelt, Leo Schürmann, Kurt Kim. Auffallend ist ausserdem, über alles

---

[52] Die wichtigsten biografischen Daten der hier genannten Personen sind zusammengestellt in: *Winkler Ernst/Winkler Gabriela/Lendi Martin*, 1979. Aus diesem Grund wird auf eingehendere Beschreibungen verzichtet.

gesehen, die grosse Zahl von Juristen, von Peter Liver und Wilfried Schaumann über Max Imboden, Hans Huber, Jean François Aubert bis zu Alfred Kuttler, Riccardo Jagmetti, Blaise Knapp, Leo Schürmann, Walter Haller, Peter Karlen, Alexander Ruch, Heinz Aemisegger usw., die den Weg hin zum Rechtsstaat, zur rechtsstaatlichen Planung geebnet und interdisziplinär alimentiert haben. Hans Huber ist, nach einer verfassungsrechtliche Bedenken äussernden Intervention, das wegweisende Gutachten zur verfassungsrechtlichen Grundlegung der Landwirtschaftszone und damit auch der Raumplanung zu verdanken. Er war es auch, der schon früh den Schritt vom Baupolizeirecht zum Planungsrecht gewiesen hatte. Der Schweizerische Juristenverein, wohl intensiver als andere wissenschaftliche Vereinigungen, hat gleich drei Jahrestagungen in der Periode der werdenden Raumplanung diesem Thema gewidmet, wegweisend für die geltende Gesetzgebung jene des Jahres 1976 mit den Referenten Pierre Moor (Universität Lausanne) und Martin Lendi (ETH Zürich). Die früheren Referenten waren Georges Béguin und Paul Reichlin, François Aubert und Alfred Kuttler. Aufgeschlossen haben auch Peter Saladin und etwas später beispielsweise Pierre Tschannen, Bernhard Waldmann und andere mehr. Der Juristen besondere Leistungen bestehen in den Lehren zur Rechtsnatur der Pläne, zur Verwendung von finalen Rechtssätzen, zur Entschädigung bei rechtmässigen Handlungen (materielle Enteignung) usw. Die jüngere Generation widmet sich vorweg und vor allem dem nominalen Raumplanungsrecht, weniger dem funktionalen und selten genug dem interdisziplinären Umfeld, wie es die Raumplanung an sich erfordern würde. Die Ökonomen gliederten sich relativ spät ein, vor allem unter dem Titel der Regionalwirtschaft. Es ist, neben Georges Fischer, vor allem der Name von René L. Frey, der ins öffentliche Bewusstsein vordrang. Vorausgegangen war in der Romandie Gaston Gaudard mit seinen Schülern der Regionalwissenschaften mit Ausstrahlungen in die Westschweiz, das Tessin und in die Deutschschweiz.

Der bundesrätliche „Regierungs-Motivator" in der kritischen Zeit der werdenden Bundesgesetzgebung war *Kurt Furgler*, damals Vorsteher des Eidgenössischen Justiz- und Polizeidepartementes. Er bewahrte langen Atem von der Umsetzung der dringlichen Massnahmen zur Raumplanung (provisorische Schutzgebiete) über das erste in einer Volksabstimmung abgelehnte Raumplanungsgesetz bis zum zweiten, noch immer geltenden RPG. Sein Vorgänger war Bundesrat Ludwig von Moos, der die neuen Verfassungsartikel durch das Parlament begleitet hatte. Im Parlament selbst stachen hervor: Ständerat Willi Rohner (SG) mit seinem Einsatz unter anderem für die gesamte Wasserwirtschaft, die Raumplanung und den Umweltschutz, Nationalrat Leo Schürmann als Redaktor einschlägiger Gesetze respektive Bundesbeschlüsse (dringliche Massnahmen auf dem Gebiet der Raumplanung, Investitionshilfegesetz Berggebiete, Raumplanungsgesetz [abgelehnt 1976], erster Entwurf Umweltschutzgesetz) und nicht zuletzt Alois Hürlimann (ZG) mit seinem „Brückenbau" zwischen Nationalstrassenplanung, Raumplanung und Gesamtverkehrskonzeption. Sie waren wohl die letzten der in Sachfragen und Politikvertiefungen konsequent breit ansetzenden politischen Denker. Aus dem gesetzgeberisch engagierten Kanton Zürich setzten sich die späteren Bundesräte Fritz Honegger und Rudolf Friedrich für die Raumplanung ein; im Kanton Aargau war es der bereits erwähnte Regierungsrat Kurt Kim, der auch die Expertenkommission zu Fragen der Organisation der Raumplanung (Raumplanung Schweiz) präsidiert hatte. Aufseiten der kantonalen Baudirektoren nahmen Alois Hürlimann (ZG) und Simon Frick (SG) eine führende Rolle ein. *Fritz Berger*, in seiner Funktion als Delegierter für Wohnungsbau, stellte schon früh, also vor dem Erlass des Verfassungsartikels über die Raumplanung, den Zusammenhang zwischen Wohnbauförderung und räumlicher Planung her. Der erste bundesseitige Delegierte für Raumplanung war Martin Rotach (etwas früher Direktor des ORL-Instituts und Professor für Verkehrsingenieurwesen). Ihm oblagen in seiner nur relativ kurzfristig wahrgenommenen Funktion beim Bund (1972–1975) die Durchführung der dringlichen Massnahmen, der Aufbau der künftigen bundesseitigen planerischen Aktivitäten sowie die Begleitung der werdenden Bundesgesetzgebung, die in dieser Phase für das Gesetz von 1974 unter der Federführung von Leo Schürmann durch eine Expertenkommission vorbereitet und redigiert worden war.

Gewichtige Funktionen versahen ab 1980 die Direktoren des Bundesamtes für Raumplanung (Raumentwicklung)[53] sowie der VLP.[54] Die Namen von Ma-

---

[53] Hier folgt eine erste Zusammenstellung wichtiger Funktionsträger:

Bundesräte: Karl Kobelt, Ludwig von Moos, Kurt Furgler, Arnold Koller, Ruth Metzler, Moritz Leuenberger, Doris Leuthard

Delegierte des Bundesrates für Raumplanung waren Martin Rotach (1972–1975), Stv. Marius Baschung, Vize-Delegierter Jean-Pierre Vouga und Marius Baschung (1975–1979), Stv. Hans Flückiger

rius Baschung und Hans Flückiger hier, jener von Rudolf Stüdeli dort, verdienen es, hervorgehoben zu werden. Das erste Präsidium der nach 1980 ins Leben gerufenen Beratenden Kommission des Bundes für Raumplanung versah Cornelia Füeg (ehemalige kantonale Regierungsrätin und eidgenössische Politikerin). Nicht übergangen werden dürfen die Leiter der kantonalen und der städtischen Planungsämter, beispielsweise Hans Marti (Stadt Zürich), Rolf Meyer-von Gonzenbach (Kt. Zürich) und Hans Aregger (Kt. Zürich/Stadt Bern). Schon früh machte die „Regio Basilensis" von sich reden. Die Vereinigung für Raumordnungs- und Regionalpolitik (ROREP) wandte sich vor allem an ökonomisch interessierte Raumplaner und Berater, mit besonderer Verve unter der Leitung von Peter Güller (Zürich). Der Verein „Metropole Schweiz" legte den Akzent auf die Schweiz als Stadt, angeregt durch Ursula Rellstab (Zürich). Auch dort, wo qualifizierte wissenschaftliche Initiativen ergriffen wurden, standen einzelne Persönlichkeiten im Mittelpunkt, so Jakob Maurer zu Fragen der Methoden der Planung, Willy A. Schmid zur ökologischen Planung und zur Visualisierung von Eingriffsvorhaben in die Landschaft, Benedikt Huber zur Stadtplanung sowie Franz Oswald mit Methoden zum Umbau urbaner Systeme. An den materiellen Weichenstellungen in Richtung einer freiheitlich rechtsstaatlichen Planung und eines entsprechenden Umweltschutzes beteiligt waren auch die Medien. Besonders engagiert zeigte sich

Direktoren des Bundesamtes für Raumplanung/Raumentwicklung waren: Marius Baschung (1980–1990), Vizedir. Hans Flückiger (1980–1990); Hans Flückiger (1990–1997), Vizedir. Armand Money; Ueli Widmer (1997–2000), Vizedir. Armand Money; Pierre Alain Rumley (2000–2008), StvDir. Fritz Wegelin, Vizedir. Christian Küng; Maria Lezzi (seit 2008), StvDir. Stephan Scheidegger, Vizedir. Michel Matthey (bis 2013), Ueli Seewer (ab 2016)

Präsidenten der beratenden Kommission (gesetzlich nicht vorgesehen) waren u.a. Kurt Kim, Cornelia Füeg, René L. Frey

[54] *Präsidenten* der VLP waren: Armin Meili (1943–1952), Prof. Heinrich Gntersohn (1953–1962), Ständerat Willy Rohner (1963–1977), Stadtpräsident Reymond Tschäpät (1977/78–1979), a. Regierungsrat Erwin Schneider (1979/80–1984), Staatsrat Ferdinand Masset (1984/85–1990), Regierungsrat Eduard Belser (1990–1994), Regierungsrat Adalbert Durrer (1994/95–2001), Regierungsrat Walter Straumann (seit 2001/02)

Zentralsekretäre/Direktoren der VLP waren: Werner Schüepp (1945–1954), Hans Aregger (1955–1959), Rudolf Stüdeli (1960–1990), Rudolf Muggli (1990–2003), Lukas Bühlmann (seit 2004)

die Inlandredaktion der NZZ mit Kurt Müller und Walter Schiesser. Sie setzten liberale Akzente in Belangen der Raumplanung und des Umweltschutzes, zudem sachliche und politische von Gewicht.

Eigenständige wissenschaftliche Beiträge an die schweizerische Raumplanung leisteten schon früh Peter Atteslander (später Professor in Augsburg) mit seinen Grundlagen zur empirischen Sozialforschung und zur Siedlungssoziologie. Er stand in engem Kontakt mit der Leitung des ORL-Instituts. Georges Fischer (Professor in St. Gallen) setzte auf die Annäherung von Regionalökonomie und Raumplanung, vor allem mit seinem Grundlagenwerk *Praxisorientierte Theorie der Regionalforschung*, Tübingen 1973. Seine Aufmerksamkeit galt der Thematik der Disparitäten. Beratungen gegenüber dem ORL-Institut gingen auch vom St. Galler Professor Alfred Nydegger aus. Auf Prof. Francesco Kneschaurek mit seinem St. Galler Zentrum für Zukunftsforschung wurde bereits hingewiesen. Es war parallel zum ORL-Institut aktiv. Auch Prof. René L. Frey ist erneut zu erwähnen, und zwar mit seinen ökonomischen Ansätzen zu materiellen und prozessseitigen Aspekten zu Infrastrukturen, Städten und Agglomerationen sowie zur Planung im Allgemeinen. Dass ihm ökonomische Anreize wichtiger waren als gesetzliche Normen, überrascht nicht. Auch die regionalökonomische Schule von Gaston Gaudard in Freiburg trat deutlich hervor: Angelo Rossi zur Stadtthematik, Remigio Ratti zum Einfluss grosser öffentlicher Werke.

Der *Schweizerische Nationalfonds* verpasste, was bedauernd zu vermerken ist, die Chance eines breit angelegten Projektes zu den Grundlagen der Raumplanung und der Raumordnungspolitik mit dem Nebenziel der Nachwuchsförderung in den Disziplinen rund um die Raumplanung. Hingegen forcierte er raumrelevante Themen durch nationale Forschungsprogramme (NFP):

- Nachhaltige Nutzung der Ressource Boden (NFP 68),
- Neue urbane Qualität (NFP 65),
- Nachhaltige Siedlungs- und Infrastruktur-Entwicklung (NFP 54),
- Landschaften und Lebensräume der Alpen (NFP 48),
- Stadt und Verkehr (NFP 25),
- Nutzung des Bodens in der Schweiz (NFP 22),
- Regionalprobleme in der Schweiz, namentlich in den Berg- und Grenzgebieten (NFP 5).

XV. Menschen

Leider wurden sie nicht zu einer Quelle der wissenschaftlichen Nachwuchsförderung und der bleibenden Lehrsubstanz. Der Gegenwartsbezug der Nationalen Forschungsprogramme, ihr verdienstvoller Erstzweck, herrschte derart vor, dass die personale und sachliche Förderung von Rang zurückblieb. Der grösste Gewinn besteht in der Verbreiterung der materiellen Diskussionspunkte während der Ausarbeitung der einzelnen Studien und Programme. Grössere Fragezeichen gelten dem Bleibegehalt der jeweiligen Schlussberichte. Sie verloren sich, weil der menschliche und wissenschaftliche Anschluss an den aktuellen und den geforderten Stand des Wissens zu wenig markant aufleuchtete.

In einer besonderen Art haben die Professuren des Departementes für Architektur der ETH Zürich zur Raumplanung beigetragen, die sich seit der Zeit um die Jahrhundertwende intensiv und kreativ dem Städtebau und der Stadt- und Agglomerationsplanung zugewandt haben – aktuell-praktisch und theoretisch, auch geschichtlich: *Marc Angélil, Kees Christiansen, Vittorio Magnago Lampugnani*. Ein ausholendes Netzwerk verbindet sie unter anderem mit den zwei Professuren für Raumplanung. Dies gilt in einem weitern Sinn auch für das Basler *Institut Stadt der Gegenwart* der ETH Zürich mit den Professoren Roger Diener, Pierre de Meuron, Jacques Herzog, Marcel Meili und Christian Schmid. Das *Institut in Singapur* der ETH Zürich glänzt mit internationalen Aufrissen zur Stadtthematik. Es bleibt zu hoffen, dass die Brücken zu den Professuren der Raumplanung und Raumentwicklung im Departement Bau, Umwelt und Geomatik (Bernd Scholl und Adrienne Grêt-Regamey) intensiv benutzt werden. Unter den städteplanerischen und städtebaulichen Arbeiten fallen für die Schweiz besonders jene von Prof. Vittorio Magnago Lampugnani in ihrer Gegensätzlichkeit auf: „Masterplan Novartis" als Kreativitätsbasis und der „Masterplan Richti" in Wallisellen mit Hofüberbauungen in anregender Gruppierung als Kreativitätsleistung. Nicht zuletzt liessen die Stadtplaner von Zürich, Bern, Basel, St. Gallen usw. ihrerseits Fantasie, Qualitätsbewusstsein und fachliche, politische sowie taktische Klugheit walten. Spürbar sind Städtebau, Stadtplanung und Agglomerationsplanung belebt, evident zugunsten des Lebensraumes, zugunsten der Raumplanung, zugunsten der Raumordnung.

Auf wissenschaftlicher Seite darf neben vielen weiteren Institutionen und Akteuren die Arbeit des ORL-Instituts der ETH Zürich, gegründet 1961, mit Vorläufern eingeschlossen ab 1943, konzentriert aktiv von etwa 1965 bis

2002, aufgelöst zugunsten eines Netzwerks, hervorgehoben werden.[55] Es wurde mehrfach auf seine Verdienste hingewiesen. Versäumt hatte es engere Kontakte hin zu den „Regional Sciences" und zur stärkeren Betonung

[55] In der Leitung des *ORL-Instituts* wirkten von 1961 bis 2002 folgende ETH-Professoren mit:

1961–1965 Walter Custer, Kurt Leibbrand, Ernst Winkler; 1965–1971 Martin Rotach (Verkehrsingenieur); 1965–1977 Ernst Winkler (Geograf); 1967–1996 Jakob Maurer (Architekt, Regionalplaner); 1969–1987 Martin Lendi (Jurist); 1971–1976 Theo Weidmann (Kulturingenieur); 1973–1993 Benedikt Huber (Architekt); 1977–2002 Willy A. Schmid (Kulturingenieur); 1994–2002 Franz Oswald (Architekt); 1997–2002 Hans Flückiger (Ökonom).

Nach Auflösung des ORL-Instituts im Jahre 2002 betreute ab 2006 *Bernd Scholl* die Forschung und Ausbildung in Raumplanung, während *Adrienne Grêt-Regamey* die Belange der Landschaftsentwicklung und der Umweltplanung an die Hand nahm.

In der Vorphase von 1943 bis zur Gründung des ORL-Instituts betreute Ernst Winkler, begleitet von Heinrich Gutersohn als Direktor des fraglichen Instituts, die Forschungsstelle zur Orts-, Regional- und Landesplanung am Geografischen Institut der ETH Zürich. Er versah dabei ein immenses Vorlesungsprogramm, das sich zu einem breiten Angebot an die Studierenden der ETH entwickelte. Den Unterricht an der Architekturabteilung versah Walter Custer, unterstützt von Wolf Jürgen Reith, später Professor an der BOKU in Wien. Besondere Vorlesungen zur Raumplanung sowie zur Nationalplanung boten gemeinsam Martin Lendi, Martin Rotach und nach dessen Emeritierung Doz. Peter Keller als interdisziplinären Ausblick an, und zwar insbesondere für Studierende der Umweltwissenschaften sowie allgemein für alle Studierenden der ETH Zürich. Eine Vorlesung zu „Leben, Raum, Umwelt" richteten Erwin Hepperle (Naturwissenschaften/Recht) und Martin Lendi an die Studierenden der Siedlungswasserwirtschaft sowie der Umweltingenieurwissenschaften. Selbst der Versuch einer Vorlesung zur Umweltpolitik wurde gewagt.

Während das ORL-Institut als breit angelegtes, in sich interdisziplinäres Institut mit mehreren Professoren rund um die Raumplanung konzipiert war, erweist sich das *Netzwerk NSL* eher als ein Begegnungsort resp. -anlass mehrerer Institute, die ihrerseits mit mehreren Professuren tendenziell disziplinär bestückt sind:

Institut für Landschaftsarchitektur (ILA), Institut für Raumplanung und Landschaftsentwicklung (IRL), Institut Stadt der Gegenwart (Studio Basel, CCI), Institut für Städtebau (ISB), Institut für Verkehrsplanung und Transportsysteme (IVT).

der Stadtproblematik. Den Grundauftrag des Etablierens und des Entwickelns der Raumplanung als öffentliche Aufgabe und aus sich heraus als Wissenschaft hat es hingegen weitgehend erfüllt.

Das *aktuelle Netzwerk der ETH Zürich* für Stadt und Landschaft (NSL) wird die wissenschaftlichen Zutritte zu Raum und Zeit intensiv verfolgen, auch wenn die implementierte interdisziplinäre Stosskraft des einstigen ORL-Instituts in Zukunft national und international vermisst werden dürfte. Die Betonung von Architektur, Städtebau usw. birgt immerhin neue Chancen in sich. Das derzeitige trendbedingte Ausblenden der Sozialwissenschaften, insbesondere von Recht und Ökonomie, könnte sich als erheblicher Nachteil erweisen. Vorteilhaft ist hingegen, dass die Ausbildung in Raumplanung nach wie vor gepflegt wird und die Zeitschrift *DISP* regelmässig und redaktionell auf hohem Niveau erscheint – hoffentlich auch geprägt von Ziel und Zweck der wissenschaftlichen Nachwuchsförderung. Der neuste Akzent des Netzwerkes Stadt-Landschaft weist in Richtung einer Kooperation mit dem ETH-Institut in Singapur zu den Themen „Stadtplanung", „Städtebau" und „Stadtgestaltung" als Ausdruck der betonten Internationalisierung und Globalisierung sowie des Abhebens vom Nationalen, aber in der Erwartung von Rückstrahlungen auf hiesige Stadtprobleme: eine echte Bereicherung für die schweizerische Raumplanung, die zwar aus der Stadtplanung heraus entstanden und gewachsen ist, nun aber die Stadt- und Agglomerationsproblematik neu in die Raumplanung reintegriert, gleichsam als Teil ihrer selbst. Die weitergehende Neuorganisation der Raumwissenschaften an der ETH Zürich, allenfalls unter Einbezug von Abteilungen der Forschungsanstalt WSL, ist angedacht, doch noch nicht reif. Die Verantwortung ist gross. Denn die Erfahrung lehrt: Netzwerke ohne signifikante Kompetenzzentren tun sich schwer, die zentralen materiellen Anliegen nicht aus den Augen zu verlieren und jenen Kernstoff zu pflegen, der lehrseitig zu vermitteln und forschungsaktiv zu vertiefen ist.

Nochmals anders steht es um die *CEAT*, die an der EPFL für die Raumplanung verantwortlich zeichnet. Sie basiert auf den Kantonen Bern, Freiburg, Genf, Jura, Neuenburg, Wallis und Waadt mit dem Bund als Partner. Diese Organisation ist praxis- und ausbildungsorientiert. Sie rückt weniger die Disziplinen und Persönlichkeiten in den Vordergrund als vielmehr von ihr betreute Projekte. Der Sachkompetenzbereich der CEAT weitet sich mit den Aufgaben und reicht von der relativ eng gesehenen Raumplanung bis zu den Regionalwissenschaften und zum Transportwesen.

Aus enger Verknüpfung mit der Wissenschaft sind einige Planungsbüros herausgewachsen. Die Namen von Peter Güller, Barbara Häring-Binder, Gabathuler und Wüest und Partner, Ruedi Meier unter anderen deuten an, was gemeint ist. Hervorgetreten sind sodann als spezielle Kenner der Raumplanung in Theorie und Praxis die Redaktoren der Zeitschrift *DISP*, nämlich Alberto Näf, Hans Leibundgut, Michael Koch und Martina Koll-Schretzenmayr. Aus dem Lehrkörper der Fachhochschulen stach heraus Kurt Gilgen (Rapperswil), der zahlreiche theorieinspirierte und doch praxisorientierte Werke eingebracht hat. Auffallend sodann die Persönlichkeiten, die aus dem Mitarbeiterkreis des ORL-Instituts herangewachsen sind: Karl Dietrich (Prof. Verkehrswissenschaften, ETH Zürich), Hans Elsasser (Prof. Wirtschaftsgeografie, Universität Zürich), Margrith Hanselmann (Generalsekretärin Konferenz der kt. Fürsorge-Direktoren, früher Vizedirektorin BA für Verkehr), Carl Hidber (Prof. Verkehrswissenschaften, ETH Zürich), Beat Hotz-Hart (Prof. Wirtschaftspolitik, Universität Zürich), Hans Rudolf Isliker (Verkehrsingenieur, Vizedir. Bundesamt für Verkehr), Michael Koch (Prof. für Städtebau, Hafen-City Universität Hamburg), Robert Nef (Jurist, Liberales Institut, Schweizerische Monatshefte), Wolf Linder (Prof. Politikwissenschaften, Universität Bern), Angelo Rossi (Prof. Ökonomie, Universität Lausanne), Pierre Alain Rumley (Prof. Raumplanung, ETH Lausanne, Bundesamt für Raumplanung), Beat Schmid (Prof. Wirtschaftsinformatik, Universität St. Gallen), Bernd Scholl (Prof. Raumplanung, ETH Zürich), Walter Steinmann (Ökonom, Dir. Bundesamt für Energie), Brigitte Wehrli (Stadtentwicklung Zürich), Hans Werder (Generalsekretär UVEK), Barbara Zibell (Professorin für Architektursoziologie, Universität Hannover). Noch viele weitere mehr wären zu erwähnen. Studierende im Nachdiplomstudium (NDS) waren unter vielen anderen Hans-Georg Bächtold (Generalsekretär SIA), Hansruedi Diggelmann (Beratungsbüro/Planungsamt Kt. Zürich), Christian Gabathuler (Kantonsplaner Kt. Zürich), Annemarie Huber-Hotz (Bundeskanzlerin) und Thomas Kappeler (Sektionschef Recht ARE). Aus einem der ersten Kurse am ORL-Institut stammte Pierre Strittmatter (Raumplaner Baudepartement Kt. St. Gallen, Planungsamt Kt. St. Gallen, privates Planungsbüro in St. Gallen mit Planungsfunktionen für den Kanton Appenzell).

Als anregungsstarke Personen aus dem Ausland der Periode 1970–1990 sind mit besonderen Wirkungen auf die Schweiz zu nennen: Werner Ernst (Staatssekretär, Prof. für öffentliches Recht, prägender Präsident der Akademie für Raumforschung und Landesplanung, mit den Wirkungszentren Bonn und Münster, Deutschland), Gerd Albers (Prof. für Städtebau und Regionalplanung, TU München), sodann Rudolf Wurzer (Professor für Raumplanung, Rektor der TU Wien, Stadtrat von Wien, Gründer des Studiums in Raumplanung an der TU Wien, Österreich).[56] Sie öffneten fundamentale Beziehungsfelder. Zur Stellung und Funktion der Planung wie auch zur Theorie der Planung und zu raumrelevanten Problemstellungen mit Seitenblicken auf die Schweiz äusserten sich aus dem Ausland unter vielen Autoren vor allem Werner Buchner (Prof., Jurist, Deutschland), Wolfgang Haber (Prof., Landschaftsökologe, Deutschland), Hans Kistenmacher (Prof., Volkswirt, Deutschland), Michael Krautzberger (Prof., Jurist, Ministerialdirektor), Klaus Kunzmann (Prof., Ingenieur, Deutschland), Heinrich Mäding (Prof., Volkswirt, Deutschland), Ernst Hasso Ritter (Staatssekretär, Jurist, Deutschland), Karl Ruppert (Prof., Geograf, Deutschland), Erika Spiegel (Prof., Soziologin, Deutschland), Gerlind Weber (Prof., Raumplanerin, Österreich), Klaus Wolf (Prof., Geograf, Deutschland) – alle (in der alten Terminologie: ordentliche) Mitglieder der deutschen Akademie für Raumforschung und Landesplanung (ARL), teilweise auch in der Funktion eines Präsidenten. Die Auflistung ist alles andere als vollständig. Aus der ETH Zürich hervorgegangen sind der österreichische Raumplanungsprofessor Wolf Jürgen Reith, der an der Universität für Bodenkultur wirkte, ferner Michael Koch, Prof. für Städtebau an Hafen-City Universität Hamburg. Beide hielten die Verbindungen zur Schweiz aufrecht. Von der TU Wien waren es vor allem die Juristen Josef Kühne, Manfred Straube, später Professor an der Universität Wien, ferner an der Donau-Universität Krems, und Franz Zehetner, die in engen Kontakt zur Schweiz, konkret zur ETH Zürich und die dortigen Professuren wie auch zum ORL-Institut traten. Von der Uni-

---

[56] Die Herren Werner Ernst (D) und Rudolf Wurzer (A) zählten auch zu den Erstträgern der *internationalen Planertreffen,* die abwechselnd seit 1962 in Deutschland, Österreich, Schweiz, Niederlanden usw. durchgeführt werden. Schweizerischerseits wurde die Delegation von der VLP bestellt, ohne Einbezug der Wissenschaft. Die Themen wurden von den Delegationsleitern bestimmt. Zentral waren die menschlichen Begegnungen und die Besichtigungen vor Ort. Die Tagungen in der Schweiz fanden u.a. in Zürich, Bern, Gstaad, auf dem Gurten, im Kloster Ittimgen, Bad Bubendorf, Sarnen usw. statt, kaum in der Westschweiz oder im Tessin. Festigend traten Rudolf Wurzer, Gottfried Schmitz, Rudolf Stüdeli, Rudolf Muggli und Lukas Bühlmann hervor. Die Tagungen werden weitergeführt, allerdings ohne Tragweite für die Öffentlichkeit. Die jüngste ging am 20. Mai 2016 in Zürich und im Toggenburg über die Bühne mit rund 20 Teilnehmern. Ein formelles Statut besteht meines Wissens nicht.

versität für Bodenkultur in Wien (BOKU) waren es die Professoren Wolf Jürgen Reith und Gerlind Weber.

Anzufügen ist hier die Frage, ob es typische Planer-Persönlichkeiten gibt oder gegeben hat. Sie zu beantworten fällt nicht leicht. Die zur Verfügung stehende Auswahl ist gross.[57] Die Liste könnte beiläufig verlängert werden. Immerhin fällt auf, wie gross die Zahl der Kräfte ist, die sich, mindestens in der Pionierphase und in den Jahrzehnten bis heute, hinter und vor die Raumplanung gestellt haben, sowohl aufseiten der amtlichen Raumplanung,

---

[57] Rund 20 Kurzbiografien, ausgewählt nach der Altersabfolge und bezogen auf die Zeit ab dem Ersten Weltkrieg sowie den Schwellen zur werdenden Raumplanung, seien hier festgehalten. Es handelt sich um eine Auswahl, nicht verbunden mit einer Wertung, eher beispielhaft angedacht, denn nach Sachgerechtheit strebend. Auffallend ist sodann, dass nicht streng nach harten Kriterien zwischen Theoretikern und Praktikern sowie solchen der Wissenschaften, der Verwaltungen, der Politik, der Wirtschaft usw. unterschieden wird. In der Schweiz sind die Übergänge häufig fliessend:

a) *Hans Bernoulli,* geb. 1876 in Basel, Architekt, Lehrauftrag für Städtebau an der ETH Zürich, Professor, im Interesse des Städtebaus entwickelte er Ideen des Abrückens vom Grundeigentum, Gutachtertätigkeiten für viele Städte, Bebauungspläne, eigene Bauten, internationale Publikationen zum Städtebau.

b) *Hans Bernhard,* geb. 1888, Ingenieur-Agronom der ETH Zürich, später auch Geograf der Universität Zürich, noch später Ständerat, Gründer und Geschäftsführer der Schweizerischen Vereinigung für Innenkolonisation, Titularprofessor. Er war es, der die schweizerische Siedlungspolitik theoretisch und praktisch in ersten Umrissen vorzuzeichnen wagte. Er wurde unter diversen Gesichtspunkten gleichsam der Wegbereiter der Professoren Heinrich Gutersohn (Geograf) und von F. T. Wahlen (Ingenieur-Agronom, später Bundesrat).

c) *Emil Klöti* war Stadtrat (1907–1927) und Stadtpräsident (1928–1942) von Zürich, ausserdem Nationalrat, dann Ständerat. In all seinen Funktionen war er von der politischen Seite her der Stadt- und Regionalplanung zugetan. Bereits 1912 erfolgte auf seinen Antrag hin die Unterstellung des ganzen Kantonsgebietes unter das Baugesetz des Kantons Zürich. Er forcierte die Altstadtsanierung, Eingemeindungen, den Wohnungsbau usw., alles nach von ihm mitgeprägten Massstäben der werdenden Orts-, Regional- und Landesplanung. Er war Mitbegründer und Vizepräsident des Internationalen Verbandes für Wohnungswesen und Städtebau. Die ETH Zürich verlieh ihm den Dr. h.c. in Würdigung seiner Verdienste um das Bauwesen. Emil Klöti gehörte der SP an.

d) Praktische Wege der Orts-, Regional- und Landesplanung zeigte ab den 1930er-Jahren *Armin Meili* auf. Er war Dipl. Arch. ETH, geb. 1892, eine vielseitig begabte Person in der Architektur, in der Planung, in Organisationsbelangen, in der Politik und im Militär. Mit diesen Voraussetzungen war er prädestinierter Vordenker und Realisator der Orts-, Regional- und Landesplanung, so als vieljähriger Nationalrat (1939–1955), Oberst i Gst, als Direktor der Schweizerischen Landesausstellung (1936–1940), als erster Präsident der VLP (1943–1953). Er war der Impulssetzer der schweizerischen Landesplanung (Raumplanung). Und dies alles in einer politisch heiklen Zeit mit immensen Herausforderungen, anders formuliert: ein Mann voll von Begabungen, wie sie die Schweiz rund um den 2. Weltkrieg erforderte, in einer Person, gleichzeitig mit der Fähigkeit belebt, Mitmenschen und die Politik mit auf den Weg einer Zukunftssicht und -verantwortung zu nehmen. Seine Schnittstellen: Politik, Landesplanung, Militär, Verbandswesen, Architektur mit Spitzenleistungen im Städtebaulichen.

e) An den Übergängen von Wissenschaft zum Verband wie auch zur Politik nahm *Heinrich Gutersohn*, geb. 1889, erheblichen Einfluss. Nach dem Studium war er von 1941 bis 1970 ordentlicher Professor für Geografie an der ETH Zürich (u.a. beauftragt mit der Zentralstelle für Orts-, Regional- und Landesplanung, welche der Geograf Ernst Winkler führte), präsidierte er von 1964 bis 1967 die Expertenkommission für die Landesplanung mit einem sehr breiten Verständnis des Gegenstandes der Raumplanung und wirkte in zahlreichen weiteren ausserparlamentarischen Kommissionen des Bundes mit. Von 1953 bis 1962 präsidierte er die VLP als Nachfolger von Armin Meili.

f) *Henri Robert Von der Mühl* war Architekt und Planer mit Sitz in Lausanne. Er vertrat markant während der 1940er-Jahre die Anliegen der Landesplanung mit Akzenten auf der Urbanistik und der praktischen Quartierplanung in der Westschweiz, gleichsam parallel zu Armin Meili in Zürich. Ausserdem war er international engagiert.

g) Neben H. Gutersohn ist gleich der Humangeograf *Ernst Winkler* zu erwähnen, der sich als Leiter der Forschungsstelle für Landesplanung am geografischen Institut, als Mitglied der Leitung des ORL-Instituts bis weit in die 1970er-Jahre hinein als Träger des raumplanerischen Gedankengutes bewährt hat. Seine grosse Leistung bestand im Vorlesungsangebot an die Studierenden der ETH Zürich zur Orts-, Regional- und Landesplanung. Zudem baute er erste Brücken zu verwandten Disziplinen und zur dt. Akademie für Raumforschung und Landesplanung.

h) Die vielseitigen Berührungspunkte zwischen Architektur, Planung, Verwaltung, Raumwissenschaften verkörperte *Max Werner,* geb. 1905. Vom Leiter des Regionalplanungsbüros Zürich, vom Schöpfer zahlreicher Schutzverordnungen, vom souveränen Planer des Flughafens Zürich usw. bis zum Kantonsbaumeister im Kanton St. Gallen stieg er auf, gleichzeitig ein gewichtiger Autor, einer der wenigen, die sich interdisziplinär beflügelt der Stadtplanung zugewandt haben: *Städte, wie wir sie wünschen,* zusammen mit dem Geografen Hans Carol. Dem Ruf an die TU Wien zog er die Wahl als Kantonsbaumeister in St. Gallen vor. Dort war u.a. an der Schaffung des kantonalen Planungsamtes aktiv beteiligt. Dem werdenden Planungsrecht begegnete er eher kritisch. Die Nähe zum Militär teilte er u.a. mit Armin Meili und Fritz Berger.

i) *Jean Pierre Vouga,* Dipl. Arch. des Beaux-Arts, Paris, geb. 1907, war Kantonsbaumeister im Kanton Waadt, Professor an der EPUL/EPFL und amtete als stv. Delegierter des Bundesrates für Raumplanung (1972–1976). Er war verwaltungsseitig auf kantonaler und auf Bundesebene, in der Wissenschaft und viele Jahre für die westschweizerische VLP (ASPAN) engagiert aktiv. Bevor er zum Kanton Waadt stiess, führte er ein eigenes Architektur- und Planungsbüro. Er darf als Vater der westschweizerischen Raumplanung, mit einem Link nach Bern, verstanden werden.

j) Im Umfeld von Verband, privatem Planungsbüro und Verwaltung agierte *Hans Marti,* geb. 1913, dipl. Arch. ETH, Mitarbeiter auf dem Zentralbüro der VLP von 1945 bis 1948, privates Planungsbüro, Delegierter des Zürcher Stadtrates für Stadtplanung 1962–1968, Mitglied der Kommission für das Schweizerische Hauptstrassennetz, aus der die Nationalstrassen hervorgingen. Hans Marti war derjenige unter den Planern, der die Umsetzung suchte und das Realisieren zelebrierte, verbunden mit doktrinstarkem Engagement.

k) Politisch-gesetzgeberisch wirksam für die Raumplanung wurde der Jurist *Leo Schürmann,* geb. 1917, der es als Nationalrat aus dem Kanton Solothurn, mit regionalplanerischer Erfahrung ausgerüstet und belebt durch Ambitionen nach Leaderfunktionen, verstand, sich in den beginnenden 1970er-Jahren der raumrelevanten gesetzgeberischen Aufgaben anzunehmen, so zum ersten Entwurf eines BG über die Raumplanung (1974), zu ersten Entwürfen zu einem Umweltschutzgesetz, ferner zu einem BG über die Investitionshilfe an die Berggebiete. Er wurde damit zum Inspirator der Fokussierung auf das nominale und funktionale Raumplanungsrecht der Bundesebene, auch wenn ihm der zentrale Durchbruch nicht in allen Teilen gelang. Er wandte sich später neuen Herausforderungen zu, so der Nationalbank und später dem Schweizerischen Fernsehen.

l) Der Jurist und Professor *Alfred Kuttler,* geb. 1923, war Departementssekretär des Baudepartementes des Kantons Basel-Stadt, stand den schweizerischen, kantonalen Bausekretären nahe, versah Lehrverpflichtungen an der juristischen Fakultät der Universität Basel (Planungs- und Baurecht) und wurde 1978 zum Bundesrichter gewählt, also mit Blick auf das neue Bundesgesetz über die Raumplanung. Er war ein Mann der Raumplanung, der Verwaltung, der Politik, der Wissenschaft und erst noch Bundesrichter, der die werdende Praxis des höchsten Gerichts zum jungen Raumplanungsrecht massgebend mitgestaltete – Ehrendoktor der ETH Zürich.

m) Als Leiter eines grossen Ingenieurbüros übernahm der Bauingenieur *Fritz Berger,* geb. 1926, 1965 im Rahmen der Bundesverwaltung (Eidg. Volkswirtschaftsdepartement) zusätzlich die Funktion eines Delegierten für Wohnungsbau. Mit grosser Souveränität weitete er den Auftrag aus auf Planungsfragen und schuf damit erste Grundlagen für die schweizerische Landesplanung, gleichsam Wohnungsbau im Rahmen örtlicher, regionaler und landesweiter Planung. Er initiierte u.a. die Finanzierung der *Landesplanerischen Leitbilder* und zahlreicher weiterer Aufgaben im Umfeld des ORL-Instituts der ETH Zürich und in seinem eigenen Wirkungsbereich.

n) Verbandsseitig exponierte sich Direktor *Rudolf Stüdeli,* Dr. iur., geboren 1927. Vorerst zählte er zum Kreis der kantonalen Bausekretäre (Solothurn), die der Raumplanung Schub verliehen. 1960 wurde er zum Zentralsekretär der Schweizerischen Vereinigung für Landesplanung (VLP) gewählt, später wurde ihm der Titel eines Direktors verliehen. Er versah diese Funktion bis zu seiner Pensionierung mit kritischem Geist und gleichzeitig mit unermüdlicher Initiative, so mit Vorstössen gegenüber dem Bund und den Kantonen, mit Ausbildungsanstrengungen zugunsten der Gemeinden usw. Er scheute sich nicht, eigene Positionen zu vertreten, so auch gegenüber den wissenschaftlichen Vorgaben.

o) In den Schnittstellen von Wissenschaft, Verwaltung und Beratung wirkte *Martin Rotach,* geb. 1928, Dipl. Ing. ETH, Prof. für Verkehrsingenieurwesen ETH Zürich, Direktor ORL-Institut 1965–1971, Delegierter des Bundesrates für Raumplanung 1972–1975, zeitweise Vorsteher des Instituts für Verkehrsplanung- und Transporttechnik (IVT). Er war der Direktor des ORL-Instituts zur Zeit der Bearbeitung der *Landesplanerischen Leitbilder.* Als Delegierter für Raumplanung lancierte er ausholend die nationale *Raumplanung.* Nach 1975 wandte er sich seinen Forschungsarbeiten zu, betont der Substitution des materiellen Verkehrs durch den immateriellen. Seine Erstbegabung war das Forschungsmanagement in Front des Interdisziplinären.

p) Unter den Ökonomen, die sich der Raumplanung zuwandten und sich mit ihr auseinandersetzten, darf *René L. Frey*, Professor für Volkswirtschaft in Basel, hervorgehoben werden. Er befasste sich mit der Infrastrukturpolitik, mit der Regionalwirtschaft und insbesondere mit der Steuerung der räumlichen Entwicklung durch Anreize und Lenkungsabgaben. Er war während Jahren Mitglied des Rates für Raumordnung. Auch beriet er in Fragen des interkantonalen Finanzausgleichs. Er hegte Vorbehalte gegenüber der hoheitlichen Raumplanung und dem Raumplanungsrecht.

q) *Viktor Ruffy*, aus dem Kanton Waadt, war als Geograf seit seinem Studium der Raumplanung zugetan, und zwar sachlich, wissenschaftlich und politisch. Er nahm auf allen Staatsebenen und sogar auf europäischer Stufe (Europarat) Einfluss, immer auch zugunsten der Raumordnungspolitik. Von 1982 bis 1999 wirkte er als Nationalrat und sogar als dessen Präsident (1989). Er präsidierte ausserdem während vieler Jahre die westschweizerische Sektion der VLP (ASPAN). Die Raumordnungspolitik war für ihn als Wohnbau- und als Bodenpolitik zentral. Er war Ehrenmitglied der VLP (ASPAN).

r) *Thomas Pfisterer* wirkte als Jurist stets nahe bei der Raumplanung, sei es als Chef Rechtsdienst beim Delegierten für Raumplanung, sei es als Bundesrichter, als Regierungsrat (Kanton Aargau, Baudirektor, 1991–2000), als Ständerat (Raumordnung, Verkehr, Infrastrukturen, Finanzausgleich usw.) oder sei es als Wissenschaftler. Seine vielseitige Kompetenz erlaubte es ihm, Politisches, Fachliches und Rechtliches zu einem Ganzen zu fügen. Dies kam der Raumplanung und deren Umsetzung zugute.

s) Unter den jüngeren Planern sei stellvertretend *Christian Gabathuler* erwähnt, der gleich mehrere Funktionen vertritt: Dipl. Arch. ETH, Raumplaner NDS ETH, Mitbegründer eines privaten „raumwirtschaftlichen" Büros (Gabathuler/Wüest) und anschliessend Vorsteher des Amts für Raumplanung des Kantons Zürich.

t) Die Stimme der Westschweiz repräsentierte von der wissenschaftlichen Seite her *Laurent Bridel*, Professor der Geografie an der Universität Lausanne mit seinem dreibändigen Werk *Manuel d'aménagement du territoire*, Genève 2002 (erster Band 1996). Er legt die Akzente auf die Romandie, stellt aber die Grundfragen in den nationalen und europäischen Kontext. Materiell kommt er abschliessend u.a. auf die sich entwickelnden Agglomerationsprozesse und die -politik des Bundes zu sprechen: ein hochaktuelles Werk. Beachtenswert sind auch die Bemerkungen zur Partizipation.

u) Bei den Direktoren des Bundesamtes für Raumplanung stach neben Marius Baschung (Delegierter für Raumplanung ab 1975, erster Dir. des neuen Bundesamtes ab 1980) *Hans Flückiger* hervor, geb. 1939; er promovierte an der Universität Bern zum Dr. rer. pol. Als Experte des Eidg. Volkswirtschaftsdepartements erarbeitete er eine umfassende Studie *Entwicklungskonzept für das Berggebiet.* 1977 wurde er zum stv. Delegierten und später stv. Direktor des Bundesamtes für Raumplanung gewählt, dem er seit 1990 vorstand. 1997 erfolgte seine Wahl zum Professor für Raumordnung an die ETH Zürich. Bereits früher war er nebenamtlich als Professor an der Universität Bern tätig gewesen, und zwar für Fragen der Raumplanung. Er vertrat die Raumplanung als öffentliche Aufgabe und als Wissenschaft, mit wirtschaftswissenschaftlichen Ansätzen. Seinen besonderen Auftrag erblickte er in der Neuorganisation der Ausbildung in Raumplanung an der ETH Zürich.

v) Die Ausbildung in Raumplanung auf Diplomstufe gestaltete vorerst Ernst Winkler, dann Walter Custer mit seinem Assistenten Wolf Jürgen Reith und bald einmal während vieler Jahre auf der Nachdiplomebene *Jakob Maurer,* von Haus aus Architekt und Regionalplaner. Er führte im Auftrag des ORL-Instituts mit hoher Konsequenz erfolgreich ein Projektstudium ein – interdisziplinär vonseiten der Studierenden und des Lehrkörpers, mit hoher Ausstrahlung, auch international. An *Hans Flückiger* als Nachfolger war es, das Angebot zu straffen und – zusätzlich – berufsbegleitend zu ermöglichen. Ausserdem hat er als Ökonom den interdiszipli-

nären Ansatz bereichert. *Bernd Scholl,* der auf Hans Flückiger als Professor folgte, selbst das NDS absolviert und als ehemaliger Mitarbeiter von Jakob Maurer dessen Intentionen vor Augen hatte, übernahm im Kern die neu formierte Ausbildungsstruktur mit eigenen Akzenten. Als ausgebildeter Bauingenieur lagen ihm forschungsseitig die Infrastrukturprobleme besonders am Herzen. Zudem bewegten ihn und sein Umfeld nach wie vor die Lehren der Methodik. Das NDS-Raumplanung wird übrigens seit seinen Anfängen vor rund 50 Jahren für die gesamte Schweiz und für Ausländer angeboten. Die ETH Lausanne bietet in der Zwischenzeit ein verwandtes Studium an. Die Spezialisierungswelle führt an den Universitäten und Fachhochschulen zu besonderen „raumrelevanten" Ausbildungen wie Urbanmanagement, Raumökonomie usw.

w) Ein führendes Planungsbüro mit eigenem Verständnis der Planung unter den Bedingungen der Grenzen des Wachstums verkörperte *Ernst Basler* in Zürich und Zollikon. Er belebte den interdisziplinären Anspruch für die Praxis. Bald entwickelte sich daraus die Basler + Partner AG (heute EBP genannt). Parallel entstanden gleich mehrere Planungsbüros mit einem Hang zu prospektiven Vorgaben, die sich auf Bundesaufträge spezialisierten. Sie standen unter der Leitung bedeutender Persönlichkeiten: *Peter Güller, Barbara Häring Binder, Elmar Ledergerber, Samuel Mauch.* Erwähnens-

privater Planungsbüros, der Wissenschaften als auch der Politik. Sie alle waren oder sind mit der Raumplanung irgendwie eng verbunden.

Auf alle in dieser Studie erwähnten Namen rund um und zur schweizerischen Raumplanung geschaut, dann ergibt sich: Den typischen Planer respektive Raumplaner gibt es nicht, kann es nicht geben. Vielleicht könnte er in einem eng definierten Kreis gefunden werden, beispielsweise in Otto Glaus, Hans Marti, Armin Meili, Jean Pierre Vouga, Max Werner. Aber eben, darf der Kreis so eng gezogen werden? Erfordert doch die Raumplanung Menschen, die sich für die Raumplanung als öffentliche Aufgabe und als Wissenschaft engagieren, in der Wirtschaft, in der Politik und aus der Gesellschaft heraus, wo immer sie beruflich oder politisch aktiv sind. Selbst ein negatives Ausgrenzen von Politikern, Verbandsvertretern, Sachplanern würde sich verarmend auswirken. Das kompetente Eintreten zählt. Bleiben wir deshalb grosszügig.

Die folgende These mag weiterhin bedacht werden: *Die Raumplanung als Erhalten und Gestalten des Lebensraumes dient den Menschen und setzt menschliches Engagement sowie Mitmenschlichkeit voraus.*[58]

wert sind ebenso die praxisorientierten Planungsbüros wie die Firma Metron mit den *Gebrüdern Henz,* von *Ueli Roth* sowie jene von *Pierre Strittmatter* und *Thomas Eigenmann* in St. Gallen. In der Romandie stiessen weitere Planungsbüros dazu, wobei besonders die sozioökomischen und regionalwirtschaftlichen Ansätze reüssierten, so von *Martin Schuler.*

[58] Nicht der Lebensraum als solcher steht im Mittelpunkt der Planungsphilosophie, weder naturalistisch noch naturrechtlich. Es geht immer um die Relation Mensch–Raum. Diese bewegt sich in den Mehrfachfunktionen des Bewahrens und Gestaltens durch den Menschen resp. durch das menschliche Beleben des Raumes – aktiv und kontemplativ (bedacht, beschaulich). Das Menschenbild gehört deshalb zum Bild vom Raum. Dieser kann als Lebensraum nicht ohne den Menschen gedacht werden: Freiheit, Würde, Leben, Lebensentfaltung – in Verantwortung für die Menschen und den Lebensraum. Im Rahmen der öffentlichen Aufgabe der Raumplanung fügen sich Recht und Rechtsethik hinzu, wobei aber Rechtsgleichheit und Gerechtigkeit der Grenzen des Raumes wegen nicht voll zum Tragen kommen können. Die Wissenschaft von der Raumplanung kann ihre Ansätze weiten, sogar über das Recht hinaus. Dass die Planungskultur ihrerseits Grenzen mit Rückhalt in der Philosophie zu setzen vermag, versteht sich.

XVI. Erfolge und Misserfolge, Defizite

Die schweizerische Raumplanung ist *keine reine Erfolgsgeschichte*. Sie bewährt sich, wenn sie die Erfolge einzuschätzen versteht, die Defizite erkennt und zu ihnen steht.

Äusserlich erfreuen kann sie sich an offenen Landschaften, an erhaltenen und lebendigen Stadtbildern, einem funktionierenden Verkehrssystem, an insgesamt gut aufeinander abgestimmten und leistungsfähigen Versorgungs- und Entsorgungseinrichtungen. Auch das Berggebiet und die ländlichen Räume präsentieren intakte Landschaftsbilder. Sichtbare Mängel betreffen das relativ unkontrollierte Heranwachsen von Siedlungen, Agglomerationen, von Metropolitanräumen, auf der West-Ost-Achse von Genf bis St. Margrethen der „Stadt Schweiz", verbunden teilweise mit offenkundigen Gestaltungsmängeln, auch wenn gleich beizufügen ist, dass dennoch Lebensqualitäten aufkommen. Eindrückliches Beispiel: Im Grossraum Zürich sind die Anhöhen des Pfannenstils und des Zimmerbergs, der Lägern und des Irchels, aber auch der Greifen- und der Pfäffikersee wie auch die offenen Landschaften des Zürcherober- und Zürcherunterlandes weitgehend intakt. Ohne Raumplanung wären sie zersiedelt.

Die sichtbare Mischung von gewissen Erfolgen und fragwürdigen Misserfolgen ist nicht verwunderlich. Die Problemflut nimmt eben zu, Analysen und Massnahmen hinken mindestens stellenweise und nach allgemeinem Trend nach. Die rechtlich vorgegebene Vernetzung des baulichen Geschehens mit der *Politik* impliziert ihrerseits Stärken und Schwächen. Grösste Schwachstelle: Die Politik samt ihren Verwaltungen handeln nicht immer rational, zweckorientiert und zeitgerecht mit dem Ziel, menschen- und landschaftsadäquat zu wirken. Dies führt unweigerlich zu Friktionen. Dennoch sind die Gemeinwesen auffallend positiv bemüht, die lebensräumlichen Aufgaben zur Sprache zu bringen, sie früh vor der Öffentlichkeit und für sie zu traktandieren und anzugehen, wenn auch nicht immer gekonnt.

Eine echte Bilanz fällt schwer, weil die schweizerische Raumplanung, wenn auch nicht einheitlich und in manchen Plänen nicht deutlich genug, von einer *offenen Zukunft* sowie von Ungewissem und Nichtwissen ausgeht und also finale Planungen, gerichtet auf einen Endzustand, nicht deutlich meidet. Als prozessorientierte Planung steht sie immer wieder vor neuen Herausforderungen, wobei sie grundlegende Vorgaben, wenn immer möglich, auf weite Sicht anpeilt, aber begründete Abweichungen als Folge neuer Problemstellungen bewusst aufzunehmen hat. Insofern müssten die Erfolge und Misserfolge zweigleisig gewichtet werden, einerseits bezüglich der Grundfunktionen und anderseits bezüglich der laufend anfallenden Einzelprobleme und der erkennbar werdenden neuen Trends. Vor diesem Hintergrund wäre es grundfalsch, einseitig singuläre Erfolge hervorzuheben, einseitig einzelne Niederlagen zu beklagen und voreilig positive wie negative Bilanzen zu ziehen. Es geht um die grundlegenden Ziele und deren Erreichen über alles.

Bei unterschiedlichen Wirkungsgraden sind unter anderem folgende *Erfolge* hervorzuheben: Integration der Raumplanung in den demokratischen, föderativen und freiheitlichen Rechtsstaat, vernetztes und zeitlich ausgreifendes Denken inmitten von Ungewissheiten, Haushalten mit knappen Gütern (Boden, Umwelt, Finanzen, Konsens), Zusammenspiel von Sach- und Raumplanung (z.B. von Verkehrs- und Raumplanung), Schutz der offenen Landschaften, mit denen sich die Bevölkerung identifiziert, selbst in Agglomerationsnähe, Trennungen zwischen Siedlungs- und Nichtsiedlungsgebieten, begrenztes Wachstum der Siedlungsflächen bei enormen Ansprüchen einer wachsenden Bevölkerung, Verdichtungsstrategien in Städten unter Integration qualitativer Gestaltungs- und ökologischer Anforderungen, raumplanerisches Mitdenken durch Abwägen und Abstimmen konkurrierender Interessen, Kooperations- und Koordinationsansätze zwischen Privaten und öffentlicher Hand, zwischen Gemeinwesen aller Ebenen – eine stattliche, aber unvollständige Liste, Punkt für Punkt verbunden mit Sonnen- und Schattenseiten. Und jedes Postulat, jede Zielsetzung ist ohne anhaltende Erfolgsgarantie. Selbst die bodenrechtlichen Ansätze (Begrenzung der Bauzonen, Erschliessungspflicht, entschädigungslose und -pflichtige Eigentumsbeschränkungen usw.) scheinen sich teilweise zu bewähren, auch wenn die Durchsetzung in Teilen mangelhaft bliebe. Hinter den abstrakt gehaltenen Hinweisen verbergen respektive offenbaren sich im positiven Sinne sichtbare Bilder geschützter Landschaften, erlebbare

XVI. Erfolge und Misserfolge, Defizite

Lebensqualitäten und -chancen, sich in den Siedlungen, in Dörfern und Zentren wohlzufühlen, leistungsfähige Verkehrsanbindungen in grossen Teilen des Landes und vieles andere mehr.

Ein Phänomen besonderer Art muss hervorgehoben werden. Die heute eher verpönte Negativplanung im Sinne einer Verbotsplanung hat, frühzeitigt initiiert, konzentriert eingesetzt und langfristig ausgelegt, überraschende Erfolge eingebracht: integraler Schutz des Waldes respektive der Waldfläche, Freihalte- und Grünzonen, Schutzverordnungen zum Schutz von Seenlandschaften, Dorfzentren, Landschaftsteilen, Denkmälern usw. Die Landwirtschaftszone und die provisorischen Schutzgebiete von 1972 weisen ihrerseits in die gleiche Richtung. In der Agglomeration Zürich, zum Beispiel, wären der Greifen- und Pfäffikersee mit den sie umgebenden potenziell perfekten Wohnlagegebieten schon längst überbaut, wären da keine Schutzverordnungen erlassen worden. Die Negativplanung hat also nicht versagt, sondern Erfolge bewirkt, sogar weiträumig, auch wenn sie sinnvoll und dosiert einzusetzen ist, in der Regel sogar im Verbund mit parallel abgestimmten und anzuordnenden Entwicklungs- und Gestaltungsplanungen zugunsten der angrenzenden Gebiete. Der generelle Einwand, die Raumplanung habe sich positiv als Entwicklungsplanung zu bewähren und sich von der hoheitlichen Verbotsplanung zu lösen, verfehlt unter Umständen wichtige Ziele.

Trotz wachsender Bevölkerung, erhöhter Mobilität, veränderter Gewohnheiten und Lebensstile, steigender Ansprüche an Wohn- und Büroflächen, Verkehrsleistungen des öffentlichen und privaten Verkehrs, ganz allgemein an die Infrastruktur und an die Grundversorgung usw., gelang es, die äusseren Bedingungen hoher Lebensqualität recht gut zu erhalten. Die Lebensvoraussetzungen und die Chancen zur persönlichen, wirtschaftlichen und sozialen Lebensentfaltung sind auf hohem Niveau weitgehend intakt, auch wenn Umweltbelastungen und unästhetische Überbauungen, Zersiedlungen sowie Landschaftsbeeinträchtigungen beanstandet werden müssen. Die offene Landschaft ist ihrerseits einigermassen intakt, der gut ausgebaute, leistungsfähige öffentliche Verkehr mit seiner Angeboten überzeugt, Versorgung und Entsorgung tragen zum guten Bild gewährleisteter Annehmlichkeiten bei, das Bildungsangebot aller Stufen ist für jedermann in vertretbarer Distanz erreichbar, die dichte Städtevielfalt mit hohem kulturellen Stellenwert und einem zeitgemässen modernen Arbeitsmarkt mit Angeboten bis in die Informationsgesellschaft hinein beeindruckt. Schatten liegen vor allem auf der Siedlungsstruktur, auf der Situierung der Baulandangebotes und den wachsenden Belastungen des ländlichen Raumes. Dass die Schweiz im Mittelland zu einer Stadt geworden ist, wurde bereits mehrfach unterstrichen. Das Urbane – nach Lebensstil und Überbauungsgraden – dominiert in weiten Landesteilen: Spiegelbild einer realen Wirtschaftsnation internationaler Grössenordnung (Nahrung, Pharmazie, Chemie, Maschinen, Versicherungen, Banken, Tourismus, Informationssysteme und -vermittler).

Positive Effekte auf die Raumordnung als solche gingen von den *Infrastrukturen* aus, selbst dort, wo sie auf enge Raumverhältnisse stiessen und dennoch während längerer Zeit den wachsenden Bedürfnissen zu entsprechen vermochten. Zwei Beispiele: Das Verkehrskonzept der kurzen Reisezeiten und der gewährleisteten Anschlüsse samt S-Bahnen konnte genau so verwirklicht werden, wie es gelang, die grossen Flughäfen in Zürich und Genf direkt mit Schiene und Strasse zu erschliessen. Verkürzte Reisezeiten lassen die Schweiz schrumpfen. Wohn- und Arbeitsorte kommen sich näher: Das Pendeln gewinnt dabei allerdings Oberhand. Auch die Wasserkraft konnte raumintegriert bestmöglich genutzt werden, sei es in den Alpen, sei es an den Flussläufen, auch Standorte für AKW liessen sich bestimmen. Erstaunlich dabei ist, dass sich das Leistungsvermögen aller Infrastrukturen bis zu Beginn des 21. Jahrhunderts halten konnte. Die derzeit erkennbar werdenden Engpässe und erforderlichen Alternativen müssen nun unter erschwerten Bedingungen in intensivem Verbund mit der Raumplanung neu angegangen werden, bis und mit dem heiklen Ausweichen ins Nichtsiedlungsgebiet und in den Untergrund. Erschwert wird die Regelung durch den Kontext zur sogenannten Energiewende des Abrückens von den älter werdenden AKW.

Ein weiterer hervorzuhebender Punkt ist, *dass die Schweiz, was die äusseren Lebensbedingungen angeht, auf allen Ebenen funktioniert*. Statistiken weisen aufgrund internationaler Vergleiche sogar Bestnoten für die Schweiz und gleich mehrere schweizerische Städte aus. Das ist sicherlich nicht einseitig ein Verdienst der förmlichen Raumplanung, aber ohne sie nicht erreichbar. Offen ist die Frage, ob die Schweiz die anstehenden Herausforderungen in den Bereichen der Agglomerationen, Städte, Infrastrukturen, Versorgung und Entsorgung unter Wahrung intakter Landschaften, Ortsbilden usw. nach hohen Qualitätsmassstäben meistern kann. Ohne Respekt vor dem Leben, ohne Lebensqualitäten und ohne Lebensraumerhaltung und -gestaltung ist dies nicht zu schaffen.[59]

Zu den *wissenschaftlichen Erfolgen* zählen als erstes Standbein – ein Kind seiner Zeit, aber ein Wurf – die *Landesplanerischen Leitbilder,* publiziert im Jahre 1971, auf der Grundlage einer breiten Interdisziplinarität und mit dem Anspruch, Raumplanung als variantenreiches Denken zu verstehen, ohne Zwang, in eine finalisierte Raumordnung münden zu müssen, aber belebt von Vorstellungs- und Ausrichtungsoptionen. Daraus entstand das *Verständnis der Raumplanung als Prozessplanung mit der Verbindung von konzeptionellen und programmatischen Dimensionen in Rückkoppelungen,* ablesbar am Instrument des schweizerischen Richtplans und am anhaltenden raumordnungspolitischen Willen, auf Konzeptionen der Gesamtsicht der räumlichen Entwicklung zu bestehen, ohne diese zu verabsolutieren, in Verbindung

---

[59] Als Beispiele dürfen neben den vielfältigen Gesetzesnovellierungen auf Bundes- und kantonaler Ebenen die erlassenen Sachpläne und Konzepte sowie kantonalen Richtpläne hervorgehoben werden:

a) Übersicht zu Konzepten und Sachplänen des Bundes: Die Zahl der Konzepte/Sachpläne des Bundes wächst mit dessen Aufgabenfülle. Sie werden teilweise in Etappen er- und bearbeitet. An Bedeutung werden sie gewinnen. Folgende Bereiche stehen derzeit im Vordergrund: Fruchtfolgeflächen, Landschaftsschutz, Verkehr, Übertragungsleitungen, Geologische Tiefenlager, Rohrleitungen, Militär.

b) Übersicht über den Stand der kantonalen Richtpläne: Alle Kantone verfügen derzeit über geltende kantonale Richtpläne der zweiten Generation, wenn auch unterschiedlicher Ausgestaltung und mit einer gewissen Neigung, die Bodennutzungsplanung hoch zu gewichten und die räumlichen Wirkungszusammenhänge nach Faktoren der Beeinflussung des Raumgeschehens zu marginalisieren. Sie vermitteln eher das Bild eines angedachten Zustandes denn des potenziellen Wirkungsgeschehens. Sie beziehen sich sodann vorweg auf das durch politische Grenzen bestimmte Gebiet: ZH 2015, BE 2003, LU 2011, UR 2013, SZ 2004, OW 2008, NW 2003, GL 2008, ZG 2005, FR 2004, SO 2000, BS 2015, BL 2010, SH 2001, AR 2001, AI 2003, SG 2003, GR 2003, AG 1996, TG 2010, TI 2013, VD 2008, VS 1988, NE 2013, GE 2015, JU 2007. Die meisten Richtpläne dürften mit Rücksicht auf die bodenrechtlichen Gesetzesnovellierungen des Bundes und der Kantone in der nächsten Zeit überprüft und neu ausgerichtet werden.

mit einer stets kritischen Prozessplanung, aber wissend, dass es auf Zeit verbindlicher Anordnungen bedarf. Das zweite Standbein bildete die *Rechtswissenschaft*. Sie integrierte die Raumplanung mit ihren Eigenarten in den Rechtsstaat und fügte das nominale und funktionale Raumplanungsrecht zu einem Ganzen, nicht ohne die koordinierte Rechtsanwendung zu lancieren. Vor allem gelang auch der Brückenschlag zwischen Planungsrecht und Eigentum, vorweg unter bodenrechtlichen Aspekten. Eine akute Grenze bricht dort auf, wo sich direkt oder indirekt eine Pflicht zum Bauen anbahnt. Zudem muss tiefer bedacht werden, dass unter dem Titel von Eigentumsbeschränkungen das öffentliche, in sich heterogene Interesse nicht per se höher zu gewichten ist als das private. Beide sind differenziert zu verstehen und zu bewerten. Vorteilhaft bleibt, dass die Eigentums- als dreifache Institutions-, Bestandes- und Vermögenswertgarantie im Kern unbestritten ist, auch wenn Einschränkungen ex constitutione vorbehalten sind. Etwas weniger deutlich markiert ist die Relation zwischen Raumplanung und Wirtschaftsfreiheit, auch wenn elementar unbestritten ist, dass die Raumplanung keine Affinität zur staatlichen Wirtschaftsplanung beinhaltet. Sie zeitigt aber sozioökonomische Auswirkungen, ohne die Grenze zur Einflussnahme auf die Wirtschaft überschreiten zu dürfen. Im Gegenteil, sie hat sachlich-räumlich günstige Voraussetzungen zu schaffen. Als drittes Standbein der Planungswissenschaften gelten seit ihren kühnen Anfängen ab etwa 1950/1960 vorweg die *Methoden*, aber begrenzt auf das Sachlich-Zeitliche in Auseinandersetzung mit der Zukunft, also ohne das Methodische zu verabsolutieren. Allgemein beachtet wurde und wird als das vierte Standbein der hohe raumwissenschaftliche *Nutzwert der Informatik, der Informationssysteme, der Kartografie, der Statistik* usw. Und ihr fünftes Standbein? Ist es die *Ethik* als das Besinnen auf das, was zusätzlich zum Rationalen und Zweckmässigen zu bedenken ist?

Ein stiller Erfolg ist, die geltende Raumplanungsgesetzgebung hat die planerische Kreativität und Fantasie nicht bedrängt oder gar verdrängt. Der weite Bereich des planerischen Ermessens gilt in hohem Masse diesen Komponenten, die für das qualitätsbewusste Gestalten zählen und mit Nachdruck zugunsten des Baulichen und Landschaftlichen. Unbestritten müssen Räume definiert und dürfen Anforderungen ex lege gestellt werden, aber determiniert bis ins Detail geht dies nicht an. Gestaltung kann nicht befohlen werden. Die Stadtbilder von Basel, Zürich, St. Gallen, Lausanne und Genf belegen dies. Sie sind bedacht in souveräner Bewegung.

XVI. Erfolge und Misserfolge, Defizite

Die Vielfalt der Pläne auf kantonaler und erst recht auf kommunaler Ebene verrät ihrerseits Potenziale. Die Raumplanung muss Sinn für das Schöpferische bewahren durch eigenes Zutrauen, durch Vertrauen, durch Anforderungen an die Gemeinwesen und an die Öffentlichkeit. Der Gefahr einer Verrechtlichung durch zu detaillierte Novellierungen des Planungsrechts müssen sich Planung und Politik bewusst sein. Ihr erstes Opfer wäre die Planungskreativität.

Versagen der Raumplanung? Mängel? Sie fallen an. Eine Planung, die als Raumplanung nicht Wirtschafts- und Gesellschaftsplanung sein will, akzeptiert mit guten Gründen *Grenzen*. Das Beachten derselben als Versagen zu reklamieren, übersieht diese bewusst gesetzten Schranken. Raumplanung, die nicht mehr sein kann als Raumplanung ist just deshalb aber nötig, weil sie das Elementare des Lebensraumes und des Lebens in intergenerationeller Verantwortung immer wieder neu thematisieren muss: für das Leben und dessen Entfaltung in Zukunft. Den Umgang mit dem Unzulänglichen teilt die Raumplanung übrigens mit der Politik, die um der Freiheit willen sich mit der offenen Gesellschaft kreativ auseinandersetzen muss – ohne Allmachtallüren. Die Grenzen respektive das Denken in und um Grenzen sind für die Raumplanung als öffentliche Aufgabe und als Wissenschaft mithin wesentlich und sogar sinnbestimmend. Sie berühren zudem das Recht und die Ethik, die erwogen sein wollen. Dass die der Raumplanung eigenen Grenzen keine Entschuldigung für planerische Nachlässigkeiten sind, versteht sich von der Existenz der Grenzen und vom gebotenen Tun her.

An die Misserfolge und Teilmisserfolge führen, konkret werdend, *sechs* offensichtliche *Unzulänglichkeiten heran,* nämlich das Verhältnis zur Regionalwirtschaft, zum Umweltschutz, zur Verkehrsplanung, zur Stadt- sowie zur Agglomerationsplanung und zu den qualitativen Anforderungen:

a) Die Raumplanung, aus welchen Gründen auch immer, hat es nicht verstanden, die *regionalwirtschaftlichen Massnahmen*, wie sie etwa für das Berggebiet entwickelt worden sind, sachgerecht zu diskutieren und abzustimmen. Der politische Slogan „die Regionalpolitik bringe Franken, die Raumplanung aber Schranken" illustriert die beidseitige Hilflosigkeit. Wohl versuchten die Regionalwissenschaftler und die zuständigen Stellen des Bundes sich als Teile der Raumordnungspolitik zu verstehen, doch schafften es die jeweiligen Gesetzgeber nicht, die beiden Sachbereiche Raumplanung und Regionalpolitik und Regionalwirtschaftspolitik – auf eine gemeinsame respektive abgestimmte Rechtsgrundlage zu stellen.

b) Raumplanung und *Umweltschutz*, beinahe zeitgleich mit einem Vorsprung der Raumplanung in der Verfassung verankert, haben die Charakterisierung ihrer spezifischen Funktionen sowie die Ansprache der Überschneidungsbereiche versäumt. Der Umweltschutz verkannte die räumliche Komponente, die Raumplanung unterschätzte die ökologische. Langsam, aber sicher nähern sich die beiden Aufgaben an, weil hier wie dort räumliche *und* ökologische Zutritte relevant sind. Allerdings sind Schutzfunktionen des Umweltschutzes und Entwicklungsstrategien der Raumplanung nicht problemlos kompatibel. Die Stärke der Raumplanung liegt in ihrem Ansatz des Erkennens und des Meisterns von Zielkonflikten, jene des Umweltschutzes in ihrem konsequenten Schutzgedanken bis hin zu absolut definierten Grenzwerten.

c) Die nur rudimentär entwickelten Rechtsgrundlagen der *Verkehrsplanung* wirkten sich auf das Zusammenspiel von Raumplanung und Verkehrsplanung zwar nicht unmittelbar negativ aus, die Raumplanung hat die Verkehrsplanung über ihre Instrumente der Richt- und der Sachpläne für Schiene und Strasse gleichsam mit auf den Weg genommen. Dennoch entstand und besteht nach wie vor eine Lücke, das Verkehrsrecht ist in sich primär auf Leistungsangebote und Infrastrukturen unter Vernachlässigung der Weitsicht gerichtet, während die Raumplanung um die Zusammenhänge von Verkehr und Raum – auch zukunftsgerichtet – wüsste. Der sich aufdrängende Brückenschlag zwischen Verkehrs- und Raumplanung lässt nach wie vor auf sich warten. Das Beispiel der S-Bahnen, welche die Agglomerationsentwicklung beeinflussten und beeinflussen, belegt, was ansteht, denn deren Leistungsangebot wurde nicht raumplanerisch bedacht, geplant und gesteuert.

d) Die *Stadtplanung und der adäquate Städtebau*, evidente Stiefkinder der Raumplanungsgesetzgebung, und das damit einhergehende vorausschauende Planen und ästhetisch Gestalten von Bauten, Freiräumen, inklusive Landschaften, holen langsam auf. Die schweizerischen Hochschulen unterliessen es leider während Jahrzehnten, die

Doktrinen der Stadtplanung und des Städtebaus theoretisch und an die Praxis gerichtet zu festigen. Sie brachten unter anderem keine überzeugenden Lehrbücher zustande. Den Gesetzgebern des Bundes und der Kantone fehlten entsprechende Impulse. Auch die lahmende Siedlungsgestaltung jenseits von Denkmal- und Ortsbildschutz und objektgebundenen Auflagen wider die Verunstaltung lastet sichtbar auf dem Land, vor allem auf dem in den Sog der überstürzten Nachkriegsentwicklung geratenen Mittelland.

e) Die Verkennung oder Unterschätzung der *Agglomerationsprozesse*, bedingt durch die Urbanisierung der Lebensweise, verursacht durch die Bevölkerungszunahme, begünstigt durch die S-Bahn-Erschliessungen, die anhaltende individuelle Motorisierung und das Gefälle der Bodenpreise. Bald einmal begannen sich die Agglomerationen da und dort zu tangieren und Kantonsgrenzen zu überschreiten, bis hin zu den Metropolitanräumen, weit ausholend rund um Zürich, Basel, Luzern, Zug, Aarau, Winterthur, Schaffhausen und Teile der Kantone St. Gallen sowie Thurgau und im Bereich von Genf und Lausanne. Es geht also neben den politischen Gebieten um markante funktionale Räume, die eine Realität der Raumordnung bilden, und jenseits politischer Gebiete, die von der traditionellen Raumplanung fokussiert werden.

f) Die Agglomerationen, die Städte, die bis in Dörfer hineinreichende Urbanisierung rufen nach *qualitativen Anforderungen* an Bauten, Siedlungen, Städte und Agglomerationen. Es stellt sich die Frage, ob das kantonale Baurecht herkömmlicher Art diesen Anforderungen genügen kann. Mindestens bedarf es materieller Grundsätze, die mit Nachdruck auf die Gestaltungsverantwortung hinweisen. Das klassische „Verunstaltungsverbot" taugt nicht. Ein Kreativitätsansporn muss gesucht werden, verbunden mit räumlichem Ausloten.

g) Offene Problembereiche bilden nach wie vor die Siedlungskonzentrationen und das wenig bedachte Nichtsiedlungsgebiet. Dabei liegen die Defizite weniger beim geltenden Recht als vielmehr an den unterschwellig sich regenden Neigungen zu intensivsten Nutzungen des Baulands oder gar des potenziellen Baulands aus dem derzeitigen Nichtsiedlungsgebiet. Weder die gesetzliche Limitierung der

Bauzonen noch die absolute Zuweisung des Nichtsiedlungsgebietes – abgesehen von Wald, Gewässern und Landschaftsschutzgebieten – zur Landwirtschaftszone waren falsch. Kritisch zu beurteilen ist aber vor allem das oberflächlich gebliebene planerische Nichtbefassen mit dem Nichtsiedlungsgebiet. Auf alle Fälle hat das Hervorheben der Fruchtfolgeflächen den Wunsch nach Umzonungen ins Bauland respektive nach erleichterten Baumöglichkeiten im weniger ausgeprägten landwirtschaftlichen Eignungsland erhöht. Nicht aussagekräftig geregelt ist sodann das Errichten und Betreiben von ober- und unterirdischen Infrastrukturanlagen im Nichtsiedlungsgebiet (Windkraft-, Solaranlagen, Logistikwege, Bahnen usw.).

Beeinflusst wird die in Teilen erfolgreiche und parallel von Defiziten geprägte Geschichte der Raumplanung durch sechs besonders markante, belastende und gleichzeitig auch beflügelnde *Faktoren der Nähe:* a) zur Politik, b) zu Trends und Prognosen, c) zur vorgegebenen rechtlichen Kompetenzordnung, d) zur sachlich-fachlichen Gewissenhaftigkeit, e) zur permanenten Selbstdefinition und zur wiederkehrenden Neuerfindung des Selbstverständnisses sowie f) zur Wissenschaft. Gesucht wird nach den Erstquellen von Erfolgen und Misserfolgen:

a) Auf die Vorteile der *Nähe zur Politik* – Raumplanung als öffentliche Aufgabe – wurde bereits mehrfach hingewiesen. Erst sie vermochte die Raumplanung entscheidend zu stärken. Die Nachteile liegen in der Abhängigkeit von den politischen Prioritätssetzungen nach andern als raumplanerischen Kriterien für Infrastrukturbauten, Verkehrsleistungen, Finanzen, Umweltschutz usw. in bunter Folge: relativ positiv euphorisch in der Phase der Lancierung der einzelnen Favoriten, festigend in jener der Etablierung und bald einmal vernachlässigend unter den Bedingungen des courant normal, gleichzeitig geprägt von den Neigungen der Politik, permanent Vorsicht walten zu lassen oder gar Unliebsamem aus dem Weg zu gehen. An Beispielen mangelt es nicht. Die Raumplanung vermag das, was das geltende Recht zulässt, und sie ist zusätzlich abhängig von der personellen und finanziellen politischen Alimentierung respektive wegweisenden Priorisierung der Politik. Neue Ideen, neue Sachanliegen und neue Prioritäten müssen sich den Weg in und durch die politischen Prozesse bahnen. Die Rufe nach Regulierungen respektive Deregulierungen folgen sich auf dem Fuss, mal zwischen-

XVI. Erfolge und Misserfolge, Defizite

durch dosierter hin zu weichen, eher informellen Instrumenten unter Abstrichen am Hoheitlichen. Die Schwankungen betreffen dabei auch Nuancierungen in den inhaltlichen Akzenten. Die Geschichte der Raumplanung ist folglich unter anderem auch eine Geschichte des Umganges mit dem Recht und der Politik. Der Erstmangel besteht in einem theoretisch, praktisch und rechtspolitisch ungenügend etabliertem Verhältnis von Raumplanung und Politik, wobei die Politik sich durch Einstellungsveränderungen hervortut. Parallel variiert auch die Raumplanung ihr Selbstverständnis, intensiver seitens der Wissenschaft denn als öffentliche Aufgabe, aber durchaus auch in deren Rahmen.

b) Die *Trend- und Prospektivaspekte* zählen zum Alltag planerischer Arbeiten und des Nachdenkens über die Planung. Auch in deren Umfeld kommt es zu Fehlleistungen. Soll sich die Planung dem Trend verschreiben oder einseitig auf Prospektiven ausrichten? Die Kunst, die Trends unter allen Aspekten raumplanerisch gekonnt und vor allem rechtzeitig kritisch zu bewerten, ist, wie die Geschichte der Raumplanung impliziert, nicht zur Meisterschaft der Planer geworden. Umgekehrt liegt die Versuchung, Prospektivstudien aufzusitzen, nahe. Die Nähe zu beiden verlockt. Fehler tauchen immer dann auf, wenn die Negativseiten der Trends nicht rechtzeitig erkannt und wenn die vermeintlich positiven der Zukunftsbefolgung nicht wirklichkeitskritisch überprüft werden. Das Beispiel ist gegeben: In den 1970er-Jahren haben die Zukunftsforscher, professionelle Raumplaner und die Gemeinwesen der Mischung aufgrund von Trendigem und ausgewählt zukünftigen Perspektiven Wachstum prophezeit. Bund, Kantone und Gemeinden planten daraufhin grosszügig, so im Bereich der Infrastrukturen und der Dimensionierung der Baugebiete. Rund 30 Jahre vermochten die Planungen zu genügen. Man verliess sich darauf. Nun aber steht die Schweiz angesichts gravierender Veränderungen vor Engpässen. Die zu grosse Nähe zu Trends und Prospektiven ist sicherlich nicht allein verantwortlich, doch darf das vermeintlich richtig Geplante nicht sich selbst überlassen werden. Die Kunst des Planens besteht unter anderem in der souverän-kritischen Bewertung von Zukunftsaspekten und in der breit angelegten Wirkungskontrolle.

c) Verfassung und Gesetz betonen die Nähe von *Bund und Kantonen*. Hingegen klaffen die Kompetenzen auseinander. In gewissen Belangen sind die Kantone zuständig, in andern der Bund, mal umfassend und abschliessend, mal nur für eine Grundsatzgesetzgebung. Die Beispiele der Raumplanung und des Umweltschutzes liegen auf der Hand: Für die Raumplanung gilt „nur" eine Grundsatzgesetzgebung des Bundes und die Erstkompetenz der Kantone, für den Umweltschutz eine umfassende, beinahe abschliessende Gesetzgebungskompetenz des Bundes. Solche Divergenzen hemmen die synchronisierte, abgestimmte Gesetzgebung und die koordinierte Rechtsanwendung, wie sie für das Ordnen des Lebensraumes angezeigt wären. Die Raumplanung bemüht sich zwar in ihrem Bereich und mit Blick auf verwandte Bereiche um eine inhaltlich sachliche Abstimmung der massgebenden Pläne und Planungen von Bund, Kantonen und Gemeinden, doch unter erschwerten Bedingungen der divergierenden Strukturen. Das Auseinanderklaffen lässt sich nur unter Aufwand vermeiden.

d) Der vierte Faktor liegt in der permanenten Herausforderung der Raumplanung aufgrund ihrer breiten und vertieften Kenntnisse, auch tiefer, als es ein statistisches Amt vermag, *das kritische Zukunftsgewissen* gegenüber Staat, Wirtschaft und Gesellschaft leben zu müssen, und zwar weit über die förmliche Raumplanung hinaus, einfach aufgrund der Fähigkeiten, in Perspektive, in Wirkungen und Auswirkungen zu denken, betont zu Bevölkerungsentwicklung, Verkehr, Energie, Wasser, Landwirtschaft, Wald, Berggebieten, ländlichen Räumen, Städten, Agglomerationen, internationalen Grossräumen und deren Verkehrsverbindungen usw. Das damit verbundene hohe Problembewusstsein samt Sensibilitäten für Fakten, Trends und Einflussmöglichkeiten vermittelt zudem der Raumplanung die Chancen und Risiken des Sich-Aufdrängens, um auf den zukunftsträchtigen Erfolgs- und Misserfolgsseiten kritisch wie sachlich präsent zu sein. Die Kompetenz, Beratungen anzubieten, darf ihr nicht genommen werden, auch wenn sie gut daran tut, Selbstüberschätzungen zu widerstehen.

e) Das Phänomen, *Raumplanung immer wieder neu zu verstehen,* haftet der Lehre von der Raumplanung und letztlich dem gesamten Schrifttum dazu an. Woher kommt das? Hängt es damit zusammen, dass die rechtlichen Definitionen und Festschreibungen gleichsam ver-

XVI. Erfolge und Misserfolge, Defizite

bindlich sind und das kreative Denken sich nicht determinieren lassen möchte? Dem wäre sogar gut so. Die Wissenschaften dürfen und müssen sich frei fühlen, unabhängig vom positiven Recht die Horizonte immer wieder abzustecken, doch kommen sie nicht darum herum, die Differenzen zwischen ihren Erkenntnissen und den Festschreibungen des geltenden Rechts zu reflektieren. Ein gänzlich abgehobenes und abgelöstes Sinnieren macht eben keinen Sinn, einfach deshalb, weil Raumplanung zunächst immer auch eine öffentliche Aufgabe ist, die vom geltenden Recht her geprägt ist und von dort her verstanden werden muss. Selbstredend steht es der Wissenschaft zu, sogar gesetzliche Regelungen und Begriffe zu hinterfragen und die wissenschaftlichen Ansätze davon abzuheben, doch wäre es sachdienlich, wenn das geltende Recht und seine Sicht der Raumplanung nicht gänzlich ausgeklammert blieben. Auf alle Fälle kann die Wissenschaft von der Raumplanung nicht darauf zählen, das positive Recht aus eigener Kraft zu erneuern.

f) Angesichts des kräftigen Beitrages der Wissenschaft respektive der Wissenschaften an die Etablierung der Raumplanung in den Jahren um 1940 bis etwa 1970 erstaunt das sukzessive *Distanznehmen der Verwaltung von den raumrelevanten Wissenschaften.* Auf ihrer Seite lässt sich seit ungefähr 1975 eine keimende, hauseigene, *intra-administrative Verwissenschaftlichung* registrieren, was die Kontaktfreude zu Hochschulinstituten nicht mehrt, sondern zu hauseigenen Bevorzugungen verleitet. Die Konsultation der eigenen Kräfte stösst auf weniger Kritik seitens der Politik, der Verbände, der Finanzen usw. Zudem hat die Ressortforschung sukzessive, unter anderem in Verbindung mit den nationalen Forschungsprogrammen, an Bedeutung zugelegt, was der Verwaltung einerseits steuerndes Eigenpotenzial und anderseits die Illusion vermittelte, ganz nahe an der Forschung zu wirken. In der Folge haben die für die Raumplanung relevanten Wissenschaften, einem allgemeinen Trend folgend, die Messlatten über das Nationale hinaus angehoben, was das direkte Gespräch zwischen Wissenschaft und nationaler Verwaltung erschwert: eine Kluft der Horizonte. Die gegenseitige Bereicherung leidet. Solche Defizite führten und führen letztlich sogar zu einem Abbau der universitären Einrichtungen. Dass das ORL-Institut an der ETH Zürich um die Jahrtausendwende aufgelöst und durch ein betont international gefordertes Netzwerk von Professuren und Instituten ersetzt wurde, unterstreicht die soeben entwickelte These von der Entfremdung. Erfreulich aber ist, dass die zu betont nationale Sicht der Raumplanung als überwunden betrachtet werden darf; nebenbei bedarf die Raumplanung als öffentliche Aufgabe hochschulseitig ausgebildete Raumplaner. Und dies bedingt Lehrstühle der Raumplanung auf universitärer Stufe. Das Multi- und erst recht das Interdisziplinäre erfordern dies. Der Beitrag der Fachhochschulen darf dabei nicht unterschätzt werden. Keinesfalls. Doch ohne das interdisziplinäre Gespräch auf universitärer Ebene verflüchtigen sich die stufengerechten Auseinandersetzungen.

Dies alles führt im Ergebnis zu einem *durchmischten Bild von Erfolgen und Niederlagen*. Es kennt sogar überraschenderweise Umkehrungen, aus Fragwürdigem kann Gelingen hervorgehen, denn die in den 1960er-Jahren vermeintlich zu gross geplanten Infrastrukturen wurden in Teilen zu tragfähigen Stützen einer Entwicklung, die grösser war als angedacht. Die Restriktionen zulasten des Bauens ausserhalb der Bauzonen werden, wie es die Gesetzesrevisionen illustrieren, zum äusserst fragwürdigen Ausgangspunkt für Wünsche nach Erleichterungen: grosszügigeres Erteilen von Ausnahmebewilligungen statt restriktives. Die Raumplanung ist und bleibt also permanent herausgefordert durch die Wirtschaft, durch die Gesellschaft, durch die umweltseitigen Veränderungen, sogar durch die nach vorn drängenden anderweitigen öffentlichen Aufgaben, beispielsweise im Infrastrukturbereich, in Belangen des öffentlichen Verkehrs, der Energieversorgung. Könnte es sein, dass das Miteinander von realen und rechtlichen Beschränkungen des Handlungsbereiches sowie die tatsächliche und rechtlichen Herausforderungen des Nichterfassbaren oder des Erfassens in ihrer Vernetzung früher oder später zur Kraftquelle einer einigermassen geordneten räumlichen Entwicklung werden?

Auf alle Fälle *bleiben die raumplanerischen Bemühungen, und dies ist durch alle Perioden des raumplanerischen Geschehens erkennbar, hinter den von der Raumplanung und hinter jenen von der Politik gesetzten Zielen zurück,* nicht nur, weil diese funktionsgemäss weit ausholen, sondern auch deshalb, weil die Wirklichkeit mit ihren Eigenkräften nicht ohne Weiteres lenkbar ist. Dazu kommen Ziel- und in der Folge Interessenkonkurrenzen (öffentliche unter sich, öffentliche gegenüber privaten) und aufwendige Abstimmungsnotwendigkeiten zwischen Gesetzen, Plänen, zwischen Planungsträgern, immer horizontal und vertikal. Nicht zuletzt sind Rechtsordnungen in einer enger werdenden Welt bei grösserer Problemkomplexität und wachsenden Zeitdrücken voller Rechtssatzkonkurrenzen sowie reich an Ziel- und Interessenkonflikten nicht widerspruchsfrei. Einige der teilweise parallel verfolgten Ziele seien genannt, sie illustrieren allein durch die Auflistung die aufkommenden Umsetzungsschwierigkeiten: dezentralisierte Konzentration, konzentrierte Dezentralisation, gleichwertige Lebensbedingungen in allen Landesteilen, Einbindung der Städte in Städtenetze, ökologische Ausgleichsräume, Umweltschutz an der Quelle und im Raum, Stärkung der Stadtentwicklung, Strukturierung und innere Erschliessung der Agglomerationen, Trennung von Siedlungsgebiet und Nichtsiedlungsgebiet, kontrollierte Basis-, Grob- und Feinerschliessungen von Baugebieten samt abgestimmter innerer Verdichtungen von Baugebieten, Trennung des Baulandmarktes vom landwirtschaftlichen Bodenmarkt, Entlastung des Bodenmarktes für Bauland von künstlichen Verknappungen (Gegenmassnahmen zur Baulandhortung), Förderung der Siedlungs- und Raumqualität, Attraktivitätssteigerungen von regionalen zentralen Orten, interkommunale und interregionale Zusammenarbeit, Finanzausgleich zur Mehrung der Handlungsfreiheit der involvierten Selbstverwaltungskörper usw.

Eine weitere Grunderkenntnis folgt aus dem Rückblick: *Raumplanung ist als der anstehende permanente Versuch zu verstehen, den die Entwicklung formierenden Kräften, soweit sie negative Wirkungen auf den Lebensraum, das heisst auf den Raum, in dem Menschen leben, zeitigen, unablässig entgegenzutreten sowie gleichzeitig positive Ansätze einer sach- und zielkonformen Entwicklung zu stärken.* Das Verbindliche des Rechts ist dabei ein Pfeiler des planadäquaten Handelns. Die damit einhergehende demokratische Legitimität stärkt die Glaubwürdigkeit. Auf der andern Seite belasten politische Hindernisse und rechtlich kaum änderbare Einflüsse die Zweckrationalität. So besehen gilt mit allgemeingültiger Aussagekraft: *Die Raumplanung als öffentliche Aufgabe weist notwendigerweise Stärken und Schwächen auf. Recht und Politik wirken eben ein, setzen Vorgaben und Grenzen.* Mithin vermag sie ihre eigene Zweckrationalität nicht nach allen Seiten durchzusetzen. Die Schwächen werden dabei, wenigstens teilweise, durch Stärken aufgewogen. Recht und sachlich-politische Akzente können sogar einander beflügeln. Die Versuchung, einseitig nach dem Stärkenden Ausschau zu halten, ist präsent, damit aber auch die *Versuchung, Grenzen zu überschreiten, gar die Planung auf die Spitze zu treiben, unter Umständen zu ihrem Nachteil.*

Immerhin hat die hiesige Raumplanung Versuchungen staatlich ausholender Planung widerstanden und einen rechtsstaatlichen, demokratischen, föderativen und sozialen, auch einen nachhaltigen Ansatz gesucht und gefunden – mit Gewinn für Staat und Planung; sie hat bei wachsender Bevölkerung, bei partiell ausholendem Wirtschaftswachstum, vor allem auch bei überziehenden Ansprüchen an das Wohnen, den Verkehr usw. geholfen, den Lebensraum in wichtigen Teilen funktionstauglich und hinsichtlich Lebensqualität zu erhalten und erst noch gestalterische Akzente zu setzen. Ein Beispiel? Die Agglomeration Zürich samt ihrer weiteren Umgebung, die wahrlich seit einigen Jahrzehnten mannigfaltig unter massivem Druck steht, darf sich sehen lassen. Die vermittelte Lebensqualität geniesst national und international einen herausragenden Ruf, auch wenn die Überbauungsdichte kulminiert, auch wenn für einen leistungsfähigen Flughafen, ohne erhebliche Lärmbelastungen, kaum mehr Raum genug ist, auch wenn die Zuwanderung der ansässigen Bevölkerung hohe Integrationsleistungen abverlangt.

International beachtet wurden, vor allem nach dem Zweiten Weltkrieg, nicht wenige Seiten der schweizerischen Raumplanung. Vor allem die Begegnung von Demokratie und Planung erregte positive Aufmerksamkeit. Weitere Aspekte schlossen sich an. Sie betrafen vorweg

a) die fachliche und rechtliche Einbindung der Raumplanung in den demokratischen und liberalen Rechtsstaat,
b) die Nähe von Raumplanung, Finanzplanung und politischer Planung,
c) das relativ schlanke Bundesgesetz über die Raumplanung von 1979,
d) die Parallelität von nominalem und funktionalem Raumplanungsrecht, inklusive die Gesetzgebung zum Schutz der Umwelt,
e) die durchgehende Raumplanung von der örtlichen, lokalen Bebauungsplanung bis hinauf zu den eidgenössischen Sachplänen und den bundesrechtlichen Planungsgrundsätzen, wie auch umgekehrt,
f) das Instrument des konzeptionellen und programmatischen Richtplans,
g) die Publikation *Landesplanerische Leitbilder* des ORL-Instituts samt dem Raumordnungskonzept CK 73, das vom Bund (Chefbeamtenkonferenz) erging, aber am ORL-Institut ausgearbeitet worden war,

h) die Gesamtverkehrskonzeption und in der Folge das politisch fixierte Prinzip der koordinierten Verkehrspolitik bei freier Wahl der Verkehrsmittel,
i) der hohe Anteil des öffentlichen Verkehrs am Gesamtverkehrsaufkommen,
j) das Herausarbeiten der ethischen Komponente der Raumplanung in Verbindung mit dem Prinzip der Nachhaltigkeit (intergenerationelle Verantwortung).

Nicht voll verstanden wurde und wird im Ausland unter dem Titel der Partizipation die für die Schweiz typische Art der rechtsstaatlich-demokratischen Verankerung der Raumplanung. Das ist bedauerlich. Das geltende Raumplanungsrecht ist nämlich gleich in mehreren Formen der Mitwirkung gegenüber offen: a) die Mitwirkung der Planungsberührten und -betroffenen in spezifischen Partizipationsverfahren, b) das gesetzlich vorgesehene demokratische Entscheiden durch die stimmberechtigten Bürgerinnen und Bürger nach Massgabe ihrer politischen Rechte in Planungsbelangen, so beim Entscheid über Bau- und Planungsgesetze (kommunal: Planungs- und Baureglement), aber nicht selten auch beim Erlass von Plänen, vor allem auf kommunaler Ebene, und c) der Rechtsschutz. Er steht den Berührten respektive den Betroffenen, insbesondere als Grundeigentümer, zu. Das dreifache Ineinanderwirken von Rechtsschutz, Partizipation und Demokratie in Planungsbelangen gibt der Mitwirkung eine echte, qualifizierte Struktur. Für die Partizipation resultiert mehr als ein Angehörtwerden und ein Stellen von Anträgen. Insgesamt resultiert für Planungsengagierte, -berührte und -betroffene ein relativ hoher Einfluss auf die Raumplanung. Parallel nimmt auch der politische Stellenwert der Raumplanung als solcher zu. Die Demokratie berechtigt und legitimiert!

Weil sich die *internationalen und nationalen Anforderungen* an Politik, Wirtschaft und Gesellschaft wie auch an den Lebensraum erheblich ändern, *wird sich die Raumplanung neu orientieren müssen.* Dabei genügt es nicht, die Schweiz zu skizzieren, zu designen, analytisch darzustellen, gar nur zu porträtieren. Es muss hartnäckig gefragt werden, nach welchen Zielen, mit welchen Instrumenten, mit welchen Massnahmen und im Rahmen welcher Kompetenzordnung durch die Behörden, durch die Privatwirtschaft und die Gesellschaft samt ihren Gliedern der Lebensraum Schweiz innerhalb und über seine Grenzen hinaus angesichts internationaler und nationaler Herausforderungen erhalten *und* gestaltet werden soll.⁶⁰ Ob marktwirtschaftlich und/oder hoheitlich geplant und gesteuert, ob mit harten oder weichen Massnahmen Einfluss genommen werden soll, kann und

---

⁶⁰ Die neueren Versuche bleiben im Unverbindlichen stecken. Dies ist nicht falsch, sondern sogar anregend und zu Reflexionen inspirierend. Es wird früher oder später am schweizerischen Bundesrat sein, die Frage nach einem echt wegweisenden nationalen Raumordnungskonzept zu beantworten. Die internationale Positionierung der Schweiz und die innerstaatlichen Veränderungen verlangen darnach. Die Rechtsgrundlagen für den Bund selbst in Pflicht nehmende Aussagen sind derzeit knapp. Wichtig ist, dass der materielle Gehalt der nationalen Raumplanungsintentionen sichtbar wird, als Orientierung adressiert an die Nachbarstaaten und als Vorgabe an die Kantone, öffentlichen Unternehmungen, die Agglomerationen und Städte sowie die Berggebiete und die ländlichen Räume. Dass an der Ausarbeitung der Bund, die Kantone und die weiteren Räume wie Gebiete beteiligt sein sollen, wurde bereits verstanden. Offen sind der Verbindlichkeitsgrad und der Übergang zum prozessbestimmenden Programm. Das verbindliche Engagement des Bundes ist der Summe seiner raumwirksamen Kompetenzen wegen explizit einzufordern.

Der Versuch von Roger Diener, Jacques Herzog, Marcel Meili, Pierre de Meuron und Christian Schmid aus dem Jahre 2006 (Studio Basel der ETH Zürich), ein „planerisches" Porträt der Schweiz zu skizzieren und zu illustrieren, muss sich die Frage gefallen lassen, wie sich diese Sicht auf die normative Seite der räumlichen Ordnung, auf das Ordnen, auswirken soll, anders formuliert: Die Frage nach den planerischen und baulich-gestalterischen Aufgaben und Verantwortlichkeiten bleibt letztlich offen, mindestens was das Sollen angeht. Insofern kann kaum von einem sachlich-wissenschaftlichen Fortschritt gesprochen werden, so anregend das Sichtbarmachen einfährt. Auch bleibt die Analyse weitgehend im Äusserlichen stecken, das zwar nicht unwichtig ist, aber keine ursächlichen Klärungen herbeiführt und folglich das Angehen von Massnahmen nicht wirkungsvoll beflügeln kann. Das ist bedauerlich in diesem Punkt, wenn auch faszinierend anregend in der Visualisierung. Die aktuell sichtbar werdenden politischen, wirtschaftlichen, gesellschaftlichen und ökologischen Probleme sind in dieser Präsentationsart neuartig, intensiv, grenzüberschreitend und dramatisch in der Sache. Sie hätten zur Zeit der Jahrtausendwende eine echte und nachhaltige Vertiefung hin zum Tun-Müssen verdient.

Das neuste Raumordnungskonzept des Bundes im Verbund mit den Kantonen, Städten und Gemeinden überzeugt mit zeit-

darf immer wieder neu gefragt werden. In diesem Sinn steht vorrangig die Politik in Pflicht, mindestens was die Festschreibung der Ziele, der Instrumente und Massnahmen wie auch der Wirkungskontrollen angeht, dann aber auch hinsichtlich der Organisation und Verfahren, des Meisterns der Spannungsverhältnisse von Gebieten und Räumen, erst recht von Freiheit und Schranken. Geduld und Besonnenheit gehören dazu, gerade auch im Einschätzen von Erfolgen und Misserfolgen.

In dieser Überlegenheit gilt: Vor Simplifizierungen und Übertreibungen muss gewarnt sein. Die nach Art und Intensität recht unterschiedlichen Defizite der Raumplanung sind nicht die banale Folge des nicht korrekten Vollzugs, so sehr dieser von Gewicht sein kann. Dies wäre nur dann der Fall, wenn die Vorgaben perfekt und der Vollzug ein reines Umsetzungsproblem wäre. Dem ist nicht so. Die Problemlagen ändern sich für die Planungsträger nach Art, Intensität und politischer Herausforderungen oft erheblich. Dies führt zu divergierenden Anforderungen. Wenn es einen relativ gemeinsamen Nenner gibt, dann liegt es am markant unterentwickelten raumordnungspolitischen Verantwortungssinn der Hoheitsträger. Dieser bezieht sich auf Vorgaben *und* Vollzug in einem wachen Gegen- und Miteinander aller Beteiligten. Der lebhaften Raumordnungspolitik bedarf die Raumplanung von der Gesetzgebung über Planungen und den Plan-

gemässen Aussagen, bewegt sich aber zu sehr auf der Projektionsfläche guter Absichten statt auf jener der Auslösung einer bewusst initiierten Raumordnungspolitik.

Die Grundlagenwerke zu diesen Überlegungen sind: *ORL-Institut,* Landesplanerische Leitbilder, 3 Bde., Plankassette, Zürich 1971; *EJPD* (Delegierter für Raumplanung), Raumplanung Schweiz, Raumplanerisches Leitbild CK-73, Bern 1973; *Diener Roger/Herzog Jacques/Meili Marcel/deMeuron Pierre/Schmid Christian (Hrsg.),* Die Schweiz. Ein städtebauliches Portrait, Basel 2006; *Schweizerischer Bundesrat/Konferenz der Kantonsregierungen et al.,* Raumkonzept Schweiz, Bern 2012.

[61] Die *Vollzugskontrolle* gilt der Umsetzung des Rechts durch die Verwaltung und im Bundesstaat dient sie zusätzlich der Aufsicht über die Gliedstaaten zu, soweit diese mit der Anwendung und Durchsetzung des Bundesrechts beauftragt sind. Damit verbunden ist die *Wirkungskontrolle,* die ihrerseits allgemein eingefordert ist. Bei ihr geht es um die Zielerfüllung und um die Effizienz des Ergreifens wie auch des

erlasse bis zum Vollziehen und erst noch vorwärts zum Neubeginn: ein anhaltender Prozess; auf Dauer.[61]

Die Raumplanung ist mehr als eine Zeiterscheinung auf Zeit. Sie steht für die Verantwortung für das Leben in Raum und Zeit – zu allen Zeiten.

Die Raumplanung muss sich nicht entschuldigend rechtfertigen, denn sie entspringt nicht einem politisch willkürlichen Akt, der ebenso willkürlich widerrufen werden könnte. Sie ist die Konsequenz gegebener Lebensräume, gar eines einzigen Lebensraumes, in dem sich Menschen Raum beanspruchend zu entfalten trachten. Raumplanung ist insofern eine Notwendigkeit aufgrund einer rationalen Einsicht und darum gleichzeitig ein ethisches Tun-Müssen als Antwort auf das Spannungsverhältnis von Freiheit hier und begrenztem Raum dort. Hinter der Raumplanung steht unmittelbar nicht eine religiöse, nicht eine machtbezogene und auch nicht eine psychologische Theorie, sondern eine ethische.

Umsetzens ergriffener Vorkehrungen. Wird die angestrebte Wirkung nicht erzielt, so müssen die gesetzlichen Ziele, Planaussagen und eingesetzten Massnahmen überprüft und nötigenfalls neu festgelegt werden. Die Grundproblematik bei der Raumplanung liegt darin, dass unter Umständen auch gesetzlich vorgesehene Planungsflexibilitäten und entsprechendes Planungsermessen kritisch bedacht werden müssten, die aber lediglich andersartig zu handhaben wären. Es kann deshalb unter Umständen genügen, die Beachtung der Planungsgrundsätze anzumahnen und auf ein neues Abwägen zu insistieren. Der zu schnelle Schritt zu Rechtsänderungen kann eine Verrechtlichung der Raumplanung bewirken, die unerwünscht sein kann, weil sie auf die Dynamik der Tatsachenveränderungen wenig flexibel zu reagieren vermag. Zudem ist zu bedenken, dass die Raumplanung nicht mit Planungsallmacht ausgerüstet, sondern von der Politik her limitiert ist: Absolute Wirkungen können nicht aus ihr heraus zwingend erwartet werden. Immerhin ist im Bereich der sog. Negativplanung, die als Verbotsplanung agiert, der Gebots- und Verbotskern wirkungsvoll zu vollziehen und durchzusetzen. Daraus ergibt sich, die Negativplanung in ihrer Art nicht zu unterschätzen. Auf der anderen Seite können Instrumente für Anreize hilfreich sein, auch wenn die Wirkungen nicht immer leicht nachweisbar sein dürften.

XVII. Verpflichtung zum konstruktiven Dranbleiben

1. Wende oder Wandel?

Seit ungefähr 1990 sind die *Pionier- und Rechtsetzungsphasen* der schweizerischen Raumplanung, auch wenn man sie weit in jene der nachfolgenden Implementierung ausdehnt, *endgültig abgelaufen*. Allerdings ist der Begriff der Pionier- und der Rechtsetzungsperiode nicht präzis zu definieren. Immerhin ist mit dem Erlass des Verfassungsartikels über die Raumplanung im Jahre 1969 markiert worden, dass die Raumplanung als öffentliche Aufgabe landesweit auf allen Staatsebenen an die Hand zu nehmen sei, rechtlich und tatsächlich, mit Einflussnahme auf die räumliche Entwicklung unter Einschluss wirtschaftlicher, gesellschaftlicher und ökologischer Komponenten. Bis 1990 standen rund 20 Jahre für Problemerfassung, Rechtsetzung und Umsetzung zur Verfügung. Seither darf nicht mehr von einem sachlichen und politischen Herantasten gesprochen werden. Formelle und materielle Anforderungen sind zu stellen, sowohl an die Raumplanung als öffentliche Aufgabe als auch an die engagierten wissenschaftlichen Disziplinen.

Bis zum Zeitpunkt der Anzeichen einer Wende um 1990 waren verstrichen:
- rund *10 Jahre* an Erfahrung mit dem Bundesgesetz über die Raumplanung,
- etwa *20 Jahre* Vertrautheit mit der bundesverfassungsrechtlichen Einbindung,
- etwa *30 Jahre* seit den bundesgesetzlichen Erstzutritten zu Gewässerschutz, Natur- und Heimatschutz, zur Wohnbauförderung und zur Planung des Nationalstrassennetzes,
- rund *40 Jahre* seit den sich ausweitenden Ansätzen für eine aufdatierte, selbstständig werdende kantonale Planungs- und Baugesetzgebung ausserhalb der Einführungsgesetzgebung zum ZGB,

- rund *50 Jahre* wissenschaftlichen Bemühens um die Raumplanung, vor allem seitens der ETH, in einem weitern Sinn ab ihrer Gründung im Jahre 1854,
- über *150 Jahre* des Heranwachsens öffentlicher Verantwortung für den Lebensraum, so in der Abwehr der Naturgefahren und der Sicherung der Eigenernährung durch Wasserbau, Meliorationen, Schutz der Wälder, Nutzung der Wasserkraft, Ausbau von Strassen und Eisenbahnen, Ausdehnung der Siedlungsgebiete, Erhaltung der Städte als Zentren, Wahl von Industrie- und Gewerbestandorten usw.,
- rund *200–230 Jahre* seit dem Einbruch der alten Eidgenossenschaft, seit der Französischen Revolution, seit der aufblühenden Aufklärung mit ihrer werdenden Mündigkeit in Politik, Gesellschaft, Wissenschaft und Bildung.

Die Raumplanung durfte und darf von diesem Erfahrungsschatz zehren. Sie musste auf dieser Basis nicht erfunden, sondern als Steuerungs- und Koordinationsanliegen voll erfasst und instradiert werden. Angesichts der hohen, wachsenden Ansprüche an den gegebenen Lebensraum muss sie weiter entwickelt werden. Auch ist sie kritisch zu begleiten und zu bedenken. Die wissenschaftliche Redlichkeit und die Faktenlagen gebieten dies, weil das Ringen um das Erhalten und Gestalten des Lebensraumes vor dem Hintergrund der sich ändernden Gesellschaft eine *Daueraufgabe* ist und bleibt.

Die Jahre um 1990 brachten zudem eine *Zäsur*, die den geistigen Fehlleistungen, gar Verwirrungen, rund um die Planung ein Ende setzte. Der Ballast des Kalten Krieges zwischen Ost und West und damit auch die kontrastreichen Auseinandersetzungen um Kommunismus versus freie Gesellschaftsformen, um absolute Staatsmacht verbunden mit Parteienmacht und Rechtsstaat und Demokratie sowie um Staats- und Marktwirtschaft, um territoriale und geistige Einflusssphären sind Geschichte. Diese Faktoren haben sich nicht erledigt, wohl aber entschärft, wenn auch verbunden mit der Gefahr einer nuancierten Neubelebung. Darin eingeschlossen ist auch der vieldiskutierte Umgang mit den offenkundigen Divergenzen zum Planungsverständnis vom kommunistischen über das sozialistische bis zum rechtsstaatlich, liberal-demokratischen: auf der einen Seite die umfassende Planung als Antimarktwirtschaft und ideologisch-erzwingbare Strukturierung der Gesellschaft, auf der andern die Planung als geistige Auseinandersetzung mit der Zukunft unter den Bedingungen des Rechtsstaates, der Demokratie und der offenen Gesellschaft. Dass auch die hoffähig gewordene Unternehmungsplanung einen befreienden Beitrag leistete, ist offenkundig. *Vorurteile und Missverständnisse um den Planungsbegriff lassen sich also seit 1990 leichter ausdiskutieren, auch wenn der Begriff als solcher nach wie vor der Klärung bedarf.*

Auf die 1990er-Jahre folgt das Zeitalter der Digitalisierung, der Wissens- und Informationsgesellschaft und der sich ausweitenden Globalisierung der Märkte, nicht frei von politischen, wirtschaftlichen und gesellschaftlichen wie auch umweltseitigen Problemen. Schwer absehbar ist, ob und wie sich die Weltwirtschaft und die Weltordnung angesichts der gedanklichen und volkswirtschaftlichen Disparitäten entwickeln werden, vor allem auch deshalb, weil es angesichts der politischen Instabilitäten in diversen Staaten, aufgrund der Völkerwanderungen, der Politiken des billigen Geldes, der steigenden Staatsverschuldungen usw. bei gebremsten Handlungskompetenzen der internationalen Organisationen und führenden Staaten zu neuen Krisenherden kommt oder kommen könnte.

Die parallel intensivierte Ausweitung der Markträume, die weltumspannende Kommunikation und die hohe Mobilität sowie die Umrissdebatte um eine notwendig werdende Weltordnung riefen nicht in erster Linie nach einer zusätzlichen Planungsebene oder -stufe und einem neuen Planungsbegriff, sondern nach einem weltweit gültigen inhaltlichen Postulat, gleichsam als Normgrösse der Normen: *Prinzip der Nachhaltigkeit*. Ab etwa 1990 und anhaltend über die Schwelle zum 21. Jahrhundert wurde es politikreif, und zwar mit den inneren Teilaussagen gesellschaftliche Solidarität, leistungsfähige Wirtschaft und ökologisches Gleichgewicht, die je für sich und gemeinsam zum übergeordneten Anliegen mit Blick auf die Verantwortung gegenüber den kommenden Generationen werden sollen, weltumspannend. Zu unterstreichen ist die Komponente der intergenerationellen Verantwortung. Sie bildet gleichsam den ethischen Kern des Prinzips der Nachhaltigkeit. Es berührt und prägt seither auch die national wie internationale Raumplanung.[62] Allerdings ersetzt es nicht das intensive Befassen

---

[62] Das Prinzip der Nachhaltigkeit hat in die Verfassung der Schweizerischen Eidgenossenschaft vom 18. April 1999 unter verschiedenen Titeln Einzug gehalten. In der Präambel ist von der Verantwortung gegenüber den künftigen Generationen die Rede, in Art. 2 von der Förderung der nachhaltigen Entwicklung und der dauer-

mit der Zukunft des Lebensraumes und also mit der räumlichen Planung. Im Gegenteil, das Prinzip der Nachhaltigkeit verlangt nach diesen Ansätzen. Dies unterstreicht die neue Bundesverfassung der Schweizerischen Eidgenossenschaft vom 18. April 1999 mit prägnanter Klarheit. Sie handelt in einem besonderen Abschnitt (Art. 73 ff. BV) von Umweltschutz und Raumplanung und hebt mit einem Artikel über die Nachhaltigkeit (Art. 73 BV) an. Das trug in verwandter Art zu einer Mobilisierung der *Ethik* der Raumplanung bei, primär verstanden als intergenerationelle Verantwortung.[63]

haften Erhaltung der natürlichen Lebensgrundlagen, in Art. 73 vom ausgewogenen Verhältnis zwischen der Natur und ihrer Erneuerungsfähigkeit einerseits und der Beanspruchung durch den Menschen anderseits, an weiteren Stellen von der haushälterischen Nutzung des Bodens und des Wassers, dann auch vom sparsamen und rationellen Energieverbrauch usw. Kurzum, es zieht sich als roter Faden durch die Verfassung und lenkt Aufmerksamkeit und Verantwortung auf die Zukunft von Staat, Gesellschaft, Wirtschaft und Umwelt. Ob und wieweit das Prinzip der Nachhaltigkeit die Rechtsordnung neu strukturiert und nach Prioritätssetzungen verlangt, ist diskussionswürdig. Sinnvoll dürfte es sein, die Abstimmung zwischen einer solidarischen Gesellschaft, einer leistungsfähigen Wirtschaft und einer Gleichgewicht verfolgenden Ökologie zu forcieren und dabei die besondere Verantwortung des Staates angesichts der zu hohen Staatsquoten nicht ausser Acht zu lassen.

[63] Die Raumplanung hat es im Gegensatz zum Umweltschutz und Ökologie während Jahrzehnten versäumt, den ihr eigenen ethischen Kern zu befragen. Das Weltethos wurde vor allem vom Theologen Hans Küng angesprochen, nicht zuletzt mit Ausblick auf die Weltrechtsordnung. Hans Jonas, Philosoph, wandte sich dem Prinzip der Verantwortung zu und monierte dabei die intergenerationelle. Die Raumplanung, die von den beiden Elementen des Rechts und der Zukunftszuwendung lebt, hätte schon ab ovo sich der Komponente der Ethik annehmen müssen. Leider hat sie sich zu forciert der Zweckrationalität verpflichtet und das Tun-Müssen aus Verantwortung eher vernachlässigt. Dabei ist es nicht Aufgabe der Raumplanung, sich eine hauseigene Ethik zuzulegen, es ist vielmehr ihre Pflicht, sich der Ethik zu öffnen, ihr Raum zu gewähren, als Rechtsethik und als Antwort auf die Frage Kants: Was müssen wir tun? Neben den Fragen: Was können wir wissen? Was dürfen wir hoffen? Was ist der Mensch? Dass es der Raumplanung ansteht, der „Ehrfurcht vor dem Leben" (Albert Schweitzer, Karl Barth), der „vorgegebenen Freiheit der Menschen" (Kant) und der *Absage an die Beliebigkeit* Respekt zu zollen,

XVII. Verpflichtung zum konstruktiven Dranbleiben

Kommt es für die Raumplanung zu einer abrupt spontanen Wende oder konträr zu einem sukzessiven Wandel, abgestimmt auf die eingetretenen und werdenden Veränderungen? Diese Frage richtet sich vor allem an die Politik. Verfassungsgesetzgeber und einfacher Gesetzgeber sind auf alle Fälle involviert. Aber auch an den Raumwissenschaften, insbesondere an der Disziplin der Raumplanung ist es, die Fakten der räumlichen Entwicklung zu beurteilen und daraus die angezeigten Schlüsse zu ziehen. Die Voraussetzungen für eine vertiefende Wende oder einen schrittweisen Wandel sind günstiger geworden, weil sich die Raumplanung als öffentliche und als wissenschaftliche Aufgabe gefestigt hat.

Wenn die deutschsprachige Schweiz seit der Landesausstellung von 1939 in Zürich stark engagiert war und blieb, so darf für die jüngere Zeit festgestellt werden: Die *Westschweiz* leistet seit geraumer Zeit grossartige Beiträge, vor allem durch ihre in der Wissenschaft engagierten Juristen, Geografen, Soziologen, Politologen und Ökonomen, an allen Universitäten, also von Freiburg, Lausanne, Genf, Neuenburg, auch mit der EPFL und dem IDHEAP sowie dem Baurechtsseminar von Freiburg. Interessant dabei ist die Tatsache, dass sich die Arbeiten zum Planungs- und Baurecht überbieten. Dass die Universität von Genf durch François Walter sogar historische Studien beifügte, soll hervorgehoben sein. Das zentrale Lehrbuch zur Raumplanung edierte der Geograf Laurent Bridel. Der *Südschweiz* Leistungen durch die Architektur und die ökonomischen, vor allem regionalwirtschaftlichen Analysen aus der jungen Tessiner Universität fallen ihrerseits ins Gewicht. Insofern darf heute davon ausgegangen werden, dass sich die Raumplanung als Wissenschaft gesamtschweizerisch durchgesetzt hat und Gewähr für das künftige Bestehen bietet.

Dies darf auch für die deutschsprachige Schweiz bestätigt werden, auch wenn ein gewisser Verlust an Lehrstühlen zu beklagen ist, sei es an der ETH Zürich, sei es in Basel, Bern oder auch in St. Gallen. Der zeitliche Vorsprung hat hier allerdings bereits zu Akzentverlagerungen und Neuausrichtungen geführt, wie sie universitär durchaus nach einer Pionierphase mit Überensteht sich. Es war an der Akademie für Raumforschung und Landesplanung, entsprechende Anregungen eines ihrer Mitglieder aufzunehmen. Sie hat es getan. Ob sie diese Dimension weiterhin verfolgen wird, ist offen.

gagements angezeigt sein können. Betroffen wurde vor allem die Regionalwirtschaft. Kompensiert wurden die Defizite durch Ausbreitungen in den Bereichen des Rechts, der geografischen Informationssysteme, der Informatik und durch Integration des Räumlichen in die allgemeinen Lehren zur Wirtschaftspolitik. Die Bedeutung der ETH Zürich ragt nach wie vor heraus. Die Neubelebung von Raumplanung, Städtebau, Stadtplanung, Landschaftsplanung, Informationssysteme samt der thematischen Kartografie, der Verkehrsplanung, der Geistes- und Sozialwissenschaften usw. muss anhaltend verfolgt werden, wobei die Defizite der akademischen und beruflichen Nachwuchsförderung nach wegweisenden Akzenten rufen. Signifikant dringend ist das Festhalten an der Lehre zur Raumplanung, auch am breiten Lehrangebot in die Departemente hinein. Die schweizerische Zeitschrift *DISP* (Dokumente und Informationen zur Schweizerischen Planung), aus dem Umkreis des ehemaligen ORL-Instituts der ETH Zürich hervorgegangen, erfüllt eine bedeutsame fachliche, primär wissenschaftliche und von dort her eine sachlich-politische wie auch international wie nationale Brückenfunktion. Auf sie kann nicht verzichtet werden, auch deshalb, weil sie dem wissenschaftlichen Nachwuchs und der hiesigen Forschung Publikationen ermöglicht. Die frühere enge, direkt personelle Beziehung zur deutschen Akademie für Raumforschung und Landesplanung hat sich über die ETH hinaus positiv entwickelt. An einer Kooperation darf es auch in Zukunft nicht fehlen.

Die Raumplanung als öffentliche Aufgabe steht auf Bundes- und kantonaler Ebene derart gefestigt da, dass sie in der Lage ist, eine Neuausrichtung der Raumplanung zu forcieren und zu verkraften. Selbst jene Kantone wie Wallis, Tessin und Graubünden, die Sonderprobleme geltend machen, haben in der jüngeren Zeit die gesamtschweizerischen Anliegen verstehen gelernt und akzeptiert, dass es das Bundesrecht durchzusetzen gilt. Umgekehrt ist es an den eher urbanen Kantonen zu erkennen, dass die regionalwirtschaftlichen und baulich-kulturellen Unterschiede eine erhöhte Aufmerksamkeit verdienen. Eine raumplanerische Neuausrichtung sollte insgesamt belebend wirken.

2. Ehrlichkeit gegenüber Stärken und Schwächen

Im Zentrum der Stärken der schweizerischen Raumplanung stehen der relativ hohe politische Stellenwert dank repetitiver demokratischer Legitimierung

XVII. Verpflichtung zum konstruktiven Dranbleiben

und das prozessartige Verständnis der Raumplanung, das sich nicht auf eine abschliessend vorbedachte Raumordnung versteift, sondern auf die Probleme zugeht und sie aufs Ganze gerichtet anzugehen versucht. *Raumplanung als offener sachlich-politischer Prozess des bewussten Bewahrens und Gestaltens des gegebenen Lebensraumes in Verantwortung für die aktuellen und kommenden Generationen – den ganzen Raum ansprechend, alle raumwirksamen Massnahmen beachtend, als dauernde Herausforderung.* Auf dieser Basis, getragen vom Recht, kann sie ihre Stärken zur Geltung bringen sowie Teil- und Misserfolge bewerten und allenfalls neu angehen. Dass sie dabei durch Stimmen aus Politik, Verwaltungen, Nichtregierungsorganisationen, Verbänden, Parteien, Medien teils kritisiert, teils positiv angespornt wird, beweist ihr, an sich zuspitzenden Problemen zu arbeiten.

Das, was der schweizerischen Raumplanung fehlt, das sind, mindestens derzeit, aktualisierte *Aussagen und sachpolitische Impulse,* herangetragen von ausserhalb der Verwaltung aktiver Institutionen und Experten sowie vonseiten engagierter Planungsbüros, also frei und souverän die kommenden Anforderungen bedenkend in der Form gekonnter *Politikberatung.* Zu viele Dogmen und Rezepte, zu viele Vorgaben vermeintlich gekonnter Planung sind in die Jahre gekommen. Allein schon die Frage der Positionierung der Raumplanung als öffentliche Aufgabe inmitten einer begrenzt kompetenten und erst noch nationalen Staatlichkeit wirft elementare Fragen auf. Die erste Neigung, auf die traditionelle Region auszuweichen, muss unter den veränderten Bedingungen von Agglomerationen kritisch bedacht werden. Auch die zweite Neigung, von den staatlichen Instrumenten abzurücken und primär auf den Markt und markttaugliche Instrumente zu greifen, setzt eine kritisch-konstruktive Auseinandersetzung mit den Möglichkeiten und Grenzen der Raumplanung auseinander. Sodann sind die Spannweiten zwischen örtlicher bauprojektnaher Planung und regionalen, nationalen und internationalen konzeptionellen wie programmatischen Planungen mit Umsicht zu evaluieren und abzustimmen. Dazu kommen all jene konkreten Problemstellungen, die rückblickend nicht gemeistert werden konnten, so die planerische Erfassung der nichturbanen Räume mit urban werdenden Lebensweisen, das sich berührende und überschneidende Wachstum der Agglomerationen, die Siedlungs- und Überbauungsqualitäten, die Planung der offenen Landschaften samt dem Schutz der Fruchtfolgeflächen, das Beheben der Infrastrukturrückstände usw., und das alles mit dem Ziel, dem Leben in Raum und Zeit über Generationen zu genügen.

Die *Beratung* in Raumordnungsbelangen setzt als Hintergrund eine Mindestmenge hinreichender, zeitgemässer und gleichzeitig vorausschauender, anregender *wissenschaftlicher Reflexionen und Recherchen* voraus. Sie sind weder als Zusammenfassung noch als breite Analyse und erst recht nicht als interdisziplinär auf Interdependenzen aufmerksam machende Hinweise unmittelbar greifbar. Die Raumwissenschaften müssen deshalb neu angespornt werden. Die heute übliche Art, Netzwerke zu propagieren, macht möglicherweise Sinn, weil die Wissenschaften vom Lebensraum das Faktum der Spezialisierung akzeptieren müssen, doch bilden raumplanungsspezifische Institute oder wenigsten entsprechende Kernprofessuren die notwendige Voraussetzung funktionierender Kooperationen. Da mehrere Universitäten die Regionalwissenschaften, auch innerhalb der Geografie und der Ökonomie, in jüngster Zeit zurückgestuft oder gar fallen gelassen haben, kommen die ETH Zürich und die ETH Lausanne nicht darum herum, die Aufgabe der Raumplanung breiter an die Hand zu nehmen, konkret beispielsweise unter Einbezug der verfügbaren Mittel massgebender Departemente und der Annexanstalten WSL und EAWAG.

Die *Raumplanung als öffentliche Aufgabe* ist weniger frei, als es die Raumwissenschaften sind. Sie ist an das Recht gebunden. Bei genauerem Hinsehen schliesst ihr Grundauftrag aber die Verpflichtung ein, im Rahmen des geltenden Rechts das sachlich Erforderliche vorzukehren und nötigenfalls Verfassungs- und Gesetzesänderungen zu beantragen. In diesem Sinne hat sie Weitsicht zu beweisen. Ihre Problemnähe und Zukunftsausrichtung werden zu Stärken, auch wenn die Erstfokussierung auf das geltende Recht zu Verengungen führen könnte. Sie tut deshalb gut daran, sich immer wieder ausholend mit sich selbst auseinanderzusetzen, mit Ausblick auf das nominale und funktionale Raumplanungsrecht, im Gespräch mit den Wissenschaften, unter Einsatz der Ressortforschung und vor allem auch durch die Mobilisierung der Erkenntnisse aus dem Empirischen sowie den Bereichen des ethisch Gebotenen.

Die Raumplanung als öffentliche Aufgabe und als Wissenschaft müsste von diesen Voraussetzungen her, differenziert gemäss ihrer Kompetenz, fähig werden, *selbstständig voranzuschreiten, an den anstehenden Problemen zu wachsen, sich immer wieder neu zu finden*, nicht zu erfinden, und den tatsächlichen Herausforderungen abwehrend und gestaltend zu begegnen. Sie hat auch, in ihrer Art politikberatend, auf die politische Agenda einzuwirken und müsste dank des Erfahrungshorizontes sowie ihrer Prospektivkraft zum kritischen Intervenieren bereit sein, unter anderen zu folgenden Fragen: Sind die vorgezeichneten Kompetenzen des Bundes, der Kantone und der Gemeinden hinreichend entwickelt und ausschöpfbar? Welches Mass an kommunaler Planungsautonomie ist tragbar? Wie sind die Governance-Strukturen der Agglomerationen und weiterer funktionaler Räume auszugestalten? Taugen die Verfahren? Genügen die Instrumente? Verfügt die Raumplanung anhaltend über den nötigen Impetus? Wie bringt sich die Wirkungskontrolle ein? Wird ihr Gehör verschafft?

Aktuelle Versuche, der derzeitigen Raumplanung *absolute Paradigmenwechsel* von *statisch/starr* zu *dynamisch*, von *rechtlich* zu *ökonomisch*, von *polizeilich/hoheitlich* zu *einvernehmlich*, von *formell* zu *informell* abzuverlangen, können nicht reüssieren, weil die Wirklicht komplex und heterogen ist und nach vieldimensionalen Zutritten ruft. Selbst das einseitige Bevorzugen „weicher" Instrumente stösst an Grenzen. Auch das Setzen auf Managementmethoden, auf marktwirtschaftliche Instrumente usw. mag verlocken. An sich sind Modifikationen und Schwergewichtsverlagerungen sowie neue Akzente in Teilen durchaus sachlich wünschbar, aber nicht unter dem Titel total neuer Denk- und Handlungsweisen. Es geht eben letztlich um die materiellen, die substanziellen Kernprobleme und deren Meisterung mittels angemessener Instrumente und Massnahmen. Primär müssen diese beim Namen genannt werden, sei es durch die Wissenschaft, sei es durch die verantwortlichen Amtsstellen, sei es durch die politischen Instanzen. Alsdann sind sie durch die Politik und die zuständigen Planungsämter zu sichten, zu bewerten, adäquat und erst noch geschickt anzugehen, kritisch bereichert und begleitet von retroperspektiven Wirkungskontrollen und antizipierenden Wirkungsprognosen, nicht nur hinsichtlich Methoden und Verfahren, auch bezüglich der Ziele, Instrumente und vor allem auch der Tauglichkeit der Massnahmen, vor allem aber hinsichtlich der materiellen Problembewältigung, und dies alles nach Dringlichkeiten und Prioritäten usw. Paradigmenwechsel sollten nur dosiert als Denknotwendigkeiten moniert werden. Sie banal als Kontrast ohne nähere Begründung, gar als Kehrtwendungen zu fordern, stiftet Unruhe ohne Gewähr der besseren Raumplanung.

Stärken und Schwächen, Erfolge und Unzulänglichkeiten, hohe Ansprüche und Nachlässigkeiten sind mit der Raumplanung verbunden, weil sie nicht alles kann und vermag. Das gültige, sachlich vertretbare Mass, auf hohem

Niveau bei steigenden Anforderungen an die Planung und an die Gesellschaft, muss anvisiert werden. Entscheidend dabei ist die Ehrlichkeit, zu Mängeln stehen zu können und darüber erst recht die Verantwortung für das Leben in Raum und Zeit einzubringen: wiederkehrend, anhaltend.[64] Spiegelbild dieser Ehrlichkeit ist die Stringenz, mit der die Raumplanung das komplexe Problem des Lebensraumes in seiner Vielgestaltigkeit an-

---

[64] Im Jahre 2008 hat das Bundesamt für Raumplanung die Professur für Raumentwicklung an der ETH Zürich (Prof. Bernd Scholl) beauftragt, durch eine internationale Expertengruppe den Stand der Raumplanung resp. der Raumentwicklung in der Schweiz beurteilen zu lassen. Aufgrund zahlreicher Besichtigungen und Führungen ist dies geschehen. Darüber ist ein entsprechender Bericht erschienen. Im Wesentlichen kommt der Bericht zu einem positiven Befund. Auf den Bericht wird ausdrücklich verwiesen, insbesondere auf die Auswertung der Experteninterviews: *IRL-Professur für Raumentwicklung* (Hrsg.), Raumplanung und Raumentwicklung in der Schweiz, Zürich 2008, insbesondere S. 87 ff. Auffallend ist aber, dass die Experten sich als Gruppe rekapitulierend äussern und auf kritische Äusserungen expressis verbis eher verzichten. Immerhin sind folgende Schlussfolgerungen präzis genannt: Entwickeln von Testplanungen für die Kulturlandschaften; Unterschiede zwischen Agglomerationen präzisieren, Zusammenarbeit fördern; Weiterentwicklung Städtenetz Schweiz und funktionaler Räume; integrierte Konzepte für Siedlung, Landschaft und Infrastruktur; grenzüberschreitende Raumentwicklung unterstützen und Weiterentwicklung der Richtplanphilosophie für national bedeutsame Vorhaben und Räume.

Aus den persönlichen Expertenmeinungen treten folgende Wertungen und Forderungen hervor: das dezentrale System Schweiz erfordert funktionsgerechte Lösungen in entsprechenden Räumen; operationale Programme für funktionale Räume; Weiterentwicklung der Agglomerationsprogramme; Programm für Berggebietsregionen sowie periphere Räume; Öffnung von Planungsverfahren/Werkzeuge im Sinne von Massnahmen und systematische Entwicklungsansätze für frei werdende Militärbereiche.

Die Idee, die schweizerische Raumplanung nach erreichtem Stand und Eintreten auf zukünftige Anforderungen zu beurteilen, hat sich bewährt. Allerdings erwies sich der Begleitaufwand als erheblich. Erwägenswert dürfte sein, das Vergleichen zu provozieren, weil dies die Experten angehalten hätte, ihre landeseigenen und die hiesigen Charakteristiken bewusster zu bedenken. Auch wäre es hilfreich gewesen, zwischen öffentlicher Aufgabe und Wissenschaft zu unterscheiden, ging es doch primär darum, die Raumplanung als Erstere zu erfassen und einzufordern.

geht, ohne sich selbst zum undurchschaubaren Problem zu machen; im Gegensatz beispielsweise zum Gesundheitswesen, zur Landwirtschaft und zum Energiewesen, wo kaum mehr erkennbar ist, wann, wo und mit welchen Wirkungen bei Fehlentwicklungen interveniert werden kann.

3. Planerische Ideen, Visionen – Notwendigkeiten

Eine überraschende Feststellung: Die modernen technischen Möglichkeiten der Raumbeobachtung, der Verfügbarkeit von Informationssystemen, der Datenaufarbeitung und -analyse, der computergestützten Endbearbeitung, der Visualisierung und der Kommunikation nach vielen Seiten führen derzeit, mindestens in der Schweiz, nicht (oder noch nicht?) zu einer technisierten respektive technokratischen Raumplanung. Im Gegenteil, derzeit werden qualitative und gestalterische Anforderungen gestellt, konkret mit Blick auf die Intentionen des verdichteten Bauens im Siedlungsgebiet. Weil aber die Neigung zum Computer-aided-Planen nicht ausgeschlossen werden kann, muss hier festgehalten werden, dass sie auf Ideen, Visionen, Leitbilder, Szenarien, kreatives Ausloten von Trends und angezeigten Entwicklungsmöglichkeiten, wie auch immer, nicht verzichten kann: Das Zukünftige, verbunden mit dem Ungewissen, gilt es einzubringen. Just dies aber schafft letztlich nur das Geistige.

In der jüngeren Vergangenheit dominierten, gleichsam von unten nach oben und zeitlich von heute eher hin zum Tradierten:
- Quartierplanungen im Zusammenhang mit Industriebrachen, kulturellen Akzenten und verkehrlichen Knoten,
- Betonung von Einzelbauwerken als Leuchttürme für raumplanerische Entwicklungen (Museen, Sportarenen, Einkaufszentren usw.),
- Zentrumsplanungen für mittlere und kleinere Städte und Dörfer,
- örtliche Gesamtplanungen im Verbund mit Verkehrsplanungen,
- regionale Abstimmungen unter gemeinsamen Interessen,
- kantonale Gesamtplanungen (Richtpläne mit Teilrichtplänen zu Landschaft, Siedlung und Transport, Versorgung und Entsorgung),
- Entwürfe zu nationalen Raumordnungskonzepten.

Methodisch ragten heraus:
- Bearbeitung von raumbestimmenden Einzelprojekten,
- Gestaltungs- und/oder Überbauungsplanungen,

- Masterpläne als Vorgaben für Einzelbaubewilligungen und/oder für Sondernutzungspläne,
- Gesamtpläne für Quartiere, Stadtteile, Dörfer samt Umfeld,
- Städtegefüge, Regionalisierung im Berggebiet,
- kantonale Richtpläne, teilweise mit Anlehnung an die Theorie der zentralen Orte,
- Richtlinien, Grundsätze der Raumentwicklung,
- Szenarien der räumlichen Entwicklung,
- Leitbilder der räumlichen Entwicklung,
- Raumordnungskonzepte und Sachpläne auf nationaler Stufe,
- Bilanzierung der tatsächlichen und der zulässigen Bodennutzungen.

Auffallend daran ist, dass das Denken in Varianten mitspielt, vor allem in der Form von Szenarien und Leitbildern. Bei vorherrschenden Einzelprojekten übernimmt das Mittel des Wettbewerbs Funktionen der Variantenbildung. Der Masterplan, ein gesetzlich nicht vorgesehener Richtplan für Überbauungen, wird in der Regel breit gesehen, auf dass die konkreten Projektverfasser Freiräume bekommen. Würdigt man die beiden Aussagen zu den planerischen Bereichen und Akzenten und Methoden als Ganzes, so leuchtet auf, wie sehr Ideen und Visionen vorauseilend und bereichernd zur nachfolgenden Planungskonzentration beitragen.

Diese thesenartige Analyse bedarf der Beispiele. Qualitätsanstrengungen etwa dort, wo die ETH Lausanne, angebunden an den öffentlichen Verkehr, über Einzelprojekte und Gesamtwirkung zum Fokus gleich für mehrere Gemeinden des südwestlichen Agglomerationsgürtels von Lausanne wurde. Dann auch in Basel, wo auf bedrängten Industriegebieten für hochmoderne Pharmazieunternehmen eigene Arbeits*städte* für Novartis und Hoffmann-La Roche geplant und realisiert werden. Ferner das Hochschulquartier auf der Anhöhe über Zürich, neu auch als „Science City" auf dem Hönggerberg für die ETHZ und auf dem Irchel für die Universität etabliert. Konzentrierte Neuausrichtungen finden sich in der gleichen Stadt für Zürich-West und Zürich-Oerlikon. Aus Industriequartieren werden hochmoderne Angebote für Arbeitsplätze im Dienstleistungssektor und im Umfeld der Digitalisierung und der Wissensgesellschaft. Überall dort, wo die Stadtplanung nicht voreilig gesamtplanerisch agiert, sondern der Struktur der Quartiere und von Achsen folgt, und doch das Ganze im Auge behält, vermag sie sich den spezifischen Entwicklungen zu öffnen. Der Slogan,

XVII. Verpflichtung zum konstruktiven Dranbleiben

Zürich sei gebaut, hat sich überholt. Unterschiedliches wird fantasievoll unterschiedlich angegangen, belebt von Ideen, von Visionen, ausgerichtet auf vielseitige Methoden mit Öffnungen hin zu Varianten und konkretisiert durch umsetzbare Projekte und Sondernutzungspläne. Solche Aufbrüche lassen sich auch übertragen auf Landschaftsplanungen, auf kantonale Planungskonzepte und sogar stufengerecht auf nationale. Visionen, Konzepte, Strategien und programmatische Ansätze sind also gefragt für den Raum Schweiz, für ihre (funktionalen) Räume und (politischen) Gebiete, für die Städte und die dörflichen Siedlungen. Die Wissenschaften der Raumplanung müssen vorangehen.

Folgende konkrete Postulate und materiell-formelle Akzente lassen sich erahnen: Die Stadtplanung als Teil der Raumplanung wird enorm aktuell. Siedlungsplanung und Landschaftsplanung müssen endlich sachlich und organisatorisch zueinander finden, gerade im Konfliktbereich von Landschaft und Siedlung (z.B. Naherholung). Die leicht fassbare Problemnähe von Raum- und Verkehrsplanung steht der ursächlichen Verstrickungen wegen ganz oben an. Sie betrifft primär die funktionalen Räume. Die Übersetzung in die Bundessach- und kantonalen Richtpläne muss sich unmittelbar anschliessen. Das Siedlungswachstum bei wachsender Bevölkerung ruft, wie bereits unterstrichen, zudem nach qualitativer Steigerung der Raumnutzung innerhalb der Siedlungen, was ohne neu bereichertes Bau- und Nutzungsplanungsrecht kaum zu meistern ist. Die sich berührenden und überschneidenden Agglomerationen mahnen, neue Formen der interkantonalen Zusammenarbeit zu finden und taugliche Governance-Formen zu evaluieren. Die strukturschwachen Gebiete des ländlichen Raumes und des Berggebietes sind derart eng mit der „Stadt Schweiz" respektive den voran*eilenden urbanen Regionen zu verbinden*, dass sie sich gegenseitig beleben, ohne sich zu vereinnahmen. Diese Punkte sind alles andere als abschliessend. Eine denkbare Liste wird hier eingeblendet.[65]

---

[65] Die nachstehende Zusammenstellung will in Stichworten *Anregungen* zur unmittelbaren raumplanerischen Verfolgung, ohne Ansprüche auf Vollständigkeit und Prioritäten, illustrierend vermitteln:

– Auswirkungen der Globalisierung und der weltweiten Wohlstandsdisparitäten, Migrationen,
– ausserordentliche demografische Entwicklung durch Zuwanderungen und

- seitens des Asylwesens bei gleichzeitig erhöhten Anforderungen an den Lebensraum in den Bereichen des Wohnens, des Arbeitens, des Freizeitverhaltens, der Mobilität und der Kommunikation,
- urbane Lebensweise, neue Lebensstile, intensiviertes Freizeitverhalten,
- Verlagerungen in der Wirtschaft hin zu hochstehenden Produkten im Pharma-, Chemie-, Gesundheits- und Nahrungsmittelbereich, der Maschinen- und Elektroindustrie sowie hin zu Dienstleistungen, so im Finanz- und Versicherungsbereich, aber auch in Kommunikations- und Informatiksparten, ausserdem hinsichtlich Digitalisierung, Automatik, Robotik und sogar Luxusgüter,
- Verstädterung der Überbauungen, selbst in Dörfern des sog. ländlichen Raumes, vor allem in den Agglomerationen und in Tourismusgebieten bei insgesamt erwarteten höheren Anforderungen an die Siedlungsqualitäten,
- verdichtetes Bauen in Relation zu Verkehrs-, Versorgungs- und Entsorgungskapazitäten, Freiräume,
- sachgerechte Dosierung des Denkmalschutzes vor allem in Städten,
- anhaltendes Wachstum der Agglomerationen bis und mit dem gegenseitigen Tangieren, Überschneiden und dem Herausbilden von Metropolitanräumen. Das Mittelland auf der Achse Genf–St. Margrethen ist zu einer durchgrünten „Stadt" geworden, ohne allseits Stadtcharakteristiken und -qualitäten auszuspielen,
- Spannungsverhältnis zwischen funktionalen Räumen und politischen Gebieten,
- Stadt–Agglomeration, im gegenseitigen Verhältnis,
- raumplanerische Bedeutung des Finanzausgleiches zwischen Gebietskörperschaften,
- raumplanerische Effekte von Gemeindefusionen,
- Internationalisierung der Metropolitanräume nach Bevölkerung und Wirtschaftsbeziehungen,
- Beeinflussung der agglomerativen Siedlungsentwicklung durch Strasse und neu vor allem auch durch den öffentlichen Verkehr (S-Bahnen mit hohem Leistungsangebot bezüglich geografischer Ausdehnung, Dichte und Fahrzeiten),
- sich abzeichnende Engpässe im gesamten Infrastrukturbereich des Verkehrs, der Versorgung und der Entsorgung,
- Landschaftsschutz, Landschaftsplanung, Naherholungsräume,
- zunehmende Belastung der ländlichen Räume und also der offenen Landschaft durch Einrichtungen des Verkehrs, der Energieproduktion und Verteilung, ferner durch das Freizeitverhalten, auch durch die nicht landwirtschaftliche Nutzung ehemaliger Bauten der Landwirtschaft,
- Belebungen und Belastungen der in den Nahbereich von Agglomerationen gerückten ländlichen Räume und Berggebiete (wie Glarnerland, Jurabereiche, Eingänge Entlebuch usw.) durch Wohnbauten, Verkehrseinrichtungen, Ausbau der Versorgung, Entsorgung usw.,

XVII. Verpflichtung zum konstruktiven Dranbleiben

Der *Haupteinwand gegen die Raumplanung,* dessen muss sich diese immer kritisch bewusst bleiben, gilt der Gefahr des Sich-Übernehmens durch eine Planung des behauptet überlegenen Wissens und Könnens, geprägt durch Ansprüche des Ganzheitlichen und der Einheit des Lebensraumes. Übersteigerte Vorgaben können sich realiter als kontraproduktiv erweisen. Die Gefahr des übersteuernden Eingreifens besteht tatsächlich und bleibt bestehen, auch wenn immer wieder neu geltend gemacht werden darf, dass der Lebensraum letztlich nicht teilbar ist, gesamträumliches Denken bedingt und immanente Zusammenhänge zum Tragen kommen müssen, allerdings in zurückhaltender Art vorgetragen, geprägt durch das Wissen um elementare Zielkonflikte, Interessengegensätze, Veränderungsprozesse und sogar um gesellschaftliche und individuelle Ansprüche auf freies Agieren. Die Raumplanung bleibt auch angesichts von Vorbehalten eine eminent notwendige Aufgabe, die allerdings Fragen nach ihrem Auftrag und dessen Grenzen ernst zu nehmen hat. Auf politische und sachliche Kritiken hat sie deshalb konstruktiv zu reagieren.

Ob und in welchem Masse die organisierte und institutionalisierte Raumplanung direkt oder indirekt auf die öffentliche Diskussion zur Raumplanung politisch akzentuiert Einfluss nehmen soll, kann gefragt werden. Die Antworten, die von der Politik erteilt werden müssten, sind für sie aller-

- Aufgabenausweitung im Zusammenhang der Sachplanungen des Bundes und der Kantone,
- sachgerechte Anpassungen der Stadtplanungen, des Städtebaus, der Agglomerations- und der Kommunalplanungen,
- abgestimmte Umweltplanungen bei erhöhten ökologischen Anforderungen,
- Auseinanderklaffen von Gebietsplanungen und der Planung funktionaler Räume, Entwickeln von Governance-Strukturen für Agglomerationen und Metropolitanräume, also insbesondere für politische Gebiete überschreitende funktionale Räume,
- Nachführungen des nominalen und funktionalen Raumplanungs- und Baurechts,
- internationale Absprachen und Abstimmungen aufgrund der internationalen Expositionen der Schweiz, die örtlich und sachlich an die Landesgrenzen stossen und grenzüberschreitende Beziehungen bedingen (Luft-, Strassen-, Schienen- und Grenzverkehr, Pendlerströme, Wasserkraftwerke, Strom-, Öl- und Gastransit),
- Problembetroffenheit und Handlungsmöglichkeiten der Betroffenen,
- Selbstverantwortung und Raumplanung.

dings nicht nebensächlich, *denn die Raumplanung steht von ihrem Auftrag her mitten im Fluss des Politischen und ist davon betroffen*. Die Fragen und möglichen Antworten bedürfen der Klärung. Die Raumplanung muss mindestens die Traktandenlisten diskutieren dürfen. Auch Anregungen braucht sie nicht zurückzuhalten, denn sie verfügt über unerlässliche Problemkenntnisse und die Fähigkeiten der Problemwürdigung unter Zukunftsaspekten. Insofern erweist sie sich als fach-kompetent. Es wäre ein Verlust für die Politik, wenn sie das Hinhören verweigern würde. Die Legitimation der Raumplanung erwächst ihr aus dem verfassungsrechtlichen Auftrag der Lebensraumerhaltung und -gestaltung. Hierbei handelt es sich um einen Kernauftrag, weil es um nichts Geringeres als die Lebensvoraussetzungen mit Einschluss der Chancen zur Lebensentfaltung geht.

Noch nicht brillieren kann die schweizerische Raumplanung mit einer ins politische Bewusstsein vorgedrungenen *Raumordnungspolitik, die sich anhaltend mit dem Raumgeschehen befasst*. Sie müsste vom Bund und den Kantonen, sogar aus der Zivilgesellschaft heraus geweckt, formuliert und überdies verbreitet werden: wiederkehrend, problemorientiert, konzeptionell und programmatisch unterlegt, dosiert und doch visionär, offen für den Diskurs über das sachlich-politisch Vertretbare, das mittel- und längerfristig Notwendige und inspiriert von der Verantwortung für den Lebensraum in seiner Exposition gegenüber den sich aufbauenden Realitäten. So dringend notwendig für die Raumplanung als öffentliche Aufgabe die Ausrichtung auf das Recht sein muss, so eng würde sie, wenn es nicht zu einer belebenden Raumordnungspolitik, die von den Regierungen, den Parlamenten, der Wissenschaft, den Experten, Verbänden usw. ausgeht, kommen würde. Sie hat die Ziel-, Instrumenten-, Massnahmen- und Verfahrensdiskussion genauso zu inspirieren wie die Ideen-, Visionen-, Theorien- und vor allem die Horizont- und Konzeptionsdebatten, in Rückkoppelung zur Politik, wider bürokratische Neigungen, aber immer weit vorausblickend und voranschreitend. Dass sich die Raumordnungspolitiken des Bundes und der Kantone nicht einseitig an den Legislaturplanungen orientieren dürfen, belegt deren Fokussierungen auf Wahlperioden. Die Raumordnungspolitik denkt zwar auch an deren Rhythmen, holt aber weiter aus, allein schon deshalb, weil die Richt- und Nutzungspläne in Perioden von 15 und mehr Jahren angelegt sind.

Schlussendlich sind, mit hohen Ansprüchen, *die gesetzgeberischen Weichen* neu zu stellen, voraussichtlich unter Überprüfung der innerstaatlichen

XVII. Verpflichtung zum konstruktiven Dranbleiben

Kompetenzordnung, des Involvierens der funktionalen Räume der Agglomerationen, der optimalen organisatorischen Aufgabenjustierung (Einbezug der Landschaft, des Waldes, der Gewässer, der Wasserwirtschaft, der Verkehrsplanung, der Stadtplanung und des Städtebaus, der Einführung marktwirtschaftlicher Instrumente usw.), alles unter Ausrichtung auf die „Plattform Schweiz" als Basis internationaler Handlungsfähigkeit und Ansprechbarkeit, aber auch der innerstaatlichen Belebung der Raumplanung. Die Schnittstellen national und international sind also elementar aufzuarbeiten. Sie wurden bis heute vernachlässigt. Sodann sind die erforderlichen Bundeskompetenzen neu zu evaluieren und nötigenfalls neu zu erfassen. Die Harmonisierung der raumrelevanten Kompetenzzuweisungen an den Bund respektive an die Kantone ist auf jeden Fall fest im Auge zu behalten, auch im Rahmen des interkantonalen Finanz- und des bundesstaatlichen Aufgabenausgleichs. Die Agglomerations- und die Stadtplanung sowie der Städtebau sind markant deutlicher als Teile der Raumordnung hervorzuheben. Und die Nutzungsplanung? Sie ist zu differenzieren, einerseits bezüglich Siedlungs- und Nichtsiedlungsgebiet, anderseits nach Nutzungsplänen (Rahmennutzungs- und Sondernutzungspläne). Baurechtliche Anpassungen dürften unvermeidlich sein. Zu unterstreichen ist: Das Auseinanderklaffen von funktionalen Räumen und politischen Territorien muss ernsthaft neu bedacht werden; wie gesagt neu auch interkantonal sowie international. Vor diesem breit gefächerten Hintergrund sind dem Gesetzgeber Fragen nach einer *Verfassungsnovellierung* und/oder einer *Erneuerung des geltenden Bundesgesetzes über die Raumplanung* gestellt.

XVIII. Übersicht und Einsichten

Die Geschichte lehrt nicht nur die Kenntnisse des historischen Geschehens. Sie inspiriert auch das bessere Verstehen des Zukünftigen, gerade auch im Kontext der Raumplanung als öffentliche Aufgabe und als Wissenschaft der Verantwortungsfelder für Raum und Zeit. Sie eröffnen Chancen des Unterwegsseins. Die schweizerische Geschichte zeigt über die Pionierphase hinaus, wie wichtig es ist, dem Lebensräumlichen zugetan zu sein, wie bedeutsam es bleibt, die Anforderungen an die raumplanerische Verantwortung hoch zu halten: Ohne Kompetenzen, ohne Ziele, ohne Planungsgrundsätze, Instrumente, Massnahmen und Verfahren würde der einmalige, knappe Lebensraum ausser Acht gelassen und sich selbst und einseitigen Beanspruchungen überlassen. Die Raumplanung führt in all ihren Phasen als zukunftsgerichtete Tätigkeit an Perspektiven für das Leben in Raum und Zeit heran. Die menschlichen, sachlichen, wirtschaftlichen, gesellschaftlichen und ökologischen Anforderungen werden sich zwar laufend ändern, doch ändert dies nicht an der andauernden Verantwortung, den Lebensraum als Voraussetzung des Lebens und der Lebensentfaltung zu schützen sowie günstige Voraussetzungen für das Morgige kreativ zu schaffen. *Die Raumplanung ist schicksalhaft eine Daueraufgabe zugunsten der kommenden Generationen.*

Spannweiten auf der Zeitachse charakterisieren die Geschichte der schweizerischen Raumplanung:
- Katastrophen – politisches, wirtschaftliches und gesellschaftliches Verantwortungsbewusstsein,
- Eröffnung der Gotthardbahn als inszeniertes Sonderprojekt – S-Bahnnetze als Verkehrsnetze,
- ETH-Gründung als Polytechnikum – Forcierung des Bildungswesens mit Akzenten hin zum Interdisziplinären, zu den Life-Sciences, zur Wissensgesellschaft inmitten der Digitalisierung,
- integraler Schutz des Waldes – gesamträumliche Leitbilder – Szenarien der Raumentwicklung,

- regionalwirtschaftliche Förderung von Teilgebieten – Wirtschaftsraum Schweiz in globalisierter Welt,
- Planung des Nationalstrassennetzes – Erhaltung und Gestaltung des Lebensraumes,
- Städtebau/Stadtplanung – Städtegefüge – Urbanisierung – Agglomerationen/ Metropolitanräume,
- Bodennutzungsplanung – konzeptionelle/programmatische Raumplanung – intergenerationelle Verantwortung für das Leben in Freiheit in einer offenen Gesellschaft[66],
- Bevölkerungszunahme/Zuwanderung im Interesse der Wirtschaft, durch das Asylwesen und den gesellschaftlichen Wandel, verbunden mit Problemen der Sozialwerke, der Infrastrukturen, der Agglomerationen, der Begrenzung des Siedlungsgebietes usw.

Die moderne Raumordnung, -entwicklung und -planung erklärt sich aus solchen Fakten, Facetten, Problemdimensionen und damit einhergehenden Spannungsfeldern. Die Grunderkenntnisse lassen sich vor diesem Hin-

---

[66] An diesem Beispiel lässt sich erläutern, wie sich solche Spannungsverhältnisse auswirken, mit Schwankungen bis hin auf das Verständnis der Grundaufgaben, die Gesetzgebung, deren Novellierung, die Fokussierungen der Regierung und der Verwaltung, sogar der Öffentlichkeit, der Parteien, Verbände usw. Der schweizerischen Raumplanung und also auch dem Bundesgesetz über die Raumplanung sind zwei Komponenten eigen: a) bodenrechtliche Ansätze und b) zukunftsorientierte konzeptionelle/programmatische Ansätze der Erhaltung und Gestaltung des Lebensraumes. Die Balance zu wahren fällt nicht leicht, weder rechtlich noch politisch. Die Akzentsetzungen schwanken. Ob die Komponenten richtig gewählt sind, kann bezweifelt werden. Die Geschichte erklärt deren Hervortreten und also sind sie gegeben. Bereits beim Erlass der massgebenden Verfassungsartikel standen sich „Neues Bodenrecht" und „Raumplanung" gegenüber! Das RPG von 1974 betonte das Bodenrecht, jenes von 1979 eher die dynamische Planung. Die Verwaltungspraxis von 1980 bis ca. 1990 wich eher auf das Bodenrecht und die Bodennutzungsplanung zurück, die spätere Phase insistierte auf der zweiten raumplanerischen resp. raumordnungspolitischen Komponente. Die im Jahre 2008 eingereichte Landschaftsinitiative bewegte die Regierung, das Bodenrecht mit dem doppelten Ziel zu beleben, das Siedlungsgebiet zu limitieren und das verdichtete Bauen innerhalb der Bauzonen zu begünstigen. Die Balance wird neu im Rahmen der auf weite Sicht geplanten Totalrevision des RPG stipuliert sein.

tergrund nicht in plakative Stichworte zusammenfassen. Sachliche Zusammenhänge bis hin zu Widersprüchen sind nun einmal bestimmend, ja prägend für räumliche Prozesse und also auch für die Raumplanung. Untereinander sind die Konflikte und Spannungsfelder oft der Struktur nach verwandt. Wiederholungen in den Formulierungen lassen sich vor der Fülle von Interessengegensätzen usw. kaum vermeiden, obwohl die Akzente und Intensitäten von Fall zu Fall und über die Zeiten hinweg variieren. Gewagt wird nachfolgend der Versuch einer Typisierung der schweizerischen Raumplanung anhand von Kriterien aus der Mitte elementarer Spannungsverhältnisse, gleichsam eine Summe differenzierender Einsichten:

1. Ihren *institutionellen Höhepunkt* hat die Raumplanung mit dem Erlass des Verfassungsartikels über die Raumplanung im Jahre 1969 und mit jenem des Bundesgesetzes von 1979 erlebt. Die Vorarbeiten der Kantone dürfen dabei nicht unterschätzt werden. Insgesamt hat sie eine eigenständige Entwicklung genommen, ab 1848/1874 geprägt durch den liberalen, demokratischen, föderativen und sozialen Rechtsstaat. Die materiellen Kernideen zur Landesplanung, mit Nachwirkungen bis heute, wurden vorweg in den Jahren rund um die Landesausstellung von 1939 entwickelt, deren Wurzeln allerdings ins 19. Jahrhundert und weiter zurück weisen. Stimulierend war vor allem die Zeit des Wandels hin zum zweiten und dann zum dritten Wirtschaftssektor, versinnbildlicht durch die Industrialisierung, den Bau der Gotthardbahn und Bankgründungen. Die modernen Verkehrsnetze des materiellen und immateriellen Verkehrs, der frühe Schutz des Waldes, die positive Gewichtung der Landwirtschaft, etwas später des Schutz der Gewässer, der Landschaften, der Umwelt reihten sich ein, stets verbunden mit der Sorge um benachteiligte Gebiete.

2. Die schweizerische Raumplanung hat *zwei Entwicklungskanäle* genutzt, die Raumplanung als Wissenschaft und die Raumplanung als öffentliche Aufgabe. Auf ihre Weise haben beide Wege zum Werden und zur Festigung beigetragen: die Wissenschaft durch das weit ausholende Netz der ganzheitlichen Betrachtung des Raumes und des räumlichen Geschehen sowie durch den interdisziplinären Ansatz von der Architektur und vom Ingenieurwesen über die Geografie bis zu den Geistes- und Sozialwissenschaften; die Raumplanung als öffentliche Aufgabe durch den Gesetzgeber, durch die Regierungen mit der Verknüpfung von Raumplanung, Sachplanung, politischer Planung sowie durch die besonderen Ämter mit

ihrer Sach- und Koordinationskompetenz auf Bundes- und kantonaler Ebene. Die Wissenschaft prägte, mindestens teilweise, die Pionierphase und die ersten Zeiten der werdenden amtlichen Raumplanung. Sie wechselte aber bald einmal, nachdem die Administration eine restriktive Lesart in Richtung Bodenrecht und Bodennutzungsplanung priorisiert hatte, in eine eher kritische Funktion, stellte sich dann aber erneut, kritisch-konstruktiv und Impulse setzend an die Seite der präsenter gewordenen behördlichen, echten *Raum*planung. Sie forcierte sodann neben den theoretischen Doktrinen die unterrichtsseitige Lehre und also die Ausbildung.

3. *Grundlegendes Kennzeichen* der schweizerischen Raumplanung bildete die Integration in Rechtsstaat, Demokratie, föderative Bundesstaatlichkeit und in die Zuwendungen zur offenen Gesellschaft, zur freien Wirtschaft und zur sozialen Wirklichkeit wie auch zur Umwelt. Die individuelle Freiheit und der Schutz des Eigentums wurden als selbstverständlich vorausgesetzt. Die Verfassung von 1999 hat ihr sodann das Prinzip der Nachhaltigkeit näher gebracht. Dessen ethische Komponente der intergenerationellen Verantwortung entspricht der Raumplanung als Auseinandersetzung mit der Zukunft in besonderem Masse. Als politische Konfliktfelder gelten unter anderem die Diskrepanz zwischen dem langfristigen Zeithorizont der Planung einerseits und dem Denken in Wahl- und Legislaturperioden anderseits, sodann der Abstimmungsbedarf zwischen Sachplanungen (Verkehr, Energie, Umweltschutz usw.) und der Raumplanung, dann aber auch die Gratwanderungen zwischen bodenrechtlichen Ansätzen und solchen auf der Siedlungs-, Landschafts-, Versorgungs-, Entsorgungs- sowie der Verkehrsseite nach Quantitäten und Qualitäten, immer mit Blick auf die Menschen und Unternehmungen, die in diesem Land leben und tätig sind, aber auch mit Blick auf das ökologische Gleichgewicht. In den vielschichtig gewordenen Welten von Staat, Wirtschaft und Gesellschaft sowie der breit angelegten Internationalisierung mag das Berufen auf zentrale Werte einer nationalen Verfassung Bedenken wecken. Aber ohne sie verliert das Denken und Bedenken an Erstorientierungen.

4. Der geschichtliche Rückblick erklärt gleichzeitig die *Hintergründe gewisser Defizite* und *Schranken*, so insbesondere die fehlenden oder in Teilen unzulänglichen Brücken zum Städtebau, zur Stadtplanung, zum Baurecht, zum Bauwesen wie auch zur Bauwirtschaft, zum Landschaftsschutz respektive zur Landschaftsplanung, zum Umweltschutz, zur Agglomerationspoli-

tik, zur Regionalwirtschaft, zur internationalen Positionierung. Die Ursachen der Mängel liegen unter anderen auch in der verfassungsrechtlichen Kompetenzordnung, welche das Baurecht, den Städtebau und die Stadtplanung, sogar die umfassende Agglomerationspolitik in hohem Masse den Kantonen überlässt, umgekehrt aber dem Bund umfassende Kompetenzen beispielsweise für den Umweltschutz und im Kern für den Verkehr sowie für weitere raumrelevante Aufgaben vorbehält, die quasi kantonale Raumplanung limitiert, gefordert durch die schmale Basis einer Grundsatzgesetzgebung des Bundes bei gleichzeitigem Wachstum der raumwirksamen Bundesaufgaben. Die verfassungsrechtliche Grundregel, wonach der Bund ex constitutione gehalten ist, die Erfordernisse der Orts-, Regional- und Landesplanung zu berücksichtigen, hilft faktisch nur begrenzt weiter, weil seine Verwaltung ihre speziellen Aufgaben gezielt erfüllen will.

5. Als *Generallinie* gilt: Die freiheitliche Ordnung für die Individuen, die Wirtschaft und die Gesellschaft, hat die Raumplanung seit ihren Anfängen positiv respektiert. Der Aufgabensplitt Staat, Wirtschaft und Gesellschaft und die Verantwortungstrennung von Staat und Eigenverantwortung verweisen die Raumplanung auf ihre Grundfunktion der Erhaltung und Gestaltung des Lebensraumes. Sie verweigert ihr mit guten Gründen die Wirtschafts- und Gesellschaftsplanung, wenn auch im Bewusstsein sozioökonomischer Begleiteffekte der Raumplanung. Grenzen gehen damit einher. Die Raumplanung hat zu akzeptieren, dass der Bund jenseits der formellen Raumplanung planungs-, sogar raumwirksam aktiv wird, und zwar mal bewusst und dann wieder, in der Regel, unbewusst. Das dominante Plus der Raumplanung ist und bleibt das Denken und Vorausdenken in Zusammenhängen. Eine prognostizierte absolute Einwohnerzahl, von beispielsweise plakativen zehn Millionen, besagt wenig Präzises, genau so wenig wie das Postulat verdichteten Bauens in Städten, wenn nicht Gestaltung, öffentliche Räume, Versorgungs-, Entsorgungs- und Verkehrskapazitäten sowie vieles anderes mehr, wie Lebensformen, Arbeitswelten, Pendeln, Freizeitverhalten usw., wenigstens mit in Betracht gezogen werden.

6. *Die stürmischen wirtschaftlichen und gesellschaftlichen Veränderungen nach dem Zweiten Weltkrieg* setzten die Entwicklung des Lebensraumes Schweiz massiv unter Druck. Die Raumplanung antwortete vorerst mit sektoralen Massnahmen, vom Nationalstrassenbau bis zum Gewässerschutz, bis hin zur Errichtung der Alpentransversalen (NEAT). Mit den landesplane-

rischen Leitbildern im Rücken versuchte sie, negativen Trends der Zersiedlung, der ausufernden Agglomerationsbildungen sowie der nachhinkenden Infrastrukturplanungen und der Vernachlässigung des Nichtsiedlungsgebietes entgegenzuwirken. Sie forcierte die ganzheitliche Sicht des Lebensraumes mit Rückwirkungen auf die Verkehrspolitik, den Schutz der Landschaften, die Bemessung und Gestaltung der Siedlungen usw. Einen zweiten Veränderungsschub mit faktischen und teilweise rechtlichen Integrationseffekten brachten das Ende des während Jahrzehnten belastenden Kalten Krieges und das Beschreiten des bilateralen Weges mit der EWG/EG/EU mit sich, beispielsweise hinsichtlich des Waren-, Kapital- und Personenverkehrs, also inklusive der eher unterschätzten Personenfreizügigkeit. Die Stellung der Schweiz als souveräner Staat inmitten von Ländern der EU und der NATO bedingt eine sorgfältige wirtschaftliche und aussenpolitische Positionierung des Landes. Die wirtschaftliche Globalisierung bei hochentwickelter Kommunikation und Mobilität schafft ihrerseits Probleme bis zu und mit räumlichen Reflexwirkungen. Dies gilt auch für die sogenannte Energiewende mit Konsequenzen für die Atomkraftwerke und auf Zeit sogar für die Wasserkraftanlagen, dann auch für die Schübe der Digitalisierung, der Automatisierung, Robotik, die gesellschaftliche und wirtschaftliche, aber auch politische Veränderungen mit sich bringen oder mit sich bringen könnten. Einmal mehr sei betont, dass dies alles vis à vis eines bleibend gegebenen Lebensraumes, den es anhaltend und nachhaltig zu organisieren gilt, nicht einseitig im Nachvollzug unter Druck externer Interessen und Vorgaben, wohl aber in freigewählter, verantwortungsvoller Vertragspartnerschaft.

7. Durch erhebliche Bevölkerungszunahme, neue Lebensstile, sich ändernde Wertvorstellungen, wirtschaftliche Prosperitäten, durch die Globalisierung, Urbanisierung, neue Technologien usw. – alles bei anhaltend wachsenden Ansprüchen an den Lebensraum –, ist die Schweiz in der Zwischenzeit aufgrund der Lebensweise und der Dichte des Siedlungsgebietes ausserhalb des Berggebietes und des Jura neu zu einer „durchgrünten Stadt" unter anderem der Dienstleistungs- und Wissensgesellschaft geworden. Die Digitalisierung steht als Patin fest. Der Ruf nach leistungsnotwendigen Verkehrs- und Kommunikationsnetzen folgt auf dem Fuss. Zwei besondere Agglomerationsräume von internationalem Gewicht treten besonders hervor: Genf–Lausanne und Basel–Luzern–Zug–Zürich–Winterthur–Aarau, sogar mit Ausläufern in die Kantone Schaffhausen, Thurgau

und St. Gallen. Die Schweiz hat sich aus dieser Grundsituation heraus dem internationalisierten, globalisierten Umfeld von Politik, Wirtschaft, Gesellschaft und Umwelt zu stellen. Neben den Herausforderungen kündigen sich bei gegebenem Raum und anhaltend begrenzt verfügbaren finanziellen Mitteln neue Knappheiten, neue Engpässe an, vom politischen Konsens bis zu den Infrastrukturen und den öffentlichen Finanzhaushalten, Sozialwerken und Bildungseinrichtungen.

8. Die *jüngere Entwicklung zu einer leistungsorientierten „Stadt" inmitten Europas*, mit weltweiten Beziehungsfeldern und wachsender Bevölkerung, bedingt dringlich die Neuausrichtung der raumplanerischen Kompetenzen von Bund und Kantonen, aber auch der Strategien, Ziele, Instrumente und Massnahmen der Raumplanung. Die Phase der nationalstaatlich orientierten, eher lokal bezogenen Raumplanung befindet sich seit etwa 1990, sicherlich seit der Jahrtausendwende, vor einer Ablösung durch eine neue Ausrichtung mit Blick auf veränderte Problemstellungen. Allein schon die Bevölkerungszunahme zählt, nicht minder die Urbanisierung. Immerhin kann sich dank der gesetzlichen Grundlagen die Raumplanung nicht über fehlende politische und rechtliche Unterstützung beklagen. Sie hat sich als öffentliche Aufgabe und als Wissenschaft aus sich heraus gegenüber neuen Sachlagen neu zu bewähren, also gegenüber einer erheblich veränderten kulturellen, politischen, wirtschaftlichen, sozialen und ökologischen Wirklichkeit. Die Raumplanung als öffentliche Aufgabe darf inmitten ihrer Erstanliegen des Erhaltens und Gestaltens keinesfalls zu einer Lähmung der wirtschaftlichen Entwicklung führen. Im Gegenteil, die Raumplanung hat das morgige Unternehmertum im Auge zu behalten, die internationale Konkurrenzfähigkeit zu begünstigen und Jungunternehmen den Start von ihrer Seite her zu ermöglichen. Nebenbei benötigen die kommenden Industrie- und Dienstleistungszweige im Rahmen der Wissensgesellschaft, die oft nicht mehr scharf unterscheidbar sein werden, möglicherweise in Einzelfällen geringere Flächen. Die Konversionsmöglichkeiten sind zu wahren, gleichzeitig neu zu denken, zu planen, auch hinsichtlich der Lokalisierung.

9. Neben der Raumplanung als öffentliche Aufgabe hat die Disziplin der Raumplanung als Wissenschaft und haben die *Wissenschaften mit räumlicher Substanz* günstige Voraussetzungen für Lehre und Forschung zu schaffen, durch Leistungen zu rechtfertigen und indirekt auch das Erfüllen

der öffentliche Aufgabe zu erleichtern. Ihr Fokus hat unter anderen auf dem Grundsätzlichen, den Theorien der tatsächlichen wie der normativ angestrebten räumlichen Entwicklungen wie auch auf dem Verständnis der Raumplanung zu liegen. Ferner sind die Methoden zu pflegen und die Informationssysteme auf Vordermann zu bringen, immer aber in guter Nachbarschaft zum vorwärtsstrebenden Stand der Wissenschaften im Allgemeinen. Lehre und Forschung der Raumplanung dürfen sich keinesfalls isolieren. Würden sie diesem latent vorhandenen Negativtrend verfallen, so würden sie den wissenschaftlichen Status gefährden, was nicht sein darf, weil die Raumplanung des Kontaktes bedarf, denn sie lebt von der Offenheit gegenüber den Wissenschaften, letztlich sogar von der Interdisziplinarität. Nicht entscheidend ist, ob die Raumplanung in der Lehre als Sonderstudium oder als Nachdiplomstudium angeboten wird, aber nur dann, wenn das Interdisziplinäre in beiden Varianten präsent ist. Die vom ORL-Institut der ETH Zürich gewählte Form des Nachdiplomstudiums schliesst den Vorteil der erleichterten Mitwirkung von Studierenden diverser Disziplinen, als Architekten, Ingenieure, Juristen, Geografen, Soziologen, Politologen usw., ein. Selbst dessen unmittelbare professorale Leitung hat einer gewissen Breite der Disziplinen zu genügen. Eine Erstaufgabe der Lehre besteht in der qualitativ hochstehenden, zielorientierten und zahlenmässig ausreichenden Nachwuchsförderung für die Lehre und Forschung der Universitäten und Fachhochschulen, für öffentliche Aufgaben und privatwirtschaftliche Planungsbüros. Das Forschungsspektrum der Raumwissenschaften darf nicht stagnieren! Und zwar deshalb nicht, weil die Problemstellungen neu erfasst und neu verstanden werden müssen.[67]

---

[67] Hier folgen einige *Forschungsthemen* in freibleibender Auflistung und offenen Formulierungen, gedacht als Anregungen:
– Theorien zur tatsächlichen und normativ angestrebten räumlichen Entwicklung sowie Theorien zum Raumplanungsverständnis,
– Auseinandersetzung mit der Zukunft: menschlich, politisch, wirtschaftlich, gesellschaftlich, sachlich, finanziell, räumlich, zeitlich, methodisch. Kann die Schweiz inmitten von Europa und der Globalisierung sowie angesichts weiterer und potenzieller Völkerwanderungen aus wirtschaftlichen Disparitätsgründen ihr Wohlergehen, ihre Wohlfahrt aufrechterhalten?
– Einbezug der Wertesysteme als Vorgabe für die Raumplanung rund um das Individuelle, das Privatwirtschaftliche und das Öffentlich-Staatliche: Schutz der persönlichen, wirtschaftlichen, gesellschaft-

lichen und politischen Freiheit, kritische Bewertung der sog. öffentlichen Interessen, rechtsstaatliche Anforderungen an staatliche Aktivitäten (Legalität, Begrenzung auf das Wahren öffentlicher Interessen, Verhältnismässigkeit und Beachten von Treu und Glauben),
- Funktionsbestimmungen formeller und informeller sowie hoheitlicher und vertraglicher Planungen und Planrealisierung und deren rechtliche Bedeutungen,
- Planungsmitwirkung – demokratische Entscheidungsprozesse – Rechtsschutz in der Planung und bezüglich Umsetzungen,
- Klärung des Stellenwerts der Raumordnungspolitik im Kontext der Politikbereiche sowie der Strategiekompetenzen und der Fähigkeiten des Politikmanagements der Regierungen,
- Umgang mit Daten und Informationssystemen,
- Entwickeln und Bewerten von Methoden der Zukunftsforschung, insbesondere hinsichtlich des Umganges mit dem Ungewissen in allen Lebensbereichen,
- Aufgabenteilungen Politik, Verwaltung, Wirtschaft, Gesellschaft, Einzelpersonen,
- Politische, wirtschaftliche, gesellschaftliche, umweltseitige und technologische Entwicklungen in ihren Sparten und in deren Zusammenhängen mit dem Räumlichen, u.a. mit Blick auf Robotik, Automatisierung, Digitalisierung usw.,
- Funktionale Räume und deren Organisation wie auch deren Integration in nationale Staaten samt deren Abstimmungen auf nationale wie internationale sozioökonomische, politische und ökologische Prozesse,
- Internationale räumliche Differenzierungen unter Berücksichtigung innerstaatlicher Kooperationen,
- Abstimmung zwischen funktionalen Räumen und politischen Gebieten (Territorien) sowie zwischen den ihnen zugeordneten Kompetenzen und deren Ausübung,
- Verhältnis zwischen Sachplanungen und räumlichen Planungen, wie Verkehr/Räume, Energie/Räume, Wasser/Räume, Ernährung (produzierende Landwirtschaft)/Räume usw.,
- Urbanisierungsphänomene mit Folgewirkungen auf Streusiedlungen, Dörfer, Städte und Agglomerationen, Berggebiete, periphere Räume nach Strukturen, Raumbedürfnissen und Lebensqualitäten usw.,
- Innere Strukturierung der Agglomerationen und Metropolitanräume, insbesondere der interkantonalen – politisch, regierungsseitig, verkehrsplanerisch usw.,
- Innovative Anforderungen an Städtebau, Stadtplanungen, Agglomerationsräume nach quantitativen und qualitativen Kriterien zu belasteten Teilräumen, insbesondere durch Vermeiden von Segregationsgebieten,
- Anforderungen an die Funktionsvielfalt von Teilräumen, an das Gestalten und Pflegen öffentlicher Räume, ökologischer Ausgleichs-, Naherholungsgebiete usw., z.B. im Zusammenhang mit Verdichtungsbestrebungen,

10. Die jüngere Zeit belegt, dass selbst eine Welt, die für weite Teile den Wohlstand und die Wohlfahrt gebracht und neue Horizonte eröffnet hat, laufend vor neuen Herausforderungen umgetrieben wird: Unruheherde, Machtansprüche, Diktaturgelüste, Demokratiebaissen, Technologieschübe, Informationsüberflutungen, Lebensstilveränderungen, Wertewandel, wirtschaftliche Disparitäten, gesundheitliche Belastungen, Klimawandel

- Bauliche Verdichtungen, wo, in welchem Mass, im Verhältnis zu den Verkehrskapazitäten, im Verhältnis zu Naherholungsräumen und ökologischen Ausgleichsflächen usw.,
- Landschaftsschutz zugunsten offener Räume, Biodiversitäten, Ernährungsbedingungen,
- Auswirkungen tatsächlicher und vorstellbarer Klimaveränderungen,
- Strategien und Politikmanagement – international, national, lokal,
- Ökonomische Grundanforderungen und ökonomische Steuerungsmittel,
- Verhältnis von Nutzungsplanung, Baurecht und Raumplanungsrecht, beispielsweise unter dem Postulat der Verdichtung,
- Rechtliche Grundanforderungen an das Raumplanungs- und an das Baurecht sowie an das raumwirksame Bau-, Umwelt-, Energie-, Verkehrsrecht usw.,
- Bedeutung kursierender Generalansprüche an die Raumplanung wie Service public, Daseinsvorsorge, Grundversorgung usw. für die rechtsstaatliche Raumplanung,
- Integration der funktionalen Räume (Agglomerationen, Metropolitanräume) in den demokratischen, föderativen Rechtsstaat, ausreichende Governance-Strukturen samt raumordnungspolitischen Kompetenzen,
- Verhältnis zwischen „Regional Sciences", Regionalwirtschaft und Raumplanung – theoretisch, praktisch und mit Vorgaben für die Gesetzgebung,
- Bausteine einer Weltordnung mit multinationalen und nationalen Strukturen, stufenangerechte Ausgestaltungen der raumordnungspolitischen Anforderungen,
- Prinzip der Nachhaltigkeit als Inhalt der Raumplanung,
- Rechtliche und ethische Anforderungen an die politischen und ethischen Verantwortungswahrnehmungen durch internationale Organisationen, die Staaten und die regionalen und örtlichen Instanzen wie auch durch die Wirtschaft, Parteien, Nichtregierungsorganisationen, die Zivilgesellschaft und die einzelnen Menschen – sub specie der weltweiten unterschiedlichen Lebensbedingungen und Weltanschauungen, aber verbunden mit dem Anspruch, für das Gebotene und das Recht einzustehen,
- Intergenerationelle Verantwortung als ausholende Erstverantwortung, Fragen der Ethik.

usw. Die Aufzählung tönt vertraut. Die Wörter sind tatsächlich nicht neu erfunden. Dahinter aber stehen neue Fakten. Zudem haben sich Quantitäten und Qualitäten verändert. Und die Dichten sowie Mengen *erschweren Ordnungsbestrebungen, Problembewältigungen oder nur schon weitsichtiges Eindämmen von Fehlentwicklungen* wie auch das Neulancieren von Zielen, Instrumenten und Massnahmen. Es bedarf der Einsicht des grossen „Dennoch". Konkret heisst das: Der Schutz und die Gestaltung des Lebensraumes als Lebensvoraussetzung und als Freiheit der Lebensentfaltung stehen, wenn auch unter wechselndem Druck, bei schwankenden Einsichten und variierendem Politikverständnis, dauernd an.

11. Die Politik und das Recht respektive die Rechtswissenschaft haben in der Begegnung mit der Raumplanung samt ihren Irregularitäten viel gelernt: Zukunftsdimensionen als Herausforderung (politische Planung, Strategien, Konzepte, Programme), Instradieren und Aufrechterhaltung einer neuen Daueraufgabe (dringliche Massnahmen, Delegierter der Regierung, Änderbarkeit von Rechtssätzen und Plänen), neue Instrumente (Zielnormen, Pläne, Rechtsnatur der Pläne), Querschnittsaufgaben (koordinierte Rechtsanwendung, Interessenabwägungen zwischen privaten und öffentlichen respektive zwischen öffentlichen Interessen), Schadenersatz bei rechtmässigen Handlungen, Planungsmitwirkung nebst Rechtsschutz, demokratische Mitbestimmung usw. Die Raumplanung wirkte sich auch auf andere Wissenschaften aus wie Geografie (thematische Kartografie, Informationssysteme), Statistik (Relevanz für Politik und Wissenschaft), Ökonomie (Perspektiven, Steuerung mittels Lenkungsabgaben).

12. Zwölf Besonderheiten gehen aus der Geschichte der schweizerischen Raumplanung als Erkenntnisse hervor, die Grundsteine der Zukunft der schweizerischen Raumplanung sind:

a) Engagierte *Menschen* sind mindestens so wichtig wie *Theorien*. Die Zahl der Theorien zur räumlichen Entwicklung und zum Wesen der Raumplanung – eine nebensächliche Bemerkung – blieb klein, das Verhältnis zu ihnen sogar eher unterkühlt. Auf der andern Seite traten immer wieder Menschen hervor, die sich als Wissenschaftler, Praktiker, leitende Verwaltungsleute oder Politiker für die Raumplanung eingesetzt haben, mit Fantasie, Kreativität, Impulskraft und vor allem mit Durchhaltevermögen.

b) Die hiesige Raumplanung zeugt von der Fähigkeit, auf die *offene Zukunft* zuzugehen, das räumliche Geschehen ganzheitlich zu sehen und wirkungsbetonte, zielorientierte Lösungen anzustreben, im Wissen, dass sich die Problemlagen ändern und bald wieder nach neuen Lösungsansätzen rufen, alles unter Wahrung elementarer Prinzipien des Erhaltens und des Gestaltens sowie vorteilhafter Bedingungen für Politik, Wirtschaft und die Gesellschaft, um innovativ zu bleiben.

c) Die *ethische Komponente* der intergenerationellen Verantwortung schwingt in der schweizerischen Raumplanung, wenn auch teilweise verdeckt, mit; selbst dort, wo rationale Ansätze dominieren, informelle Instrumente nach Vorrang streben, ökonomische Effekte zählen oder gar ideelle Motive inspirierend abheben. Das Zugehen auf die Zukunft, umgegeben von Ungewissem, hält dazu an. Die Ethik bedingt Besonnenheit und geht von ihr aus. Die einbezogene Weisheit bewahrt die Planung und die Planenden davor, sich selbst zu überschätzen.

d) Das Fortschreiben der Raumplanungsgesetze durch stringenter werdende Regelungen führt sukzessive zu einer Verrechtlichung. *Das Raumplanungsrecht muss immer wieder elementar bedacht und neu angelegt werden* mit Blick auf die effektiv vorherrschenden Problemlagen, ohne sich auf Endlösungen zu fixieren und ohne sich selbst die Hände zu binden.

e) Im demokratischen Rechtsstaat versieht die Raumplanung eine sachlich wie politisch *begrenzte Aufgabe*. Sie kann nicht beliebig für Defizite verantwortlich gemacht werden, doch zeichnet sie auch unter diesen Vorgaben dafür verantwortlich, dass die politischen Behörden die Veränderung der Problemlagen erkennen und handeln.

f) Die Demokratie erlaubt der Bevölkerung, ihre raumplanerischen Anliegen auf allen Staatsebenen zu artikulieren und sogar einzubringen, allerdings verbunden mit der Neigung zu einer gewissen thematischen Überhöhung unter Abschwächung des raumplanerischen Abstimmens und Ausgleichens divergierender Interessen. Als sachlich-politischer Vorteil erweist sich die anhaltende demokratische *Legitimierung* der Raumplanung.

g) Die Änderbarkeit des Rechts und die Änderbarkeit der Pläne halten die Träger der Raumplanung und insbesondere auch die für die Wissenschaften und die öffentliche Aufgabe der Raumplanung verantwortlichen Institutionen an, den Puls der Erwartungen an die Raumplanung zu fühlen, deren Kompetenz kritisch zu würdigen, in die Zukunft schauend die erforderlichen *Impulse* zu lancieren und auf diese Weise dafür zu sorgen, dass die Raumplanung aktiv den aufkommenden Problemen entgegentreten kann. Diese „politische Unruhe" – aus der Raumordnungspolitik heraus – wird zur Garantin des wiederkehrenden Perspektivengewinns.

h) Stadt- und Raumplanung müssen sich in der Schweiz intensiver begegnen und zueinanderfinden.

i) Neue öffentliche Aufgaben und neue wissenschaftliche Disziplinen lassen sich in einer Welt vielseitigster Ansprüche an den Staat und an die Wissenschaft nur mit *Umsicht* und unter kritischer Begleitung in das politische und akademische Gefüge einbinden. Der rasche Veränderungsverlauf im Tatsächlichen und Rechtlichen erfordert permanent ein wachsames sachliches und politisches Gewissen. Das parallele Denken in intergenerationeller Verantwortung darf nicht dazu verleiten, eingeschlagene Wege über Jahrzehnte als starr vorgegeben zu erachten; im Gegenteil, es verlangt nach periodischen Neubeurteilungen.

j) Ohne engagierte und vorauseilende *Ausbildung* droht die Raumplanung als öffentliche Aufgabe und als Wissenschaft stecken zu bleiben. In ihr kommt es zur direkten Begegnung von Forschung/Lehre und Praxis und also von Wissenschaft und öffentlicher Aufgabe.

k) Der *Welt des Internationalen,* in all ihrer Vieldimensionalität, darf in jeder Hinsicht nicht ausgewichen werden: sie muss wahrgenommen werden, zumal sie alle Menschen betrifft. Doch darf darüber das Lokale, das Regionale, das Nationale, wo auch immer auf der Welt, nicht verdrängt werden, weil sich die Raumplanung als öffentliche Aufgabe und als Wissenschaft mit Blick auf Menschen bewähren muss. Renommierte Universitäten stellen sich den Lebensraumfragen national und international. Sie nehmen auch politische Fragen nach der weltweiten Klimapolitik, dem Wachstum und nach dem Wohlergehen in aller Welt für alle Menschen auf. Der Lebensraum ist wahrlich national und international zu erhalten und zu gestalten.

l) Die Raumplanung greift als Planung in der Auseinandersetzung mit der Zukunft von Fachbelangen auf die wissenschaftlich verfügbaren Methoden zurück und bedenkt bei der spezifischen räumlichen Problemerfassung deren heterogene Komplexität sowie die zwingende Notwendigkeit der Zielbestimmungen, der Anforderungen an die

Instrumente und der erforderlichen Wirkungen der disponiblen Massnahmen unter den Gegebenheiten und Bedingungen von Raum und Zeit sowie der Ordnungs-, Entwicklungs-, Schutz- und Ausgleichsfunktionen nach geltendem Recht.

So eng verwoben die Raumplanung mit dem vielseitigen Geschehen in Politik, Wirtschaft und Gesellschaft in allen Phasen ihrer Geschichte war und aktuell ist, und so offenkundig gewisse Defizite sind, es besteht keine Veranlassung, in eine einseitig monothematisch wirtschaftliche und/oder gesellschaftliche und/oder ökologische oder gar in eine verstaatlichende Planung zu wechseln. Im Gegenteil!

Freiheit und Recht sind die Stützen der Planung des Erhaltens und Gestaltens der lebensräumlichen Voraussetzungen, verbunden mit gewissen Schwächen, die um der Freiheit willen in Kauf zu nehmen sind. Darum bleibt es bei einer *Planung als andenkende und realisierende Auseinandersetzung mit der Zukunft* zugunsten einer offenen Gesellschaft unter den Bedingungen des Rechtsstaates, wissend, dass politische, wirtschaftliche, soziale und ökologische Einschlüsse in der Raumplanung eine erhebliche Rolle spielen. Die sich neu stellenden Fragen und Probleme sind dauernd unter Koppelung an das Räumliche anzugehen. Dazu bedarf es wiederkehrend neuer Strategien, vor allem aber einer stets wachen, flexiblen, problemnahen *Raumordnungspolitik*.[68]

[68] Ob es so etwas wie eine geschichtlich erwiesene und perspektivisch einsetzbare *schweizerische Planungskultur* gibt? Die Analyse erlaubt ein Ja! Sie überschätzt die Planung nicht, sie unterschätzt sie nicht, sie verselbstständigt die Planung nicht zu einem Problemlöser aus sich heraus, sie vernetzt und relativiert die Planung mit allen Formen der geistigen und praktischen Auseinandersetzung mit der Zukunft, wissend, dass das Ungewisse mit der Zukunft einhergeht. Zudem übt die Planung nicht Macht aus und wird nicht zum Machtfaktor, auch wenn sie hilft, auf Zeit vorsorgende und fürsorgende Grundübereinstimmungen zu Zielen, Instrumenten und Massnahmen zu erreichen. Sie setzt dabei auf Kommunikation und Legitimität und strebt sogar Konsens an. Am ehesten erreicht sie dies im demokratischen Rechtsstaat, u.a. aufgrund der Pfeiler der Rechtssicherheit und der vorbehaltenen Änderbarkeit des Rechts. Planungskultur wird also dort erfahrbar, wo sie inmitten der Politik- und Rechtskultur und als ab ovo im Rahmen der Verfassungskultur aufblüht.

XVIII. Übersicht und Einsichten

Verständnis der Raumplanung – Versuch einer Definition

„Die Raumplanung strebt die räumlich strukturierte Ordnung des Lebensraumes zugunsten der Erhaltung und der Entfaltung des Lebens an, verbunden mit prozessartigen Zukunftsausrichtungen aller raumwirksamen Massnahmen zugunsten einer offenen, solidarischen Gesellschaft, einer wettbewerbsstarken und dem Markt zugewandten Wirtschaft, der Wahrung des ökologischen Gleichgewichts und einer der Freiheit der Menschen verpflichteten Staaten- und Weltordnung."

Wenn wir Menschen bleiben wollen, dann gibt es nur einen Weg, den Weg in die offene Gesellschaft. Wir müssen ins Unbekannte, ins Ungewisse, ins Unsichere weiterschreiten und die Vernunft, die uns gegeben ist, verwenden, um, so gut wir eben können, für beide zu planen, nicht nur für die Sicherheit, sondern zugleich auch für die Freiheit.

(Karl R. Popper)

Alles zu planen würde vermutlich heissen, die Menschen wegzuplanen, würde vermutlich heissen, das Menschliche, eben gerade die Freiheit definitiv zu zerstören. Den Raum, in dem Freiheit möglich ist, müssen wir aber planen.

(Carl Friedrich von Weizsäcker)

Die Ehrfurcht vor der Vergangenheit und die Verantwortung gegenüber der Zukunft geben fürs Leben die richtige Haltung.

(Dietrich Bonhoeffer)

Die offene Zukunft bedingt offene Menschen.

Ein guter Planer sucht nach Grundorientierungen.

Ethik ist die Antwort auf das Geschenk der Freiheit.

(Karl Barth sinngemäss)

Literaturverzeichnisse

Die Verzeichnisse beschränken sich im Wesentlichen auf Werke, in denen die geschichtliche Komponente der Raumplanung eine grössere Rolle spielt oder die auf die Raumplanung unmittelbar einwirkten. Die weiterführende Literatur zur schweizerischen Raumplanung ist zusammengestellt bei *Lendi Martin*, Politisch, sachlich und ethisch indizierte Raumplanung am Beispiel der Schweiz, Wien 1998. Eine aktuelle kritische Auseinandersetzung mit der schweizerischen Raumplanung findet sich in der Beilage zu Hochparterre Nr.8/2006: Schweizer Zukünfte, Mapping Switzerland 2, allerdings ohne konstruktive Vorschläge und eher zufällig assortiert, aber doch aufregend, weil allenthalben eine bessere Raumplanung gewünscht wird, sogar eine stärkere. Die rechtlichen und politischen wie auch die sachlichen Elemente der werdenden schweizerischen Raumplanung sind enthalten in der Aufsatzsammlung von: *Lendi Martin*, Recht und Politik der Raumplanung, 2. A., Zürich 1997 (1. A., Zürich 1984). Die Aufsatzsammlung bietet ein Bild der Raumplanung nach all ihren Facetten hin – gleichsam eine Illustration der virulenten Probleme. Eine gute Übersicht vermittelt sodann das Themenheft der DISP Nr. 127 (Zürich 1996) „Raum- und Stadtplanung der Schweiz seit 1950 – Bilanzen und Visionen" mit Beiträgen u.a. von Gerd Albers, Rudolf Wurzer, Karl Haubner, Martin Lendi, Karl Otto Schmid, Adrian Vatter, François Walter, Fritz Wegelin und Christian Gabathuler. Das korrespondierende Themenheft zur „Zukunft der Raumplanung" (DISP Nr. 148) lässt leider historische Anknüpfungen missen, illustriert aber begleitende und heranwachsende Unsicherheiten sowie zukunftsorientierte Akzentsetzungen, die auf Kritik an den vorangegangenen Phasen schliessen lassen. Einen gewissen Kontrast zur schweizerischen Geschichte der Raumplanung bildet die deutsche. Sie wurde phasenweise von den Schatten des Nationalsozialismus und später der DDR belastet. Deren Aufarbeitung bereitet Mühen. Neuerdings ist sie erfasst unter dem besonderen Titel „Geschichte der Raumordnung" durch Hans H. Blotevogel und Bruno Schelhaas in: *ARL*, Grundriss der Raumordnung und Raumentwicklung, Hannover 2011, S. 76 ff. Keine der öffentlichen

Aufgaben – bei unterschiedlicher Anfälligkeit und Widerstandskraft – ist davor bewahrt, gebraucht und missbraucht zu werden. Die Rechtsstaatlichkeit bietet einen nicht unerheblichen Schutz.

a) **Grundlegende Bibliografien zum Planungsrecht und damit auch zur Geschichte der Raumplanung stammen von:**

Hess W. A., Bibliographie zum Bau-, Boden- und Planungsrecht der Schweiz, 1900–1967, Zürich 1969

Nef Robert, Bibliographie zum Bau-, Boden- und Planungsrecht der Schweiz,1968–1975, Zürich 1976

Lendi Martin, Texte zu Grundlagen der Raumplanung, Berichte zur Orts-, Regional- und Landesplanung, Nr. 51, Zürich 1984 (Sammlung von Texten diverser Autoren aus den ersten Perioden der jüngeren Geschichte)

Lendi Martin/Elsasser Hans, Raumplanung in der Schweiz, Eine Einführung, 3. A., Zürich 1991, mit eingehendem Literaturverzeichnis aus den ersten Phasen der werdenden Raumplanung

Lendi Martin, Politisch, sachlich und ethisch indizierte Raumplanung – am Beispiel der Schweiz, Wien 1998, daselbst Literatur-, Materialien- und Rechtsquellenverzeichnis

b) **Als wichtigste Werke zur Geschichte der schweizerischen Raumplanung können (alphabetisch) aufgeführt werden:**

ARL, Zur geschichtlichen Entwicklung der Raumordnung, Landes- und Regionalplanung in der Bundesrepublik Deutschland, Forschungs- und Sitzungsberichte, Nr. 182, Hannover 1991

ARL, Grundriss der Raumordnung und Raumentwicklung, Ziff. 2: Blotevogel Hans H./Schelhaas Bruno, Geschichte der Raumordnung, S. 76 ff., Hannover 2011

ASPAN, Les Cahiers de l'Aspan, Histoire de l'Aspan, Histoire de l'aménagement du territoire en Suisse occidentale, avec des contributions de Laurent Bridel et Jean Pierre Vouga, 2 Volumes, 1. Avril 2007, Solothurn 2007

Bergier Jean François, Wirtschaftsgeschichte der Schweiz – Von den Anfängen bis zur Gegenwart, 2. A., Zürich 1990

Bridel Laurent, Raumplanung, in: Historisches Lexikon der Schweiz, 2011

Bundesamt für Bauwesen und Raumordnung, Die Vergangenheit der Zukunft, Heft 11/12, Informationen zur Raumentwicklung, Bonn 2008

Bundesamt für Raumplanung, 20 Jahre Raumplanung in der Schweiz, Informationshefte Nr. 1-2/92, Bern 1992

Bundi Erwin, Entwicklung und Schutz der Oberengadiner Seenlandschaft, Glarus/Chur 2017

Custer Walter/Glaus Otto/Gutersohn Heinrich/Roth Alfred/Werner Max, Planer des Anfangs im Gespräch – Erinnerungen und Stellungnahmen, DISP Nr. 96 (1989), S. 5 ff.

Egli Ernst, Geschichte des Städtebaus, I–III, Erlenbach ZH/Stuttgart 1959, 1962, 1967

Eisinger Angelus, Städtebau und Stadtentwicklung in der Schweiz 1940–1970, Zürich 2004

Gagliardi Ernst, Geschichte der Schweiz von den Anfängen bis zur Gegenwart, 3 Bde., Zürich 1938

Gilg Peter/Hablützel Peter, Beschleunigter Wandel und neue Krisen (seit 1945), in: Mesmer/Favre/Brogini (Red./Hrsg.), Geschichte der Schweiz und der Schweizer, Bd. 3, S. 191 ff., Basel 1983

Höfliger Matthias, Ideen zur Stadtplanung vor 60 Jahren, DISP Nr. 46, (1977, S. 40 ff.

Huber Benedikt/Koch Michael, Der Wandel in den städtebaulichen Leitbildern der Schweiz seit 1900, DISP 96 (1989), S. 14 ff.

Hübler Karl Hermann, Die Bundesraumordnung von 1965 bis 1989, in: ARL, Zur geschichtlichen Entwicklung der Raumordnung, Landes- und Regionalplanung in der Bundesrepublik Deutschland, Forschungs- und Sitzungsberichte, Nr. 182, Hannover 1991

Hübler Karl-Hermann, Ein Essay über Konrad Meyer, die Akademie für Raumforschung und Landesplanung und das Leitbild der Raumordnung, Studienarchiv Umweltgeschichte, Nr. 21 (2016), Hochschule Neubrandenburg

Internationale Rheinregulierung, Der Alpenrhein und seine Regulierung, Rorschach 1992

Jagmetti Riccardo, Kommentar Art. 22^{quater} aBV, in: Kommentar zur Bundesverfassung der Schweizerischen Eidgenossenschaft vom 29. Mai 1874, Basel/Zürich/Bern 1988

Knapp Blaise/Hertig Gérard/Saladin Peter/Tschannen Pierre/Zimmerli Ulrich, Perspektiven der Raumplanung und des Bodenrechts, ZSR, Beiheft zu Heft 11, Basel 1990

Koch Michael, Städtebau in der Schweiz,1800–1990, Zürich 1992

Koch Michael, Leitbilder des modernen Städtebaus in der Schweiz 1918–1939, Zürich 1988

Koch Michael, Schweizerischer Städtebau im 19. Jahrhundert, DISP Nr. 80/81 (1985), S. 30 ff.

Koll-Schretzenmayr Martina, Gelungen – misslungen?, Die Geschichte der Raumplanung Schweiz, Zürich 2008

Lendi Martin, Geschichte der Landesplanung, die Landesplanung im geschichtlichen Prozess, in: Sondernummer DISP zur Geschichte der Landesplanung mit Beiträgen von Jean François Bergier, Jean Pierre Vouga, Argante Righetti, Max Werner, Rudolf Steiger, DISP Nr. 56, Zürich 1980, S. 5 ff.

Lendi Martin, Raumordnungspolitik: Schwerpunkte in den achtziger Jahren, Zbl 1984, Bd. 85, Nr. 8, S. 344 ff.

Lendi Martin, Welche Raumordnungspolitik brauchen wir in den 90er Jahren, Vortrag vor der Raumordnungskonferenz in Bern, Bern 1990, publiziert in: Lendi Martin, Bewährung des Rechts, Zürich 1992, S. 295 ff.

Lendi Martin, Stärken und Schwächen der schweizerischen Raumplanung – eine Bilanz zum Jubiläum der Eidgenossenschaft, in: idem, Bewährung des Rechts, Zürich 1992, S. 485 ff.

Lendi Martin, 25 Jahre Verfassungsartikel 22^{quater} über die Raumplanung, NZZ 214/15, Zürich 1994 (siehe auch *idem*, Gesellschaftlich vernetztes Recht, Zürich 1999, S. 105 ff.)

Lendi Martin, Zur Geschichte der Raumplanung in der Schweiz, in: DISP Nr. 127, Zürich 1996, S. 24 ff.

Lendi Martin, Politisch, sachlich und ethisch indizierte Raumplanung – am Beispiel der Schweiz, Wien 1998

Lendi Martin, Raumplanung im Umbruch, auf dem Weg zu einer politisch, sachlich und ethisch indizierten Raumplanung, Zbl 1999, Bd. 100, Nr. 4, S. 193 ff.

Lendi Martin, Zur Neuausrichtung der Forschung in räumlicher Entwicklung an der ETH Zürich, Geographica Helvetica, Heft 3, Zürich 2002, S. 225 ff.

Lendi Martin, Grundorientierungen – Massstäbe für die Raumordnung, 50 Jahre ÖROK, Österreichische Raumplanung, Wien 2004, e-collection ethz

Lendi Martin, Zur Geschichte der schweizerischen Raumplanung, in: DISP Nr. 167, Zürich 2006, Heft 4, S. 66 ff.

Lendi Martin, Die Zukunft als Herausforderung des Rechts, Zürich 2008 (vervielfältigt), frühere Fassung (2007), e-collection ethz

Lendi Martin, Erlebte Raumplanungsgeschichte, in: DISP Nr. 52.3, Zürich 2016, S. 82 ff.

Maissen Thomas, Geschichte der Schweiz, Baden 2010

Mesmer Beatrix (Red.), Geschichte der Schweiz – und der Schweizer, 3 Bd., Basel 1983 (mit Beiträgen insbesondere von Peter Gilg und Peter Hablützel)

Regionalplanung Zürich und Umgebung (RZU), Kurze Geschichte der RZU, 50 Jahre Regionalplanung Zürich und Umgebung 1958–2008, Zürich 2008

Regionalplanung Zürich und Umgebung (RZU), Galerie der Ideengeschichte, 1958–2008, 50 Jahre RZU, Zürich 2008

Roth Ueli, Chronik der schweizerischen Landesplanung, Beilage zur DISP Nr. 56, Zürich 1980 (Mitarbeit: Martin Lendi, Gabriela Winkler, Margarethe Zubler)

Sandmeier Stefan, Vom Eisenbahnwesen zur Verkehrsplanung, Die Institutionalisierungsgeschichte des Verkehrswesens an der ETH Zürich, in: IVT, 125 Verkehrswesen an der ETH Zürich, Zürich 2008

Schmitz Gottfried, Raumplanung in Deutschland in den 1970er Jahren, Anhang zum Protokoll der Mitgliederversammlung der ARL, Wolfsburg, 11. November 2010

Schmitz Gottfried, Die Ausgestaltung der Raumplanung in den 70er Jahren, Eine regionale Perspektive, in: Strubelt Wendelin/Briesen Detlef (Hrsg.), Raumplanung nach 1945, Kontinuität und Neuanfang in der Bundesrepublik Deutschland, Hannover 2015, S. 391 ff.

Scholl Bernd (Hrsg.), 50 Jahre Ausbildung in Raumplanung an der ETH Zürich, Zürich 2015

Strubelt Wendelin/Briesen Detlef (Hrsg.), Raumplanung nach 1945, Kontinuität und Neuanfänge in der Bundesrepublik Deutschland, Hannover 2015 (mit Beiträgen u.a. von Erika Spiegel, Heinrich Mäding, Gottfried Schmitz und Konrad Goppel)

Tanner Jakob, Geschichte der Schweiz im 20. Jahrhundert, München 2015

Vatter Adrian, Politikwissenschaftliche Thesen zur schweizerischen Raumplanung der Nachkriegszeit (1950–1995), in: DISP Nr. 127, Zürich 1996, S. 28 ff.

VLP, Raumplanung vor neuen Herausforderungen, Referate zum 50-jährigen Jubiläum der Schweizerischen Vereinigung für Landesplanung (1943–l993), Bern 1994

VLP, 25-Jahre RPG, Bilanz und Ausblick, Bern 2005
Walliser Peter, Zur Entstehung der eidgenössischen Raumplanungsgesetzgebung, DISP 56 (1980), S. 47 ff.
Walter François, La Suisse et l'environnement, Carouge-Genève 1990
Walter François, La Suisse urbaine 1750–1950, Carouge-Genève 1994
Winkler Ernst, Raumordnung und Landesplanung der Schweiz seit dem 1. Weltkrieg, in: Winkler Ernst, Der Geograph und die Landschaft, Zürich 1977, S. 188 ff.
Winkler Ernst/Winkler Gabriela/Lendi Martin, Dokumente zur Geschichte der schweizerischen Landesplanung, Zürich 1979

Das zuletzt genannte Werk von Winkler/Winkler/Lendi enthält eine reiche Dokumentensammlung. Sie illustriert die Geschichte der schweizerischen Raumplanung auf ihre Weise – umfassend die Zeit nach dem 1. Weltkrieg bis zum Erlass des Bundesgesetzes über die Raumplanung am 22. Juni 1979. Sichtbar werden dort auch die ersten Beiträge aus der Westschweiz, der Ansatz der sog. Innenkolonisation, dann die Beiträge der Rechtswissenschaft, die erste bedeutende Regionalplanung (Mittelrheintal SG), die Akteure der Stadtplanung usw. Einen Einblick vermitteln auch die Erinnerungsschrift für Ernst Basler und Hans Marti sowie die Werkzusammenstellung zu Arbeiten von Rolf Meyer-von Gonzenbach:

Sprecher Thomas, Endliche Erde, Ernst Basler, Pionier des ökologischen Nachhaltigkeitsdenkens, Zürich 2017
Ruedin Claude/Hanak Michael (Hrsg.), Hans Marti – Pionier der Raumplanung, Zürich 2008
Meyer-von Gonzenbach Rolf, Dokumente aus Beruf und Studienzeiten, ETH-Bibliothek, Zürich 1997

c) Weiterführende Grundlagenwerke und Materialien (chronologisch aufgeführt)

Es geht hier um die Texte ab ca. 1965, die früheren – teilweise, soweit überlappend, auch hier angeführten – sind zusammengestellt bei *Winkler/Winkler/Lendi*, Dokumente zur Geschichte der schweizerischen Landesplanung, Zürich 1979. Die nachstehende Zusammenstellung ist bewusst *chronologisch* angelegt, um aufzuzeigen, wie sich die Thematik und deren Wahrnehmung entwickelt haben.

Literaturverzeichnise

Ich schlage, schwergewichtsmässig, quellenseitig bewusst den Bogen ab der Zeit des Beginns der Debatte um die bundesverfassungsrechtliche Grundlegung der Raumplanung, die 1969 (14. September) erfolgte. Den unmittelbaren Auslöser bildete die vorauseilende Frage nach der Erforderlichkeit einer verfassungsmässigen Grundlage für die Landwirtschaftszone, die im Rahmen des sog. Vorentwurfs V des EJPD zur Revision des EGG (BG über die Erhaltung des bäuerlichen Grundbesitzes) vom 4. Mai 1963 zur Diskussion gestellt worden war. Die Verfassungsmässigkeit weckte kritischen Fragen. Als Experten zog der Bundesrat Professor Hans Huber (Bern) bei, der sein Gutachten 1964, abgedruckt in DISP Nr. 82, Zürich 1985, S. 5 ff., vorlegte. Er bejahte die Notwendigkeit einer Verfassungsgrundlage für die Landwirtschaftszone. Mittelbarer politischer Anlass bildete sodann der Antwortbedarf auf die verstaatlichenden Bodenrechtsinitiativen. Es galt, das Bodenrechtsproblem insgesamt in einen grösseren sachlichen Zusammenhang zu stellen. Aus den Vorschlägen des Bundesrates für ein sog. „Neues Bodenrecht" entstanden alsdann auf der Ebene des Parlamentes die Verfassungsartikel über die Raumplanung und die Eigentumsgarantie. Einzelne frühere Werke werden zum besseren Verständnis des Werdungsprozesses aufgeführt, die übrigen sind den älteren Bibliografien sowie den Grundlagentexten zur Geschichte der räumlichen Planung zu entnehmen.

Ein aufschlussreiches Bild der ab den 1960er-Jahren konsultierten Literatur vermittelt das Literaturverzeichnis im Anhang zum „Bericht der Eidgenössischen Expertenkommission für Fragen der Landesplanung", Bern 1966/1967, S. 144 ff. Auffallend dabei ist die grosse Zahl der juristischen Autoren: Aubert Jean François, Béguin Pierre, Huber Hans, Imboden Max, Kuttler Alfred, Liver Peter, Natsch Walter, Reichlin Paul, Schaumann Wilfried. Es waren vor allem Hans Huber und Max Imboden sowie Alfred Kuttler, die Wegweisendes beigesteuert haben.

Die Auflistung der Publikationen folgt, wie gesagt, bewusst der zeitlichen Reihenfolge. Nicht detailliert aufgeführt werden können – aus naheliegenden Gründen der grossen Zahl und der Fortschreibungen – die kantonalen Richtpläne ab 1980 sowie die Sachpläne des Bundes, ebenfalls ab 1980. Dazu finden sich Zusammenstellungen beim Bundesamt für Raumentwicklung. Weitere Fundquellen bilden die Informationszeitschrift desselben Amtes und in der Zeitschrift DISP des ORL-Instituts ab 1970. Aufschlussreich sind sodann die Jahresberichte der VLP. Allgemein wird in den Jahren ab ca. 2000 bis 2004 eine gewisse Akzentverlagerung auf die Städte und Agglomerationen, auf den Städtebau und die stadtbewusste Architektur erkennbar – bei gleichzeitigen Hinweisen auf die wachsende Bevölkerung, knapper werdende Infrastrukturen und den enger werdenden Lebensraum, verbunden mit der Frage nach dem zweckdienlichen Bodenrecht, allmählich sogar mit Vorgriffen auf eine allfällige Novellierung des Bundesgesetzes über die Raumplanung (RPG) vom 22. Juni 1979.

Folgende Werke – selektiv ausgewählt – sind von Bedeutung, gerade auch in der Abfolge ihres Erscheinens mit indirekten Hinweisen auf die Entwicklung der Problemlagen und der Problemsichtweisen:

Escher H. C. von der Linth, Theorie der Statistik; System der Staatswissenschaft; Staatspolitische Fragmente, Transkriptionen von Vorlesungen aus der Zeit des Ende des 18. und zu Beginn des 19. Jahrhunderts, 3 Bde., hrsg. von der Linth-Escher-Gesellschaft, Glarus 1999 (die Handschriften befinden sich in der Zentralbibliothek Zürich)
Kanton Zürich, Gesetz betreffend eine Bauordnung für die Städte Zürich und Winterthur und für städtische Verhältnisse überhaupt, vom 30. Brachmonat 1863
Kanton Zürich, Baugesetz für Ortschaften mit städtischen Verhältnissen, vom 23. April 1894, das übrigens, mit Änderungen und Ergänzungen, bis 1975 galt
Schweizerisches Zivilgesetzbuch vom 10. Dezember 1907, daselbst Art. 702 ff. betr. öffentlich-rechtliche Beschränkungen des Grundeigentums mit Hinweisen auf das Baurecht
Elser J., St. Gallisches Baupolizeirecht, St. Gallen 1915
Bernhard Hans, Schweizerische Siedlungspolitik, Zürich 1919
Bernhard Hans, Die Förderung der Innenkolonisation durch den Bund, Grundlagen zu einem eidgenössischen Siedlungsgesetz, Gutachten, Zürich 1920
Von der Mühl Henri Robert, Technique et urbanisme, Processus de recherches, Journal de la construction de la Suisse Romande, Nr. 7, 1927
Von der Mühl Henri Robert, Urbanisme et esthétique, Journal de la construction de la Suisse Romande, Nr. 7, 1928
Meili Armin, Allgemeines über Landesplanung, in: Die Autostrasse, Heft 2, Basel 1933
Peter Heinrich, Landesplanung in der Schweiz, in: Zeitschrift Werk 22/1935

Bund Schweizer Architekten (BSA), Eingabe an den Bundesrat betreffend Landesplanung, Zürich 1935, datiert vom 8. Mai 1935, in: Zeitschrift Werk 22/1935

Schweizerische Landesplanungskommission, Schweizerische Regional- und Landesplanung, Bericht an das Eidgenössische Militärdepartement, Schriftenreihe zur Frage der Arbeitsbeschaffung, Zürich 1938

Burckhardt Ernst F., ETH-Tagung für Landesplanung, in: Landes-, Regional- und Ortsplanung, Beilage zu „Strasse und Verkehr, Schweizerische Zeitschrift für den Strassenbau, den Strassenverkehr und verwandte Gebiete, Solothurn 1942

Bernoulli Hans, Die organische Erneuerung unserer Städte, Basel 1942

Derron Leonhard, Landesplanungsrecht, Beilage zu „Strasse und Verkehr", Schweizerische Zeitschrift für Strassenbau, Solothurn 1942

Béguin Pierre, Questions juridiques concernant le plan d'aménagement national et regional, ZSR 66/1947

Reichlin Paul, Rechtsfragen der Landesplanung, ZSR 66/1947

Carol Hans/Werner Max, Städte wie wir sie wünschen, Zürich 1949

Schweizerische Vereinigung für Landesplanung, Wesen der Landesplanung, Zürich 1949/1950

Schaumann Wilfried, Die Landesplanung im schweizerischen, französischen und englischen Recht, Zürich 1950

Schüepp Werne und Institut für Landesplanung ETH/Zentralstelle für Landesplanung, Region Mittelrheintal, Grundlagenzusammenstellung über die Region Mittelrheintal, Zürich 1950

Holzach Robert, Öffentlichrechtliche Eigentumsbeschränkungen und expropriationsähnlicher Tatbestand, Zürich 1951

Imboden Max, Der Plan als verwaltungsrechtliches Institut (1960), in: Max Imboden, Staat und Recht, ausgewählte Schriften und Vorträge, Basel/Stuttgart 1971, S. 387 ff.

Frisch Max/Burckhardt Lucius/Kutter Markus, Achtung: Die Schweiz, Zürich 1953

Aubert Jean-François, De renchérissement foncier et de certaines questions qu'il pose au jurist, ZSR 83/1964

Kuttler Alfred, Die Bodenverteuerung als Rechtsproblem, ZSR 83/1964

Huber Hans, Zur Verfassungsmässigkeit der Landwirtschaftszone, vervielfältigtes Gutachten von 1964, abgedruckt in DISP Nr. 82, Zürich 1985, S. 5 ff.

VLP (Hrsg.), Binnenschifffahrt und Landesplanung, Gutachten der Schweizerischen Vereinigung für Landesplanung (erstattet von Rolf Meyer-von Gonzenbach und Anton Bellwald), Zürich 1964
Natsch Walter, Instrumente der Regionalplanung, Diss., Zürich 1964
Estermann Alois, Die Baufreiheit und ihre Schranken, Diss. St. Gallen, Winterthur 1965
Eidgenössische Expertenkommission für Fragen der Landesplanung, Bericht vom 6. Oktober 1966, hrsg. vom Eidgenössischen Departement des Innern, Bern 1967
Winkler Ernst, Landesplanung auf Bundesebene, Zum Bericht der Eidgenössischen Expertenkommission für Fragen der Landesplanung, in: Plan 1967
Meier-Hayoz Arthur/Rosenstock Peter, Zum Problem der Grünzonen, Bern 1967
Bundesrat, Botschaft vom 15. August 1967 über die Ergänzung der Bundesverfassung durch die Art. 22ter und 22^{quater}, BBl 1967 II, S. 133 ff.
Projektierungskommission, Städtische Nationalstrasse St. Gallen, Schlussbericht, St. Gallen 1968
Steiner Hans Rudolf, Die Baulandumlegung, Zürich 1968
Berner Tage für die juristische Praxis, Rechtliche Probleme des Bauens, Bern 1969
Huber Hans, Die Zuständigkeiten des Bundes, der Kantone und der Gemeinden auf dem Gebiet des Baurechts – vom Baupolizeirecht zum Bauplanungsrecht, in: Berner Tage für die juristische Praxis, Rechtliche Probleme des Bauens, Bern 1969, S. 47 ff.
Studienkommission des Schweizerischen Evangelischen Kirchenbundes, Neues Recht für unsern Boden, Zürich 1969
Baudirektionen der Kantone Zürich, Thurgau, St. Gallen, Nationalstrasse N 1, St. Gallen 1969
Aregger Hans, Nationalplanung, Zürich 1969
Arbeitsgruppe des Bundes für die Raumplanung, Hauptbericht, Bern 1970
ORL-Institut, Vademecum zur Raumplanung, Zürich 1970 ff. (jährlich oder alle 2 bis 3 Jahre, bis 1985–1987, redigiert stets unter der Leitung von Martin Lendi, später auch von ihm herausgegeben; eine weitere Ausgabe schickte das Bundesamt für Raumplanung 1998 nach)
Flückiger Hans, Gesamtwirtschaftliches Entwicklungskonzept für das Berggebiet, Bern 1970
Lendi Martin, Rechtswissenschaft und Raumplanung, ZBl 72/1971, S. 161 ff.

ORL-Institut, Landesplanerische Leitbilder, Bd. I–III und Plankassette, Zürich 1971

Zaugg Aldo, Kommentar zum Baugesetz des Kantons Bern vom 7. Juni 1970, Bern 1971

Schürmann Leo (Hrsg.), Wirtschaftliche und rechtliche Probleme der Raumplanung in der Schweiz, Sonderheft, Wirtschaft und Recht, Heft 2/3 1971

Aubert Jean François/Jagmetti Riccardo, Rechtsgutachten zum Vorentwurf zu einem Bundesgesetz über die Raumplanung, in: Wirtschaft und Recht, Sonderheft 2/3, Zürich 1971

Frey René L., Infrastruktur, 2. A., Basel 1972

Arbeitsgruppe des Bundes für die Raumplanung, Wie soll die Schweiz von morgen aussehen?, Zürich 1972

Basler Ernst, Strategie des Fortschritts – Umweltbelastung, Lebensraumverknappung und Zukunftsforschung, Frauenfeld 1972

Bundesrat, Botschaft vom 31. Mai 1972 zum Bundesgesetz über die Raumplanung, BBl 1972, S. 1435 ff.

Studienkommission für Preis-, Kosten- und Strukturfragen, Studien zur Regionalpolitik, Bern 1972

Kommission für die Reform des zürcherischen Bodenrechts, Schlussbericht, Zürich 1972 (Präsident Prof. Riccordo Jagmetti, Redaktor Peter Rosenstock)

Kuttler Alfred, Raumordnung als Aufgabe des Rechtsstaates, in: Der Staat als Aufgabe, Gedenkschrift für Max Imboden, Basel 1972, S. 211 ff.

Blocher Christoph, Die Funktion der Landwirtschaftszone und ihre Vereinbarkeit mit der schweizerischen Eigentumsgarantie, Zürich 1972

Basler Ernst, Strategie des Fortschritts, Umweltbelastung, Lebensraumverknappung und Zukunftsforschung, Frauenfeld 1972

Lendi Martin, Raumbedeutsame Pläne, ZSR 92/1973, S. 105 ff.

Maurer Jakob, Grundzüge einer Methodik der Raumplanung, Zürich 1973 (Schriftenreihe zur Orts-, Regional- und Landesplanung Nr. 14)

Müller-Stahel Hans-Ulrich (Hrsg.), Schweizerisches Umweltschutzrecht, Zürich 1973

ORL-Institut, Landesplanerische Leitbilder, Kurzfassung, Zürich 1973 (in den Landessprachen und auf Englisch; 2. A., Zürich 1974)

ORL-Institut, Raumordnungskonzept Schweiz gemäss den Randbedingungen der Chefbeamtenkonferenz, VCK-73, Zürich 1974 (dem EJPD vorgelegt 1973, ausgearbeitet vom ORL-Institut, Sektion Nationalplanung)

EJPD (Delegierter für Raumplanung), Raumplanung Schweiz, Raumplanerisches Leitbild der Schweiz, CK-73, Bern 1973

Fischer Georges, Praxisorientierte Theorie der Regionalforschung, Tübingen 1973

Maurer Jakob, Zur Methodik der Erarbeitung von Richtlinien der Raumplanung, DISP Nr. 34 (1974), S. 11 ff.

Leibundgut Hans (Hrsg.), Landschaftsschutz und Umweltpflege, Frauenfeld 1974

Lendi Martin, Schweizerisches Planungsrecht, Eine Übersicht über das Raumplanungsrecht, Berichte zur Orts-, Regional- und Landesplanung, Zürich 1974

Ossenbühl Fritz, Welche normativen Anforderungen stellt der Verfassungsgrundsatz des demokratischen Rechtsstaates an die planende staatliche Tätigkeit, dargestellt am Beispiel der Entwicklungsplanung?, Gutachten B zum 50. Deutschen Juristentag, München 1974

Garner J. F. (Editor), Planning Law in Western Europe, Amsterdam/Oxford/New York 1975 (daselbst: Lendi Martin, Swiss Planning Law, S. 293 ff.; 2. A. erw. und nachgeführt 1987 daselbst: Lendi Martin, Planning Law in Switzerland, S. 328 ff.)

Nef Robert, Sprüche und Widersprüche zur Planung, Zürich 1975 (2. A. 1976)

Lendi Martin, Planungsrecht und Eigentum, ZSR 95/1976, S. 1 ff.

Moor Pierre, Aménagement du territoire et propriété privée, ZSR 95/1976

Lendi Martin, Skizze zu einem Bundesgesetz über die Raumplanung, Gutachten vom 31. Juli 1976, Zürich 1984

Nef Robert, Bibliographie zum Bau-, Boden- und Planungsrecht der Schweiz, 1968–1975, Schriftenreihe zur Orts-, Regional- und Landesplanung Nr. 22, Zürich 1976

Wirth Markus, Grundlagen und Ausgestaltung der Mehrwertabschöpfung, Zürich 1976

Zimmerli Erich, Baugesetz des Kantons Aargau vom 2. Februar 1971, Kommentar, Aarau 1977

Knoepfel Peter, Demokratisierung der Raumplanung, Berlin 1977

Leibundgut Hans, Raumordnungspolitische Aspekte der Wirtschaftsförderung im schweizerischen Berggebiet, Zürich 1977

Lendi Martin (Hrsg.), Der ländliche Raum – eine Aufgabe der Raumplanung, Festschrift für Theo Weidmann und Ernst Winkler, Zürich 1977

Eidgenössische Kommission für die Gesamtverkehrskonzeption, Schlussbericht, Bern 1977

Bundesrat, Botschaft vom 27. Februar 1978 zu einem Bundesgesetz über die Raumplanung (RPG), BBl 1978 I, S. 1006 ff.

Binswanger Hans Christoph (unter Mitarbeit u.a. von Beat Hotz, Ruedi Meier, Robert Nef, Hans Werder), Eigentum und Eigentumspolitik, ein Beitrag zur Totalrevision der Schweizerischen Bundesverfassung, Zürich 1978

DISP-Sondernummer, Der öffentlicher Verkehr, DISP Nr.49/50, Zürich 1978

Leutenegger Paul B., Das formelle Baurecht der Schweiz, Bern 1978

Bundesrat, Botschaft vom 31. Oktober 1979 zu einem Bundesgesetz über den Umweltschutz, BBl 1979 III, S. 749 ff.

Frey René L., Die Infrastruktur als Mittel der Regionalpolitik, Bern/Stuttgart 1979

Rossi Angelo, Sviluppo urbana e politica urbana, Lugano Porza 1979

Winkler Ernst/Winkler Gabriela/Lendi Martin, Dokumente zur Geschichte der schweizerischen Landesplanung, Zürich 1979

Linder Wolf/Hotz Beat/Werder Hans, Planung in der schweizerischen Demokratie, Bern 1979 (eine Arbeit aus dem ORL-Institut)

Wemegha Monica, Aministration fédérale et aménagement du territoire, St. Saphorin 1979

DISP-Sondernummer, Ökologie in der Raumplanung, DISP Nr. 59/60, Zürich 1980

Saladin Peter/Stüdeli Rudolf (Hrsg.), Das Bundesgesetz über die Raumplanung, Berner Tagung für die juristische Praxis, Bern 1980

EJPD/BRP, Erläuterungen zum Bundesgesetz über die Raumplanung: Grundlagen für die Raumplanung, Bern 1981

Lendi Martin/Nef Robert, Staatsverfassung und Eigentum, Linz 1981

Van den Berg/Drewett/Klaassen/Rossi/Vijverberg, Urban Europe: A Study of Growth an Decline, Oxford 1982 (mit Beitrag von Angelo Rossi)

Dilger Peter, Raumplanungsrecht der Schweiz, Dietikon 1982

Schmid Willy A./Jacsmann Janos et al., Landschaftsplanung – Grundlagen für den Unterricht, Zürich 1982

Lendi Martin (Hrsg.), Elemente der Raumordnungspolitik, Zürich 1983

Huber Benedikt et al., Raumplanung und Städtebau, ORL-Lehrmittel, Zürich 1983

DISP-Sondernummer, Nutzungsplanung, Zürich 1983, DISP Nr. 69/70

Lendi Martin, Schweizerische Regionalpolitik, Zbl 84/1983, S. 241 ff., siehe auch idem, Schweizerische Regionalpolitik, in: *idem,* Recht und Politik der Raumplanung, 2. A., Zürich 1997, S. 217 ff.

Lendi Martin, Raumordnungspolitik, Schwerpunkte in den achtziger Jahren, ZBl 85 (1984), S. 344 ff.

Lendi Martin, Recht und Politik der Raumplanung, Zürich 1984 (2. A., Zürich 1997)

Schürmann Leo, Bau- und Planungsrecht, 2. A., Bern 1984

Brugger Ernst A./Frey René L., Regionalpolitik Schweiz – Ziele, Probleme, Erfahrungen, Reformen, Bern 1985

Bückmann Walter, Stadterneuerungsrecht in der Diskussion, Vergleichende Erörterung einiger Aspekte des Rechts und des Vollzugs in der Bundesrepublik Deutschland, Österreich und der Schweiz, unter besonderer Berücksichtigung der Diskussion über das Baugesetzbuch, (Mitarbeit Martin Lendi), Frankfurt am Main 1985

ORL-Institut (Hrsg. Lendi Martin), Raumplanung Vademecum, Zürich 1985 (9. Ausgabe)

Bassand Michel, Dynamique, socio-culturelle régionale, Lausanne 1985

Huber Benedikt et al., Raumplanung und Städtebau – Grundlagen und Materialien für den Unterricht in Raumplanung und Städtebau, Skript/ ORL-Institut, 3. A., Zürich 1985

Fischer Georges, Räumliche Disparitäten in der Schweiz, Bern 1985

Maurer Jakob, Richtplanung, Methodische Überlegungen zur Richtplanung gemäss dem Schweizerischen Bundesgesetz über die Raumplanung, Zürich 1985

Lendi Martin/Elsasser Hans, Raumplanung in der Schweiz, eine Einführung, Zürich 1985 (2. A. 1986, 3. A. 1991)

DISP-Sondernummer, Stadtentwicklung, DISP Nr. 80/81, Zürich 1985

Schweizerische Vereinigung der Innenstadt-Organisationen, Investitionsmagnet Stadt?, Zürich 1986 (daselbst: Lendi Martin, Die Schweiz ist eine Stadt, S. 109 ff.)

Tschannen Pierre, Der Richtplan und die Abstimmung raumwirksamer Aufgaben, Bern 1986

Eichenberger Kurt, Verfassung des Kantons Aargau, Textausgabe mit Kommentar, Aarau 1986 (mit Bemerkungen zur Raumplanung/Raumordnung und zur politischen Planung)

Bundesminister für Raumordnung, Bauwesen und Städtebau, Bauen in der Schweiz und in der Bundesrepublik Deutschland, Die rechtlichen und technischen Rahmenbedingungen im Vergleich, (unter Mitwirkung von Dr. Braun (Basel-Landschaft), Dr. E.-T. Erismann (Dir. EMPA), Prof. Dr. M. Lendi (ETH Zürich) sowie Dipl. Ing C. Reinhart (SIA), Schriftenreihe Städtebauliche Forschung, Heft Nr. 3, 120, Bonn 1987

Bundesrat, Bericht über den Stand und die Entwicklung der Bodennutzung und Besiedlung in der Schweiz vom 14. Dezember 1987, BBl 1988 I, S. 871 ff.

Lendi Martin, Lebensraum, Technik, Recht, Zürich 1988 (2. A. 1997)

Maurer Jakob, Von der ersten zur zweiten Generation der Richtplanung, Zürich 1988

Lendi Martin, Grundriss einer Theorie der Raumplanung, Zürich 1988 (2. A. 1995, 3. A. 1996)

Tanquerel Thierry, La participation de la population à l'aménagement du territoire, Lausanne 1988

Albers Gerd, Stadtplanung, Darmstadt 1988

Bundesrat, Bericht über die Massnahmen des Bundes zur Raumordnungspolitik vom 27. November 1989, BBl 1990 I, S. 1002 ff.

Raumplanungskonferenz des Bundes/Bundesamt für Raumordnung/Koordinationsausschuss für Regionalpolitik (BIGA), Welche Raumordnungspolitik brauchen wir in den 90er-Jahren? Bern 1990

Heer Ernst/Scholl Bernd/Signer Rolf (Hrsg.), Aspekte der Raumplanung in Europa, Festschrift für Jakob Maurer, Zürich 1990

Knapp Blaise/Hertig Gérard/Saladin Peter/Tschannen Pierre/Zimmerli Ulrich, Perspektiven der Raumplanung und des Bodenrechts, ZSR Beiheft zu Heft 11, Basel 1990

Frey René L., Städtewachstum – Städtewandel: Eine ökonomische Analyse der schweizerischen Agglomerationen, Basel/Frankfurt a. M. 1990

Lendi Martin (Hrsg.), Umweltpolitik, Zürich 1991

Diggelmann Hansruedi et al., Rechtliche Aspekte der Siedlungserneuerung, Projekt Baurecht, Bundesamt für Konjunkturfragen, Bern 1991

Lendi Martin, Bewährung des Rechts – Wirklichkeit, Problemlösungsfähigkeit, Politikrelevanz (Boden, Raumordnung, Staat, Sicherheit, Verkehr), Zürich 1992

Hepperle Erwin/Lendi Martin, Leben Raum Umwelt, Recht und Rechtspraxis, Zürich 1993

Lendi Martin/Kappeler Thomas, Rechtsfälle zum Raumplanungsrecht, Übersicht zum schweizerischen Raumplanungsrecht und Hinweise zum Verfahrensrecht, 3. A., Zürich 1993 (2. A., Zürich 1989, Mitarbeit Erwin Hepperle; 1. A., Zürich 1987, Mitarbeit Silvio Jörg)

VLP, Raumplanung vor neuen Herausforderungen, Referate zum 50jährigen Jubiläum der Schweizerischen Vereinigung für Landesplanung, Bern 1994

Von Weizsäcker Ernst/Lovins Amory B./Lovins L. Hunter, Faktor Vier, Doppelter Wohlstand – halbierter Naturverbrauch, Der neue Bericht an den Club of Rome, München 1995

Lendi Martin/Pikalo Alfred (Hrsg.), Die Entwicklung von Bodenpreisen in Europa, Frankfurt am Main 1995 (daselbst: Lendi Martin/Hepperle Erwin/Nef Robert, Probleme des Bodenrechts, S. 195 ff.)

Hotz-Hart Beat/Mäder Stefan/Vock Patrick, Volkswirtschaft der Schweiz, Zürich 1995

Bridel Laurent, Manuel d'aménagement du territoire en Suisse, 3 vol., Genève 1996/1998/2002

VLP, Begriffe zur Raumplanung, Bern 1996

Bundesrat, Bericht über die Grundzüge der Raumordnung Schweiz vom 22. Mai 1996, BBl 1996 III, S. 556 ff.

Bundesrat, Bericht über die Massnahmen des Bundes zur Raumordnungspolitik: Realisierungsprogramm 1996–1999, vom 22. Mai 1996, BBl 1996 III, S.1996 ff.

Bundesrat, Botschaft über eine neue Bundesverfassung vom 26. November 1996, BBl 1997 I, S. 1 ff.

Müller Andreas (Hrsg.), Wege und Umwege in der Verkehrsplanung, Zürich 1997

Ruch Alexander, Das Recht in der Raumordnung, Basel 1997

Bundesamt für Raumplanung, Vademecum, Bern 1998

Bundesrat, Botschaft zu einem Bundesgesetz über Walderhaltung und Schutz vor Naturereignissen (WaldG) vom 29. Juni 1998, BBl 1998 III, S. 173 ff.

Münch Peter/Karlen Peter/Geiser Thomas (Hrsg.), Beraten und Prozessieren in Bausachen, Basel/Genf/München 1998

Oswald Franz/Baccini Peter, Netzstadt, Transdisziplinäre Methode zum Umbau urbaner Systeme, Zürich 1998

Ruch Alexander/Hertig Gérard/Nef Urs (Hrsg.), Das Recht in Raum und Zeit, Festschrift Martin Lendi, Zürich 1998

Lendi Martin, Politisch, sachlich und ethisch indizierte Raumplanung, am Beispiel der Schweiz, Wien 1998

Koch Michael/Schmid Willy A. (Hrsg.), Die Stadt in der Schweizer Raumplanung, ein Lesebuch – Martin Lendi gewidmet, Zürich 1999

Lendi Martin, Raumplanung im Umbruch. Auf dem Weg zu einer politisch, sachlich und ethisch indizierten Raumplanung, ZBl 1999, 100, Nr. 4, S. 93 ff.

Lendi Martin, Gesellschaftlich vernetztes Recht, Zürich 1999

Gilgen Kurt, Kommunale Raumplanung in der Schweiz, Zürich 1999

Haller Walter/Karlen Peter, Raumplanungs-, Bau- und Umweltrecht, 3. A., Zürich 1999

Lendi Martin, Der Rat für nachhaltige Entwicklung – erste Erfahrungen in der Schweiz, in GAIA 1999, Heft 4, S. 288 ff.

ARL, Grundriss der Landes- und Regionalplanung, Hannover 1999

Aemisegger/Kuttler/Moor/Ruch (Hrsg.), Kommentar zum Bundesgesetz über die Raumplanung, Zürich 1999

Bundesrat, Bericht über die Massnahmen zur Raumordnungspolitik: Realisierungsprogramm 2000–2003 vom 2. Oktober 2000, BBl 2000, S. 5292 ff.

Bundesrat, Botschaft zur Neugestaltung des Finanzausgleichs und der Aufgaben zwischen Bund und Kantonen (NFA) vom 14. November 2001, BBl 2002, S. 2291 ff.

Flückiger Hans/Frey René L. (Hrsg.), Eine neue Raumordnungspolitik für neue Räume, Zürich 2001

Bundesrat, Agglomerationspolitik des Bundes, Bericht vom 19. Dezember 2001, Bern 2001

Zen-Ruffinen Piermarco/Guy-Ecabert Christine, Aménagement du territoire, construction, expropriation, Berne 2001

OECD, Prüfbericht Raumentwicklung Schweiz, Paris 2002

Frey Renè L., Wirtschaft, Staat und Wohlfahrt, 11. A., Basel/Genf/München 2002 (1.A. 1975)

Bridel Laurent, Manuel d'aménagement du territoire, 3 Bde., Genève 1996/1998/2002

Eisinger Angelus/Schneider Michael (Hrsg.), Stadtland Schweiz, Untersuchungen und Fallstudien zur räumlichen Struktur und Entwicklung in der Schweiz, Basel/Boston/Berlin 2003

Muggli Rudolf, Wo steht die Schweizer Raumplanung?, Raum und Umwelt, VLP, Bern 2003, S. 40 ff.

ERR-Raumplaner/Öko-Büro Hugentobler/Dr. Berthold Suhner-Stiftung (Hrsg.), Handbuch Siedlungsökologie, St. Gallen 2003

Koll-Schretzenmayr Martina/Keiner Marco/Nussbaumer Gustav (editor), The Real and Virtual Worlds of Spatial Planning, Berlin/Heidelberg/New York 2003

Kuttler Alfred, Beiträge zur Raumordnung als Weg und Ziel, Zürich/Basel/Genf 2003 (Diese Sammlung von Aufsätzen erlaubt einen voranschreitenden Blick über die rechtlichen Probleme der institutionalisierten Raumplanung.)

Tripartite Agglomerationskonferenz (Hrsg.), Horizontale und vertikale Zusammenarbeit in der Agglomeration, Bern 2004

Bundesrat, Realisierungsprogramm 2004–2007: Massnahmen des Bundes zur Raumordnungspolitik, Bern 2004

Odermatt André/Wachter Daniel, Schweiz, eine moderne Geographie, 4. A., Zürich 2004

Lendi Martin/Hübler Karl Hermann (Hrsg.), Ethik in der Raumplanung, Hannover 2004

Lendi Martin, Grundorientierungen – Massstäbe für die Raumplanung, Festvortrag 50 Jahre Raumordnung in Österreich, Wien 2004 (erw. Fassung 2006 in: e-collection ethz)

Lendi Martin, Steuerung der Siedlungsentwicklung – Übersicht zu Intentionen und Modalitäten der Lenkung, in: Zavadskas Edmundas Kazimieras, 33e Symposium International FESF Strasbourg, Bern 2005, S. 83 ff.

Lendi Martin, Politikberatung, Nachfrage, Resonanz, Alibi, Zürich 2005

UVEK (Bundesamt für Raumentwicklung), Raumentwicklungsbericht 2005, Bern 2005

ARL, Handwörterbuch der Raumordnung, Hannover 2005 (Nachfolgewerk des Handwörterbuches derselben Akademie von 1994)

Diener Roger/Herzog Jacques/Meili Marcel/deMeuron Pierre/Schmid Christian (Hrsg.), Die Schweiz. Ein städtebauliches Portrait, 3 Bde., Basel 2006

Kanton Aargau/Departement Bau, Verkehr und Umwelt, Raumentwicklung Aargau, Gesamtstrategie Raumentwicklung, Beschluss des Grossen Rates, Aarau 2006

Tanner Karl Martin/Bürgi Matthias/Coch Thomas (Hrsg.), Landschaftsqualitäten, Festschrift für Klaus C. Ewald, Bern 2006

Gilgen Kurt, Planungsmethodik im der kommunalen Raumplanung. Zürich 2006

Internationale Expertenkommission, Raumplanung und Raumentwicklung in der Schweiz, Beobachtungen und Anregungen, Zürich 2006

Waldmann Bernhard/Hänni Peter, Raumplanungsgesetz, Bern 2006
Bundesamt für Statistik (Hrsg.), Atlas des räumlichen Wandels der Schweiz, Zürich 2006
NZZ, Raum und Mobilität gemeinsam planen, Anregungen internationaler Experten zur Raumentwicklung, NZZ Nr. 45, 23.2.2007, S. 15
Lendi Martin, Die Zukunft als Herausforderung des Rechts, Zürich 2007 (e-collection ethz)
ARL-VLP ASPAN (Hrsg.), Deutsch-Schweizerisches Handbuch der Planungsbegriffe, Hannover 2008
Bassand Michel, Cités, Villes, Métropoles, Lausanne 2008
IVT, 125 Jahre Verkehrswesen an der ETH Zürich, Zürich 2008
Frey René L., Starke Zentren – Starke Alpen, Wie sich die Städte und ländlichen Räume der Schweiz entwickeln können, Zürich 2008
Koll-Schretzenmayr Martina, Gelungen – misslungen? Die Geschichte der Raumplanung Schweiz, Zürich 2008
Lendi Martin, Art. 75 BV (Raumplanung), Kommentar, in: Ehrenzeller/Mastronardi/ Schweizer/Vallender (Hrsg.), Die schweizerische Bundesverfassung, Kommentar, 2. A., Zürich/St. Gallen 2008
Lendi Martin, Raumplanung – ihr politischer Stellenwert in einer veränderten Welt, RuR 5/2008, S. 383 ff.
Roth Ueli, Lernen von „Neu-Oerlikon" und „Baden-Nord", NZZ Nr. 112, 16.5.2008, S. 17
Ruch Alexander/Griffel Alain (Hrsg.), Raumplanungsrecht in der Krise, Zürich 2008
IRL-Professur für Raumentwicklung (Hrsg.), Raumplanung und Raumentwicklung in der Schweiz, Beobachtungen und Anregungen der internationalen Expertengruppe, Zürich 2008
Lendi Martin, Revision RPG – sachliche Anforderungen, politisches Umfeld, DISP 1/2009, S. 11 ff.
Berger Hans-Ulrich/Güller Peter/Mauch Samuel/Oetterli Jörg, Verkehrspolitische Entwicklungspfade in der Schweiz, Zürich/Chur 2009
Ruedin Claude/Hanak Michael, Hans Marti – Pionier der Raumplanung, Zürich 2009
Steiger Peter, Chancen und Widerstände auf dem Weg zum nachhaltigen Planen und Bauen, Zürich 2009
Gilgen Kurt, Raum hat keine Lobby, Anekdoten und 99 Thesen zur Raumplanung Schweiz, Zürich 2009

Ruch Alexander, Rechtsprobleme der Raumplanung, Vortrag, 50-Jahr-Jubiläum Schweizerische Bausekretärenkonferenz, Luzern 2009

Basler + Partner (Hrsg.), Ernst Basler, Erinnerungen, ein Firmengründer erzählt, Zürich 2009 (Privatdruck)

Bundesrat, Botschaft vom 20. Januar 2010 über die Volksinitiative „Raum für Mensch und Natur" (Landschaftsinitiative), BBl 2010, S. 1033 ff.

Bundesrat, Botschaft vom 20. Januar 2010 zu einer Teilrevision des Raumplanungsgesetzes, BBl 2010, S. 1049 ff.

Ruch Alexander, Umwelt-Boden-Raum, Schweizerisches Bundesverwaltungsrecht, Basel 2010

SIA, Die Schweiz wird knapp (u.a. mit einem Beitrag von Martin Lendi, Die Raumplanung neu denken), TEC 21, Nr. 10, Zürich 2010 (mit nachfolgenden Nummern des Jahres 2010)

ETH-Studio Basel (Hrsg.), Metropolitanregion Zürich, Der Zürichsee als Projekt, Zürich 2010

Avenir Suisse, Kantonsmonitoring, Inventar der kantonalen Instrumente zur Siedlungssteuerung, Zürich 2010

Krau Ingrid, Städtebau als Prozess, Kontinuität durch Transformation, Berlin 2010

VBG, Die Glattalbahn, Neue Wege durch neue Stadträume, Glattbrugg 2010

ARE (Bundesamt für Raumentwicklung), Raumkonzept Schweiz, Entwurf für die Tripartite Konsultation, Bern 2011

Fritsche Christoph/Bösch Peter/Wipf Thomas, Zürcher Planungs- und Baurecht, 2 Bde., Zürich 2011

ARL, Grundriss der Raumordnung und der Raumentwicklung, Hannover 2011

Ernst Basler + Partner, Interdisziplinäre Zusammenarbeit, Triebfeder unserer Entwicklung, Zollikon 2011

Bühlmann Lukas, Die Revision des RPG: Eine Übersicht, in: VLP-ASPA, Inforaum, Nr. 6/11, Bern 2011

Roth Ueli, Neu-Oerlikon, Ein modernes Planungsmärchen 1988–2010, Zürich 2011

Bundesrat/Konferenz der Kantonsregierungen/Bau-, Planungs- und Umweltdirektorenkonferenz/Städteverband/Gemeindeverband, Raumkonzept Schweiz, Bern 2012

Wachter Daniel, Nachhaltige Entwicklung, 3. A., Zürich/Chur 2012

Bundesamt für Statistik, Statistischer Atlas der Schweiz, Bern 2013 (im Internet aufgeschaltet, mit vielen Hinweisen auf raumrelevante Statistiken)

Griffel Alain, Raumplanungs- und Baurecht, in a nutshell, 2. A., Zürich/St. Gallen 2014

Muggli Rudolf, Ist der Föderalismus an der Zersiedlung schuld? Pilotstudie und Thesen, Zürich 2014

Zufferrey Jean-Baptiste/Waldmann Bernhard (Hrsg.), Revision Raumplanungsgesetz 2014, Zürich 2014

Bundesamt für Raumentwicklung, 2. Etappe Revision RPG, Vernehmlassungsentwurf, Bern 2014

Mahaim Raphael, le principe de durabilité et l'aménagement du territoire, le mitage du territoire à l'épreuve du droit: utilisation mesurée du sol, urbanisation et dimensionnement des zones à bâtir, Genève/Zurich/Bâle 2014

Danieli Giovanni/Sonderegger Roger/Gabathuler Christian, Raumplanung in der Schweiz, Kompaktwissen, Zürich 2014

Kreis Georg (Hrsg.), Städte versus ländliche Schweiz, Zürich 2015

Economiesuisse, Wirtschaft und Raum, der Beitrag der Wirtschaft zur zukünftigen Raumpolitik der Schweiz, Zürich 2015

Lendi Martin, Raumplanung-Politikberatung, am Beispiel der Schweiz, Zürich 2015, Research Collection ethz, Zürich 2017

VLP/ASPAN, Raumentwicklung, Jahresbericht 2014, Bern 2015

DISP Nr. I/2015, The State oft he Art of Planning in Europe, Zürich 2015, S. 16 ff.

Aemisegger Heinz, Aktuelle Rechtsprechung des Bundesgerichts im Bau-, Planungs- und Umweltrecht, Bern 2015

Kantonsplaner/innen AG, LU, SH, SZ, SG, TG, ZG, ZH, Raumordnungskonzept für die Kantone im Metropolitanraum Zürich. Zug 2015

VLP/ASPAN, Raumentwicklung, Jahresbericht 2015, Bern 2016

Aemisegger Heinz/Moor Pierre/Ruch Alexander/Tschannen Pierre (Hrsg.), Praxiskommentar RPG: Nutzungsplanung, Zürich 2016

Lendi Martin, Erlebte Raumplanungsgeschichte, in: DISP Nr. 52.3, Zürich 2016, S. 82 ff.

Griffel Alain/Liniger Hans U./Rausch Heribert/Thurnherr Daniela (Hrsg.), Öffentliches Baurecht, Fachhandbuch, Zürich/Basel/Genf 2016

Bundesamt für Kultur, Isos, Bundesinventar schützenswerter Ortsbilder der Schweiz von nationaler Bedeutung, Bern 2016

Akademien der Schweiz, Brennpunkt Klima Schweiz, Grundlagen, Folgen und Perspektiven, Swiss Academy Reports, Bern 2016
Von Arx Heinz (Hrsg.), Zürcher Landschaften, Zürich 2016 (Texte von Hans Weiss und Bernhard Nievergelt)
Aemisegger Heinz/Moor Pierre/Ruch Alexander/Tschannen Pierre (Hrsg.), Praxiskommentar RPG, Bauen ausserhalb der Bauzone, Zürich 2017
VLP-Aspan, Raumentwicklung, Jahresbericht 2016, Bern 2017
Sprecher Thomas, Endliche Erde, Ernst Basler, Pionier des ökologischen Nachhaltigkeitsdenkens, Zürich 2017
Schweizer Weltatlas, Zürich 2017
Vernehmlassungsunterlagen zu RPG 2, 2. Etappe der Teilrevision RPG, Bern 2017
Akademien der Wissenschaften Schweiz, Factsheet, Brennpunkte Klima Schweiz, Bern 2017, im Verbund mit Zwischenstaatlicher Ausschuss für Klimaänderungen, Klimaänderung 2013/2014, Zusammenfassung für politische Entscheidungsträger
Reutsch Hans, Wie viel Markt verträgt die Schweiz, Zürich 2017
RZU, Innenentwicklung gestalten, Impulse für Politik und Planung, Zürich 2017
Lendi Martin, Raumplanung – Politikberatung, am Beispiel der Schweiz, Zürich 2017, Research Collection, ethz

Den Anschluss zur ausländischen Literatur vermittelt vorweg die deutsche Akademie für Raumforschung und Landesplanung (ARL, Internet: www.ARL-net.de ; E-Mail: ARL@ARL-net.de), u.a. mit ihrem Handwörterbuch zur Raumordnung, mit den Grundrissen zur Raumordnung, zur Landes- und Regionalplanung, zur Stadtplanung, zu Methoden und Instrumenten räumlicher Planung sowie mit den Planungsbegriffen in Europa, diese je bilateral bezogen auf die einzelnen Länder in Nachbarschaft, so auch Deutschland – Schweiz. Zur nationalen Geschichte der Raumplanung Deutschlands, die vor allem wegen der Verwirrungen, Irrwege, ideologischen Entgleisungen und fachlich-politischen Absurditäten zur Zeit des Dritten Reiches in Teilen sehr kritisch zu bedenken ist, siehe u.a. *Leendertz Ariane*, Ordnung schaffen, Deutsche Raumplanung im 20. Jahrhundert, Göttingen 2008, und die dort zitierte Literatur. Eine klärende Darstellung der Geschichte der Raumplanung in Deutschland (mit ihren so herausragend positiven und nicht minder gewichtigen negativen Seiten) wird im Rahmen des Werkes *ARL*, Grundriss der Raumordnung und Raumentwicklung, Hannover 2011, S. 76 ff. vorgelegt.

d) Rechtsquellen

Eine Auflistung der massgebenden Rechtsquellen ist hier nicht möglich. Es geht um nationales wie auch internationales Recht, um Bundes- wie auch um kantonales samt kommunalem Recht, vor allem aber um nominales und funktionales. Dabei ist unter funktionalem Raumplanungsrecht dasjenige zu verstehen, dessen Anwendung sich auf das räumliche Geschehen auswirkt, während das nominale den Begriff der Raumplanung gleichsam im Titel führt. Das Erstere reicht vom Wasser- über das Verkehrs- bis zum Abgabenrecht. Das geltende Recht ist zudem in Bewegung, da es änderbar ist. Dies gilt für das positive Recht samt den Raumplänen. Eine neue Übersicht zum nominalen und teilweise zum funktionalen Raumplanungsrecht vermitteln: *Waldmann Bernhard/Hänni Peter*, Raumplanungsgesetz, Bern 2006, S. XXIV ff.

Eine grössere und neuere Änderung des RPG vom 22. Juni 1979 betrifft: BG über die Raumplanung, Änderung vom 15. Juni 2012. Sie kreist um das verdichtete Bauen in begrenzten Bauzonen unter strengeren Anforderungen an das Bodenrecht und an die limitierende Dimensionierung des Siedlungsgebietes. Verfassungsrechtlich neu – mit Relevanz für die Raumplanung – sind sodann die Vorgaben zu den Zweitwohnungen (Art. 75b BV) und zur Steuerung der Zuwanderung (Art. 121a BV, je mit Übergangsbestimmungen. Das BG vom 20. März 2015 über Zweitwohnungen ist bereits ergangen. Die Gesetzgebung zu Art. 121a BV ist beraten, beschlossen, das Referendum wurde nicht ergriffen. Infrage steht eine Änderung des Bundesgesetzes über die Ausländerinnen und Ausländer (Steuerung der Zuwanderung). Es handelt von der Inländerbevorzugung, ohne den Vorgaben des Verfassungsartikels voll gerecht zu werden. Die früheren Teiländerungen zum RPG kreisten vor allem um Art. 24 leg. cit., also um das Bauen ausserhalb der Bauzonen, konkret um die Bewilligungsvoraussetzungen für nicht zonenkonforme Bauten innerhalb der Landwirtschaftszonen.

Das kantonale Planungsrecht ist in der Regel eng verknüpft mit dem öffentlichen Baurecht. Daraus kann das Missverständnis resultieren, nur das Baurecht sei raumwirksam. Dem ist aber nicht so. Neben dem Baurecht spielen das Verkehrs-, Wald-, Wasserwirtschafts-, Umwelt-, Natur- und Heimatschutzrecht usw. eine grosse Rolle.

Als Beispiel eines Gesetzes, das Anforderungen an die Raumplanung stellt, kann das Energiegesetz (des Bundes) vom 30. September 2016 erwähnt werden. Es erwartet vom Raumplanungsrecht, dass es Raum schaffe für den Ausbau erneuerbarer Energien (Art. 10 ff EnG). Umgekehrt ist es ein negatives Beispiel eines prozessorientierten Erlasses, das von den Strukturen des Planungsrechts, insbesondere des Raumplanungsrechts, hätte zehren können, allein schon deshalb, weil es um die Umsetzung einer Strategie in Front einer offenen Zukunft geht.

Zu den Kommentatoren und Darstellern der kantonalen Bau- und Planungsgesetzen zählen u.a.: Bösch Peter (ZH), Fritsche Christoph (ZH), Heer Balthasar (SG), Peter Müller (ZH), Rosenstock Peter (ZH), Wipf Thomas (ZH), Zaugg Aldo (BE), Zimmerli Erich (AG). Als Kommentatoren zum RPG fungierten als Herausgeber/Autoren: Aemisegger Heinz, Kuttler Alfred, Moor Pierre, Ruch Alexander und Tschannen Pierre. Den Verfassungsartikel auf Bundesstufe kommentierten Riccardo Jagmetti, Martin Lendi und Alexander Ruch.

e) Grundlagendokumente

Aemisegger Heinz, Aktuelle Rechtsprechung des Bundesgerichts im Bau-, Planungs- und Umweltrecht, Bern 2015

Aemisegger Heinz/Moor Pierre/Ruch Alexander/Tschannen Pierre (Hrsg.), Praxiskommentar RPG: Bauen ausserhalb der Bauzone, Zürich 2017

Aemisegger Heinz/Moor Pierre/Ruch Alexander/Tschannen Pierre (Hrsg.), Praxiskommentar RPG: Nutzungsplanung, Zürich 2016

Aemisegger Heinz/Moor Pierre/Ruch Alexander/Tschannen Pierre (Hrsg.), Kommentar zum Bundesgesetz über die Raumplanung, Zürich 2009

Akademie für Raumforschung und Landesplanung, Grundriss der Raumordnung und Raumentwicklung, Hannover 2011

Arbeitsgruppe des Bundes für die Raumplanung, Raumplanung Schweiz, Hauptbericht, Bern 1970

Bridel Laurent, Manuel d'aménagement du territoire, 3 vol., Genève 1996/1998/2002

Bundesamt für Raumentwicklung, Zusammenstellungen zu den Sachplänen des Bundes und zu den Richtplänen der Kantone, erlassen aufgrund des RPG, laufend nachgeführte Zusammenstellungen

Bundesgesetz über die Raumplanung (RPG) vom 22. Juni 1979

Literaturverzeichnise

Bundesrat/ARE, Diverse Berichte zum Stand der Raumordnung, der Raumordnungspolitik sowie zu Massnahmen und Realisierungsprogrammen

Bundesrat, Bericht über die Grundzüge der Raumordnung Schweiz vom 22. Mai 1996, BBl 1996 III S. 556 ff.

Bundesrat/Konferenz der Kantonsregierungen/Bau-, Planungs- und Umweltdirektorenkonferenz/Städteverband/Gemeindeverband, Raumkonzept Schweiz, Bern 2012

Burckhardt Ernst F., ETH-Tagung für Landesplanung, Beilage zu „Strasse und Verkehr", Solothurn 1942

Botschaft des Bundesrates an die Bundesversammlung über die Ergänzung der Bundesverfassung durch die Art. 22ter und 22^{quater} vom 15. August 1967, BBl 1967 II, S. 133 ff.

Delegierter für Raumplanung, Raumplanerisches Leitbild CK 73, Bern 1973

Eidgenössische Expertenkommission für Fragen der Landesplanung, Bericht vom 6. Oktober 1966, Bern 1967

Eidgenössische Kommission für die Gesamtverkehrskonzeption, Schlussbericht GVK-CH, Bern 1977

Flückiger Hans, Gesamtwirtschaftliches Entwicklungskonzept für das Berggebiet, Bern 1970

IRL-Professur für Raumentwicklung (Hrsg.), Raumplanung und Raumentwicklung in der Schweiz, Beobachtungen und Anregungen der internationalen Expertengruppe, Zürich 2008

Koch Michael/Schmid Willy A. (Hrsg.), Die Stadt in der Schweizer Raumplanung, Festschrift für Martin Lendi, Zürich 1999

Koll-Schretzenmayr Martina, Gelungen – misslungen?, Die Geschichte der Raumplanung Schweiz, verbunden mit Interviews, Zürich 2008

Lendi Martin, Planungsrecht und Eigentum, Basel 1976

Lendi Martin, Recht und Politik der Raumplanung, Zürich 1984 (2. A., Zürich 1997)

Lendi Martin/Elsasser Hans, Raumplanung in der Schweiz, Eine Einführung, 3. A., Zürich 1991

Lendi Martin/Kappeler Thomas, Rechtsfälle zum Raumplanungsrecht, Übersicht zum schweizerischen Raumplanungsrecht, 3. A., Zürich 1993

Lendi Martin, Grundriss einer Theorie der Raumplanung, Einleitung in die raumplanerische Problematik, 3. A., Zürich 1996

Lendi Martin, Zur Geschichte der schweizerischen Raumplanung, in: DISP Nr. 167, Zürich 2006, Heft 4, S. 66 ff.

Maurer Jakob, Grundzüge einer Methodik der Raumplanung, Zürich 1973

ORL-Institut, Landesplanerische Leitbilder, Bde. I–III, Plankassette, Zürich 1971

ORL-Institut, Raumordnungskonzept Schweiz gemäss den Randbedingungen der Chefbeamtenkonferenz, V CK 73, Zürich 1974 (ausgearbeitet zu Handen des Delegierten für Raumplanung – vor dem Entscheid über das Leitbild CK-73)

Verfassungsartikel 22^{quater} aBV, Art. 75 BV

Winkler Ernst/Winkler Gabriela/Lendi Martin, Dokumente zur Geschichte der schweizerischen Raumplanung, Zürich 1979

Abkürzungsverzeichnis

A.	Auflage
Abs.	Absatz
aBV	Bundesverfassung der Schweizerischen Eidgenossenschaft vom 29. Mai 1874
AKW	Atomkraftwerk
ARE	Bundesamt für Raumentwicklung
ARL	Akademie Raumforschung und Landesplanung, Hannover
Art.	Artikel
ASPAN	Association suisse pour l'aménagement du territoire national
BA	Bundesamt
BBG	Bauern-, Gewerbe- und Bürgerpartei (Vorgängerin der SVP)
BBl	Bundesblatt der Schweizerischen Eidgenossenschaft
betr.	betreffend
BG	Bundesgesetz
BGE	Bundesgerichtsentscheid
BOKU	Universität für Bodenkultur, Wien
BR	Bundesrat, schweizerisches BR steht für Regierung
BSA	Bund Schweizer Architekten
BV	Bundesverfassung der Schweizerischen Eidgenossenschaft vom 18. April 1999
ca.	cirka
CCI	Institut für Stadt der Gegenwart, Basel
CEAT	Communauté d'etudes pour l'aménagement du territoire, Lausanne
CEMAT	Europäische Konferenz der Raumplanungsminister, Strasbourg
CK 73	Raumordnungskonzept Chefbeamtenkonferenz 1973
CORAT	Konferenz der westschweizerischen Kantone zur Raumplanung
CVP	Christlich-demokratische Volkspartei

Dir.	Direktor
DISP (Disp)	Dokumente und Informationen zur schweizerischen Planung (Zeitschrift zur Raumplanung) resp. Dokumentations- und Informationsstelle zur Planung am ORL-Institut
Dr.	Doktor (Titel)
dt.	deutsch
EALD	Europäische Akademie für Bodenordnung und Entwicklung
EAWAG	Eidgenössische Anstalt für Wasser, Versorgung, Abwasserreinigung und Gewässerschutz
ECE	Economic Commission for Europe
EG	Europäische Gemeinschaft
EGG	Bundesgesetz über die Erhaltung des bäuerlichen Grundbesitzes vom 12. Juni 1961 (ausser Kraft)
EGZGB	Einführungsgesetz zum ZGB
eidg.	eidgenössisch
EJPD	Eidgenössisches Justiz- und Polizeidepartement
em.	emeritiert
EMD	Eidgenössisches Militärdepartement (heute VBS)
EnG	Energiegesetz vom 30. September 2016
EPFL	École polytechnique fédérale de Lausanne
EPUL	École polytechnique de l'Université de Lausanne
ESPON	European Spatial Planning Observation Network
et al.	et alii (und andere)
ETH	Eidgenössische Technische Hochschule
ETHL	ETH Lausanne (EPFL)
ETHZ	ETH Zürich
EU	Europäische Union
EUREK	Europäisches Raumentwicklungskonzept
EWG	Europäische Wirtschaftsgemeinschaft
EWR	Europäischer Wirtschaftsraum
f.	folgende
FABI	Finanzierung und Ausbau Bahninfrastruktur
FdP	Freisinnig-demokratische Partei
ff.	fortfolgende
Fn.	Fussnote
GP	Grüne Partei
GVK	Gesamtverkehrskonzeption
Hrsg., hrsg.	Herausgeberin, Herausgeber, herausgegeben

HSG	Hochschule St. Gallen (Universität St. Gallen)
IDEHAP	Institut de haute études en administration publique, Lausanne
IHG	Bundesgesetz über die Investitionshilfe für Berggebiete vom 21. März 1997
ILA	Institut für Landschaftsarchitektur
Inforaum	Magazin der VLP für Raumentwicklung
IRL	Institut für Raumplanung und Landschaftsentwicklung
ISB	Institut für Städtebau
ISOS	Inventar schützenswerter Ortsbilder der Schweiz
IVT	Institut für Verkehrsplanung und Transportsysteme
IWF	Internationaler Währungsfonds
Kt., kt.	Kanton, kantonal
KV	Kantonsverfassung
m.E.	meines Erachtens
Mio.	Million
NAF	Nationalstrassen- und Agglomerationsverkehrs-Fonds
NATO	North Atlantic Treaty Organization (Organisation der Signartarmächte des Nordatlantikpakts)
NDS	Nachdiplomstudium
NEAT	Neue Alpentransversale
NFA	Neugestaltung des Finanzausgleichs und der Aufgabenteilung zwischen Bund und Kantonen (Bundesbeschluss vom 3. Oktober 2003)
NFP	Nationales Forschungsprogramm
NGO	non-governmental organization (Nichtregierungsorganisation)
NHG	Bundesgesetz über den Natur- und Heimatschutz vom 1. Juli 1966
NSL	Netzwerk Stadt Landschaft (ETH Zürich, Nachfolgegruppierung von Professuren zum ORL-Institut)
OECD	Organization for Economic Cooperation Development (Organisation für wirtschaftliche Zusammenarbeit und Entwicklung)
ORL	Orts-, Regional- und Landesplanung, Institut für Orts-, Regional- und Landesplanung
OSZE	Organisation für Sicherheit und Zusammenarbeit in Europa (früher KSZE genannt)
PBG	Planungs- und Baugesetz, kantonal

PD	Privatdozent
Plan	Zeitschrift der VLP (ältere Version, neuere: Inforaum)
Prof.	Professorin, Professor
PTT	Post-, Telefon- und Telegrafenbetriebe des Bundes (bis 1998)
resp.	respektive
ROREP	Vereinigung für Raumordnungs- und Regionalpolitik
RPG	Bundesgesetz über die Raumplanung vom 22. Juni 1979
RZU	Regionalplanung Zürich und Umgebung, Zürich
SA	Sociéte anonyme (Aktiengesellschaft)
SBB	Schweizerische Bundesbahnen
schw.	schweizerisch
SG	St. Gallen, Kt. St. Gallen
SIA	Schweizerischer Ingenieur- und Architektenverein
sog.	sogenannt
SP	Sozialdemokratische Partei
StGB	Schweizerisches Strafgesetzbuch vom 21. Dezember 1937
Stv.	Stellvertreter
SVIL	Schweizerische Vereinigung für Industrie und Landwirtschaft
SVP	Schweizerische Volkspartei
TG	Kanton Thurgau
TU	Technische Universität
u.a.	unter anderem
Uni	Universität
UPR	Umwelt- und Planungsrecht
USG	Bundesgesetz über den Umweltschutz vom 7. Oktober 1983
USI	Università della Svizzera italiana, Lugano
usw.	und so weiter
UVEK	Departement für Umwelt, Verkehr, Energie und Kommunikation
VBS	Departement für Verteidigung, Bevölkerungsschutz und Sport
VE 77	Verfassungsentwurf 1977
VLP	Schweizerische Vereinigung für Landesplanung, Bern
Werk	Zeitschrift des BSA
WSL	Eidgenössische Forschungsanstalt für Wald, Schnee und Landschaft
WTO	World Trade Organization
z.B.	zum Beispiel

ZBl	Schweizerisches Zentralblatt für Staats- und Verwaltungsrecht
ZGB	Schweizerisches Zivilgesetzbuch vom 10. Dezember 1907
ZH	Zürich, Kt. Zürich
zit.	zitiert
ZSR	Zeitschrift für Schweizerisches Recht

Zum Autor

Martin Lendi, geb. 1933, Prof. Dr. iur. Dr. h.c., Rechtsanwalt, von 1961 bis 1969 Departementssekretär im Baudepartement des Kantons St. Gallen (zur Zeit grosser Investitionen in die öffentliche Infrastruktur des Verkehrs, der Ver- und Entsorgung, des Gewässerschutzes, der Energieproduktion, des Bildungs- und Gesundheitswesens sowie der werdenden Raumplanung, des Umweltschutzes, der Planungs-, Wasserbau- und Baugesetzgebung usw.); 1969–1998 Professor für Rechtswissenschaft der ETH Zürich (davon die ersten zwei Jahre als Assistenzprofessor für Orts-, Regional- und Landesplanung), von 1969 bis 1987 Mitglied der Leitung des ORL-Instituts, zeitweise dessen Vorsteher; parallel und später Vorsteher der Abteilung für Geistes- und Sozialwissenschaften sowie Vorsteher des Departements für Recht und Ökonomie. Dr. h.c. der Universität für Bodenkultur in Wien; o. Mitglied der dt. Akademie für Raumforschung und Landesplanung; Tit. Prof. der Donau-Universität Krems; Träger des Camillo Sitte-Preises der TU Wien/Republik Österreich; Ehrenmitglied der VLP, der Europäischen Bodenfakultät (heute Europäische Akademie für Bodenordnung/European Academy of Land-Use and Developement) und auch der schweizerischen Konferenz der Bausekretäre.

Verfasser einer grösseren Zahl von Buchpublikationen – u.a. zu: Legalität und Ermessensfreiheit; Planungsrecht und Eigentum; Recht und Politik der Raumplanung; Dokumente zur Geschichte der schweizerischen Raumplanung (gemeinsam mit E. Winkler und G. Winkler); Staatsverfassung und Eigentumsordnung (gemeinsam mit Robert Nef); Grundriss einer Theorie der Raumplanung; Raumplanung in der Schweiz – eine Einführung (gemeinsam mit Hans Elsasser); Politisch, sachlich und ethisch indizierte Raumplanung der Schweiz; Rechtsordnung; Ethik der Raumplanung (gemeinsam mit K. H. Hübler); Politikberatung; Regieren – Strategiekompetenz, Politikmanagement – eine Studie (Research Collection ETH Zürich); Geschichte und Perspektiven der schweizerischen Raumplanung usw. Publikation zahlreicher Aufsätze und Abhandlungen zur Raumplanung, zur Raumordnungspolitik und zum Raumplanungsrecht, ausserdem – mit besonderer Vorliebe – zum allgemeinen und besonderen Staats- und Verwaltungsrecht und hier vor allem zum Verkehrsrecht und dem Recht der Sicherheitspolitik, zur Rechtswissenschaft im Allgemeinen und zur Zukunft des Rechts (siehe dazu: Recht und Politik der Raumplanung; Lebensraum – Technik – Recht; Bewährung des Rechts; Verkehr und Recht; Gesellschaftlich vernetztes Recht; ferner die kleineren Texte in Buchform: In die Zeit gesprochen; Planung als politisches Mitdenken; Politik – Gespräche mit der Gegenwart; Subtilitäten des Rechts. Sodann erschienen zahlreiche Skripten: Nationalplanung, Rechtsfälle zum Raumplanungsrecht, Rechtsfälle zum Verkehrsrecht, Leben – Raum – Umwelt (gemeinsam mit Erwin Hepperle), Baurecht, Verkehrsrecht, Militärrecht, Recht der Sicherheitspolitik – an denen in der Regel Assistenten mitgewirkt haben. Als Mitherausgeber (gemeinsam mit Urs Nef und Daniel Trümpy) betreute der Autor u.a.: Das private Baurecht der Schweiz, ausserdem (gemeinsam mit Wolf Linder) Politische Planung in Theorie und Praxis, und ferner als Herausgeber: Umweltpolitik; Elemente der Raumordnungspolitik. Als Mitherausgeber fungierte der Autor zudem bei Werken von Wolf Jürgen Reith und der Europäischen Bodenfakultät. In Kommentaren der Bundesverfassung bearbeitete er die Artikel zur Raumplanung und zum Verkehr. Festschriften betreute er für Theo Weidmann, Ernst Winkler und Simon Frick. In seiner Zeit als Departementssekretär stammten die besondere Texte zur Planung und Errichtung einer Pipeline und deren Nutzung, zur Binnenschifffahrt (Hochrhein), zur Eröffnung der Nationalstrasse N1 (ZH, TG, SG), zur Projektierung der städtischen Nationalstrasse St. Gallen, zur Planung eines thermischen Kraftwerkes usw. aus seiner Feder. Im Militär versah er u.a. die Funktion eines Generalstabsoffiziers mit Engagement für Strategiefragen.

Der Autor war Mitglied einer grösseren Zahl von Experten- und ausserparlamentarischen Kommissionen des Bundes (Rat für Raumordnung, Rat für Nachhaltigkeit, Zukunft SBB, Gesamtverkehrskonzeption, Raumplanungsgesetze [1974/1979, BB über dringliche Massnahmen – provisorische Schutzgebiete], Wasserwirtschaft, Freihaltung von Wasserstrassen, Neuordnung Wasserwirtschaft/Umweltschutz, Nachrichtendienste, Staatsführung in a.o. Lagen usw. Ferner betreute er die Zeitschrift *DISP* von 1971 bis 1987, die er von einem Informationsheft zu einer wissenschaftlichen Zeitschrift entwickelte. Während Jahrzehnten war er Mitherausgeber der Zeitschrift *Um-*

welt- und Planungsrecht (UPR, München) und seit geraumer Zeit ist er Beirat für die *Zeitschrift für Politikberatung* (Baden-Baden). Zu seinen Ehren erschienen: Ruch/Hertig/Nef (Hrsg.), Das Recht in Raum und Zeit, Zürich 1998; Koch/Schmid (Hrsg.), Die Stadt in der Schweizer Raumplanung, Zürich 1999.

Adressen des Autors:
Lendi Martin, CH-8700 Küsnacht, Weinmanngasse 21
Lendi Martin, CH-8092 Zürich, ETH Zentrum, HG D. 58.2